# 一 代 巨 人
## GENERATION OF GIANTS

明 末 耶 稣 会 士 在 中 国 的 故 事
*The Story of the Jesuits in China in the Last Decades of the Ming Dynasty*

〔美〕邓恩 (George H. Dunne) 著

余三乐 石蓉 译

社会科学文献出版社
SOCIAL SCIENCES ACADEMIC PRESS (CHINA)

# 译者前言

## 一

纵观几千年的文明史，人类活动的半径不可避免地受到地理条件的局限；但同时，它又随着科学的进步和驾驭自然的能力的增长，特别是交通手段的进化而逐步扩大。因此可以说，文明半径的扩展同时就是人的力量对自然限制的超越。

中华文明最早发源于黄河、长江流域。它经历了小国寡民的发展阶段，经过春秋、战国时期铁与血的残酷洗礼，在公元前221年达到了第一次统一。在这之后的近2000年中，中国又经历了"合久必分"、"分久必合"的多次整合，经历了农业民族与游牧民族之间的仇杀与融合，当十七世纪即将来临的时候，终于形成了一个比较稳定的文明区域。它的中心是以儒家思想为核心的汉族农业文明区，它的周围是众星捧月般向它朝贡的所谓的"蛮夷"。这几乎就是当时中国人心目中的整个世界。

中华文明之所以几千年代代相因，经久不衰，而不像古埃及、古巴比伦那样出现断层，从根本上说，不能解释为中国人"天生优越"，而是独特的地理环境保护了它——北部是西伯利亚的永久冻土带；西部是帕米尔高原和青藏高原的天然屏障；东部是浩瀚的大海。这一圈难以逾越的藩篱，虽然说不能完全阻隔其与外部的交往，但毕竟使外部文明的大规模进入显得异常艰难。中华文明就这样在造物主的特别呵护下，没有经受过外部文明毁灭性的打击，而达到了高度的繁荣，并且从未间断地延续了数千年之久。但任何事物都有两面性，这种保护同时又是一种局限，天长日久，渐渐地消磨了它的活力。

中华文明经历过生气勃勃、锐意进取和开放胸襟的时代。正如本书所描写的：

"中国曾经有过热衷于探险的激动人心的时代。在汉朝（前206～220）伟大的汉武帝（前140～前87）的统治下，亚洲的土地就已经回响着中国军队征服的脚步声。伟大先驱者们探险的足迹深入到中亚地区，并与地中海文化的边缘地带建立了接触。在盛唐的黄金时代，都城长安（即现在的西安）曾是整个东方的麦加。当时，她的文化光辉照亮了东方，她的影响覆盖周围各国。天主教的聂斯托里教派（Nestorian）受到了友好的欢迎，伊斯兰教和摩尼教也被宽容和接纳，佛教继续带给中国外部世界的新鲜思想的溪流。在元朝统治期间（公元1279～1368），当忽必烈的继承者们在中国南面称王时，在'汗八里'（即后来的北京）尘土飞扬的街道上，外国人的面孔是很平常的景观。"

但同样也像本书所评论的："这样的光荣日子已经成为遥远的过去了。产生一种令人振奋的新思想，在中国已经是很久以前的事情了。十六世纪的中国，已经衰老了。这个大明王朝也已经衰老了，没有冒险和进取的精神了。"

在笔者看来，中国在封建社会的后期之所以发展缓慢甚至停滞，其主要原因就在于"闭关自守"。笔者认为，社会的发展与进步，有赖于文明区域彼此间的竞争。根据系统论的定律，系统与外界环境之间的物质、能量和信息的交换，是系统走向有序的动力；换言之，如果这种交换被窒息了，系统将走向无序，社会将失去活力。

春秋战国时期曾是中国历史上最富有活力的时期，其动力就在于当时诸侯国之间的竞争。励精图治、延揽人才、富国强兵，以及

"取人之长，克己之短"的不断革故鼎新，乃是国家生存的基本条件，否则就可能亡国灭种。竞争可以使能者、强者脱颖而出，竞争可以为国家遴选出高明的统治者。而竞争的结果，不可避免的是强者的一统天下。天下太平无疑对生产力的发展起到了巨大的推动作用，但是一统天下的弊端恰恰是扼杀了竞争。因此，当大一统的中华文明达到一定高度的时候，内部的竞争虽然可以改朝换代，却不能给中华文明的整体带来新的营养，社会更进一步的发展需要有一个强大的外部竞争对手。由于前面所提到的地理环境的因素，十七世纪（也就是明代中期）以前的中国恰恰缺少这样的竞争对手。

然而就在这一时期，就在中国人正以自己的物质与精神的成就，得意地孤芳自赏的时候，在欧洲，一种以开放、进取的姿态企图占有全世界的新文明正在迅速地崛起。它催生了近代科学，而科学又赋予它扩张的翅膀。欧洲的版图已经容纳不下它疯狂的脚步了。近代西方文明与古老的中华文明两者之间的碰撞，已经不可避免。

## 二

两大文明第一次全面地碰撞、交流和相互汲取营养，是由被本书誉为"一代巨人"的、以利玛窦为代表的耶稣会传教士们，以及他们的中国朋友们成就的。一方是借助"文化适应"、"科学传教"策略而试图把他们的宗教传播到中国的虔诚的西方神父；一方是被新鲜的科学知识所吸引而期望以此来富国强兵的"开明开放"、"锐意改革"的中国进步知识分子。他们曾经真诚地合作，但他们的合作是那样的艰难。阻挡他们的不同文明之间的隔阂，即使不是横亘于牛郎织女之间的浩渺的银河，也是足以使他们头破血流的万丈深渊。站在他们中间的是来自两方面的反对势力：一方是将欧洲文明视为文明终结，将一切非天主教民族都视为魔鬼的"欧洲人主义"者和狭隘的雅利安"民族主义"者；一方是将宋明理学当作唯一真理,主张"宁使中国无好历法,不可使中国有西洋人"的顽固卫道士。

使东西两大文明得以越过"万丈深渊"而相遇和交流的,是耶稣会士的"文化适应"策略和中国进步知识分子的"开明开放"精神。它们构筑了跨越"深渊"的"桥"。之所以这样评价"文化适应"策略是因为:众所周知,当时充当文化交流载体的,不是科学家,不是外交官,也不是近代传媒记者,而是天主教的传教士。而离开"文化适应"策略,他们就不能进入中国,不能在中国立足,不能与中国先进的文人建立友谊,东西方文明的交流也就不可能发生。

筚路蓝缕、披荆斩棘的"架桥修路"工作注定是异常艰难的。当时的耶稣会士们面临着来自上述两方面的攻击。虽然本书的作者也以一定的篇幅论及了以沈㴶为首发动的"南京教案"和以杨光先为首制造的"汤若望冤狱",但是更主要的是叙述和批判了天主教会内部的"欧洲人主义"者给奉行"文化适应"策略的耶稣会士们提出的种种诘难。一切争论和分歧的本质是:要使中国的天主教信徒"西方化",还是要使在中国的欧洲传教士"中国化"?

在利玛窦进入中国之前,中国的信徒必须"西方化"、"葡萄牙化",这在教会内部似乎是不存在争议的。然而正因如此,在沙勿略死后的31年间,尽管众多传教士使尽浑身解数,却仍然被挡在中国的高墙之外。他们徒劳地哀鸣:"没有士兵的介入,而希望进入中国,就等于尝试着去接近月球。"然而,正如本书的作者邓恩先生所指出的:"现在每个人都知道,即使是月球也是可以到达的,重要的是一个方法问题。"首先着手探索一种全新方法的是耶稣会印度巡察使范礼安。

1574年,范礼安来到了澳门。经过9个月的仔细观察和潜心研究,他为天主教进入中国提出了新的战略构想。他在给耶稣会总会长的信中写道:"渗入中国唯一可行的方法,就是调整我们的策略,而采取一种与迄今为止我们在其他国家完全不同的方法。"他认为，必须放弃对中国教徒的"葡萄牙化"政策，而代之以外国传教士的"中国化"。

邓恩先生评论到，这可以称为"划时代的观察"。它明确地预告了"欧洲人主义"的时代被打破了。

的确，范礼安对开拓"通往月球"之路，创立了划时代的功绩，但应该说，从耶稣会创始人依纳爵身上，我们就已经可以看到"文化适应"策略的萌芽了。本书指出："耶稣会的创始人圣·依纳爵·罗耀拉（St. Ignatius of Loyla）不惧怕开辟新路。他制定的修会规则，对他的追随者的传教方式不做狭隘严格的限定。相反，他决定对耶稣会的成员采取与众不同的做法。修会首要的规则之一就是要求它的成员必须学会其所在国的语言。这似乎是显而易见的道理，但是作为'文化适应'的首要法则却往往被忽视了。在当时，在外国借助翻译来讲授教义已成为惯例。"更具体地说："1542年，当教宗保禄三世派遣耶稣会士博爱特（Broet）和萨摩荣（Salmeron）到爱尔兰去的时候，依纳爵命令他们要适应爱尔兰人的风俗习惯。当另一名耶稣会士巴雷托（Barreto）被阿比西尼亚提名为族长的时候，依纳爵给他下了指示，让他表现出广泛的适应精神。于是他创建学校和医院，培养当地人做神职人员。在传播信仰的过程中，暴力和军队并不是必需的。他应该带一些工程师、农业专家和内外科医生一同到阿比西尼亚去。""依纳爵警告巴雷托，不要贸然轻率地改变那些可能潜入礼拜仪式的陋习，而是要慢慢地改变，这样才不会不适当地触动根深蒂固的偏见。"这就是"文化适应"的滥觞。

以往的观点，总是把耶稣会的创立解释为对欧洲宗教改革的反动。这是有失公允的。意大利学者柯毅霖先生在《晚明基督论》中谈道："巨大的政治与文化运动席卷欧洲，宗教与教会发生了深刻的变化。南欧和北欧对宗教革新各自做出不同的反应。马丁·路德于1517~1521年在北欧发起宗教改革，在南欧的天主教则对其等级制度以及基层进行一场深入的自我革新。这一革新被人们很不恰当地称为消极性的反宗教改革运动。这确实是一场巨大的教会革新运动……天主教改革运动带来了一个非常重要的结果，那就是诞生了新的宗教团体……"①耶稣会就是这样应运而生的。

邓恩先生评论道："宗教的修会，就像一个人一样，通常在它的年轻时期比较能够显示出它的适应性和灵活性，而这种适应性和灵活性在它年老时则比较欠缺。随着年龄的增长，它就越来越小心谨慎：偏爱走老路；不愿意承认世界不是永恒不变的和从不静止的，不愿意承认以往的规律常常是会过时和变成错误的。他们不愿去尝试新的冒险。"耶稣会当时就是一个爱尝试着走新路的"小伙子"。

与适应精神相对立的，是在大多数传教士观念中迅速膨胀的"欧洲人主义"和"民族主义"。邓恩先生在书中评论道：

"'欧洲人主义'是一个精神的王国。它存在于以欧洲文化形式为终结的狭隘、高傲自大的假设当中。这些文化形式被附加了绝对的价值，因此它不可能认识其他文化的固有价值。""文化适应，是以尊重当地文化为基础的，它植根于谦虚的精神和对无论何方的人民都有同等价值的理解之中。范礼安的这种新的也可以说是相当古老的用以解决传教难题的方法，是具有革命性的。"

作者同时批判了主导一些欧洲传教士的民族优越感。他说："民族主义对于造成'欧洲人主义'的特殊的狭隘性是有责任的。这一民族自豪感总是将本民族的文化形式与天主教混为一谈。这样的事实在十六世纪的西班牙和葡萄牙随处可见。在那里，西方天主教的自以为是、一意孤行的精神与最激烈的民族主义结合在一起。对葡萄牙人来说，除了穿上葡萄牙的外衣，任何包装的天主教都是

---

① 〔意〕柯毅霖：《晚明基督论》，王志成、思竹、汪建达译，四川人民出版社，1999，第11页。

不可思议的。对于西班牙人,这也是同样的事实。"

在谈到一名意大利籍的道明会士——高奇,在经过失败之后接受了耶稣会士的"文化适应"策略时,邓恩指出:"强调一下在中国的耶稣会、道明会和方济会的争论起因,是由于民族气质的不同,绝不是由于教派的不同,绝不会太过分。十六世纪和十七世纪初叶,在欧洲,伊比利亚半岛①的民族主义最为强烈。大多数在中国的传教中起着领导作用的耶稣会士,是来自那些民族主义尚未发展的国家。要是在首批来到中国的道明会和方济会的成员中意大利人占大多数,也许他们就不会与耶稣会发生冲突了。"

另一位澳大利亚学者瑞尔(Ian Rae)更是一针见血:"颇具讽刺意味的是,尽管都把早期耶稣会传教士称为'葡萄牙人',但是其奠基者和具有最杰出才能的成员却都是意大利人。"②

邓恩先生以大量翔实的史料,叙述了来自菲律宾的方济会士与道明会士,以及远在日本的敌视"文化适应"策略的耶稣会士,对在中国的耶稣会"兄弟"所进行的喋喋不休的批评,以及给他们带来的无穷灾难。作者以自第十四章之后的大量篇幅,以夹叙夹议的笔法,向读者陈述了这些争论的详情,批判了其中的谬误。

当然,如邓恩先生所说:"认为在一开始时耶稣会传教士的成功就是建立在这些规则③之上,或者认为他们在接受这一方法时是意见一致和毫无异议的,则是一个错误。正是在中国,他们在这一方向上做出了最初始的和最为显著的努力。然而即使在这里,这些经验的取得也经历了好几十年的时间和无数次令人沮丧的失败。"同时,书中还提到,天主教在印度和日本遭遇的失败,也从反面教

---

① 即西班牙和葡萄牙两国所在的半岛。
② Ian Rae, The "Gross-Cultural Communication" Approach of The Early Jesuit Missionaries in China, 载于 *Review of Culture* 第 21 期,澳门文化署,1994,第 125 页。
③ 指"文化适应"。

育了中国的耶稣会士。

关于实行"文化适应"策略的耶稣会士是不是牺牲了其宗教的原则性,这一点在教会内部是至关重要的。作者用了大量的笔墨为他们进行了辩护。教会以外的人们似乎对此并不太在意,然而我们也可以看到,耶稣会士们尽管在一些问题上表现出灵活性,但也确实在涉及他们教义的重大问题上坚持了原则性,他们对教徒必须恪守一夫一妻制的毫不妥协的态度,就是一个显著的证明。说他们是开创中国现代婚姻家庭制度的先驱,也并不算是过誉。

起始于1552年沙勿略在上川岛上抱恨而死,终结于1669年康熙皇帝为汤若望平反昭雪的这部巨著,作为一部涵盖了一个多世纪的论述中国早期天主教传播史的巨著,实质上也可以说,就是一部"文化适应"策略在备受非难的困境下,艰难地萌生、探索和发展的历史;或者按照作者的观点,是关于公元一世纪天主教"文化适应"传统回归的历史。

关于"文化适应"策略,笔者想在这里补充一点本书以外的材料。早在汉代就有第一批犹太人来到中国。随后一直到元代,陆续都有犹太人到中国定居。他们也是笃信耶稣基督的。他们是怎样处理中西文化与宗教的差异的呢?怎样对待"祭祖"和"祭孔"等中国传统礼仪的呢?利玛窦进入北京之后,就知道有一支信奉"十字教"的犹太族人在开封居住,但是没有机会亲自去考察。在他之后,陆续有欧洲传教士亲赴开封实地考察。笔者在这里引述的是一位叫作骆保禄[①]的意大利传教士写于1704年11月5日的、记述了他考察开封犹太人所见所闻的书信。

信中写道:"由于无论过去和现在他们中均有获得过功名的读书人,我就冒昧问他们是否敬奉孔夫子。包括他们首领在内的所有

---

① 骆保禄(Jean-Paul Gozani,公元1647~1732),意大利籍耶稣会士,1694年来华。

人都告诉我，他们和中国不信基督教的文人一样敬孔，而且与他们一起参加在重要场合举行的正式仪式。这些犹太人还告诉我，每年春秋两季，他们像中国人习惯的那样，要到教堂旁一个厅堂里祭祖。祭品中没有猪肉，但有其他动物的肉；举行普通仪式时，他们只献上几碗菜和果酱，不过也要点香、鞠躬或磕头。我还问在他们住宅或祠堂里是否有供奉祖先的牌位。回答是他们既不用牌位，也不用画像。不过当官者另当别论，这些人去世后，人们要在祖堂设立牌位，上述其姓名和官职。""他们把遵奉的 Dieu 称为'天'、'上天'、'上帝'、'造物者'以及'万物主宰'。他们告诉我这些称呼取自中国书籍，用以表示上帝。"①

作为收录这封书信的《耶稣会士中国书简集》一书的编者，杜赫德在骆保禄的信件之后，特别做了几点说明。其中之一这样写道："至于中国人敬孔祭祖，那些与欧洲犹太人一样远离偶像崇拜的中国犹太人肯定认为这只是世俗和政治礼仪。如果他们从中发现具有迷信性质的宗教信仰，他们就不会与这位哲人的其他信徒一起前往孔庙，也不会为纪念祖先而焚香了。"②

这段史料说明，从明代末年起，由利玛窦等人所开创的、遭到无数非难和谴责的很多属于"文化适应"的做法，更准确地说，即双方争论不休的几个主要问题的处理方法，早在若干年，甚至成百上千年以前，在中国定居的犹太人就是这样做的。然而这些犹太人并没有放弃他们的宗教。这表明，这些做法是任何希望在中国生活的耶稣基督的信徒唯一的选择。并没有证据显示范礼安、罗明坚、利玛窦等人参考或吸取过这些在华犹太人的意见，但是他们殊途同归，采取的方法惊人地相似。

---

① 〔法〕杜赫德编《耶稣会士中国书简集》（第二卷），郑德弟译，大象出版社，2001，第15、第13页。
② 〔法〕杜赫德编《耶稣会士中国书简集》（第二卷），郑德弟译，大象出版社，2001，第20页。

邓恩先生将利玛窦等"一代巨人"把"文化适应"策略具体地运用在中国,所形成的一整套成功的传教方法,做了如下集中的概括:

"从今以后的策略,更应注重智力传教。""建立一个遍布全国的、高层的友好人士的网络。""静静地渗透和在文化上逐步适应;要摒除'欧洲人主义';与欧洲人,特别是与在澳门的葡萄牙人的接触,要保持在一个低水平;传教工作需要的资金可以从中国获得。只要在资金上还须求助澳门,就要'小心从事,尽量少用';当在天主教教义上不存在妥协问题时,避免同中国人的偏见和猜疑发生不必要的冲突;传教的工作要'慎重、不声张,用好的书籍和有理性的辩论向学者证实我们教义的真实性,让他们知道我们的宗教是没有害处的,只会给帝国带来好的朝政和平安的局面';在发展天主教徒时强调质量而不是数量。"

作者用大量的事实说明,无论就促进中西文化的交流而言,还是就传播天主教而言,利玛窦的方法都是唯一正确的方法。遵循了这一方法,传教士就一帆风顺,或化险为夷;违背了这一方法,就一事无成,甚至头破血流。

邓恩先生用饱蘸对自己先驱无限自豪之情之笔,讴歌了利玛窦等一代人在天主教发展史和国际文化交流史上所建树的卓越功绩:"以天主教在公元一世纪的观点来衡量,晚明时期耶稣会士在中国的成就,应该被列为天主教传教史上最伟大的成就之一。成就这一事业的这几十个人,唤醒了天主教世界使命的真谛,将世纪初期天主教的传统恢复到了正确的位置。他们反对将具有普世意义的天主教歪曲为仅仅适合于个别国家、个别地方的狭隘的宗教。他们的所作所为,不仅仅在天主教的历史上有着重要的意义,在国际文化交流的历史上,也同样具有重要的意义。"

他说:"这为数不多的一伙人,以他们所创建的中国与欧洲的思想联系,几乎改变了中国历史的进程,也改变了自那以后的世界。

如果不是后来的曲折①，把他们灿烂辉煌的贡献贬低了，耶稣会士所做出的杰出贡献还会更加光彩照人。"

即使是以无神论的、历史唯物主义眼光来看，邓恩先生的上述评价也是站得住脚的。

## 三

本书作者邓恩（George H. Dunne）是一位美国现代耶稣会士。他生于1905年，于1998年6月30日在加州的洛斯加托斯（Los Gatos）去世，享年92岁。他生前曾在圣路易斯大学执教，于1961年被任命为乔治敦大学校长助理。

邓恩神父与中国的友谊可以追溯到50多年以前。在第二次世界大战期间，他曾是在中国的耶稣会传教士。中华人民共和国成立后，他结束了在中国的传教事业，返回美国，在芝加哥大学攻读历史学博士学位。他的博士论文就是以来华传教士研究为题的，但是他的论文基本上只是利用了第二手资料，对此他感到十分不满意，于是产生了到罗马继续他的研究的想法。1959年10月，他的计划实现了。在罗马梵蒂冈档案馆汗牛充栋的档案、手稿的海洋里，他考稽钩沉、潜心爬梳，以大量的鲜为人知的第一手资料充实和扩展了他的研究。本书就是他这么多年辛勤耕耘的结晶。该书经美国印第安纳州 Notre Dame 大学出版社出版后，引起学术界的广泛注意。

本书原名《巨人的一代：明末耶稣会士在中国的故事》（Generation of Giants: The Story of the Jesuits in the Last Decades of the Ming Dynasty），重版本、法文译本、德文译本的书名都有改动。此次中译，改名为《一代巨人——明末耶稣会士在中国的故事》。

---

① 指后来教宗关于禁止中国礼仪和解散耶稣会等事件。

乔治敦大学历史系教授魏若望（J. Witek）博士这样评价说[1]：
"在整个十九世纪，只有一位研究者——钱德明（Jean‐Joseph Marie Amiot，曾在清王朝朝廷中服务过的法国耶稣会士）——利用过手稿资料。在二十世纪初，即1911年至1913年间，在利玛窦的家乡马切拉塔，汾屠立（Piero Tacchi‐Venturi）神父为纪念利玛窦逝世300周年，而编辑出版了两卷本的利玛窦著作集——《利玛窦神父的历史著作集》（Ooere Storiche de P. Matteo Ricci）。其中第一卷是他的《中国报导》（即后来翻译成中文的《利玛窦中国札记》），第二卷收录了他的书信集。在1942年至1949年间，德礼贤（Pasquale d'Elia）神父对上述两卷本的利玛窦著作重新予以出版，添加了极其丰富的注释，命名为《利玛窦全集》（Fonti Ricci）。与此同时，魏特（Alfons Väth）用德语撰写了汤若望的传记[2]。"

"但是这些著作都不是英文的。1942年美国加州大学的（伯克利分校）出版社出版了洛博萨姆（Arnold Rowbotham）撰写的《传教士与清廷官员：在中国宫廷的耶稣会士们》（Missionary and Mandarin: The Jesuits in the Court of China）。这本书基本上采用的是已经发表过的第二手资料。1953年纽约Random出版社出版了根据1615年拉丁文版翻译的英文版利玛窦中国札记，题为《十六世纪第一个十年的中国：利玛窦日记（1583~1610）》（A decade later China in the 16th Century. The Journals of Matthew Ricci 1583‐1610）。于是，英语国家对在明末清初中国耶稣会士们的故事，开始产生了兴趣。"

"当邓恩出版了他的基于以往从未利用过的档案、手稿资料的著作——《一代巨人》之后，就立即引起了整个英语世界相当广泛的注意。朗文出版社和格林出版社在英国重版了该书，题为《巨人

---

[1] 本书即将出版之前，我向魏若望教授请教邓恩此书在国际学术界产生的影响。于是他给我写了这封长信。
[2] 魏特撰写的汤若望传记出版于1934年。

的一代：在中国的第一批耶稣会士》（Generation of Giants: First Jesuits in China）。该书的法文版和德文版也分别于1964年和1965年出版问世。书名分别为：《利玛窦神父和他的在17世纪的中国的伙伴》（Chinois avec les chinois. LenPère Ricci et ses compagnons Jésuites dans la China du XVIIe siècle）和《杰出的范例：耶稣会士在中国的使命》（Das grosse Exempel. Die Chinamission der Jesuiten. Stuttgart: Schwabenverlag）。"

魏若望博士评价说："《一代巨人》一书涵盖了从1583年罗明坚和利玛窦开始，到以汤若望之死为结束的在华耶稣会士的故事（其中也涉及了南怀仁的一些事迹）。由于它纵观了这近100年的历史，并利用了大量的档案、手稿材料，因此它成为有兴趣学习和研究那一时期耶稣会士在中国的事迹的基本教材。"

美国的Notre Dame大学出版社在介绍《一代巨人》这部后来在美国获得大奖的学术巨著时，是这样评价它的[①]：

这是："一批无畏的耶稣会士在明末清初的中国所发生的故事。它可以在很多层面上令读者感兴趣。首先，这是一本在学术上有着不朽价值的著作。它所搜集的资料之丰富是以往的著作所无可比拟的；它对在十七世纪文化高度发达的和等级非常森严的、正在走下坡路的中国的研究，如此之深刻，是几乎没有什么西方人能够望其项背的。它针对直接对立的两种传布福音的方法，提出了闪烁着智慧之光的见解。而这种对立在差不多三个世纪中都没能解决。它戏剧性地、生动地、带有真实生活色彩地表现了一个古老而又崭新的话题，即东西方文明的对立和冲突。除了这些因素之外，《一代巨人》这本书还讲述了一连串起伏跌宕的、有趣的、真实的探险故事。"

"这是意大利耶稣会士利玛窦的故事。他与他同时代的很多人

---

① 见该书英文版的扉页和封底。

不同，他以长远的眼光来审视自己的传教方法，他认为必须极端谨慎小心地培植信仰这株幼苗，使它顺利地成长，最终根深叶茂。这是中国学者官员徐光启的故事。他温文尔雅，但对天主教的热情持久、信仰坚定。这注定会博得他同时代伟大的欧洲人——白拉明（St. Robert Bellarmin）对他的敬意[①]。这同样又是汤若望的故事。他是一位脾气暴躁，但襟怀坦荡、直言不讳的科学家神父。他在清代第一位皇帝统治期间，使一个外国人的地位上升到了空前的高度。"

"从根本上说，他们和其他被本书称为'巨人'的那些人的故事，构成了有争议的'文化适应'策略的历史。而耶稣会士们则是这一'文化适应'策略的开拓者和先驱者。"

谈到"文化适应"策略、"礼仪之争"，人们比较熟悉的是关于"祭祖"、"祭孔"等礼仪仪式和一些名词的翻译。其实东西方文明的差异是无所不在的。可以说，在利玛窦一行人的脚下，处处都有地雷。邓恩神父在书中翔实地阐述了来华耶稣会士们在对待中西文化在每一个细节上的差异时所进行的探索：是否应该穿着中国人的服饰？是否应该学习中文？能否用中文做弥撒？能不能吸收当地人加入耶稣会甚至做神父？神父在做弥撒时是否应像中国人那样戴上帽子？教徒在礼拜天是否必须停止工作？在"男女大防"的中国如何为女信徒施洗？如何倾听女信徒的忏悔？壁画中的圣徒是否允许被画得穿上鞋子？在与中国友人交往时或到官府办事时，是否也可以像中国人习惯的那样互赠礼物？能不能接受皇帝的任命，在朝廷的历局或钦天监中做事？熏香、叩头等中国人待人接物的习俗是否可以被允许？等等。

这些来自第一次披露的真实档案、内容丰富而生动的手稿，为不知内情的中国读者展示出当时教会内部斗争的真实情况，使我们

---

[①] 见本书的第十章。

对处于两面作战的耶稣会士们的艰难境况有了更为真切的认识，使我们更了解他们奉行"文化适应"策略的不易，也更加深了对他们的敬意。

也正因为如此，《一代巨人》这部著作虽然一直未被译成中文出版发行，但已经被众多中国学者参考和引用了。作为中译者，笔者衷心地希望本书中文版的出版，能使更多的中国人阅读到一位外国学者笔下的这一段有趣的中国历史；能为从事这一领域研究的中国学者提供一些方便。

## 四

对于本书的著作者邓恩神父，似乎有必要做进一步的介绍。

他不仅是一名研究历史或宗教史的学者，而且是一名不知疲倦的政治活动家。在为他所做的悼词中，他被誉为"一名热情洋溢的反种族隔离的战士"，是一位在"全世界反对贫穷和倡导和平的运动中做出卓越贡献的人"；他同时又是"一位杰出的教育家和演说家，记者和评论家，是成功的剧作家，人权运动的先驱，是电影业民主公团的斗士，是赴埃塞俄比亚和巴西的美国和平队训练项目的负责人，是日内瓦的一名关心着国际经济的发展和世界和平的教区神父，是住在瑞士的美国大学学生的海外导师"。

早在1945年，邓恩先生就出版了《种族隔离的罪恶》一书，倡导所有美国人（包括白人和黑人）放弃种族和血统的偏见，投身到种族融合的运动中。他谴责各种形式的种族隔离，支持白人与黑人之间的通婚，号召所有的天主教学校对不同种族的孩子公平地敞开大门，主张美国的黑人全面地融入白人社会。

这位天主教神父宣布，天主教的教义要求废除所有的种族隔离，认可不同种族的社会平等。他认为，那些鼓吹种族隔离的人是有罪的，而且这种罪过是要在地狱里被惩罚的。他曾经说："以天主教的神意来看，种族隔离当然是违背慈善的罪行的，是邪恶的和不能被接受的。这种违背慈善的罪行，将使我们可以像违背公正一样容易地进地狱，也许还要更容易些。"①

简略地了解一下本书作者的生平，对理解本书是不无帮助的。邓恩先生在回顾400年前发生在中国的那段历史时，不仅仅是在追溯历史，显然也是在启迪当今。本书在美国出版问世的年代，正是美国以反对种族隔离、种族歧视为主要标志的人权运动进行得如火如荼的年代。当时本书的出版者就指出："邓恩神父看来非常热衷于这场论战②。这可能就是他为什么选择了撰写《一代巨人》这一如此适合他，并且具有挑战性的任务的原因之一。"

正如鲁迅先生所说的：水管里流出来的都是水，而血管里流出来的则都是血。作为一名对种族歧视嫉恶如仇的人权斗士，当他以"种族平等"的出发点，来审视发生在400年前的关于"文化适应"的种种分歧与争论的历史时，就不可避免地要寄托对现实的态度，笔下也就倾注了入木三分的力量。让我们读一读他在本书前言的结尾部分以重笔写下的那段话吧：

"这是为数不多的一小伙人的故事，他们打破了那个时代占统治地位的观念，回归到遥远的过去，恢复了文化适应的观念，将它置于天主教世界传教事业的中心位置。他们在东西方文化关系史上写下了光辉夺目的篇章。他们是现代成功地开创东西方两个世界接触的先驱。他们的历史之所以值得讲述，不是简单地把它当作世界历史的一个重要的章节，而是因为它不仅对今天的天主教传教事业、对任何一种宗教信仰，而且对一个还没有学会如何打破文化的、种族的和国家的傲慢与偏见的藩篱的世界，都有很多启示作用。"

可敬的是，被称为"预言家"的邓恩先生在二十世纪六十年代

---

① George G. Higgins 为邓恩所做的悼词。
② 即反对种族歧视的论战。

所讲的话今天读起来并不觉得过时；同样，让笔者感到可悲的是，时隔40多年了，当时遭到邓恩先生痛恨、鞭挞和声讨的国家的、种族的和文化的"傲慢与偏见的藩篱"，至今仍然存在着，甚至有过之而无不及。人们不无忧虑地看到，一种所谓"新帝国主义"的理论与实践正在抬头。在这一时刻，重读邓恩先生的著作，重温近400年前的那段历史，都是很有益处的。

## 五

邓恩先生作为一位反对种族歧视的战士，是足以让人尊敬的。他的关于平等地对待一切民族、一切文化的论点，笔者是完全认同的。

但同时，他又是一名虔诚的天主教耶稣会士，他对他信仰的宗教顶礼膜拜，充满自豪感和自信心，这是完全可以理解的，也是应该得到尊重的。但如他所说的，天主教所揭示的是独一无二的真理的观点，他认为晚明中国社会存在的弊端其根源就是缺少天主教信仰和天主教就可以救中国的观点，以及其对中国古代思想史若干范畴的评论，却是笔者所不能认同的。

作为一名历史工作者，笔者力求以本来的面目客观地认识历史和阐述历史。毋庸讳言，历史唯物主义是笔者借以揭开历史之谜的钥匙。笔者对利玛窦等被本书的作者称为"一代巨人"的明清之际来华的耶稣会士之历史功绩的肯定，是建立在他们的"文化适应"策略和科技文化交流成果的基础之上的。

在利玛窦等耶稣会士在中国的传教事业中，与"文化适应"同等重要的是科学。曾经激烈地反对过汤若望任职钦天监的安文思，不知是出于肯定，还是出于无奈，曾说过这样的话："除了上帝，传教事业赖以生存的只有数学。"[①] 科学在他们的传教事业中起了如

---

① 〔德〕魏特：《汤若望传》，1991，第269页。

下几方面的作用：第一，显示传教士们在科学特别是在天文学领域的知识与才能，使中国的知识阶层直到皇帝本人，都觉得离不开他们，然后再慢慢地、最后公开地容忍他们在中国的传教活动，有些文人学者甚至因此成为天主教徒；第二，借助科学，耶稣会士可以减少中国人对他们的偏见，使中国人认识到外国人也可以对中国的知识与学问做出补充和贡献，从而提高耶稣会士的威望；第三，"还有一个更深远的作用，利玛窦在世时就看到了：利用自然科学，特别是地理和天文学方面的知识，可以打开中国人的眼界，破除他们的'中国中心论'，进而可以为传播基督福音做些准备工作。"① 从这些意义上讲，科学知识不仅仅是通过连接中西方"桥梁"而传送的"货物"，而且是这"桥梁"的一个重要的组成部分。

德国哲学家、科学家、数学家莱布尼茨曾说过：

"我认为（在中国的）传教活动是我们这个时代最伟大的壮举。它不仅有利于上帝的荣耀，基督教的传播，亦将大大促进人类的普遍进步，以及科学与艺术在欧洲与中国的同时发展。这是光明的开始，一下子就可完成数千年的工作。将他们（中国）的知识带到这儿，将我们的介绍给他们，两方的知识就会成倍地增长。这是人们所能想象的最伟大的事情。"②

就促进科学文化交流，从而使人类共同发展这一点来讲，莱布尼茨的评价是恰当的。正如李瑞环同志在访问意大利时所说的："利玛窦等人把欧洲的天文、数学、地理等知识传播到中国，给中华文化注入了新鲜血液。"③ 当然，传播科学文化不是邓恩先生这部著作的主题。

---

① 克劳斯·莎茨（Klaus Schatz）：《耶稣会士在中国的文化选择》，载于李文潮、H. 波塞尔编《莱布尼茨与中国》，科学出版社，2002，第62页。
② 《莱布尼茨中国书信集》，第55页。转引自李文潮、H. 波塞尔《莱布尼茨与中国》，第75页。
③ 《人民日报》1998年5月20日。

是以利玛窦为代表的耶稣会士们不辞千辛万苦，甚至冒着生命危险，不远万里来到中国，将当时欧洲的科学技术传播到对此一无所知的中国来；是他们克服了民族的、文化的偏见与隔阂，将欧洲的文化介绍到中国，同时又把中国的文化介绍到欧洲，使东西两大文明第一次建立了空前广泛的联系；是他们促使开明的中国人睁开眼睛看世界。如徐光启所说的"欲求超胜，必须会通；会通之前，先须翻译"。汗牛充栋的、涉及近代科学文化的大多数领域的西方书籍，在这一时期被先后介绍到中国，被称作"天学"（其中也包括天主教教义）的一门新兴学科使中国人耳目一新；是他们摒弃了在殖民主义早期流行的"欧洲人主义"的偏见，平等地、友好地对待中国和中国人，客观地评价中国文化，开创了被本书的作者称为"四海之内皆兄弟"的世界大同的历史潮流。

虽然笔者并不信仰他们的宗教，但是也不否认在他们成就上述历史功绩的过程中，宗教所起到的重要作用。如果打个比方，就像是"原本为了觅食的蜜蜂，在客观上传播了花粉"一样。笔者尊重蜜蜂觅食的动机，但更看重它们在传播花粉上所发挥的积极作用。

但遗憾的是，仅仅科学文化方面的交流，还不足以动摇中国封建社会的基础。特别是由于"礼仪之争"，这种交流在持续了一段时间后就明显地减弱，近乎中断。因此，意识形态上的"西学东渐"对古老的中华文明没有构成一个现实的竞争状态，也无法使中国跳出几乎是原地踏步的王朝轮替的怪圈。然而，它的进步意义是不容置疑的。

这同时也恰恰验证了一位哲人的著名命题："批判的武器不能代替武器的批判。"仅仅依靠作为社会意识形态的文化（包括宗教在内）的力量，是不足以从根本上改变一个社会的。其实作者在书中也谈到，受天主教影响最多的是南明永历小朝廷，但其最终也没能逃脱失败的命运。邓恩先生良好的愿望并没有实现，天主教不能救中国。

这就是说，宗教是影响历史进程的一个因素，但不是决定性的因素，尤其是在没有深厚宗教传统的中国。

## 六

能有机会把邓恩先生的这部巨著介绍给中国的读者，应该说是笔者的荣幸。

俗话说，人过四十不学艺。笔者涉足中西文化交流史研究领域时，已经40多岁了。由于"利玛窦及明清以来外国传教士墓地"位于笔者所供职的北京行政学院（北京市委党校）的校园之内，开始时，笔者主要致力于滕公栅栏外国传教士墓地的变迁史研究，撰写了《群星陨落之地——北京西方传教士墓地的四百年沧桑》。在研究过程中，当涉及传教士的生平事迹时，笔者所参考和借鉴的多是几年，甚至几十年之前由前人翻译和介绍过来的、已被国人使用过无数次的史料。笔者因此感到有些不满足。

后来有机会到美国学习了近一年的语言。归国后就更不满足于上述"炒冷饭"的方式了，遂翻译了几篇论文。笔者的《早期西方传教士与北京》（由北京出版社于2001年出版）一书就吸收了很多当代各国学者研究的最新成果。当这一领域的专家、《晚明基督论》的作者、米兰外方传教会的意大利籍神父——柯毅霖（Gianni Crivller）成为笔者的朋友时，笔者向他流露了试着翻译一本英文著作的想法，并请他推荐一本书。柯毅霖神父向笔者举荐了邓恩先生的这部巨著。

翻译内容如此丰富、涉及领域如此广泛的名著，对笔者来说的确是一个挑战，也是一次锻炼，笔者只有寻求朋友和学长们的帮助。于是，美国旧金山大学利玛窦研究所所长吴小新博士帮笔者找来了英文原著，并向笔者提出很多很好的建议，北京外国语大学海外汉学研究中心主任张西平教授及中国社会科学院世界历史研究所李申研究员热心帮笔者联络出版社,等等。

在最为棘手的版权授权问题上,笔者再次得益于柯毅霖先生的鼎力相助。作者邓恩已经去世,他的著作权属于耶稣会。柯毅霖先生帮笔者联系到财团法人天主教耶稣会有关此类事务的负责人——梅德纯(Fr. Eugenio Matis)神父,并得到了梅神父的信任和支持。他将该书在中国内地发行简体字版的版权无偿地授予了笔者,要求笔者"忠实原著,细心推敲",并且鼓励说:"你和你的同事,将为对中国历史的这一部分重要知识所做出的贡献而感到慰籍。"① 在此,笔者和笔者的同事要向梅德纯神父表示深深的感谢。

从2000年起,笔者和笔者的同事开始了这近似于"深山探宝"的工作。笔者的同事石蓉女士,是北京行政学院图书馆管理员,专门负责管理国外、境外书籍,有较强的英语阅读能力,特别是在解读复杂的超长句式方面。我们既分工又合作。她翻译第三章至第十四章及尾声,笔者翻译前言至第二章、第十五章至第二十一章,然后互相交换译稿,进行校订,最后由笔者对全部书稿做了文字上的润色统改,添加脚注。我们之间优势互补,各自发挥特长,遇到难题共同切磋、反复推敲,经过两年多的共同努力,终于得以将此著作介绍给中国的广大读者。

在对书稿做最后的统改时,笔者对原稿中所涉及的一些中外人名、地名加了脚注。一方面是为了对中国读者不熟悉的人名、地名做以解释,另一方面表示从英文翻译回来的中国人名和来华耶稣会士的中文名字是查之有据的(凡是没有查到的皆注明是音译),笔者对一些外国人名的音译也尽量依照了前人约定俗成的译法。

在这一过程中,笔者和笔者的同事查阅和参考了《不列颠百科全书》(中文版);张廷玉等著《明史》;台北"中央"图书馆编

---

① "You and your collaborators will have the consolation of giving a significant contribution to the knowledge of an important aspect of the history of China."

《明人传记资料索引》；〔法〕费赖之著，冯承钧译《在华耶稣会士列传及书目》；〔法〕荣振华著，耿昇译《在华耶稣会士列传及书目补编》；〔意〕利玛窦、金尼阁著，何高济、王遵仲、李申译《利玛窦中国札记》；罗渔译《利玛窦书信集》；林金水著《利玛窦与中国》；台北编辑《纪念利玛窦来华四百周年中西文化交流国际学术会议论文集》；方豪著《中国天主教史人物传》；〔意〕柯毅霖著，王志成、思竹、汪建达译《晚明基督论》；〔法〕裴化行著，管震湖译《利玛窦评传》；张铠著《庞迪我与中国》；〔韩〕李宽淑著《中国基督教史略》；曹增友著《传教士于中国科学》；等等。

另外，作者在书中为来华传教士们的活动铺垫了历史背景。应该说作为一个外国人，能对当时中国的历史了解到如此程度，的确是很不容易了。但是毕竟其中也有一些失误。对此，笔者在个别必要的地方也做了脚注，为的是不使读者产生误解。

在翻译过程中，我们曾就一些难题请教过前面提及的李申研究员、张西平教授、〔意〕柯毅霖神父、〔美〕吴小新博士、李幼衡教授、〔美〕柏士隐教授（A. J. Berkowitz），以及林金水教授等。他们都给予了热情、无私的帮助和指教。在此我们要向他们深表感谢。

这里应特别提及的是北京市天主教教务委员会副主席兼秘书长、上智编译馆馆长赵建敏神父。由吴小新博士建议，笔者恳请赵神父在百忙之中通读了全部译文。他对其中的一些教会专有名词和术语细致地进行了规范与订正，使本书避免出现一些外行话。美国乔治敦大学历史系教授魏若望神父在对本书的学术地位与价值的评价方面，提供了有益的资料。为此向他们致以特别的谢意。总之，没有众多专家的帮助，"初出茅庐"的我们，是难以完成这一艰巨任务的。

即使如此，我们的译稿中也难免存在不少错误和疏漏，笔者和笔者的同事诚恳地欢迎有关专家、学者费心指正，对一切给予本书译稿的批评和厘正表示衷心的感谢。

2013年，上海古籍出版社的版权合同已经到期。社会科学文献出版社东亚编辑室主任王玉敏老师慧眼识书，表示愿意再版此书并恢复其原书名。笔者自然喜出望外，立即经北京语言文化中心（TBC）的梅谦立教授向台北的天主教耶稣会有关组织申请再版的版权，并顺利得到该负责人李骅先生的慷慨授权。同时又再一次地校读了全稿，做了若干修正，使译稿较之前更加臻于完善。

人们常说，"窥一斑可观全豹"，10年来此书的出版、再版，书名的修改、回归，也从一个方面反映了我们国家改革开放日益发展和深入的大背景。

至此，谨向李骅先生、梅谦立先生、社会科学文献出版社东亚编辑室的王玉敏老师及其同仁，以及帮助校读译稿的汪春伟女士，致以诚挚的谢意。

余三乐<br>2013年深秋于晚松堂

# 著者前言

当 1415 年葡萄牙人夺取了非洲的休达①（Ceuta）之后，他们就发起了一系列开拓疆土的活动，而使十五世纪成为世界历史上一个极不平凡的世纪。这是一个发现的时代，一个对人类的未来产生无法估量的重大意义的时代。

在占领休达之后的岁月里，英勇无畏的葡萄牙船长们在天才的航海家亨利②（Henry）王子的鼓舞与指挥下，勘测了他们航船下面的非洲西海岸，发现了一个新大陆。在十五世纪的后 50 年，迭戈·康③（Diego Cao）到达了刚果河口，巴索洛缅夫·迪亚斯④（Bartholomeo Dias）绕过了好望角。在 1499 年 5 月 20 日，瓦斯科·达·伽马（Vasco da Gama）在加尔各答抛下了船头的铁锚。通往印度的航线被发现了。

与此同时，与葡萄牙人向东的开拓相类似，哥伦布划时代的航

---

① 休达，摩洛哥北部的一个港口，扼守直布罗陀海峡。——译者注
② 亨利（Henry）王子，（公元 1512~1580），葡萄牙国王曼努埃尔一世之子。——译者注
③ 迭戈·康（Diego Cao），活动时期为公元 1480~1486，葡萄牙航海家和探险家，是第一个到达刚果河口的欧洲人。——译者注
④ 巴索洛缅夫·迪亚斯（Bartholomeo Dias，约公元 1450~1500），葡萄牙航海家和探险家，1488 年开辟了到达亚洲的海路，被认为是十五世纪探险大西洋的葡萄牙最伟大的先驱。——译者注

行向西打开了人们的眼界。教宗亚历山大六世①（Alexander VI）1493年5月3日和4日的著名的通谕和托尔德锡拉斯（Tordesillas）协定②，为那以后的西班牙与葡萄牙两国的殖民活动划出了一条分界线。

征服者紧紧跟随着探险家的脚步。索科特拉岛（Socotra，即也门）和霍尔木兹海峡于1507年被占领。随着1511年阿方索·德·阿尔布魁克③（Alphonso de Albuquerque）占领果阿，葡萄牙帝国在东方的基础就宣告奠定了。

这些成就对天主教是有着深远的重要意义的。世界极大地扩展了。几乎在一夜之间，数不清的民族和千差万别的文化突然出现在欧洲的视野里。对于天主教的世界使命，这是一个具有重大影响的新启示、新发现。

如果不怕被人批评为过于简单化的话，我们可以将教会的传教史划分为三个阶段：罗马帝国转变阶段、欧洲北部转化阶段和开始于十五世纪大发现的现代外国传教阶段。在第二阶段与第三阶段之间，有一个长长的停顿期。在这一时期，由于人们不知道还有一个人口众多的世界的存在，因此助长了这样一种假设，即世界的天主教传播事业已经充分地完成了。在十三世纪，教宗们尽其全力唤醒欧洲去了解中国，但是马可·波罗的著名游记被轻蔑地看作是虚假

---

① 教宗亚历山大六世（Alexander VI，公元1431~1503），在位时期为公元1492~1503。1494年他颁布通谕，通过非洲西端佛得角群岛以西的556公里处，从北到南划一条线，该线以西地区的专有权归西班牙，以东归葡萄牙，且规定两国都不得占有天主教统治者的人和领土。但其他欧洲国家都从未接受教宗的这一安排。——译者注

② 对亚历山大六世的通谕，西班牙感到满意，而葡萄牙则表示不满，于是两国在西班牙的托尔德锡拉斯（Tordesillas）会晤，商讨将分界线西移至佛得角群岛以西2056公里处，或西经48~49度。此分界线得到后任教宗的批准。葡萄牙因此得到在巴西的殖民权。——译者注

③ 阿方索·德·阿尔布魁克（Alphonso de Albuquerque，公元1453~1515），葡萄牙军人，葡属印度殖民地的总督，果阿和马六甲的征服者。——译者注

的幻想。值得注意的是，曾经繁荣一时的、由后来成为北京的第一位大主教的若望·孟高维诺①（John Monte Corvino）创建的方济会传教事业，随着1368年元朝的灭亡而消失了。到此为止，正像欧洲所认为的，这里就像一片处女地。当十七世纪方济会传教士随着耶稣会士的脚步来到中国时，他们根本不知道其他的圣·方济②（St. Francis）的孩子们早在三个世纪之前就已经在这里传播福音了。

发现时代的新启示使教会面临着巨大的任务。同时，对其中的任务之一，教会在当时是没有做好充分准备的。问题与早期教会所不得不解决的问题是类似的。当时天主教会从犹太人的社团中脱离出来，将希腊—罗马世界转变为天主教社会。一边是为数不多的一伙人，绝大部分是从犹太人那里来的，因此是外国的文化，仅仅依靠贫瘠的自然资源；另一边，那儿高耸着罗马帝国，继承着异教文化的最高成就，具有崇高的威望，掌握着巨大的权力。

企图将犹太文化形式强加在罗马社会之上，从开头就注定了这一事业必定失败的命运。将新的天主教的精神注入高度发展的罗马社会的肌体的任何一丝希望，都依赖着天主教对它的社会的和文化形式的具有最广泛包容性的适应政策。第一次出现在宗徒间的争论，就是关于犹太文化对适应政策的争论。值得庆幸的是，圣·保禄③（St. Paul）的强烈反对将犹太人实行的习惯强加于异教徒皈依者的观点胜利了。这场争论决定了天主教徒使命的真正的特征。天主教

---

① 若望·孟高维诺（John Monte Corvino，公元1241~1328），意大利方济会士，1294年到元大都，忽必烈准其传教。——译者注
② 圣·方济（St. Francis，公元1181~1226），天主教方济会的创始人，十三世纪教会改革运动的领导人。当时的教会十分腐败，圣·方济拟定了简单的生活守则，得到广大教徒的赞同。方济会后来发生分裂，成立了"小兄弟会"。——译者注
③ 圣·保禄（St. Paul，公元10~67），生于土耳其的犹太人，耶稣去世后不久改信天主教，在把天主教扩展到犹太教以外，并在使之成为一种世界性宗教的过程中发挥了决定性的作用，因此被称为"圣人"。——译者注

在社会的肌体中成为了发酵酵母,而不是催人呕吐的药剂。

[005] 　　早期的教会在调整自身去适应罗马文化环境的过程中,走了很长的路程。在天主教词汇的发展过程中,教会毫不犹豫地、自由地运用了希腊语和拉丁语的表达法。在那个时代,这些在异教的场合里所表示的意思与天主教徒所接受的意思相当不同的表达法,并没有被禁止。因为对超自然的秩序的见解还不为异教的世界所了解,希腊和拉丁的语言自身中还没有创造出那么多可被天主教教义利用的词汇。办法只有两个:将原始的希伯莱语的全部词汇嫁接到这些语言上,或者将非天主教词汇赋予天主教的含义。结果后者被采用了。通过重新定义和教育的过程,这些词汇扬弃了原来异教的含义,注入了天主教的含义。

　　教会的语言就是人民的语言,就像当时神父的服饰与老百姓的服饰相同一样。只有当日耳曼民族占领过这个帝国和罗马的语言发展了以后,拉丁语才成为教会做礼拜的语言。这样做是为了不使天主教的传播处于不断变化的新的语言之中。直到君士坦丁(Constantine)时代①,才有了举行仪式的专用法衣。法衣的出现,是追随当时世俗风格的结果。

　　蜡烛、薰香、圣油和圣水是被异教广泛运用之物。早期的教会并没有因此而认为是将其应用到它自己的礼拜仪式的障碍。异教的节日被天主教的节日所取代,是因为人们喜欢被天主教所接受的节日里举行的宗教游行活动。

　　墓穴提供了在世纪初期勇敢地接受适应政策的丰富证据。天主教的艺术家们使用了已有的罗马艺术形式。他们直接采用了它的内容中大部分的象征符号:表示胜利的手势、代表不朽的长生鸟、代

---

① 君士坦丁(Constantine)时代,指罗马皇帝君士坦丁一世(公元280~337)当政的时代。君士坦丁一世皈依天主教,并给予天主教信仰自由。——译者注

表和平的橄榄枝。经常出现在墓穴艺术中的作为圣餐象征的鱼，也许是从特定的古代异教祭品中借鉴来的。

世纪初期的适应政策的最为显著的特征之一，是众所周知的神秘的修行方式。一些最重要的天主教信仰的教义，不仅来源于异教，而且来源于新教徒。直到天主教完成了这一阶段的准备时期，已经准备接受考验时，才开始引入比较深奥的神秘内容，诸如在圣体①中耶稣基督的真正存在那样。这些做法是以完整的教育学的原则为基础的。在这些学说的可信性能被人们理解之前，思想必须要适应天主教关于人的超自然命运的一整套了不起的系统的观点。耶稣基督自己已经遵守了这一原则。这时他是逐渐地向他的门徒们显示他自己和他的意图的。他的这一教学法甚至超越了他生命的极限。他说：“我还有很多事情要向你们说：但是你们现在不能忍受它们。然而当她，即真理之神到来时，她将教导你们全部的真理。”

对外在的生活形式，适应政策已经尽力而为了。起源于异教神话中的很多旧的人名，继续地被使用着。天主教徒们让自己完全地适应当地的社会习俗，只要它们不属于异教神的崇拜。

他们自己的礼拜仪式在不引人注目的地方静静地举行。他们不做越轨而导致麻烦的事情。当麻烦来临时，他们通常是抱着非凡的勇气和炽热的精神去面对，但是在他们的态度中，没有轻蔑和挑衅，没有傲慢自大等等。这样就可以寻找机会避开他们所在的异教社会对他们的偏见。在面临重大事件时，他们暂时忍耐自己的蔑视情绪，不挑衅也不逃避。然后，即使是公然顶撞皇帝的事，他们也会毫不犹豫地做。

这样，早期的教会就十分彻底地进入了罗马帝国的文化生活。

---

① 圣体，天主教术语之一。天主教认为，经过祝圣的未曾发酵的饼和红葡萄酒，代表了基督的肉和血，成为圣体。信徒在做弥撒时，领受了这种饼和酒，就等于领受了耶稣的圣体，标志着信徒与耶稣相结合，并荣受了神恩。——译者注

它并没有牺牲教义的纯洁性，保留了旧文化中一切好的部分，不管是来自哪一方面的；改造了一切无关紧要的部分，也不管是属于哪个源流的。他们的目标就是在更多的宽容中，逐渐地净化那些被认为是邪恶的，但又不是本质上不可救药的东西。这就是"文化适应"所带给人们的最高点。

在这个将它自身与已经发展了的异教社会结合起来的过程中，教会获得了一定的文化形式。它的政府的、社会的和法律的生活被塑造成了罗马的模式。这些形式的本质从此被保留了下来。虽然天主教已不再简单地只是源于犹地阿①（Judaea）的启示录了，但它的文化形式仍然处在胚胎状态。在它后来的扩展过程中，一定程度的罗马化是不可避免的。这也是它所希望达到的。开化的天主教传教使命需要与较高文化的成果相交流。

与此同时，罗马化所赋予的生命力是与很大程度的适应相协调的。因此当日耳曼民族提升到较高的文化水准时，教会教育他们接受罗马的司法观念和社会模式，鼓励他们将旧有文化中一切好的东西都保留在新文化之中。同时，罗马化的健康形式随着大量的适应行为而有所调整，查理曼大帝（Charles the Great）对萨克逊人②（Saxon）的残暴政策，首先歪曲了传教工作中的世俗权力。这种政策在那个时代是一个例外。它遭到了教宗阿德里安一世③（Pope Adrian I）的反对。

肩负天主教扩张的第二个阶段的伟大使命的是本笃会④（Bene-

---

① 犹地阿（Judaea），古代罗马统治下的巴勒斯坦地区，与今以色列地区大体相当。——译者注
② 萨克逊人（Saxon），日耳曼民族的一支，在五世纪初曾经征服英国西部。——译者注
③ 教宗阿德里安一世（Pope Adrian I,? ~ 795），在位时期为公元772~795。——译者注
④ 本笃会（Benedictine），九世纪时，天主教中遵从圣·本笃（St. Benedictine）所制定的隐修的规章制度者成立的修会。——译者注

dictine）的僧侣。他们的主要功绩是打下了欧洲的或者说是西方的文明的基础。这一文明的充分发展是一个长时间的过程，它于十三世纪才达到成熟。其最终成果，是一种在外在形式上既不是希伯莱人、希腊人、罗马人、凯尔特人①、日耳曼人，也不是高卢人，而是全体欧洲人的文明。它具有的特性是宗教和文化的联合，更准确地说是互相渗透而形成的。尽管这种文化中也存有一些不良成分（正如中国人说的，"天道忌满"），而且不良的因素还不少，但在其中还是有能得到全世界普遍接受的终极真理和统一的精神的观念。这是共同的世界观。这是普遍认同的真正的价值观。

在欧洲文化的发展中，教会已经成为主要的中介。它将天主教渗透进欧洲文化的结构中。而这文化反过来又以千万条看不见的线，将自己绑缚在天主教身上。这种关系是割不断的，也没必要将它割断。正如北欧文化的发展已经成为完全罗马化的场所一样，天主教的任何进一步的扩张也成为"欧洲人主义"充分滋长的场所。在西方文明长时间发展过程中最好的那些原则，应该成为整个世界的财富，被全世界遵循。

然而不幸的是，在大发现的时代来临时，在开辟一个教会传教史上崭新时期的同时，一种不健康的"欧洲人主义"也在膨胀着，这一思维模式是与"文化适应"的观点相对立的。它使得在天主教的进一步扩展中，对非天主教文化将缺少应有的尊重。十字军东征已经留下一种好战的和不能容忍的传统。剑与十字架似乎是天然的盟友。所有非天主教文化似乎都是魔鬼的产物，似乎应将它们连根拔起，种上天主教的大树。对欧洲人来说，在他们那里，文化是天主的杰作，容忍似乎是一种背叛。神的恩惠甚至在异教的环境中也是起作用的。可惜这一点被忘记了。

---

① 凯尔特人，古代印欧民族之一，一世纪时，曾散居于欧洲大部分地区。——译者注

在十五世纪，多种条件已经促成而产生了一种特别危险的"欧洲人主义"的典型：传教事业与长期的政治强权加强了联盟。作为教会、社会和国家互相渗透的结果，国王们认为他们的责任是扩展这种信仰。但是武器只适用于国王，而不适用于圣人。

无须怀疑大发现时代众多西班牙和葡萄牙统治者真正的宗教热情。他们是宗教信仰非常强烈和狂热的人，他们怀有扩展天主的王国的高度责任感。这使得鼓动罗马教廷对此事业给予支持成为了现实。

在1418年4月4日给葡萄牙的主教区和修道院的信函中，教宗马丁五世①（Pope Martin V）表达了对约翰一世国王（King John I）的非洲远征军的支持，因为他们的目的不仅仅是单纯地打败摩尔人②（Moors），而且是扩展天主教。在1418年4月4日和1419年4月4日的两道通谕中，教宗确认了该国王从摩尔人手中侵夺来的全部国土。

教宗尼古拉五世（Nicholas V）在1455年1月8日的通谕中，延长了马丁五世和尤金四世（Eugenius IV）给予葡萄牙人的特权。他认可了已经被普遍承认了的葡萄牙对南亚和东亚开发和贸易的垄断权。来欧十世（Leo X）在1515年11月3日的通谕中，扩大了对所有发现和侵占了的土地和将被发现和侵占的土地的特许权，"从博哈多尔角③（Bojador）到印度，不论位于何处，甚至是今天未知的地方"，没有葡萄牙国王的准许，任何人，包括僧侣、俗人、王子、国王甚至皇帝，都无权进行贸易、捕鱼和到未经划定的地区航行。

---

① 马丁五世（Pope Martin V，公元1368~1431），在位时期为公元1417~1431。——译者注
② 摩尔人（Moors），中世纪时西欧西班牙人和葡萄牙人对北非穆斯林的蔑称。——译者注
③ 博哈多尔角（Bojador），地处西非西撒哈拉的海岸上。——译者注

作为对这一特许权的回报,葡萄牙国王应尽其所能,在他影响所及之处,进一步扩展天主教。他将向那些地区派遣传教士,为他们提供经费,建造教堂、修道院,设立其他传教基金。

葡萄牙的"保教权"①(Padroado)的基础就建立起来了。这样就产生了最恶劣的、由传教事业和殖民帝国主义联合而成的"欧洲人主义"。

另一种与适应精神为敌的因素,是迅速膨胀的民族主义。对民族主义特有的狂热和忠诚,不能培养出属于世界的公民。由于是作为他本民族文化的代表而服务的,于是这些传教士就损害了传教事业所应有的普遍的世界性的性质。正如教宗庇护十一世②(Pius XI)在1929年所说的,"民族主义始终是传教事业的一个毒瘤,说它是一种咒语是不过分的"。

民族主义对起源于"欧洲人主义"的特殊的狭隘性是有责任的。民族的自豪感总是将本民族的文化形式与天主教的混为一谈。这样的事实在十六世纪的西班牙和葡萄牙随处可见。在那里,西方天主教自以为是、一意孤行的精神与最激烈的民族主义结合在一起。对葡萄牙人来说,除了穿上葡萄牙的外衣,任何包装的天主教都是不可思议的。对于西班牙人,这也是同样的事实。

这里也有许多值得注意的例外,即捍卫当地人民权利的神学家、尊重当地文化的传教士。列举他们的名字是没有必要的,因为在这里,占优势的模式、惯例和规则要比那些例外重要得多。十六世纪的规则是"欧洲人主义",而"欧洲人主义"作为一种传教方法仅仅在一定条件具备的地方才能获得成功。

---

① 保教权,葡萄牙文词汇为"Padroado",指罗马教皇授予葡萄牙国王在东方行使的特权。上述双方曾缔结了一个称之为"Padroado"的协定。——译者注
② 教宗庇护十一世(Pius XI,公元1857~1939),在位时期为公元1922~1939。他大力赞助海外传教事业,在位期间使海外传教士的数量比以前增加了一倍。——译者注

如果欧洲文化有明显的优越性,它就可以成功地排挤掉一种当地文化。但即使在这样的情况下,这种成功也是靠不住的,除非欧洲的政治强权在那里建立它的统治,并依靠它的命令用一切强制手段对这种文化渗透给予支持。在这些条件不具备的地方,这一方式注定是要失败的。葡萄牙人的帝国主义的历史清楚地证明了这一点。

第一次充分地显示出"欧洲人主义"不足的是在印度。在那里天主教面对了一种高层次的博大精深的文化。在很多方面,与罗马文化相比较而言,印度文化是一种更为复杂的文化。这种问题的出现要求在天主教成长时期的传教士具有一定的灵活性。但是这在十六世纪,则成为传教士无法解决的难题。

[010] 在十六世纪后半叶,由国王们、果阿的委员会和总督们颁布的法律和政令在极大的程度上显示出这个时代的精神①。所有的穆斯林们和异教的僧侣们、忏悔者们和巫师们都从葡萄牙人控制的地区被赶走;非天主教的宗教场所都遭到摧毁;任何非天主教的公开的宗教仪式都遭到禁止;实行一夫多妻的人被放逐到奴隶船上;城市中的一些区域被划成反对非天主教徒的地区。

在隶属于他们的区域里,伴随着全部政治权力的动员,葡萄牙人在很大程度上成功地在印度实行了天主教化。然而葡萄牙人的统治仅仅局限在沿海的少数据点和与之最接近的地区。他们的影响,除了对天主教的名誉产生负面作用之外,并没有扩展到内地的穷乡僻壤,也没有波及到印度文化的主要中心地区。而且,天主教徒的生活是以葡萄牙人的生活习俗为模式的。皈依基督的人们彻底地被葡萄牙化了,他们被迫起了葡萄牙人的名字,穿着葡萄牙人的服装,遵循葡萄牙人的风俗习惯。他们就这样断绝了与他们自己人民的联系。甚至本地神

---

① 法令的正文载于 Levy Maria Jordão, *Bullarium patronatus Portugalliae regum in ecclesiis Africae, Asiae atque Oceaniae biillas, brevia, episiolar, decreta actaqtie S. Sedis ab Alexandro III ad hoc usque tempus amplectens. miiplectens*, 1969, 附录 I。

职人员所接受的也完全是葡萄牙模式的教育。除此之外，他们被当作一种二等的神职人员，仅比低级的传道师的待遇稍好一点。他们曾试图诠释印度人的思想，但是这一独特的工作没有得到应有的肯定。

在这种方法实行了一个世纪之后，印度的传教事业陷入了僵局。这一教训显示了，当天主教面对一种根深蒂固的非天主教文化时，只有在保持信仰的纯洁和统一的同时，借助广泛、灵活的适应和兼容的政策，才能使自己走向世界。

在明王朝统治之下的十六世纪的中国，天主教的传播面临着十分困难的问题。在这里天主教所面临的不仅有高度发展的文化，还有统一的、在孤立主义的大墙后面完全自给自足的政治实体。中国不仅仅是一个国家，对她自己来说，她简直就是一个世界，一个封闭的世界。她将自己看作是文明的同义语。在她的疆域之外存在的只有野蛮人。中国能够容忍其他野蛮人的世界，但只有在她与他们的接触尽可能地少的情况下。扩张主义的侵略狂热和由扩张主义点燃了的推动西方世界的想象力，与晚明时代的中国是格格不入的。高涨的探险精神，对扩张帝国、对攫取权力、对追求荣誉、对聚敛财富的欲望和传播天主教的热情，驱使着西班牙和葡萄牙的航船遍布海洋的各个角落。欧洲人在每一处海岸登陆，急切地从征服到征服，以及满足无止境的欲望，无休止地探险和掠夺，等等。对这种精神，中国完全是陌生的。

中国曾经有过热衷于探险的激动人心的时代。在汉朝（前206～220）伟大的汉武帝（前140～前87）的统治下，亚洲的土地就已经回响着中国军队征服的脚步声。伟大先驱者们探险的足迹深入到中亚地区，并与地中海文化的边缘地带建立了接触。在盛唐的黄金时代，都城长安（即现在的西安）曾是整个东方的麦加。当时，她的文化光辉照亮了东方，她的影响覆盖周围各国。天主教的聂斯托里教派①

---

① 聂斯托里教派（Nestorian），天主教的一个派别，又称东派教会、波斯教会，自七世纪至十世纪，在中国十分兴旺，被称为"大秦景教"。——译者注

(Nestorian)受到了友好的欢迎,伊斯兰教和摩尼教也被宽容和接纳,佛教继续带给中国外部世界的新鲜思想的溪流。在元朝统治期间(公元1279~1368),当忽必烈的继承者们在中国南面称王时,在"汗八里"(即后来的北京)尘土飞扬的街道上,外国人的面孔是很平常的景观。

这样的光荣日子已经成为遥远的过去了。产生一种令人振奋的新思想,在中国已经是很久以前的事情了。十六世纪的中国,已经衰老了。这个大明王朝也已经衰老了,没有冒险和进取的精神了。除了最初的两位统治者——明太祖和明成祖(公元1368~1424)之外,明朝已经不是一个生机勃勃的王朝了①。人们沾沾自喜地认为中华文化是一个完满的作品。长时间以来,形成了一套不容更改的八股规则。不需要增加任何新鲜内容。宋代(公元960~1279)的那些哲学大师们的成就,已经做出了结论,而这些结论被认为是终极真理。

如果在后来没有提供新的东西,中国人会仍旧坚持在所谓的"蛮夷"中无智慧可言的观点。很难设想在十六世纪的欧洲人会向最蒙昧无知的非洲土著人寻求启蒙;同样难以设想,十六世纪的中国人会向西方寻找光明。

十六世纪中国文化的"复古"和狭隘的特性与早期的折衷主义形成了强烈的反差,这是由于政治和文化生活控制在士人阶级手中。他们热衷的一种学院式的儒家思想,即朱熹(公元1130~1200)的思想。早在汉代,中国就首先创建了文职官员的竞争考试制度,以此作为选拔、补充政府官员的基础。后来,又将儒家经典著作规定为这一考试的基本依据。这给予儒家学者在国家官僚机构中一个占

---

① 尽管如此,人们不应低估明代在公共事业、法律、移民开发、艺术和文学等方面的真实成就。见 L. C. Goodrich, *A Short History of the Chinese People*,纽约,1943,第185~186页。

优势的地位。汉王朝崩溃之后,国家陷于政治分裂,学者官僚失去了重要性。然而在唐朝统治之下,汉朝政治体制的本质特征得以延续,即在皇帝的统治下,通过考试选拔和补充官僚机构的制度被恢复了。

士人阶级的地位在宋代(公元960~1279)得到了加强。当时除了经过考试之外,其他试图进入官宦生涯的大门是紧闭的。当另一个由蒙古人建立的元朝(公元1279~1368)失势之后,1368年随着明王朝的诞生和汉人统治的重建,士人的地位也得到了恢复。作为儒家哲学自我认定的代理人,学者们使这种哲学成为国家支持的垄断文化,并以此确保了他们自己在政治上和社会上的优势①。正统的儒学成为了真理的试金石,而正统儒学的试金石又以朱熹或新儒学的宋代书院的解释为标准。

士人阶级经过了几个世纪的努力才得到了他们所追求的地位。他们不打算容忍一种新的观念,以致因此危害到他们的地位。

这就是沙勿略②(St. Francis Xavier)徒劳地企图进入的中国,这就是追随他的传教士们所面临的挑战。将一种全新的天主教学说引入中国,寻找乐于倾听这些教义的人,似乎是没有希望的。如果"欧洲人主义"在印度被证明有所缺欠的话,那么在中国将被证明是完全行不通的。

到了十六世纪末,一种对"欧洲人主义"错误的反思开始出现在少数传教士中。他们主要是耶稣会士,一些属于一个新近成立的被称为"耶稣会"的修会的成员。他们发明了一种全新的布道方法,一种与那个时代占统治地位的精神大相径庭的不同方法。这种新方法曾引起激烈的批评,直至今日都是辩论的课题。

---

① 宫廷太监的超常权力对这一优势构成了挑战,特别是在晚明时期。这是另外一条故事线索,将在以后的篇章里论及。
② 沙勿略(St. Francis Xavier,公元1506~1552),西班牙人,耶稣会创始人罗耀拉的密友,最早到东方传教的耶稣会士。——译者注

很多的批评滋生出来，是因为在那个时代几乎就没有人理解，或者说自那以后的人们也没有理解：耶稣会士们当时正努力地尝试着去做些什么。耶稣会士们被控告为背叛者，被控告说对信仰做出了妥协和退让。实际上，耶稣会士们努力尝试的，正是恢复天主教真正的理想，并以其影响整个世界；恢复天主教传教事业的真正特点；使"文化适应"这一在天主教早期发展阶段曾经发挥过显著作用的方式得到复活。

耶稣会的精神极好地适应了这种传教方法的发展。这个修会是由教宗保禄三世①（Paul Ⅲ）于1540年9月27日正式批准的年轻的修会。宗教的修会，就像一个人一样，通常在它的年轻时期比较能够显示出它的适应性和灵活性，而这种适应性和灵活性在它年老时则比较欠缺。随着年龄的增长，它就越来越小心谨慎：偏爱走老路；不愿意承认世界不是永恒不变的和从不静止的，不愿意承认以往的规律常常是会过时和变成错误的。他们不愿去尝试新的冒险。

耶稣会的创始人圣·依纳爵·罗耀拉②（St. Ignatius of Loyola）不惧怕开辟新路。他制定的修会规则，对他的追随者的传教方式不做狭隘严格的限定。相反，他决定对耶稣会的成员采取与众不同的做法。修会首要的规则之一就是要求他的成员必须学会其所在国的语言。这似乎是显而易见的道理，但是作为"文化适应"的首要法则却往往被忽视了。在当时，传教士在外国借助翻译来讲授教义已成为惯例。一些老修会的成员们对他的革新不屑一顾、嗤之以鼻，并且持势不两立的态度。一些对后来到中国的耶稣会士们传教方法的攻击，与此种态度是不无关联的。

---

① 保禄三世（Paul Ⅲ，公元1468～1549），在位时期为公元1534～1549，意大利人。——译者注
② 圣·依纳爵·罗耀拉（St. Ignatius of loyola），出身于西班牙贵族，耶稣会的创始人，并自任第一任总会长。——译者注

1542年，当保禄三世派遣耶稣会士博爱特（Broet）和萨摩荣（Salmeron）到爱尔兰去的时候，依纳爵命令他们要适应爱尔兰人的风俗习惯。当另一名耶稣会士巴雷托（Barreto）被阿比西尼亚提名为族长的时候，依纳爵给他下了指示，让他表现出广泛的适应精神。于是他创建学校和医院，培养当地人做神职人员。在传播信仰的过程中，暴力和军队并不是必需的。他应该带一些工程师、农业专家和内外科医生一同到阿比西尼亚去。模仿当年教宗圣·格列高利（Pope St. Gregory）给圣·奥古斯丁（St. Augustine）的温和的指令，依纳爵警告巴雷托，不要贸然轻率地改变那些可能潜入礼拜仪式的陋习，而是要慢慢地改变，这样才不会不适当地触动根深蒂固的偏见。 [014]

这样去揣度依纳爵的精神，与那些在发展"文化适应"方法中发挥过作用的早期耶稣会传教士们进行沟通，是正确的。然而，认为在一开始时耶稣会传教士的成功就是建立在这些规则之上，或者认为他们在接受这一方法时是意见一致和毫无异议的，则是一个错误。正是在中国，他们在这一方向上做出了最初始的和最为显著的努力。然而即使在这里，这些经验的取得也经历了好几十年的时间和无数次令人沮丧的失败。

这是为数不多的一小伙人的故事，他们打破了那个时代占统治地位的观念，回归到遥远的过去，恢复了文化适应的观念，将它置于天主教世界传教事业的中心位置。他们在东西方文化关系史上写下了光辉夺目的篇章。他们是现代成功地开创东西方两个世界接触的先驱。他们的历史之所以值得讲述，不是简单地把它当作世界历史的一个重要的章节，而是因为它不仅对今天的天主教传教事业、对任何一种宗教信仰，而且对一个还没有学会如何打破文化的、种族的和国家的傲慢与偏见的藩篱的世界，都有很多启示作用。

# 目 录

第一章　奔向"月球" ············································ 1
第二章　利玛窦参加远征军 ···································· 10
第三章　利玛窦主持工作 ······································· 28
第四章　扩展根基 ················································ 45
第五章　登上了"月球" ········································ 67
第六章　收获 ······················································ 80
第七章　暴风雨的前奏 ·········································· 107
第八章　台风 ······················································ 129
第九章　在暴风雨中前行 ······································· 149
第十章　是谁杀了知更鸟 ······································· 165
第十一章　新与旧 ··············································· 188
第十二章　潮起潮落 ············································ 205
第十三章　栋梁的倒塌 ········································· 220
第十四章　兄弟帮兄弟 ········································· 234
第十五章　多么美好和快乐啊 ································ 255
第十六章　烈火下的适应策略 ································ 283
第十七章　礼仪问题 ············································ 297

第十八章　绿色的土地 ·················· 319
第十九章　适者生存 ···················· 334
第二十章　红色的顶戴和金色的鹤 ········ 361
第二十一章　参天大树的倾倒 ············ 379
尾　声 ································ 390

# 第一章 奔向"月球"

1552年12月2日的晚上,弗朗西斯科·沙勿略,这位打开日本信仰之门,并梦想着在中国也做出同样业绩的耶稣会士,在一个叫作"上川岛"的小岛上死去了。与此同时,在广东的监狱里,葡萄牙的囚犯在痛苦地呻吟,神秘的中国紧闭着大门。这之后不久,曾经因为错过了一些商业机会而遗憾的那些有影响的广东商人,成功地通过广东巡抚林富①,促使中国将防卫大门稍稍地打开了一点。广东有限贸易之谨慎的开放始于1554年。葡萄牙人在中国南海岸的一个小半岛上定居下来,建立了一个叫作"Macao"的社区。这就是"澳门"。澳门注定要在西方与东方的历史上扮演一个重要的角色,并且赢得巨大的声望。

与大墙上的这个小裂缝不同的是,中国仍然处于以往的孤立之中。传教士们一切旨在打破壁垒的努力都被宣告无效。1555年,巴雷托(Melchior Nunes Barreto)试图进入广东,但失败了。1563年,有8位耶稣会士在澳门工作。这时的澳门有5000名居民,其中900名是葡萄牙人。1565年,他们的会长弗朗西斯科·派瑞斯(Francico Peres)携带一份要求允许他们在中国开教的正式申请书,来到广东巡抚衙门②。他受到非常有礼貌的接待,并被通情达理地劝告要

---

① 林富,字守仁,莆田人,弘治十五年进士,历擢广东、广西布政使,督兵两广。引自《明人传记资料索引》第295页。——译者注
② 我试着到处寻找他的名字本民族的拼写方法,Francisco Peres是一个葡萄牙人,但是,Francesco Pasio则是一位意大利人。——译者注

学习中文，然后被送回澳门。

三年之后，一位后来成为耶稣会第三任会长的弗朗西斯·博尔吉亚①（Francis Borgia）秘书的西班牙籍耶稣会士瑞贝拉（Juan Bautista Ribeira），以其特有的壮举在中国沿海住下了。他在孤立无援、未经批准和不精通语言的情况下，提出在中国传教的申请。但是他招致的不仅是中国人的不高兴，同样也有他的上司的极不愉快。为了平抚他的痛苦，他被派回了欧洲。他在那里所做的关于中国的报告，成为天主教进入中国毫无希望的箴言。"在我居住澳门的三年中"，他向总会长报告说："我做了所有能做的一切，力图进入这个大陆，但是我认为，我没有得到任何有价值的东西。"② 在他所说的"所有能做的一切"中，显然不包括通过尊重中国的文化而接近中国这一项。在同一封信中，他拥护和鼓吹使用武力，这一点对他来讲是不奇怪的。他说："让中国人改变信仰是没有希望的。除非依靠武力，在军人的面前给他们指出这条道路。"

巴雷托也同意瑞贝拉这一危险的观点。当他与瑞贝拉一起待在澳门的时候，他们说不定就讨论过这个问题。在写于1569年11月2日的信中，他就表达过这一愿望，即欧洲的君主们应该停止彼此之间的争论，"用武力迫使中国的皇帝给予传教士进入中国传教的权利，同时给予当地人接受真理（即福音）的权利"③。

在试图打开中国大门的同时，他们着手在另一处地方寻求发展。1565年5月8日，西班牙的莱加斯皮④远征军航行到了墨西哥，在

---

① 弗朗西斯·博尔吉亚（Francis Borgia，公元1510～1572），1565年被选为耶稣会总会长。——译者注
② 利玛窦著，Pietro Tacchi - Venturi S. J.（S. J. 是耶稣会士的简称—译者注）编，Opere storiche，马切拉塔，1911～1913，I，注5。
③ 引自L. Delplace, S. J. Le Catholicisme au Japon，布鲁塞尔，1909～1910，II，第155页。
④ 莱加斯皮（Legazpi，公元1510～1572），西班牙探险家，1545年到达墨西哥，1560年到达菲律宾，后任第一任菲律宾总督。——译者注

古巴岛上登陆，并且在很短的时间里，西班牙人在整个菲律宾建立起它的统治。对与西班牙远征军同行，并出色地扮演了征服者角色的奥古斯丁修会①（Augustinian）的传教士来说，菲律宾只不过是他们征服亚洲大陆的一个歇脚地而已。1571年6月24日，莱加斯皮（Legazpi）总督创建了马尼拉城。其原因正如他自己所说的，他不能确定他的国王菲利普二世（Philippines）"是否希望我们立即向中国进军"②。四年以后，奥古斯丁会士拉达（de Rada）和玛瑞恩（Marin）作为执政官拉维札瑞斯（Lavezaris）的使者来到中国。他们受到福建官员周到礼貌的接待，好酒好菜吃过之后，又送他们返回马尼拉。

少得可怜的快乐预示了四年后的悲剧。四名奥古斯丁会士刚从西班牙到达菲律宾。之后不久，他们在广东附近登陆时被捕入狱，遭到粗暴的对待。其中一人死在了监狱里，其余的得到释放，但被驱逐出境。一人回到马尼拉，另两人在澳门居住。在澳门城里，他们建造了第一处方济会教堂。他们的声音也加入了那些曾经试图攀登中国之墙，但无功而返的人们的悲观大合唱之中。托第斯勒（Tordesillas）写道："没有修女的修道院，是能够比较好地遵守规则的修道院。"③ 他的同伴阿法罗（Alfaro）补充说："没有士兵的介入而希望进入中国，就等于尝试着去接近月球。"④ 现在每个人都知道，即使是月球也是可以到达的，重要的是方法。

在沙勿略死后的24年里所使用过的各种传教方法，就其性质而

---

① 奥古斯丁修会（Augustinian），天主教修会之一，遵循奥古斯丁（？～604）制定的隐修章程，提倡神职人员过完全的共同生活，是天主教较大的托钵修会之一（道明会、方济会、小兄弟会等也是天主教的托钵修会）。——译者注
② Francisco Javier Montalban, S. J., *El patronato español y la conquista de Filipinas, con documentos del archivo general de Indias*，西班牙布尔戈斯，1930，第105页。
③ 引自Otto Maas O. F. M.（O. F. M. 是方济会士的简称）博士著 *Die Wiedereröffnung der Franziskanermission in China in der Neuzeit*，德国威斯特伐利亚，1926，第44页，注92。
④ A. Van den Wyngaert 编 *Sinica Franciscana, Relationes et Epistolas Fratrum Minorum* Ⅱ，加拿大博纳旺蒂尔，1926~1936，第108页。以下简称 *SinFran*。

言,并不比那个时代狭隘的"欧洲人主义"有什么进步。那些尝试着潜入中国的传教士们,在克服对中国语言和风俗习惯的无知方面,没有取得任何成果。只有一个例外,即1575年回到马尼拉的奥古斯丁会士拉达,他带回了100部涉及了方方面面的中文书籍。此外,他还报告了他在中国的经历。这给欧洲人描绘了一幅中国及其制度的真实图画。但他对其他方面,如宗教、历史、哲学、文学,甚至语言都没有表示出任何兴趣。

是一个意大利的耶稣会士——范礼安①(Alessandro Valignano)给予天主教的进取事业以全新的指导。范礼安是一位民事法的博士,曾在教宗保禄四世(Pope Paul IV)的教廷里工作过一些年。1566年,28岁的范礼安加入了耶稣会,他给耶稣会带来了非凡的智慧与精神财富。1573年,耶稣会总会会长任命他为修道会长,并委以东印度全体耶稣会士巡察使一职。当时的东印度在欧洲人的地理概念里包括了日本和中国。

范礼安于1574年3月24日从里斯本出发,与他同行的还有41名将要从事各种各样事业的耶稣会士。从1577年10月到1578年7月,他第一次驻留澳门②。在这9个月的时间里,通过观察和询问,他对中国人产生了崇高的敬意(他称其为伟大的和杰出的人民),同时也洞察到以往失败的原因。"渗入中国唯一可行的方法",他在给总会长的信中写道:"就是调整我们的策略,采取一种与迄今为止与我们在其他国家所用的完全不同的方法。"③

这可以称为是"划时代的观察"。它明确地预告了"欧洲人主义"的时代被打破了,代之以尝试一种新方法,将天主教作为一个

---

① 范礼安(Alessandro Valignano,公元1538~1606),意大利籍耶稣会士,曾任耶稣会东方巡察使,1578年到澳门。——译者注
② 关于范礼安驻留澳门的时间,多数研究资料记载为1578年9月至1579年7月,与本书略有不同。——译者注
③ 引自 Henri Bernard, S. J., *Aux portes de la Chine*, 天津,1933, 第141页。

外国的胚芽移植到具有反抗力的、不友好的中国文化的躯干上。天主教回归到最初的、发生潜在作用的角色，悄悄地进入中国文化的躯体，并尽力使之发生内在变化，这就是范礼安的见识。但不能说他心中已经有了一个详细的行动规划，制定出这种规划在当时还是不可能的，它只能逐步地形成。在他那个时代，他的打破旧有传教方法的观点的革命性的特征，不会存在于一个与之相应的、完整的计划中，只能存在于基本态度的改变中。

"欧洲人主义"是一个精神的王国。它存在于以欧洲文化形式为终结的狭隘的、高傲自大的假设当中。这些文化形式被附加了绝对的价值，因此它不可能认识到其他文化的固有价值。欧洲以外的那些国家的人民，曾经被他们热情地招待过的，或是在武力的强迫下被不得不招待的欧洲人终生地侮辱和蹂躏，他们的感情被永久地伤害了。

"文化适应"，是以尊重当地文化为基础的，它植根于谦虚的精神和对无论何方的人民都有同等价值的理解之中。范礼安的这种新的，也可以说是相当古老的用以解决传教难题的方法，是具有革命性的。

在将他的完全有意识地表述的新政策付诸实施时，范礼安没有浪费时间。当时在澳门的耶稣会士对范礼安的观点并不认同，他们也传染上了太深的"欧洲人主义"，他们坚持，在澳门的中国教徒必须起一个葡萄牙人的名字，必须穿葡萄牙人的衣服，遵守葡萄牙人的风俗习惯。于是，范礼安要求耶稣会果阿省区教长派遣意大利人伯纳迪诺·德·费拉里斯（Bernardino de Ferrariis）到澳门来，但是德·费拉里斯当时不能脱身，果阿省就派罗明坚① （Michele Ruggieri）来代替他，罗明坚也是一位意大利人。

---

① 罗明坚（Michele Ruggieri，公元 1543~1607），最早进入中国定居的意大利籍耶稣会士。——译者注

罗明坚于1579年7月到达澳门,这时范礼安已经在两周前到日本去了。范礼安给他留下了指示,让他去学习"读、写和说"中国的文字和语言。这是迈向对中国文化渗透的第一个步骤。

1580年11月,罗明坚跟随一些葡萄牙商人来到广东。这些商人曾得到允许,每年到广东做两次商贸旅行,一次在春季,另一次在秋季。在路上,罗明坚劝说他的同伴们,要遵守中国的礼仪,而以前的耶稣会士们一般是不注意这些的。这样做使中国的官员很高兴,他们改变了对葡萄牙人以往的看法,因而自始至终都邀请罗明坚出席所有公开的会见。

第二年春天,当罗明坚结束他的此次行程时,他已经表现得很懂中国礼节了。在接受官方的会见时,其他人一律要行下跪礼,而他却被允许免除了这一礼节,可以站在那里。他被安排住在为暹罗和交趾①每三年一次的进贡使者进京路过此地而准备的驿馆里。秋天,当他又回到广东时,广东的总督及副手和军事长官都出席了他主持的弥撒。后来他的这一做法得到了罗马教廷的弗朗西斯坎·蒙蒂利亚斯(Franciscan Montillasd)的批准②。这似乎非常简单,那么多年面对正面的进攻仍然是紧密关闭的大门,开始在同情、理解和文雅的压力下打开了。

中国的官僚们欣赏罗明坚所做出的努力,但是他的澳门耶稣会的同僚们却不欣赏。从一开始,罗明坚就遭受到他们缺少同情和理解的态度的折磨。他们对罗明坚说,他在浪费时间。他们冷嘲热讽地说,那些能够在听了他的布道之后就皈依天主教的中国人还没有出生呢!在澳门的耶稣会会长以让他再做一些行政工作为由,顽固地阻挠他的中文学习。甚至在日本的范礼安一再干预,也没能终止

---

① 暹罗、交趾,是当时的泰国和越南。——译者注
② 耶稣会士得到罗马教廷授予的权力,可以在有异教徒参加的场合做弥撒。参见 *Aux portes de la Chine*,天津,1933,第155页,注51。

这些琐碎的干扰。

"如果范礼安神父不在这里主持工作"，罗明坚在1580年11月8日写给耶稣会总会长的信中说："我不知道在中国的福音事业将会发生什么逆转。我这样写，是因为我听到有人说，'这个神父，本来能够担任修会的其他神职，但是却将自己陷于这种事情。学习中文，致力于这种无希望的事业，对他来说纯粹是浪费时间'。"①

三年后，当利玛窦到达澳门6个月后，他描绘当时罗明坚在澳门的日子就像是在那里的耶稣会士手中的殉教者，他说："他们虽然是可尊敬的人，但是根本不理解天主教的传教事业所遇到的难题。"②

当范礼安于1582年又回到澳门时，他采取了决定性的行动。他调走了那里的耶稣会会长，把他派到日本去了。他颁布命令，凡是受命于中国传教事业的耶稣会士，相对于澳门的领导，应有较大程度的自主权。他还强烈要求耶稣会总会长阿桂委瓦（Claudio Aquaviva）神父不要干扰他的决定③。此外，他下令放弃对当地教徒的"葡萄牙化"的政策，中国的教徒可以保留中国的语言、服饰和风俗习惯。相反，代替强迫教徒"葡萄牙化"的，是传教士要使自己"中国化"。

然而，新的困难在另一方面出现了。1582年4月2日，一伙西[020]班牙人在耶稣会士桑切斯④（Alonso Sanchez）的率领下在福建登陆，于5月2日来到广东。中国人虽然表面上倾向于接受澳门作为一个例外而存在，但他们还是对从另一个地方来的外国人的出现感到不

---

① *Opere storiche*, Ⅱ, 第397页。
② *Opere storiche*, Ⅱ, 第35页。
③ *Opere storiche*, I, iii, 注2。
④ 桑切斯（Alonso Sanchez, 公元1545～1593），西班牙籍耶稣会士，1582年从马尼拉来华，曾在广州、澳门等地居住。——译者注

安。在这种情况下,两广总督陈瑞①传唤新近到达的澳门主教萨(Leonardo de Saa),要他与澳门的葡萄牙人市长门多萨(Airez Gonzalez de Mendoza)一起到肇庆的总督官衙,让他们解释葡萄牙人在澳门行使统治权的法律基础②。范礼安派罗明坚代替澳门主教去履行使命。罗明坚此行给陈瑞留下了特别好的印象,正是因为这样,当他返回澳门时,受到了总督请他到肇庆定居的盛情邀请。带着另一名耶稣会士巴范济③(Francesco Pasio)一起,罗明坚很快又回到了肇庆。在那里,他得到一座塔供他使用。在众多下属官员的簇拥下,总督正式地拜访了罗明坚,还送给他一首以中文写成的赞颂他的诗词。

来自菲律宾的下一次意外事件导致了不愉快的结果。5名方济会的托钵僧④在福建沿海登陆。他们在广州遭到扣押,并被投入监狱。其中一人在监狱中死去,其余的人在澳门的葡萄牙人的斡旋下得到释放。他们的这次行动是颇值得注意的。事实上,这类反复的、过分的冒险行动危及了传教士们的整体处境。

1582年3月,总督突然被免职了,他同时接到了立即赴京师的命令,让他对一项指控做出解释。尽管作为文人阶层的一员,对此类的指控是可以免除死罪的。这样一来,总督就害怕由于神父们在肇庆的出现,为别人控告他偏袒外国人造成口实,所以他命令罗明坚和巴范济离开肇庆。期望能软化这一灾难的冲击,他写信给广州港口的军事指挥官,指示他允许罗明坚和巴范济在那里定居。然而已经离任的官员的命令是没有分量的,罗明坚和巴范济还是被强行

---

① 据《明督抚年表》载,陈瑞于1581~1582年任两广总督。——译者注
② 关于这个人名的拼写,我是根据1932年编辑的中文的官方邮政手册中提到的人名用罗马字母拼写出来。——译者注
③ 巴范济(Francesco Pasio,公元1551~1612),意大利籍耶稣会士。——译者注
④ 托钵僧,天主教托钵僧修会的成员。天主教教会中有10个托钵修会,如道明会、方济会、奥古斯定会、小兄弟会等。——译者注

送回了澳门。

所有萌芽的新希望似乎都被残酷地毁灭了。但是在6个月的时间里，命运之轮转了整整一周。不清楚是什么原因，罗明坚被再次召回肇庆，也许是他交往的好朋友之一，广州巡抚和肇庆长官王泮①起了作用。罗明坚写了一份要求一小块建造住房和教堂的土地的申请。不出一周，从王泮官衙来的一名官员来到耶稣会士在澳门的定居点，他带来一份官方文书。文书上说，罗明坚的要求已经由新任的总督郭应聘②批准了。

这时巴范济已经到日本去了。替代他位置的是由罗明坚带回到肇庆的年轻的耶稣会神父利玛窦。不到三个星期前，利玛窦刚刚过了他的31岁生日。他命里注定要在他结束27年的全部生涯之前，去着手书写文化关系史和传教史中那最为辉煌的章节之一。

罗明坚与利玛窦于1583年9月10日到达肇庆。在那里，他们在总督给予的土地上，建造了中国内地的第一个天主教建筑。天主教在以前也曾到过中国，但是与之有关的遗迹，包括七世纪到八世纪非同寻常的景教，和十三世纪到十四世纪方济会辉煌的成就，都被埋葬湮灭很久了。而现在，一个新的局面开始了，而且不管遭遇怎样的灾祸，它都能挺过去；无论受到怎样的挫折，局势有多么令人沮丧，它都坚持下来了。天主教教会从这一天起，就再没有停止在中国的存在。范礼安的传教政策得到了验证，那些对罗明坚苛刻的批评和挑剔，也不值得一驳。

---

① 王泮，字宗鲁，山阴人，嘉靖年间进士，万历年间任肇庆知府，有善政，累官至湖广参政。——译者注
② 据《明督抚年表》载，郭应聘于1583年任两广总督。——译者注

# 第二章 利玛窦参加远征军

如果说罗明坚对打开中国大门所做的贡献被人们忽视了的话,那是因为它被利玛窦的重要成就所荫盖了。的确,在较深刻的意义上说,与罗明坚相比较,利玛窦才是在中国传教事业的先锋。

利玛窦令人钦佩之处,在于以他的性格和经历,实践了由范礼安开始的新的传教政策。他在书信中显示出,他是一个非常亲切、慈爱和善解人意的人。他在中国的全部生活是一个非凡的忍耐力和高超智慧的记录。他从未忘记过马切拉塔——他在意大利的诞生地,他从未忘记过他的家庭。他与家乡、家庭的亲情跨越了时间与空间的深壑。这一份持久的柔情爱意,表现在他给他家庭的信中:"主能保佑你们远离一切厄运。"这是一些人对自己童年记忆的地方所怀有的深深的爱意。"继续写,甚至更多的细节,因为对我来说,这是不可能忘却的。"①

**图 1 利玛窦像**

1568 年,当利玛窦 16 岁时,他离开家到罗马的德意志学院学

---

① 另一个例子是他对他家庭的感情。参见 *Opere storiche*,Ⅱ,第 122～123、218～229 页。

习。这是一段生动活泼的时光。天主教的改革正在全面展开，艺术与科学同时繁荣起来。在罗马，如雨后春笋般成立的有历史意义的社团、协会，强烈地吸引着他。

在依纳爵·罗耀拉去世5年后的一天，即1571年8月15日，面对着作为药剂师的他的父亲①失望和沮丧的神情，利玛窦加入了耶稣会。当13个月的初学期结束后，他宣发了自己的修会圣愿，同时成为罗马学院的一名学生。从这天起，他成为他的长长的母校校友名单中的一员。当他在中国的孤独的岁月中，最令他快乐的记忆常青不衰的，是他的那些罗马学院的同窗和伙伴。"我最好的祈祷之一就是思念他们。"② 这是他做祈祷时最爱用的方法。

两位可能对他成长影响最大的教授是克拉委奥③（Clavius）和白拉明（Robert Bellarmine）。克拉委奥是著名的耶稣会数学家，也是开普勒（Kepler）和伽利略（Galileo）的好朋友，是修撰格列高利历书④（Gregorian Calendar）的主要责任人。在他的指导下，利玛窦学到了系统的、实在的科学知识。白拉明在他34岁时就在欧洲享有美名，后来成了红衣主教，且被封为圣人。他开创了1576年9月26日的著名的"方针论坛"（Course of Controversies）。在这些每周两次集合起来听他的演讲的人中，就有利玛窦。白拉明是才华横溢的辩论家、学富五车的大师和热情的人道主义者。他在利玛窦在罗马求学期间的最后几个月里，将烙印深深地打在他的身上。由于他们师生二人在观点、感情和爱好方面一致，后来白拉明对中国的传

[024]

---

① 利玛窦的父亲名乔万尼·利奇（G. B. Ricci），是位药剂师，也是一名成功的商人，经营一家药店。他也热衷于地方行政，曾任教宗国的市长，代理过马尔凯区区长。他反对利玛窦做耶稣会神父。——译者注
② *Opere storiche*，II，第13页。
③ 克拉委奥（Claviu），利玛窦在罗马学院的数学老师。在中国，利玛窦称他为"丁先生"。——译者注
④ 格列高利历书（Gregorian Calendar），即现今普遍使用的阳历历书，教宗格列高利十三世将其作为立法改革的措施于1582年公布。——译者注

教事业注入极大的兴趣,就不奇怪了。1618年,白拉明写了一封鼓励中国天主教教徒的书信。

利玛窦自愿献身于远东的传教事业。1577年5月8日,他离开罗马来到葡萄牙。在那里,他一边等候到印度果阿去的机会,一边在科英布拉(Coimbra)大学继续他的学业。当时大学的哲学系正承担编纂《亚里士多德评注述》的工作,这一工作后来赢得了崇高的声望。到中国后,利玛窦与他的中国朋友一道将此书的一部分翻译成了中文。

1578年3月29日,利玛窦离开里斯本,开始了前往东方的航程。同行的有另外13名耶稣会士,其中包括罗明坚和巴范济。1578年9月13日,他们的航船在果阿抛下了铁锚。此后,除了在交趾待了很少的几个月之外(利玛窦于1580年在交趾开始了他的神父生涯),利玛窦一直在果阿,待了差不多四年。这期间,他教授人类学,研究神学和与疾病做斗争。

他的书信中有一封是那时写给耶稣会总会长(The General of the Society of Jesus)阿桂委瓦神父①的,信中放射出他性格中不容忽视的光芒,暗示了他确实是命里注定要去实现范礼安的政策的最佳人选。当时在印度和日本传教的一些耶稣会士传染上了"欧洲人主义"精神的病症。他们一向贬低当地人的人格,极力阻止当地人在教会中担任高级职务。在日本,弗朗西斯科·卡布拉尔②(Francisco Cabral)主张,凡是日本人报考神职人员,必须受过拉丁文教育和学习有关"良知争论"方面的课程,但是又不允许日本人

---

① "General"的头衔没有军事的含义。英语中这一词的含义是高级司令官,简单说,它的意思就是整个修会的最高领导,而用以区别于"省的领导"和"地方"的负责人。
② 弗朗西斯科·卡布拉尔(Francisco Cabral,公元1528~1609),葡萄牙籍耶稣会士,1568年到澳门,1570~1584年任耶稣会日本会长、日本副省会长,1582年任中国传教区会长,1584年到过肇庆。——译者注

与欧洲人一起攻读哲学和神学的课程。范礼安曾强烈地反对这种观点。然而在印度,有很多耶稣会士是赞同卡布拉尔的。这一派势力在 1581 年一度占据了优势。在果阿的耶稣会会长也采纳了卡布拉尔主张的制度。于是利玛窦在 1581 年 11 月 20 日写的一封信中,对此提出强烈的不满:"规定这种章程①,所持的理由,都不是实在的理由。他们说本地人学习了哲学和神学,就自高自大,不愿意在规模较小的教堂服务,又要轻视我们一些神学与哲学学得不好的传教士。但是这些话不是也可以向我们一切修院的学生说吗?在印度和在欧洲读哲学、神学的人,不是都可以自高自大吗?然而不管怎么说,我们都不能以此为由拒绝本地人上我们的学校。况且这边的本地人,无论怎样有学问,在白种人眼里,都没有什么地位。从另一方面说,本会从来没有偏袒主义;在印度这方面,有许多我们会院的有道德有作为的老神父们,开办学校,招收印度学生……再者,若是按照新规定的章程去做,岂不是故意使司铎们成为愚人,使他们缺乏需要的学问吗?无论如何,这些青年将来是预备升神父,关照人们的灵魂的;若是在这些外教人中,神父竟不知答复问难,也不能讲出道理来,以坚固人的信念,则神父还怎能成为神父呢?除非我们希望天主显圣迹,依我之见,在这种情形下天主并不会显圣迹。仅仅是一位解疑者,绝对不能应付一切传教的责任。第三,这些本地人,真是受人压迫到极点。这一点很使我伤心。无人愿意提拔他们,只有我们本会的会士,因此他们特别爱我们。若是现在他们感觉到:我们的神父也不愿意他们学习知识,日后在社会上能够有地位、有职务,我怕他们要变爱为恨,这样我们耶稣会在印度传教的主要目的势必受挫,使我们不能劝人进教,也不能使他们保守信仰。"②

---

① 即凡是印度人的子弟,都不能同欧洲人一道读哲学和神学。——译者注
② Opere storiche, Ⅱ, 第 20~21 页。

[026] 很显然，范礼安在 1582 年做出了好得不能再好的选择。他命令耶稣会印度省派利玛窦到澳门。当 1582 年 8 月 7 日利玛窦踏上这一城市那一刻起，他就投入中文的学习之中。范礼安还指示他准备一份中国的简介，介绍中国的人民、风俗习惯、著名人物和政府情况。他还力图使人信服，具备关于中华文明的知识是做一个能够胜任的传教士不可缺少的开端。在那个时代出现的关于中国的各种各样的描述中，桑切斯，一位对所有的"欧洲人主义"有着敏锐眼光的观察家，曾评论道："实际上他们都是有缺陷的，因为他们的论述包括了很多不存在的事情，或者忽略了很多存在的事情。"①

利玛窦夜以继日地工作，在一名既是翻译又兼任教师的人员的帮助下，他对照着罗明坚所做的观察，逐一审视了自己所得出的结论，写下了关于中国的记述。范礼安将这些记述收进了他给沙勿略撰写的传记之中②。这些以中文资料为基础的记述包含了很多不精确之处。后来利玛窦根据自己的经验与观察对此做了更正。在中国，在很多方面，正如利玛窦后来谈及的那样，"事情的真相往往与它的名声是背离的"③。虽然如此，他对中国的描述，在两方面表现出了重要性：它是至那时为止对中国文明的最有说服力的解释，而且它是范礼安方法的代表作。在他的描述中，中国文明受到了尊重。在这本 21 页的小册子里，利玛窦专注于赞美中国及其人民的种种特性。然而真诚的赞美并没有淹没利玛窦的批评态度。他对中国的缺点与不足的关注占了该书的 8 页。

---

① F. Colin 与 P. Pastells 合著，耶稣会士 Pablo Pastells 编辑 *Labor evangelica de los obreros de la de Jésus en las isles Filipinas*，巴塞罗那，1900～1902，Ⅰ，第 529 页。

② *Monumenta Xatieriana*，1899～1900，Ⅰ，第 158～188 页。

③ 利玛窦著，德礼贤（Pasquale M. d'Elia, S. J.）编辑《利玛窦全集》（*Fonti Ricciane*），罗马，1942～1949，Ⅰ，第 87 页。以下简称 *FR*。

后来的理性主义的作家，特别是伏尔泰（Voltaire），作为他们全面抨击超自然论①（the supernatural）的一部分，远远超过实际地赞美了中国在自然哲学、道德和宗教方面取得的成功，而且他呼吁耶稣会的当权者支持他们的这一论点。他们不是生活在坚实的土地上的。不论是利玛窦，还是他的后来人，除了初出茅庐、不谙世情的龙华民（Longobardo）之外，都不必为伏尔泰过激的言论和哲学观点而内疚。他们主要赞美的是城市的政治组织，在这其中，他们认为看到了柏拉图所设想的理想国成了现实，由哲学家管理政府。在这里他们赞美的更多的是国家的制度，而不是实际的运行。对国家所存在的缺点与过错，他们并没有视而不见，同时他们将这些过错明确地归咎于缺少神灵的保佑。利玛窦提到"很多严重的混乱现象"，在其中，大量的不公平现象是由官员们滥用不加限制的权力造成的，是由他们的自然哲学和道德局限性造成的。与此同样的批评可以在后来的耶稣会士，即从目光犀利的李明②（Louis Le Comte），到赞美多于批评的安文思③（Gabriel de Magalhães）等人对中国状况所做的判断中找到④。

至于中国人所关心的宗教，佛教和道教，耶稣会士们只提及了少许，对此他们并没有很深的了解。对儒学，他们称赞了其中主要的两点：儒学是一种道德学说，其绝大部分内容与天主教的道德教

---

① 超自然论（the supernatural），认为今世之外另有来世，它一般与各种宗教有关。——译者注
② 李明（Louis Le Comte，公元 1655～1728），法国籍耶稣会士，1687 年来华。——译者注
③ 安文思（Gabriel de Magalhães，公元 1609～1677），葡萄牙籍耶稣会士，著名航海家麦哲伦的后裔，1640 年来华，死后葬于"滕公栅栏"墓地。——译者注
④ 李明（Louis le Comte）著 Nouveaux mémoires sur l'état présent de la Chine，巴黎，1696，以及安文思（Gabriel de Magaillâns）著 Nouvelle relation de la Chine, contenant la déscription des particularitez les plus considerables de ce grand empire，巴黎，1688。

义是不矛盾的。以他们的观点看，早期的儒学与后来用唯物论解释的宋代经院式的儒学是不同的。然而，即使如此，他们也清楚地认识到它们二者与天主教的道德和神学教义相比较而显示出来的本质的不足。鉴于在1700年10月，李明成了来自巴黎大学的一个激进派指责的牺牲品，他们说他把孔子的学说与天主教教义相提并论，因此看看李明的真实观点是很有益的：

"无论如何，中国的道德是颇具魅力和包罗万象的"，他写道："但是它所表现出来的理智的光芒是微弱的和极其有限的。当这种光芒减弱直至消失的时候，他们就会得到天主教所带给我们的那种神的启示了。"①

他们对孔子的尊敬变成了像他们对亚里士多德一样的尊敬。在将它与天主教向我们揭示的神的光芒相比较时，如果自由思想家瓦耶（La Mothe le Vayer）写道："感到他自己异常愚蠢，情不自禁地大声疾呼'圣洁的孔夫子，我们在你面前祈祷！'"② 这是不能责备耶稣会士们的。因为这位自由思想家想从耶稣会士的著作中为他自己的理论寻找证据的时候，必然是异常愚蠢和格外阴险的。

利玛窦在肇庆度过了6年的时光，他努力凭借着坚韧的忍耐来抗拒强大的反对势力，以巩固新近获得的地位。从一开始，利玛窦的这一信念就很明确，即他第一位的任务不是扩大受洗教徒的人数，而是为天主教在中国人的生活中赢得可接受的一席之地。在这一任务实现之前，天主教始终处于随时可能被抱有敌意的官员们驱逐出中华大地的危险之中。仅仅是短暂的成功，在少数几年的辉煌的胜利之后紧接着的是全部希望的毁灭，这不是利玛窦的奋斗目标，也不在他的计划考虑之中。而这恰恰是在日本发生过的故事。他也不想

---

① 李明（Louis le Comte）著 *Nouveaux mémoires sur l'état présent de la Chine*，巴黎，1696，Ⅰ，第368~369页。

② Arnold H. Rowbotham 著 *Missionary and Mandarin*, *The Jesuits at the Court of China*，伯克利，加州大学年版社，1942，第250页。

为了创造出每年有几千人受洗的纪录，而在几代人之后使整个天主教事业遭受磨难，以致被迫中断，而这一情况已经在印度发生了。他的目标不是简简单单地在抱有敌意的社会的边缘建立一定数目的天主教社团，他更注重于建设一个中国天主教文明。这需要使天主教尽可能深入地进入中国人生活的主流。这样，经过一个渐进的传播天主教理想和观念的过程，人们的头脑适应于接受天主教的信息；经过一个对天主教持同情、赞成之心的人们联系的圈子的拓宽和发展，中国人的心灵做好了接受天主教的充分准备。经过这样一个和平的灌输与传播的过程，天主教潜移默化的影响静静地发生作用，这才是转化工作真正完成了。

[028]

利玛窦和范礼安一样，不是根据一个制订得很完善的行动计划开始工作的。他的方法的不同点在于，更注重待人处世的态度：即尊重中国的人民和文化，并以真挚的、谦逊的精神处世，使自己能够适应所处的环境。他的方法是经过了多年的实践才形成的，是他的自身经验的产物，是对中国现实国情的杰出的、天才的正确判断。

在肇庆的岁月是艰难的。从一开始起，情况就清楚地表明，在一部分普通老百姓中存在着根深蒂固的敌意。在十六世纪，广东省存在着比其他地方更为普遍的排外情绪。这也许是与葡萄牙人的接触造成的。当利玛窦和罗明坚走在大街上时，他们对听到人们用"一千种绰号"来辱骂他们，已经习以为常了。最普通的称呼，直到二十世纪也依然流行的，就是"洋鬼子"。

即使如此，利玛窦仍然很快就认识到，与学者型官员阶层中的很多人建立友谊是可能的。然而这种有同情心的态度并不是全部学者们的性格。他们中的大多数，在正统新儒学根深蒂固的影响下，都抱有一种相同的不友善的态度。当然也有很多人头脑比较开明，对新鲜思想感兴趣。这些人是利玛窦努力做工作的主要对象。

为了向众多的来访者介绍西方文化，利玛窦和罗明坚经常展示他们所收集的各种书籍。尽管其规模并不大,但它是在中国第一个展示欧洲图书的图书馆雏形。贯穿利玛窦在中国的整个生涯,他一直在他写给欧洲的书信中要求寄来更多的书籍。他从来没有满足过。欧洲的艺术也是第一次在肇庆的耶稣会士的住所里向中国人展示的,参观者对欧洲人的观测技术特别感兴趣,这对中国来说是很新奇的。西方文明在机械方面表现出天才的实力,使利玛窦等人能够检测天球仪、太阳象限仪、分光棱镜和自鸣钟。

在与参观者们的交谈中,利玛窦了解到中国人在对世界的看法上存在着缺陷和不足。这促使利玛窦着手绘制一幅世界地图。这件事注定要对中华民族的世界地理知识产生深刻的影响①。在随后的一些年里,他几次三番地绘制、修改和放大世界地图,正如他后来所写到的,"这种地图被印制了一次又一次,流传到中国各地,为我们赢得了极大的荣誉"。②

1581年,罗明坚写了一本拉丁文的传教著作,他将它叫作《问答集》。他的几个翻译将这本书译成了中文。虽然范礼安在1582年指示罗明坚出版这本书,但它还仅仅是以手稿的形式流传着。1584年的夏天和秋天,一位从福建来的,曾在信仰上接受过利玛窦指导的秀才③,在利玛窦的帮助下,将该书从头至尾翻译完,并在文字上做了润饰。这是利玛窦第一次为了寻找恰当的中文词汇来表达天主教思想而绞尽脑汁的经历。

这部书的中文译本于1584年的11月以《天主圣教实录》的题目出版了。这是用中文表达的第一部天主教著作。它讨论了天主的存在、天主的特征、人们关于天主的知识、灵魂的不朽、自然法则、

---

① 参见再版的 *Annual Report of the Librarian of Congress for the Fiscal Year Ended June 30, 1940, Division of Orientalia*, 华盛顿, 1940, 第167页。
② *FR*, Ⅰ, 第211页。
③ 中国文人通过国家考试制度可以得到三个等次的功名,即秀才、举人和进士。耶稣会士们不恰当地将这些分别翻译成学士、硕士和博士。

"摩西律法"①、天主教法律、天主的化身、圣礼和一些类似的话题②。

有一种传说相当牢固地存在于一些有关的历史论著里。有种说法相当肯定地认为：利玛窦隐藏了他的传教使命，没有讨论过宗教问题③。《天主圣教实录》的内容可以驳斥这些指责。恰好有更为确定的证据在耶稣会档案里被找到了④，这是一本由利玛窦在肇庆生活期间所编纂的《中葡词汇表》，这份词汇表有9页，这是他为帮助自己记忆而写的，它概括了利玛窦与来访的中国学者所讨论的那些话题。它证明以下这两点是毫无疑问的，即宗教是利玛窦讨论的主要议题，以及利玛窦在介绍他的信仰时是充分完整的。

1585年，孟三德⑤（Duarte de Sande）和麦安东⑥（Antonio d'Almeida）加入到利玛窦和罗明坚的行列。两年之后，另外一伙传教士在马丁·依纳爵·罗耀拉（Martin lgnatius of Loyola）的带领下出现在广州。罗耀拉已经在中国进行过一次不成功的探险，产生了不好的反响。广州当局写信给肇庆的官员，提醒他们对外国人日益增多的活动给予注意，力劝他们将利玛窦及其同伙驱逐出去。一连串的预示着不安全的事故接连发生了，形势迫使罗明坚和孟三德返回了澳门，麦安东已经先于他们到达了那里，只剩下利玛窦孤身一人留在原地。

[030]

---

① 摩西（Mosaic，公元前十四~十三世纪），希伯来人，天才的领袖，曾带领希伯来人摆脱埃及的奴役。他倡导的"十诫"被称为"摩西律法"。——译者注
② 有关这部著作的描述，有两份副本保存在罗马的耶稣会士档案里。见《利玛窦全集》，I，第197页注2。
③ 参见 *Missionary and Mandarin*，*The Jesuits at the Court of China*，伯克利，加州大学年版社，1942的事例，见该书第6页。
④ 耶稣会士德礼贤（D'Elia, S. J.）*Civiltā Cttolica anno* 86，罗马，1935，II，第35~53页。
⑤ 孟三德（Duarte de Sande，公元1531~1600），葡萄牙籍耶稣会士，死于澳门。——译者注
⑥ 麦安东（Antonio d'Almeida，公元1556~1591），葡萄牙籍耶稣会士，死于韶州。——译者注

一批百余名有影响力的广州人向帝国的都御史递交了一份言辞激烈的请愿书,要求把利玛窦逐出肇庆。他们的请愿遵从了行政程序的正规渠道。罗明坚和利玛窦与中国学者建立的良好的友谊关系这时显现出了它的价值。总督、副总督、巡抚和在肇庆的大多数其他官员的支持起了决定性的作用。1588年9月8日,都御史以有利于耶稣会士的裁决把事端解决了。

这一风波促使范礼安做出决定,将罗明坚派往罗马,去操办推动教廷向中国派驻大使馆一事,以便达到获得在中国无干扰地传播福音的官方批准的目的。罗明坚于1588年11月20日登上了航船。这样传教的重担就全部落在了利玛窦和他的助手麦安东的肩上。麦安东在夏末时候就已经与他会合了。

最先打开中国大门的罗明坚,从此再也没有返回中国。罗明坚在初次接触中国语言的学习的时候,比利玛窦的年龄要大。尽管他付出了最大的努力,但是由于记忆力的衰退,他无法真正地掌握好中文。他为学习中文而付出的艰苦努力和他糟糕的健康状况,使他精力憔悴。虽然他还不到50岁,但是利玛窦谈到他时说:"他已经老了。"四任教宗,即西克斯图斯五世(Sixtus V)、乌尔邦五世(Urban Vll)、格列高利十四世(Gregory XIV)和英诺森九世(Innocent IX)相继在不长的时间内去世,使罗明坚在罗马教廷一事无成。无论如何,利玛窦广泛的经历和对社会环境透彻的理解与认识告诉他,成功地向北京的中国朝廷派驻教廷使节是不可能的。罗明坚在意大利静静地生活直到1607年——他生命的终点。为了保持在中国的立足点,天主教会企盼着的不是教廷的大使,而是利玛窦在中国赢得朋友的能力。

在中国的传道事业之所以能够存在下来,得益于三位连续在任的总督①。但是,1588年第三位总督死于任上,他的继任者刘节斋,

---

① 据《明督抚年表》载,1583~1588年相继任两广总督的分别为郭应聘、吴文华和吴善。——译者注

不采取行动把利玛窦等外国人从肇庆赶走，就不能得到他中意的房子作为官衙。当时甚至连范礼安都失望了，准备放弃在中国的事业，将力量转而用到另外一处将会得到更多收获的土地上。利玛窦在一次短暂的澳门之行中，使范礼安恢复和重建了他的信心。在一场与刘节斋之间的耗费时日的机智力争中，利玛窦显示出他对中国人心理的了解是如何的透彻，他将一场可怕的灾难转变成了可喜的收获。他利用中国人复杂的礼节，类似国会议长为了达到目的而巧妙地运用议会规则式的手腕，迫使刘节斋处于如此不利的地位，即为了保存其总督的面子，不得不做出允许利玛窦到另一个城市——韶州定居的妥协。这样，双方就友好地分了手。在后来的岁月里，刘节斋不止一次地给予利玛窦富有同情心的关心和支持。

1589年的8月，利玛窦和麦安东离开了在肇庆的80名天主教徒，搬到位于广东省北部北江和五水交汇处的韶州去住了。在那儿他们安顿下来，正如利玛窦在写给范礼安的信中所说的，"准备再为拉结①服务7年以上"②。

到了11月，由于两名耶稣会辅理修士钟鸣仁（教名Sebastian）和黄鸣沙③（教名Francisco）从澳门到来，利玛窦的力量增强了④。

---

① 拉结，《圣经》中雅各的妻子。雅各奉岳母拉班之命，先为其长女利亚服侍她7年，再为其次女拉结又服侍她7年，他便先后与这两个女儿成亲。见《旧约·创世纪》。转引自〔法〕裴化行《利玛窦评传》，第132页注3。——译者注

② *Opere storiche*，II，第75页。

③ 钟鸣仁（公元1562~1622）和黄鸣沙（公元1573~1606），分别为广东新会人和澳门人，系最早的中国籍耶稣会士。——译者注

④ 所有早期的中国籍耶稣会士都是澳门人，而且在受洗礼的时候都得到一个葡萄牙人的姓氏。我更喜欢有一个中国名字，这样无论在哪里，都可能被了解、被认识。这两位中国最早的耶稣会士在文献中以他们的葡萄牙名字而被记载，即"Sebastian Fernandes"和"Francisco Martines"。为修会提供了出色的服务的这两个人，直到1591年才被耶稣会承认为新会员。前者死于1621年，而后者在1606年英雄般地死去。（前者中文名为钟明仁；后者中文名为黄明沙。黄明沙被处死的详情，见本书第七章。——译者注）

作为耶稣会的辅理修士,他们两人都做出了突出的贡献。尽管人力有所加强,但是在韶州的这些日子里还是充满了考验:1591 年 10 月,麦安东去世了,紧接着接替他的石方西① (Francesco de Petris) 也于 1593 年死了,还有就是一些当地的老百姓强烈的敌意。耶稣会士的住所两次遭到暴徒的袭击。发生在 1592 年的第二次袭击很厉害,两位耶稣会的神父都受了伤。为首的闹事者是一伙年轻人,其中有的人还出身名门。在一天的半夜时分,他们在邻近的塔里喝醉了之后,就到神父们的住所里来大肆发泄。

地方当局在处理这一事件时,显示出负责任的高度的判断能力和客观的公正性。利玛窦试图为肇事者开脱,但是没有成功。法官拒绝了温和的解决办法,说:"你尽你作为一名西方宗教教徒的责任,而我则必须尽我作为一名中国法官的责任。"②

由此事件而引起的法律的程序,导致利玛窦于 1592 年的秋天来到肇庆,从那儿他又造访了澳门,这是他最后一次到澳门,也是他最后一次见到范礼安。在这期间,二人达成了一些重要的决定,其重要性可以从利玛窦后来的实践做出充分的评判。

在这段时间里,利玛窦一直致力于解决一些迫切的问题:掌握中国的语言,了解中国人的风俗和心理习惯,增进与中国人的友好联系。现在他使自己适应了一位能干的老师的角色,努力学习中国的经典名著。他以得意自豪的心情写道:"我这么大的年龄,但就像一个小孩子一样又回到了学校。"③

就是通过这些年在韶州的学习,利玛窦渐渐能够区分早期经典儒家学说与后来朱熹学派的文人对其所做的注解和诠释之间的不同。这些注解和诠释确定了新儒学的特性,而被当时的社会视为正

---

① 石方西 (Francesco de Petris, 公元 1563~1593),意大利籍耶稣会士,1590 年来华。——译者注
② *Opere storiche*, Ⅱ, 第 109 页。
③ *Opere storiche*, Ⅱ, 第 118 页。

统学说。由于确信中国早期的儒家学说已经被武断地嫁接上了当代儒学一成不变的唯物主义,利玛窦开始在古代儒家经典著作中寻找儒学与天主教的接触点。

在关注他所阐明的结论时,他显示了学者的思维方式。现代的学识被他加在了对早期的儒学主要立场的分析上。但是这一点是确定的,即在一些主要观点上,天主教与早期的儒学是不一致的①。

利玛窦的传教方法来源于他基本上正确的分析,要理解这一点并不难。如果天主教要想深入地进入中国的生活,则必须从儒家学说中寻找一些接触点。如果想要得到人们以赞同的态度去倾听,利玛窦就必须说服学者们接受这样的观点,即朱熹的哲学,是完全的唯物主义②和彻底反对天主教的世界观的,并不是完整意义上的先秦早期儒学。为此他尝试着以求助于儒学早期经典著作的方式去实现自己的目的。他采取与早年教会的神父们接受希腊思想同样的态度来面对孔子的思想:尽力保存它所包含的自然真理的全部基本观点,增加它所缺少的有关自然界的其他科学原理,介绍包含在天主教中的、由其教义所揭示的超自然真理的全部新秩序。

在利玛窦最后一次访问澳门之后,另一个重要的进展是他和其他耶稣会士们后来在衣着样式上的完全改变。直到那时,他们一直穿着佛教和尚们通行的服装。当罗明坚第二次访问肇庆的时候,副总督曾劝告他说,如果他希望在中国长住,就应该改穿中国式样的服饰。为了服从这一要求,同时也为了突出他们的使命的宗教特性,经过范礼安的批准,罗明坚换上了和尚的服装。

在那之后的一些年里,他们所遭遇的很多困难,实际上是由于

---

① 在 FR, I, 第 108~132 页中,载有关于利玛窦对中国宗教的分析。
② 关于朱熹的哲学,侯外庐在《中国古代思想通史》中,概括为"客观唯心主义",受佛教"华严宗"的影响。本书作者说朱熹是"完全的唯物主义"是不准确的。作者系耶稣会士,有神论者,因此对唯物主义持批评态度。——译者注

他们在公众心目中被认为是佛教徒而导致的。在韶州，利玛窦的住所靠近一所佛教的寺庙。这使他能够近距离地观察和尚们的生活。他对社会上广泛流行的对和尚品行的不良评价做出了判断，这就增加了他对他们的厌恶之感，并产生了与他们长期地混淆在一起而对自己的前途深深地担忧。利玛窦在说明他们改变的原因时，写道："除了这一原因，对我们来说，当造访地方官员时，或是其他重要人物身着礼服来访问我们时，穿上一身丝绸的外衣和戴一顶与之相称的帽子是很有必要的。"①

关于这一问题，利玛窦于1592年在澳门与范礼安进行了长时间的讨论。范礼安也对此做了长时间的思考，他还征求了在澳门的耶稣会士的意见，也向路易斯·塞尔克拉（Luis Cerqueira）主教②进行了咨询。当1594年7月7日郭居静③（Lazzaro Cattaneo）到韶州加入利玛窦的工作时，他带来了有关更换服饰，改穿儒家学者衣装的授权。任何一个了解中国人和中国人的幽默感的人都会相信，当严肃认真的礼节受到了尊重，当利玛窦和郭居静第一次穿上儒家的礼服，戴上美观的帽子时，他们与那些学者朋友之间就会谈笑风生。利玛窦写道："我们的朋友们也非常高兴。"④ 也许没有任何一人能比利玛窦自己更感到喜悦。他在一篇文字中，表达了他为不能改变自己眼睛的颜色和鼻子的高度，从而使自己完全地中国化而感到遗憾。

在韶州，利玛窦结成的最富有成果的友谊存在于他与瞿汝夔之

---

① *FR*，I，第337页。
② 路易斯·塞尔克拉（Luis Cerqueira）主教（公元1552～1614），葡萄牙人，1595年到澳门。事实上，是他批准了在中国的耶稣会士们不再穿僧装，而是穿儒装。转引自荣振华《在华耶稣会士列传及书目补编》，第124页。——译者注
③ 郭居静（Lazzaro Cattaneo，公元1560～1640），意大利籍耶稣会士，1594年来华。——译者注
④ *FR*，I，第338页。

间。瞿汝夔是一位著名的、有才华的中国学者官员瞿景淳①的儿子。虽然他有极高的天分,但是他并不热衷于没有多少实际用途的和只对当时的人们具有科举考试意义的文学学习。因此,他没有在追逐仕途上面下功夫,而宁愿过着被人认为是不务正业的生活,他主要热衷于和他的家人一起旅游,喜欢将众多高雅的、有地位的朋友请到家里做客。

[034]

在韶州,瞿汝夔向利玛窦表达了真诚的友情。这种友情是双方的。两人肝胆相照,过从甚密。开始时,瞿汝夔为欧洲科学的新发现而着迷。迄今为止,当利玛窦所遇到的学者官员们好奇地察看欧洲文化的产成品时,都没有表现出浓厚的兴趣。而瞿汝夔却相反,利玛窦所说的一切似乎对他都有极大的吸引力。他勤勤恳恳地跟随利玛窦学习了一年。利玛窦教他算数学,讲授克拉委奥教授撰写的有关球体几何的那些书。利玛窦还教瞿汝夔学《欧几里得几何学原理》(第一册),教他如何制作各种各样的日晷,如何测量高度和距离。瞿汝夔被这些使他大开眼界的新发明、新发现所展现的绚丽图景深深地迷住了。利玛窦写道:"他高兴得简直发狂了。他求知若渴,夜以继日地刻苦学习。"②

在瞿汝夔身上,利玛窦看到了一种勇于向前看、善于接受新思想的典型的中国人文主义者的形象。虽然有科举考试的八股文僵死的桎梏和明儒学派传统的古典主义,一起沉重地压制着中国知识分子的精神生活,但仍然有很多人具有聪慧的头脑和将自己从沉闷的旧式影响中解放出来的非凡能力。这就是瞿汝夔带给利玛窦的启示。在后来的岁月里,利玛窦一直努力寻找这样的人,并且和他们结交朋友。在这方面他花费了很大的精力。

---

① 瞿景淳(公元 1507~1569),字师道,号昆湖,常熟人,嘉靖二十三年进士,中榜眼,累官至翰林院编修、礼部左侍郎等职。——译者注
② FR,Ⅰ,第 298 页。

瞿汝夔充当了一个中介的角色。通过他，利玛窦与韶州所有的学者官员们都建立了友好关系。瞿汝夔将利玛窦介绍到与韶州邻近的南雄市。在那里，利玛窦创建了另一个天主教社团，结交了一位非常重要的朋友——王应麟①，即南雄的府尹。

瞿汝夔的兴趣并不局限于科学。利玛窦还向他介绍了一些天主教的教义。他不是单纯的、被动的听众，而是认真地做笔记。瞿汝夔常常以书面形式提出自己不同的看法。利玛窦曾称赞他思维素质提高了，说他提出的疑难问题不是肤浅的，而是触及神学中最严肃的核心问题的。他正接近于走到完全接受天主教教义原理的旅程的终点。然而，尽管他的妻子已经去世了，但他没有将他的妾升格为正妻，因为她出身于较低的社会阶层，但同时他也不愿意与她解除婚约。金尼阁（Nicolas Trigault）② 写道："他的受洗被延后了，直到他能像睿智地认识真理那样，鼓起足够的勇气来拥抱真理。"③

这就是利玛窦用以对待生根于源远流长的、成百甚至上千年的中国民间习俗中困难问题的热情的、富于人性理解精神的典型事例。他从没有因为这些问题而影响他与中国朋友之间的个人友谊。在瞿汝夔这件事上，和像在很多其他事上一样，利玛窦的耐心和理解是得到了报偿的。很多年以后，1605 年，瞿汝夔对给他生了两个儿子的妾，"不再因为她家族血统的等级而犹豫了"，正如金尼阁所提到的，"接受他儿子的母亲为她的合法妻子了"④。利玛窦非常喜悦：

---

① 王应麟（公元 1545~1620），字仁卿，号玉沙，福建漳浦人，万历八年进士，官至右副都御史、应天巡抚。——译者注
② 金尼阁（Nicolas Trigault，公元 1577~1628），比利时籍耶稣会士，1610 年来华，曾从欧洲携带 7000 册书到中国。利玛窦死后，金尼阁整理补充了利玛窦的手稿，以《基督教远征中国史》为题在欧洲出版（即中文译本《利玛窦中国札记》）。1628 年，金尼阁死于杭州。——译者注
③ 金尼阁著 De Christiana expeditione apud Sinas suscepta ab Societate Jesu, ex P. Matthei Ricci ejusdem Societatis Commentariis……, 1615, 第 254 页。
④ 金尼阁著 De Christiana expeditione apud Sinas suscepta ab Societate Jesu, ex P. Matthei Ricci ejusdem Societatis Commentariis……, 1615, 第 254 页。

"我的这位老朋友……所有早期的神父们将他们最开始在广东、在江西、在南京所得到的声望的一大部分归功于他,为他们能在南京建立定居点和第二次到北京成功的远行而深深地感谢他……正如神父们所期望的那样,这位老朋友终于加入到神圣的教会的信徒中。这也正是神父们对他的功绩所能做到的最好的报偿。"[1]

瞿汝夔于1592年离开韶州。虽然在很多年月流逝了之后,他才重又见到利玛窦,但他的兴趣既没有消失,也没有减弱。他一直与这些来自西方的朋友保持着通信联系,而且不管到哪里,他都热衷于传播利玛窦等人的名声。

好长一段时间,利玛窦一直寻找机会移居到更深入的内地。韶州的气候不利于利玛窦的身体健康,韶州的人们对他们的态度也不够友好,更重要的是,广东省的知识分子与其他省份比较,也显得有些迟钝和呆滞。各种因素综合起来,就使利玛窦寻找一个新的立足点的要求变得迫切起来。

他的机会来了。当时正值日本人侵略朝鲜的战争打到一个紧要关头,一位名叫石星[2]的兵部侍郎被召唤去北京[3]。石星希望利玛窦能照顾他因科举落榜而极为沮丧的儿子,要求利玛窦伴随他和他的家属至少走一段路程。于是,利玛窦留下郭居静主持韶州的事务,还有两名我们只知道他们的葡萄牙名字的澳门人,即巴拉达斯(Juan Barradas)和弗南迪斯(Domingo Fernandes),便于1595年4月18日启程了。实际上,他在韶州"为拉结服务"的时间还不到6年。

---

[1] FR,Ⅱ,第341页。
[2] 石星(公元1538~1599),字拱辰,东明人,嘉靖三十八年进士,任吏科给事中、兵部尚书等职。——译者注
[3] FR,Ⅰ,第339页注1中谈及石星的身份。

# 第三章　利玛窦主持工作

[038]　　利玛窦离开了韶州，向北京进发。他想，即使北京去不成，也要在南京站住脚①。可是当时的时机不好。当时正值1592年5月，日本的丰臣秀吉在还没有完全打破封建领主的割据局面，日本在尚未完全统一的情况下，竟然组织了一支30万人马的军队出兵朝鲜，为实现他臆想中的日本帝国之梦——把中国、印度、菲律宾和西南太平洋诸岛划归日本版图，迈出了第一步。仅仅在6个星期之内，他的军队就横扫朝鲜半岛。一支由8万人组成的中国军队，被派往朝鲜协助抵御日本人，结果也遭到了失败。

　　日本军队在最初的胜利之后，便开始走下坡路。在海战方面，朝鲜杰出的海军将领李舜臣接连地给予日本军队重创。再加上日军的战线拉得过长、当地游击队的牵制、地方百姓对侵略者的仇恨、恶劣的天气，以及部队供给的不足等多方面的因素，日本人的锐气被逐渐消磨了。对中国来说，尽管时局有所好转，但是明军在朝鲜的失利，加上日军也并没有从朝鲜撤出，这些都深深地困扰着中国朝廷。万历皇帝把那些他认为有能力统领军队的官员召到北京，一起来商定对付入侵者的作战

---

① 这章中关于这些事件的主要资料来自利玛窦自己的讲述，见他的回忆录，*FR*，I，第335~380页。两封长信，一封是1595年10月28日写给高斯塔神父的，另一封是1595年11月4日写给耶稣会总会长阿桂委瓦神父的，分别见 *Opere storiche*，II，第117~118、182~213页。

计划①。于是，为抵御入侵而动员的军队集结起来，为大规模的战争做准备的各项工作也正在进行中。北京的这种战争恐怖气氛感染了全国，利玛窦在1592年11月12日写给耶稣会总会长阿桂委瓦的一封信中，谈到了当时人们害怕日本人的情绪。在信中，他把日本人描写成"非常好战的民族"②。

南京的气氛自然受到北方的感染，显得躁动和不安。在这种形势下，当地的官员们是不欢迎一个外国人出现在他们中间的。1595年5月31日，利玛窦到了南京，一路之上充满了惊险和不幸。当他们航行到一个叫十八滩③的地方时，船在急流中翻倾了。一名水性很好的年轻教士巴若翰④（Barradas）溺水身亡，而不习水性的利玛窦却幸运地保住了性命。

[039]

在当时这种环境中，利玛窦还是找到了机会。他发现肇庆巡抚刘节斋的第五个儿子在南京。这位刘公子很高兴能与这位天主教徒再次相见，并设宴款待了他，还把利玛窦介绍给他的朋友。这些人又宴请利玛窦。他们之间的这种来往，无形之中使东方与西方的文化在一种很友好的气氛中展露出来。这对于双方来说，无论是对于有开阔视野的人文主义的意大利人，还是对于那些接待他的开明的中国人来说，都产生了一种信任感。

利玛窦在南京结识了新朋友，在衣着、语言和行为上已经十分中国化了，他因此而自认为住在南京不会有什么问题了，但是没过多久，他这种打算还是落空了。利玛窦得知他的一位老相识徐大任

---

① 解释一下中国皇上的命名方法：在皇上尚未登基时，以他自己的姓名和皇太子的头衔相称。等他做了皇上，他就有了个人的帝号，再加上他的统治时期的年号。明朝的太子朱翊钧（朱是明朝皇帝的姓），称帝后的名字是神宗，他统治期间的年号是万历，可以称他神宗皇上或者万历皇上。西方的作家习惯用朝代的称呼作为皇上的名字。在这本书中对皇上的称呼通常用年号。
② *Opere storiche*，Ⅱ，第111页。
③ 十八滩是赣江中位于赣州与万安之间的一系列险滩。——译者注
④ 巴若翰（Barradas，公元1570~1595），澳门人。——译者注

在南京很有地位，就前去拜访。席间，利玛窦说他打算在南京住下去。听了这番话，徐大任与利玛窦刚见面时友善的态度改变了，他变得十分恐慌。原来这位大人害怕因为与利玛窦交往而使自己陷入困境，怕为了帮助一个外国人而丢官。他极力让利玛窦离开南京，并向利玛窦担保，除了南京，去任何地方，他都能帮忙。这位将与利玛窦的友谊抛之脑后的徐大任，抢在官府之前，将利玛窦住的那家客栈的倒霉的老板传来。他装作非常愤怒的样子，命令店老板把利玛窦轰出南京。

尽管利玛窦一些朋友一再劝他，不要理会徐大任的这种做法，但是利玛窦仍然认为，勉强住下来会对以后的发展不利。6月17日，心怀深深失望之情，但并不悲伤的利玛窦离开了南京。他在南京停留了仅仅两个星期。事后，利玛窦善意地解释了徐大任的行为，他说："我被告知，正如徐大任所说的，他这样做是为了我好。但是就我对定居南京所抱的强烈愿望来说，宁愿被投进监狱，我也不愿意离开南京。"①

[040]　利玛窦不希望再回广东，所以他决定在江西省的首府、以有众多学者而闻名的南昌落脚。利玛窦从南京走水路赴南昌，路上他结交了一个同行的旅伴，这个人在江西的衙门里做事。1595年6月28日，他们到了南昌之后，是这位新朋友照料他，帮他找了住处，看着他安顿下来。

开始时，利玛窦的名字在南昌并不为人所知。瞿汝夔向他在南昌的许多朋友们夸奖利玛窦，利玛窦也通过一位名医王继楼开始与城里有修养的阶层结交起来。一次，利玛窦受王医生之邀赴宴，来客中有两位皇亲②。利玛窦对中国经典著作的熟悉就像他的数学知识一样，激起了在座来客的赞扬，利玛窦很快与这两位皇亲成了熟

---

① *Opere storiche*，Ⅱ，第201页。
② 指建安王朱多㸅和乐安王朱多㷣。——译者注

人。以这次宴会为良好的开端,利玛窦的交际圈迅速扩展了,登门拜访的人也不断地增多。许多来拜访利玛窦的人渴望见识利玛窦真实的、奇异的记忆能力。中国的科举考试制度导致了记忆力的高度发展,但是很多中国人还是被利玛窦的记忆能力折服。因为他在读了一遍400个不相关的汉字之后,不但能顺着将它们背下来,还能倒着复述出来①。为了让那些羡慕他的朋友也能学到这一本领,他写下一篇的关于记忆的短文——《西国记法》。

江西巡抚陆万垓在对利玛窦的情况做了初步调查后,派人召利玛窦前来,而谣传却说总督要传利玛窦过堂,利玛窦的房东和邻居们听说后吓坏了。房东想将利玛窦连同他的东西一起赶到大街上去,但是利玛窦由于得到总督的私人医生王继楼所做的关于总督对他有好感的保证,所以拒绝房东的武力要挟。尽管如此,利玛窦还是自愿搬到了医生的家里。

虽然有这位医生朋友的一再保证,利玛窦在会见前还是充满了疑虑。等他见到总督之后,见到总督对他非常客气,也不让他履行中国人见官时的跪拜之礼,利玛窦的心才算是放了下来。接下来总督向他询问了一些关于天主教教义的问题,又问了他所教授的数学方面的一些事情。在见面结束的时候,总督对利玛窦的盛赞,竟然使利玛窦局促不安。总督还一再邀请他留在南昌。

利玛窦在南昌站住脚是没有问题了。总督对利玛窦的态度使那些原来想对外国人表示友好但又害怕的人松了口气。利玛窦马上就对一些职位重要的官员进行了一连串的拜访,并且都受到了友善的接待,前来拜访他的人也比以往增加了好几倍。几个月以后,利玛窦忙得连在白天读每日祈祷书的时间都没有,只有等到夜里再补上。

---

① 参考 FR,Ⅰ,第360页,注释1。

他在 1595 年 10 月 28 日写给高斯塔① (Girolamo Costa) 的一封信中说:"我连吃午饭的时间也没有,往往是下午一点钟才吃上。"他还写道:"一个星期里,我要受到两次或三次的赴宴邀请,有时一天里要赴两个地方,我也不得不两个地方都去……教会的斋戒日对我略有不便。因为这里的盛宴多在晚间举行,而我的守斋是全天的。值得庆幸的是我的消化系统很好……"②

在南昌,意大利的人文主义者利玛窦与一位 68 岁的中国学者章潢③成了非常好的朋友。章潢品德高尚,在明朝的史书上④,他被写成是一位"从小到大没有讲过一句不好的话,没有做过一件不好的事,没有结交过一个不好的朋友,也没有读过一本不好的书"⑤的人。他最重要的学术著作是《图书编》(一部地理方面的百科全书)⑥,此书共一百二十七卷⑦。这部书的问世证实了利玛窦讲述的他与作者的友谊。他们的友谊带来的益处是相互的。这部书籍的大量条目都是在参考了利玛窦的解释以后写成的,特别是天文学和制图学方面的条目。利玛窦绘制的世界地图用的就是这

---

① 高斯塔 (Girolamo Costa),利玛窦的同乡,1574 年加入耶稣会,先后担任过院长、省会长、总务之职。死年不详。利玛窦与他常有书信来往。——译者注
② Opere storiche, Ⅱ, 第 186 页。
③ 章潢,字本清,南昌人,笃志学古,主白鹿书院,执经从游者众,著有《图书编》等书。——译者注
④ 《明史》卷一七一称,章潢"自少迄老,口无非礼之言,身无非礼之行,交无非礼之友,目无非礼之书"。——译者注
⑤ 被德礼贤引用,见 FR, Ⅰ, 第 371 页,注释 5。
⑥ 章潢的《图书编》被收入《四库全书》,并不像本书作者所说的是一部地理学的百科全书。它汇集了历史上有图可考的多方面的著作,其中卷二十九至卷六十七为地理类著作。章潢将利玛窦绘制的《世界图志》收进书中。书中也有章潢取材于利玛窦地图而绘制的《舆地图》和《昊天浑圆图》。——译者注
⑦ 用汉语拼音来表示"卷"而不用英文"volume",是因为在英语中"volume"对西方的读者来说意味着一部大部头的书,但是"卷"的形式十分古老,那时的书是以卷轴的形式出现的,每一卷可能是书的一部分或是一个章节,这就是"卷"的意思。

种制图法①。

利玛窦通过章潢接触到了当时中国的知识分子，了解了中国社会知识阶层的生活。这种接触给耶稣会士的传教带来了久远的影响。在明朝最后的50年里，最重要的现象之一莫过于文学和哲学社团，或如耶稣会称之为"Academy"（学会），如雨后春笋般地发展起来。

章潢是南昌众多最早结社中的一个社团的领头人。该社的人数在1000人以上。这些学者们经常几个人聚在一起，不但讨论文学，也研究当时的社会问题。

这种形式的聚会在开始时并不是刻意地聚集在一起的。这些读书人来到一起，是借《论语》中的一句话："以文会友"，以期互相帮助，为科举考试做准备。这些聚会起初丝毫不招人耳目，但是后来发展成全国性的带有社会性和政治意义的运动。这些小团体组合起来，形成了由数千学者组成的各种结社，其中最具影响的一个大的结社称为"东林学社"。如果更强调其政治性的话，或称之为"东林党"。

[042]

在当时，朝廷的大部分实权被一群聚集在北京朝廷里的宦官把持着。与此同时，朝廷里唯利是图的反动的官员们与这些宦官又结为朋党。两股恶势力使一个好的政府运作程序瘫痪了，也破坏了整个的政治结构。这种统治状况，是导致在十七世纪的头10年里社会动荡不断增长的主要原因。正是这10年时间为明朝的覆灭铺垫了道路。

诸多爱国的、清廉的知识分子面对现实社会的种种弊端，极度痛心和愤怒。东林学社成了他们振作精神的地方。在十七世纪的头几年，这个组织演变成一个政治团体。在十七世纪最初的40年里，东林党与反动的阴谋集团对于朝政控制权的激烈争夺，成为这段时期中国政治史的主要内容。

---

① 参考美国国会图书馆馆藏《图书编》。

在南昌，利玛窦通过引见，认识了学社的知识分子。他发现有一批对如何改良朝政深为忧虑的人物，他们其中一些人已开始反抗，反对旧式的奴隶般的顺从。正是这种顺从，枯竭了人们进取的源泉，使权力掌握在腐败的反动势力手中。这些乐于接受新思想的知识分子聚到了一起。利玛窦认识到，在这种社会气候中，他可以以这些人为媒介将一种新的理论介绍到中国来。

很多谈论利玛窦的文章宣称，与儒家学说的联合，是为了以此为手段使天主教在传入中国时更容易一些。对这种辩解，无论是褒还是贬，都是不确切的。利玛窦在儒家学说中，摈除了宋朝的唯物主义，寻求与天主教教义的接触点。如果说它是一个联合的问题的话，不如说他寻求的是与较为进步和有潜在接受能力的、与学会团体有联系的学者型官员阶层的联合。利玛窦认为凭借这些人的威望，"或许可以消除某些人对新学说存有恐惧的心理"①。

[043]

即使是这样的结合，"联合"一词仍被误解。利玛窦看到以学会团体为媒介，天主教作为一种"发酵剂"可以被引入到中国社会。这个阶层可以形成许多向全中国广阔的土地上扩散天主教思想的中心点。这并不表示利玛窦抱有使全部学会团体的成员都皈依天主教的期望。还有一些作者仍然坚持错误的说法，认为耶稣会寻求的是中国"从上到下"的皈依②。利玛窦自然希望，"如果有可能"，他指出，"使一些有功名的学者和官吏皈依天主教"，但是他的更重要的目标，是通过这些人，形成一种对天主教抱有好感的社会环境。

事情并非偶然，在明朝最后的40年，所有杰出的学者阶层的天

---

① *FR*，Ⅰ，第382页。
② 有一例取自 John J. Considine, M. M. 著 *Across a World*，纽约，1942，第147页。这页的内容不仅对耶稣会在中国传教所运用的严谨的基本原则记述有误，而且也没能理解早期罗马教会的传教原则。教会在开始的几年里，皈依天主教的人来自社会的各个阶层。罗马城中众多的古代纪念碑足以证明这点，例如与 Pudens 家族相关的纪念物。教会的发展不是来自一个方向的，而是向社会的各个方向扩散的。

主教皈依者和许多非天主教徒的朋友都拥有东林学社的社会背景。利玛窦的良好判断力由此得到了证实。徐光启①（教名 Paul）、李之藻②（教名 Leo）、杨廷筠③（教名 Michael），所有这些在后来中国天主教的发展进程中起到领导作用的人物，均出自这些学会团体④。

　　传播天主教的利玛窦开始在学会成员中宣讲科学和哲学，这两者都有为了给具有影响力的天主教创造出一种有接受能力的气氛的目的。传教士们在科学领域一定要有好的声望，不然会影响到天主教的传播工作。许多有价值的友谊，首先是因为利玛窦的声誉和其他的耶稣会士教授新的科学真理而赢得的。许多对于有着宗教教师声望的利玛窦可能会持冷漠态度的中国学者，在面对一位著名的科学大师时，是不可抵御其力量的。这样的事情是经常发生的，即如果在科学方面有了共同兴趣的蓓蕾，则很容易开出共同信仰的花朵。即使圆满的结果没有成为现实，至少能为信仰赢得富于同情心的帮助与保护。

　　到了 1598 年，当利玛窦打算离开南昌的时候，他的传教方式的主要思路已经拟定好了。从那以后，他将主要的精力投入到未来的进一步发展上。利玛窦一直在小心谨慎地摸索这一方法。他确信：在荒野中，他已经找到了一条唯一可行的道路。

　　利玛窦在南昌的最后几年的经历，使他获得了宝贵的经验。在　［044］

---

① 徐光启（公元 1562~1633），字子先，号玄扈，上海人，明代著名的科学家，著有《农政全书》等，与利玛窦合作翻译了《几何原本》。——译者注
② 李之藻（公元 1565~1630），字我存，仁和人，万历二十六年进士，曾任太仆寺少卿，著有《天学初函》等。——译者注
③ 杨廷筠（公元 1557~1627），字仲坚，号淇园，仁和人，万历二十年进士，曾任监察御史、湖广道御史、顺天府丞等职。——译者注
④ 我将这几位的教名写在括号里，这样有些读者或许能认识一些在本书中出现的天主教徒。在读者对他们比较熟悉之后，我就不再用他们的教名，而用他们的中文名。也许无须再解释中国人的姓在前名在后，正好与西方的习惯相反。在书中的某些地方，有些中国名字我未能查到，只好用他们的教名，名在前，姓在后。

学者们的讨论会上,利玛窦是一位很受欢迎的人物,因为在讨论中免不了要涉及基本的宗教问题,还会引出进一步的提问。参与讨论的有些人是出于好奇,有些人希望从利玛窦这里学到神秘的炼丹术,尽管利玛窦一再说他不会炼丹术,但是这些人还是坚持认为他会。不过大多数来拜访他的人是希望从他这里学到更多的关于科学、哲学和宗教的知识与思想。"从早到晚",他写道:"我一直忙于与人们讨论我们的教义,许多人渴望抛弃他们的偶像而成为天主教徒……"①

在1595年,"作为一次中文写作的练习",利玛窦编纂了一篇不太长的论文——《交友论》。这个题目很吸引中国学者。他们一向不知疲倦地讨论"三纲五常"这一孔子学说中有关道德理论的核心部分。这是一系列使孔子的声望名扬全中国的著作中最为重要的部分。在南昌,利玛窦还结识了两位住在南昌,属于皇室家族的王爷,并与他们建立了真诚的友谊。《交友论》就是为其中的一位王爷——"建安王"写的。这篇文章如此受欢迎,甚至连利玛窦自己也感到吃惊。许多学者争着想得到一册,有一位学者就将它刊印了出来。这之前,在其他的书中就已经提到这本书。三年以后,利玛窦从南京发回的信中说:

"与我们已经做过的一切相比,这本书为我,也为欧洲人赢得了更多的声誉。因为我们成功地制造了一些器械,我们在机械制造方面的才能已经受到了人们的赞扬;而这篇文章给我们带来的是有天分的学者、有道德的人的声誉。文章非常受欢迎,已经在两个地方出版了。"

这封信是写给他的朋友高斯塔的。在信中他还表达了他的烦恼,因为教会对这篇文章的审查严重地妨碍了他的工作。文章最后能够出版,应该归功于一名不透露姓名的学者在未经授权下的行为。谈

---

① *Opere storiche*, II, 第220页。

到自己，利玛窦写道："我不能发表这篇文章，因为要发表任何文章都要得到我们许多人的允许，对此我无能为力。这些做审查工作的人不在中国，也读不懂中文，还要坚持进行评审。"①

利玛窦在多年之后说，他的《交友论》已被重印多次。事隔 [045] 390 年，在 1914 年的 5 月，《交友论》以连载的形式出现在《神州日报》② 上，足见它长盛不衰的影响力。

利玛窦的《交友论》是一个很好的例证，展示了耶稣会在东方与西方相互了解方面所起的中介作用。利玛窦并没有自封他是这篇不长文章的原始著者。当时建安王请他解释一下欧洲人对友谊的看法，写这篇文章的起因是为了满足建安王的好奇心。中国人习惯上称除了自己以外的所有人为"蛮夷"，让他们感到吃惊的是，这些"蛮夷"竟然在友谊这个话题上有如此高雅的论述，这使中国人感到很亲切，欧洲的文明程度在中国人的心目中的地位也一下子提高了。因此利玛窦的这篇文章不仅为他自己，也为欧洲人争了光。

在南昌，利玛窦决心为他传教使命找一个大一点的地方，创造好一点的条件。1596 年夏，通过很成功的交涉，他买到一所房子。这是他盼望已久的第二个立足点③。在开辟这个新定居点的时候，他下了决心，不再采用在肇庆和韶州那样的设公开的礼拜堂的做法。

可以这样说，利玛窦这样做没有任何想掩盖他的宗教本质的企图。尽管这一结论是与普遍的说法相矛盾的。利玛窦通过自己的亲身经验体会到，在某种程度上，传教工作还必须要秘密进行。一些人劝告他，在一些最基本的工作没有准备好之前，一定不要急于做太明显的劝说人们信仰天主教的事情。在利玛窦的经历的这个阶段，他仍然认为，在传播福音一事得到朝廷的认可之前需要极为小心地

---

① *Opere storiche*，Ⅱ，第 243～250 页。
② 在上海出版的《神州日报》连载了《交友论》。——译者注
③ 原文如此。但根据事实和作者后来的行文，这里似乎应该是第三个立足点。——译者注

行事。因此他决定在既不否认也不掩盖真实身份的状态下，不急于走在大众意识之前，而让人们知道他是在推行一种新的宗教，而且依照中国当时的环境，将许多人聚集在一起是十分危险的。那时，日本正在侵略朝鲜。中国人对间谍问题非常敏感。更重要还有，官场里的人惧怕国内秘密结社。因为大多数的结社都具有革命的性质，这是有先例的。人数达到某种程度的聚会都会引起猜疑，就像在罗马帝国的早期，天主教徒的聚会曾引起部分官员的怀疑，认为他们有推翻当权者的企图，这种情况当时在中国也同样存在。一些书院里文人们仅仅有9个或10个成员聚在一起，就已经引起朝廷的警觉了。以后我们将看到，首次偏离利玛窦这种传教策略就导致了一场对天主教徒的打击。在这种类似的打击再次爆发的时候，对南京天主教徒的主要指控是：这些天主教徒是臭名昭著的白莲教的教徒①。

利玛窦做出这一决策的主要动机与他放弃佛教徒的服饰的动机是一样的，耶稣会的教士们曾一度被人们当成是佛教的和尚。利玛窦毫不犹豫地决定，在南昌扩大居留地时不开设公开的礼拜堂，因为他知道，在明朝的社会环境中，通过私人间的谈话或小范围的探讨来传播福音要比在公开场合传播福音更为有效。他这种想法在他的两封信中表露的十分清楚。其中一封是1596年10月12日写给他在罗马的朋友富利卡提②（Giulio Fuligatti）的，信中在告知自己有了新住处后，写道：

"我不认为我们应该修建一座正式的教堂，而是代之以一间做讨论问题之用的房间。另一个厅则当作用来做私人弥撒的场所或做

---

① 关于中国人的秘密结社和官方对它们的恐惧，见 A. Wylie 著，*Chinese Researches*，伦敦，1937。

② 富利卡提（Giulio Fuligatti，公元1550～1633），系利玛窦在罗马学院的同学，后在该校任教，曾著有《论日晷》，并将该书寄给在中国的利玛窦。——译者注

接待室。因为在这里，通过私下的谈话传播福音要比正式的布道效果更好，成果更显著。"①

三天之后，在写给高斯塔的一封信中，利玛窦讲述了他的主要动机："我们已经不用僧人这个名称，而这个名称在中文里相当于我们语言中的修士……，在初始阶段我们还不打算建教堂或祈祷厅，而是有一个谈话室。"今天，我们称这种房间为讨论室。

事实也是如此，在肇庆和韶州的时候，耶稣会士在居住地设一公众聚会厅，有时会因此而招来不少是非。佛教的寺院或多或少地被视为公众的财产，因而习惯上寺院也允许任何公民团体在寺院里摆设宴席。在一些寺院里，人们常能听见的是节日喜庆宴席间的寻欢作乐之声，而不是和尚们的诵经之声。当地的乡绅们认为，既然这些外国的神父们将礼拜堂建在他们这儿，就像和尚的寺院一样，没有理由不让他们使用。耶稣会士们也不止一次地因回绝人们将礼拜堂用来做宴会厅的要求，而与当地的人发生摩擦。在肇庆的时候，有一次因为他们不让外人进来摆设宴席，将大门紧锁起来，结果导致了一次小规模的躁动。任何人都可以到佛教的寺院里摆酒席，这种约定俗成的习惯也不知沿用了多少年，而耶稣会的教士们却将大门紧闭，将人们拒之门外，这种行为似乎违反了上述那种不成文的法律。

最终让利玛窦做出这个决定的还是因为发生了一件更为严重的事②。事情发生在韶州，当时是由郭居静在这里主持工作。一天深夜，一伙一身酒气的人要强行进入传教士的住处。他们看样子不是本地人。仆人们将他们拦在了外面，他们就对仆人们连打带骂。第二天，这些人害怕郭居静会告他们，他们就恶人先告状，先将耶稣会士们告到了衙门，说他们受到欺辱。结果，衙门里一个职位较低

---

① *Opere storiche*，Ⅱ，第 215 页。
② 利玛窦在给高斯塔的信中提到了这件事，见 *Opere storiche*，Ⅱ，第 230 页。

的官吏办了这个案子,将郭居静的两个仆人传来打了一顿。当耶稣会修士钟鸣仁为他们辩护时,不但遭到痛打,而且还被罚带上刑具在大堂前站了一整天。后来,由于其他官吏的干预,才为传教士一方讨还了公道。这位滥用权力的官吏之所以这样做,主要是因为他曾垂涎郭居静的一块表,但是他们并没有得到,因而迁怒于郭居静。后来,这名官吏向郭居静赔礼道歉,并在城里一家寺院里摆下酒席,用这由来已久的习俗表示修好。为了避免发生这种不愉快的事,利玛窦决定,在新的定居点初建的时候,不设立公开的礼拜堂或教堂。

南昌为利玛窦开始实施被恰当地称为"分散式传教"的动议,提供了首次机会。南昌有许多学者,更重要的是其他地方有学问的人也经常造访南昌。它作为江西省的省会,也是全省学人乡试的地方。每隔三年,江西全省参加举人考试的学子都涌入南昌。1597年12月,南昌有4000名考生参加从12月19日到29日的举人考试。就在这个月,利玛窦在给曾教他科学课程的老教授克拉委奥的信里提到,当时拜访他的人非常多①。接触更多的人,也是传教工作的一种方式。利玛窦生命的最后10年是在北京度过的。在这期间,他继续实行这种传教方式。这些学者们从北京返回各省后,与利玛窦之间诚挚的友谊、令人兴奋的谈话仍会留在他们的记忆中;对利玛窦所称道的宗教信仰的同情和对天主教教义的兴趣也会一道被带走。在利玛窦离开南昌之前,他在当时中国15个省中的10个省里都有朋友。实际上,当时除去他在南京待了不长的一段时间外,在15个省里他只到过广东和江西两省。

尽管利玛窦在南昌的工作硕果累累,他仍然将目标锁定为北京。他在1596年10月13日写给耶稣会总会长阿桂委瓦神父的一封信中说,他正在焦急地等待罗马方面的回信,不知罗明坚向罗马教廷要

---

① *Opere storiche*,Ⅱ,第242页。

求向中国派遣一名大使的建议能否被接受。如果这个建议行不通，他将决心自己全力以赴地设法去北京①。他认为这个想法是可行的，他在南昌结交的朋友里有些是皇亲，有些人的亲戚在朝廷里做大官，他还认识一位北京地方官的三个儿子。

几封从日本的来信带来了消息：日本派遣使者去北京，与朝廷进行和平谈判。这位使者是一名很好的天主教徒。这个消息让利玛窦感到了不安，因为日本人的举动也许会对他的进京产生不良影响。这位使者名叫小西飞（又称小西行长），是一名重要的信仰天主教的领主，也是当时丰臣秀吉最信任的军官之一②。

1598 年的时候，教会方面发生了一些行政上的变化。大约在两年前，担任了 22 年各种职务的范礼安，经本人向耶稣会总会长申请，辞去职务。经总会长的批准，他的职务由印度的巡察使尼科罗·皮门塔（Nicolau Pimenta）接替。但是范礼安希望以后做一名普通的教士的愿望没能实现，因为总会长仍然让他担任日本和中国巡察使。

1597 年 7 月，范礼安到了澳门，直到 1598 年 7 月才离开。这时在中国传教的负责人是孟三德，而不是利玛窦。早在 1583 年，澳门神学院院长卡布拉尔（Cabral）就向总会长进言，劝说他不要任命罗明坚为中国传教团的负责人。他显然感觉到，传教团的负责人在性格上不能太单纯，要多一些心计。在他写给耶稣会总会长的信里谈到罗明坚时说，罗明坚是一个品德高尚地人，"但不足以应付周围的环境"③。耶稣会总会长就让范礼安任命一位比罗明坚更谨慎的负责人，范礼安选择了孟三德。1585 年孟三德得到任命后，很快就

---

① *Opere storiche*，Ⅱ，第 225 页。
② 关于小西飞（Kunishi Yukinaga），参考 C. R. Boxer 著 *The Christian Century in Japan*，1549 - 1650r，伯克利—伦敦，加州大学出版社—剑桥大学出版社，1951，第 181 页。
③ 罗马耶稣会档案 9，Ⅱ，第 186 页前后。

[049] 来到了中国。但是由于他的健康状况不好,不能在中国停留较长时间。1590 年,他又被任命为澳门神学院院长①。这是一种笨拙的行政安排。一直实际全盘负责在中国的传教工作的利玛窦,每迈出重要的一步都要经过孟三德的批准。澳门和内地相距遥远,孟三德对实际情况也不清楚,很难对问题做出判断。

这时,范礼安结束了这种不正常的局面。利玛窦被任命为传教的负责人,还被赋予了较大的权力;在印度待过 10 年、任过各种职务的李玛诺②(Manoel Dias)神父接替了孟三德,担任澳门神学院的院长。当时的耶稣会士们称他为老玛诺(Manoel Dias, Senior),以区分另一位小玛诺(Manoel Dias, Junior)。小玛诺在中国被称呼为阳玛诺③,同样将在传教工作中起很重要的作用。李玛诺对在中国的传教事业的忠诚,对这个地区工作的进展来说,是个好兆头。范礼安随后派龙华民④(Nicolò Longobardo)去韶州,加入郭居静与罗如望⑤(João de Rocha)的传教工作。从 1595 年 12 月起,利玛窦和苏如望⑥(João Soerio)就一起在南昌传教。

这一切都是为利玛窦进京所做的刻意的安排。范礼安这时便向利玛窦建议,尝试着去接近"在北京的朝廷和皇帝"。献给皇上的礼物也准备好了:一幅圣母玛丽亚的画像、一幅救世主耶稣的画像、阿桂委瓦送的一座铜制自鸣钟、菲律宾马尼拉的主教送的一座相似

---

① *FR*,Ⅰ,第 222 页,注释 1。
② 李玛诺(Manoel Dias, Senior,公元 1559~1639),葡萄牙籍耶稣会士,1595 年来华。——译者注
③ 阳玛诺(Manoel Dias, Junior,公元 1574~1659),葡萄牙籍耶稣会士,1610 年来华。——译者注
④ 龙华民(Nicolò Longobardo,公元 1559~1654),意大利籍耶稣会士,1597 年来华。——译者注
⑤ 罗如望(Joao de Rocha,公元 1566~1623),葡萄牙籍耶稣会士,1598 年来华。——译者注
⑥ 苏如望(João Soerio,公元 1566~1607),葡萄牙籍耶稣会士,1595 年来华。——译者注

的自鸣钟。

在利玛窦开展工作之初,中国的政治就给他上了一课。他曾经高估了皇家成员的作用。在中国历史上,不少帝王是被皇族成员推翻和取代的。明朝的统治者清楚这些历史。为了消除宫廷中的危险,朝廷一贯采用的做法是将诸亲王派往全国各地,赐给他们很高的头衔,享受奢华的生活,但是削弱他们的影响,使之远离权力。

当利玛窦接近建安王的时候,他想通过建安王的帮助进入北京。但他很快就知道了,"皇帝在行使权力时,不仅不用他的这些亲戚,而且对他们还抱有强烈的猜疑心态"。利玛窦后来写道,如果继续走这条路,"不仅对传教没有帮助,也许还会带来很大的危险和伤害,甚至毁掉它"①。

利玛窦在韶州期间,与朝廷里的一位高官——王弘诲②建立了联系。当时,王弘诲由于厌倦了政敌的阴谋倾轧,暂时辞去了南京礼部尚书的职务,返回老家海南。他在途经韶州的时候,与利玛窦相识了,两人畅谈了整整一天。王弘诲想带利玛窦进京,对国家的历法进行改革。他做这件事的动机并非全是出于公心,他希望推荐利玛窦修历能给他本人带来荣誉,从而使他有可能出任北京的礼部尚书③。

1598年,王弘诲被召回南京,官复原职。在路经韶州时,他向郭居静询问利玛窦在什么地方。郭居静答应,将赶在王的前面去一趟南昌,告诉利玛窦王弘诲要见他的消息。于是,郭居静和罗如望来到了南昌,两天后王弘诲也到了。王弘诲告诉利玛窦,要带他进北京。王弘诲还说,9月17日那天,在北京的官员们要朝见皇上,

---

① *FR*,Ⅱ,第7页。
② 王弘诲(公元1542~?),字少傅,号忠铭,广东定安人,嘉靖四十四年进士,历官南京礼部尚书。——译者注
③ 在当时明朝政府的中央机构里,修订历法的是钦天监,属于礼部的管辖。——译者注

为皇上祝贺生日。

  1598 年 6 月 25 日，利玛窦带着郭居静、钟鸣仁和正准备加入耶稣会的年轻的澳门人游文辉①（教名 Manoel）登上王弘海的船离开南昌。游文辉将在 1605 年成为耶稣会辅理修士，1610 年利玛窦在北京去世的时候，是他守在利玛窦的身边。与其他几位首批加入耶稣会的中国人一样，游文辉在当时也有另一个名字，曼努埃尔·佩罗拉（Manoel Pereira）。他是一位很有天分的艺术家，后来北京教堂里的一些宗教绘画就是出自他的手笔。利玛窦刚刚去世后，他画了一幅利玛窦的画像，画得非常好。这幅画像现在悬挂在罗马杰苏（Gesù）教区的耶稣会士住所。

  罗如望和苏如望留在南昌，负责这里的传教工作，龙华民负责韶州的传教工作。利玛窦在耐心等待了 16 年之后，终于踏上了去一睹龙颜的路程。

---

① 游文辉（教名 Manoel，公元 1575~1630），澳门人，画师。——译者注

# 第四章　扩展根基

利玛窦在前往京城的水路途中经过南京。与他上次没能在这里落脚时的气氛一样，南京的气氛仍然明显地让人感到不安。朝鲜与日本人的战事再起。利玛窦因为南京城的紧张气氛没能上岸住下，不过这并不妨碍他进城拜访众多的朋友。由于和王弘海的关系，利玛窦又结识了一些新的对他有帮助的人，特别是与江苏总督赵可怀①的相识。利玛窦说，在智慧和艺术方面，"赵可怀是中国最杰出的人物之一"②。

是利玛窦的世界地图将总督赵可怀与这位耶稣会士联系起来。在庆贺王弘海官复南京礼部尚书的贺礼中，有一幅赵可怀送的利玛窦绘制的世界地图的复制本。这个复制本是赵可怀从利玛窦的老朋友——先任南雄同知、后任镇江知府的王应麟那里得到的。赵总督将地图连同他为地图写的序文刻在石头上。当他得知这幅有名的世界地图的绘制人与王弘海在一起时，就产生了想见一见利玛窦的愿望。王弘海同意了，因为在总督的一再邀请下，利玛窦不去拜访他是失礼的。当时的江苏省总督府的官邸在句容。就这样，王弘海继续走陆路进京，郭居静走水路经大运河北上，利玛窦则赶赴距南京一天路程的句容。利玛窦在句容住了一个星期。在这几天里，总督

---

① 赵可怀，万历年间进士，历任刑部主事、御史、工部侍郎、兵部尚书、湖广巡抚等。——译者注
② FR，Ⅱ，第14页；有关赵可怀生涯的概要，参考《利玛窦全集》，第13页，注释4。

大人暂且将公事放置一旁，与利玛窦长时间地谈论数学和欧洲的文明。为了使客人有亲切之感，总督专门将一间小房间布置成近似礼拜堂的样式，为的是利玛窦在他这里能做祈祷、读每日祈祷书。利玛窦在这间房间里挂的救世主耶稣的画像，正是准备进京献给皇上的。

赵可怀请来了城里最有地位的人来见他的这位有学识的客人。在他们之中，利玛窦结识了南京提学使陈子贞①。利玛窦到北京后，陈子贞对他帮助很大。后来，陈子贞又调任福建省的巡抚。

赵可怀在利玛窦离开句容时，送给他一笔数目不小的钱，以备路上用。他熟悉北京的情况，因此对利玛窦能否在北京取得成功感到怀疑，他还向利玛窦提出了明智的建议。赵可怀将利玛窦送到大运河的码头，利玛窦乘船赴淮安，与等在那里的郭居静会面。

利玛窦等耶稣会士们于1598年9月7日到了北京。先他们之前到达的王弘海，在家中友好地接待了他们。利玛窦很快就清楚地认识到，要想迅速地实现他的目标是不可能的。这是他第一次与京师的朝廷有了实质性的接触。当时朝中的忠臣与宦官的争斗，虽然还没有演变成公开的暴力，但实际上他们的争斗已经升级。王弘海之所以暂时提前退休几年，就是因为感觉到了对立一派的腐败势力从中作梗，使他屡屡受挫。几年过后，令他失望的是局势依旧，他的那些政敌还是像以往一样的有势力。时间一天天地过去了，他盼着能够被任命为礼部尚书，可是这一天始终没有等到。王弘海心灰意冷了。

由于和日本人的关系再度紧张，外国人在京城是不受欢迎的。利玛窦的许多在朝中任职的朋友害怕受到猜疑，因此不敢接待他。经济上的窘迫也加剧了利玛窦的困境。在澳门的李玛诺给利玛窦他

---

① 陈子贞（公元1547~1611），字成之，号怀云，南昌人，万历八年进士，历任御史、福建巡抚。——译者注

们开了一张汇票，但是在北京兑换不出现金来。

利玛窦极为失望，他的处境也非常的严峻。他的朋友不敢收留他的另一个原因是： [055]

"因为皇上是一个暴君，他经常对宫里那些犯了一些小错的太监施暴行，将他们打死。皇上不关心朝政，只是想着如何聚敛钱财。朝廷的命官们是上行下效，向那些进京办事的人索要银两。而这些人的钱财又是从地方上搜刮来的。北京就像巴比伦一样的混乱，充满了罪恶，没有正义，也没有救赎的愿望。"①

利玛窦得出的这一结论，是不令人惊奇的。他说："在这里，传播福音的日子还没有到来。"1598年11月初，利玛窦一行四人离开北京，返回南方。

他们来北京的主要目的没有达到，但是时间并没有白费。这一次的北京之行，使利玛窦对作为明王朝都城的北京，其政治上的作用有了进一步的了解，也使他更加确信传教工作需要耐心和慎重，同时也坚定了必须建立一个可靠的联络网的信念。这趟旅程也使他们获得了其他方面的知识。在一路北上的途中，利玛窦和郭居静以太阳为参照物，测算出他们所经过的大城市所在的纬度，他们还以中国的"里"为长度单位，测量出从一个城市到另一个城市的距离。到了北京之后，根据这些数据，利玛窦认为当时的中国与马可·波罗所讲的"契丹"是一个国家。对这个结论做最后证实的是耶稣会的鄂本笃②（Bento de Goes）修士③。他在中国进行了一次极不寻常的长途旅行，最终对马可·波罗笔下的国家是不是中国给出了确实的答案，这在当时的欧洲是个令人关注的热门话题。

---

① 有关赵可怀生涯的概要，参考《利玛窦全集》，第30页。
② 鄂本笃（Bento de Goes，公元1562~1607），葡萄牙籍耶稣会士，1605年来华。——译者注
③ 关于鄂本笃修士划时代的旅行参考 FR，Ⅱ，第391~445页，或 Vincent Cronin 在现代的著作 The Wise Man from the West，伦敦，1599，第236~256页。

这次北京之行的另一个收获,是耶稣会士们对中国的语言研究有了开拓性的进展。当他们航行在大运河上时,利玛窦、郭居静和钟鸣仁用他们的空闲时间,"将大量的中文词汇按照规律和一定的顺序编排成书,用它学习中文的人,可收到事半功倍的效果"。他的这些研究成果,对后来每一个研究中文的西方人来说,都是极有帮助的;在汉学史上,也占有重要的地位。利玛窦是这样讲述这项开拓性的成果的:

"中文这种语言是以单音节的字或词构成。所以发音时必须注意每个字的声调和送气声,要注意用哪一类的发音来区别词意。否则每个字(听起来)好像没有分别一样。这是中文最难学的地方。对于仔细分辨送气音和不同声调方面,郭居静对我的帮助最多。因为他精通音乐,能够精确地听察和分辨(声调的抑扬顿挫)。为此目的,我们拟定了表示五个声调和一个送气音的符号。利玛窦神父责成后来的耶稣会士都一律采用这些符号,不得擅自增减,以免造成混乱。用这统一的标记,结果耶稣会士们书写中文的能力都提高了很多。"①

于是,就是在航行的船舱中,讨论出了第一次用罗马字母为汉字注音的方案。这是一个令人满意的汉字注音体系。对这种棘手的问题不可能有让人人都满意的解决方案。在利玛窦之后,人们对中国的语音学进行了很多研究,最终才达到现今的这一水平。但是耶稣会士们当时的艰苦的工作环境却是后人所没有经历过的。

这时正是严冬,山东临清这一段的运河封冻了,不能通航。利玛窦不想在这里白白地等上四五个月。他想到了前不久与江苏总督的友好交往,以及不久前在南京结交的一些朋友。这助长了他想在南京城里或南京附近建立一个传教点的强烈愿望,他非常想在南京城里或南京附近定居。就这样,利玛窦命郭居静和其他人留在临清

---

① FR,Ⅱ,第32~33页。

看守行李，而他自己则从陆路返回南京。

利玛窦顶风冒雪往南赶路，来到了位于长江沿岸的温和而湿润的苏州。这时的利玛窦，已经是筋疲力尽了。在苏州，他受到他的朋友瞿汝夔的无微不至的照顾，慢慢地恢复了健康。

在十六世纪即将过去的时候，利玛窦认为中国有两个最可爱的城市，苏州是其中之一。他用了中国的谚语，"上有天堂，下有苏杭"，来表达苏州给他留下的深刻印象。如果用意大利文或者英文来表达这句谚语，韵律就没有像汉语这么上口。苏州是一座美丽的城市，是艺术的中心，也是文人学士荟萃的地方，特别适合利玛窦开展工作。瞿汝夔和其他的一些朋友都劝他留下来，他们认为南京太危险，"有权势的官员太多"，"很难保证能够和他们相处得一直都很融洽，弄不好就可能被赶走"①。苏州离南京不远，利玛窦的影响也是能够达到的。再者，万一哪一步走错了，还有回旋的余地。

利玛窦接受了他们的建议。1599 年 1 月 7 日，在瞿汝夔的陪伴下，利玛窦离开了苏州赴南京。他此行的唯一目的是请已从北京返回南京的王弘海给苏州的官员们写一封引荐信。利玛窦和瞿汝夔在镇江逗留了几日，和王应麟一起在镇江过了春节。王应麟坚持用他的官船送他们去南京。1599 年 2 月 6 日，他们顺着扬子江，到达了古老的在南方陪都——南京。

在二十世纪到过南京的人，很难想象当年它展现在利玛窦眼前时的庄严与辉煌的情景②。这是利玛窦第三次从南京城门下走过。南京失去明王朝首都的名义已经两个世纪了。尽管它的政治权力已经所剩无几，但它在帝国依然有着重要的地位。它城市建设的辉煌、

---

① *FR*，Ⅱ，第 37 页。
② 耶稣会士 Louis Gaillard 著 *Nankin d'alors et d'aujourd'hui, aperçu historique et géographique*，上海，1903，第 187 页，生动地描述了当时的南京。

壮丽依然如旧。在当时，与北京相比，南京给人们的印象更为深刻。利玛窦写道，中国人"把南京看成是世界上最伟大、最美丽的城市"，他也承认这一点。事实上，世界上仅有极少的城市能够与南京媲美。他写道：

"在南京，随处可见许多高大、宏伟的建筑，其中有的是公共建筑，有的是私宅，还有许多庙宇、宝塔和数不清的桥梁。南京周围的乡村地区，土地肥沃，气候适宜。南京城有许多才华横溢的人们。居民们举止文明，谈吐高雅，城市的人口密集……不仅在中国，在整个东方，南京都堪称是第一位的。"①

也许是出于对昔日辉煌的怀念，明朝的统治者保留了南京曾经作为帝国国都时的完整的外貌。1420年，明帝国迁都至北京。尽管南京不再具有真正的政治权利，但是仍然保留了一套完整的、与北京相同的行政机构②。

中国政府机构的最高一层是"内阁"，也就是帝国的法庭和最高秘书机构。其人数根据皇上的意见而经常变换。它的成员称"大学士"（意为"最重要的秘书"），又称"阁老"（意为"内阁里的长者"），是由皇上选定的。这个时期在耶稣会士们笔下都用"内阁"这个词。在内阁之下设有六部。每个部下属的官员多少不等。这六个部分别是：

（1）吏部：掌管明帝国的所有官吏。耶稣会士安文思在1688年记下当时文官的数量是13647人，武官18520人；

（2）户部：掌管财务；

---

① *FR*，Ⅱ，第32~33页。
② 关于明代中国的中央政府结构的准确讲述见 *Nouvelle relation de la Chine, contenant la déscription des particularitez les plus considerables de ce grand empire*，第191~192页。还可参考 William F. Mayers 著 *The Chinese Government*，上海，1897，第三版。关于内阁大学士的人数，安文思说这个职位的人数不定，而 Mayers 称设四名内阁大学士。

(3)礼部：负责礼仪和庆典诸事（不要与"吏部"混淆了，"礼"与"吏"虽然发音相似，但意思不同）。涉及外国人或者外国公使的事宜都归这个部掌管。这就是为什么早期耶稣会关于传教方面的事物都要于这个部打交道的原因；

(4)兵部：负责军事事务；

(5)刑部：行使司法权；

(6)工部：负责公共工程。

这些部各设一名主管、两名助理或两名副主管。在南京也有一套这样的机构。这样一来，南京就有一大群皇族和宦官。南京的百姓要面对这种特殊局面，还要接受一些职位不高、因为向上级呈上不属实报告而被罢黜的官吏和一些犯了大错的高官。利玛窦的朋友们说南京是个危险的地方一点也不过分。

利玛窦到达南京后，发现南京的气氛与前几次相比大不一样。这时，日本对朝鲜不再构成威胁。1598年9月16日，丰臣秀吉在日本病死①。临死前，他对在朝鲜的失败感到失望，同时他也意识到，没有一个具备雄才大略的后继领导人能够继续实现他的征服事业。于是他给德川家康和其他军官下了命令。命令日本军队全部撤出朝鲜。最后一次战斗发生在1598年11月2日。结果是日本人取得了压倒性的胜利，明军败得很惨，损失了3.8万人，但是日本人还是遵照丰臣秀吉的命令将部队撤离朝鲜。1598年11月，最后一支日军离开朝鲜。当日军乘船离开的时候，中国和朝鲜的军队对他们的断后部队进行了攻击，截获了一艘船，还抓了228名俘虏。中国军方像以往一样夸大战果，将这次小小的胜利说成是彻底打败了日本人。正在南京的利玛窦听到的消息，称这场战斗"杀死了大量的日本人"②。

[059]

---

① 对丰臣秀吉死去的日期，不同的作者说法不一。德礼贤不认同其他的日期，他的意见是9月16日；参考 FR，Ⅱ，第38页，注释9。

② 参考 FR，Ⅱ，第39页，注释2。

这些真真假假的消息使人们情绪高涨，南京官员的态度也发生显著的变化，恐怖、不信任和猜疑消失了。王弘诲对利玛窦格外地殷勤，一再劝利玛窦留下来。他尽管避免自己直接参与安排利玛窦的住处，但还是派了两名下属为这位西方朋友找到一所房子。

利玛窦在王弘诲的邀请之下参加了一次音乐会，地点在宏伟的天坛。利玛窦一行人在王弘诲的儿子和他的随从人员的陪同下在前排就座。道士们和宫廷乐手们组成的乐队演奏音乐。利玛窦并不欣赏这些乐曲。他评论说，演奏的乐曲"似乎完全不和谐，就像有些中国人自己承认的那样，祖先的和谐的音乐艺术已经失传了，只有乐器流传了下来。"然而，利玛窦确实十分欣赏在建筑学上无比辉煌和伟大的天坛。他写道：

"这座建筑的结构很有帝王的气势，恢宏博大而富丽堂皇。庙宇为木质结构，被十二英里的结实的墙环绕着。尽管绝大部分建筑是木制的，但是十分值得一看。在五座大殿中，有四座由木柱连接。这些柱子很粗，两个人伸出手臂都合抱不过来。大殿的屋顶装饰着设计精美的浮雕，并涂成金色。这儿原是皇帝举行祭天仪式的地方，虽然失去这种功能已经200多年了，但这座庙宇仍在很大程度上保留着往日的壮美。"①

[060] 和利玛窦一起听音乐的有位魏国公，虽然他在朝廷的行政机构中没有职位，但是他稳坐南京，享有皇族的特权。他所住的宅第，利玛窦说称得上是"一座真正的王宫"。

一天，一位年长的太监来传召叫利玛窦去魏国公的王宫。在接待这位太监的时候，利玛窦没有像老太监所期待的那样，对他点头哈腰。利玛窦的这种表现是很勇敢的，因为像这样手下掌管南京皇宫几千名太监的老太监，是非常有权势的。利玛窦这样的态度表明，早期的时候，他就与改革派东林党站在一边了。

---

① 参考 FR, Ⅱ, 第71页。

利玛窦与当时任南京御林军统领、丰城侯李环的关系不错。李环还向利玛窦善意地承认：在 1595 年 5 月利玛窦第一次访问南京的时候，他就一直密切地注视利玛窦的行踪，准备把这个外国人抓起来，只是因为利玛窦和王弘诲是好朋友，才没动手。

利玛窦在南京的几个月里，经常有知名的学者来找他。他们的关系是建立在相互尊重、敬佩的基础上的。这种友谊就像一座跨越东西方的桥梁，并且充满了温情与人性。他们之间的友情经受住了时间的考验。叶向高①，当时是礼部尚书王弘诲的助手，利玛窦与他建立了很好的关系。他给利玛窦的帮助是无法估量的。叶向高从 1607 年开始任东阁大学士，在任职的 18 年间，他一直是耶稣会的坚定支持者。天启年间（公元 1621～1627 年），声名狼藉的太监魏忠贤是朝廷的真正掌权者，叶向高是与魏忠贤激烈抗争的东林党的领导人。他由于反对魏忠贤，被迫辞官离京，回到老家福建。在福建，他帮助艾儒略②（Giulio Aleni）将天主教传入到这里。在他去世 150 年后，乾隆皇帝称赞他："刚直不阿，品行高尚。"③

78 岁高龄的南京大理寺卿王樵④，一位快要退休的、有着出色职业生涯表现的人物，也来拜访利玛窦；赵参鲁⑤，任南京太常寺

---

① 叶向高（公元 1559～1627），字进卿，号台山，福清人，万历十一年进士，累官至吏部尚书兼东阁大学士，光宗时召为首辅，天启年间被魏忠贤排挤出京。——译者注
② 艾儒略（Giulio Aleni，公元 1582～1600），意大利籍耶稣会士，1613 年来华。——译者注
③ 参考 L. C. Goodrich 著 *The Literary Inquisition of Ch'ien-Lung*，巴尔的摩，1935，第 75 页，注释 2。关于叶向高的文学著作，参考 *The Literary Inquisition of Ch'ien-Lung*，第 258～259 页；有关他的传记概略参考 *FR*，II，第 42 页，注释 1。
④ 王樵（公元 1521～1599），字明远，号方麓，金坛人，嘉靖二十六年进士，历任刑部员外郎、鸿胪寺卿、右都御史。——译者注
⑤ 赵参鲁，字宗传，号心堂，浙江鄞县人，龙庆五年进士，任吏部侍郎、南京刑部尚书。——译者注

[061] 卿、后任南京刑部尚书,也与利玛窦有交往;张孟男①,户部尚书;郭正域②,掌管翰林院,后任北京的礼部尚书,也是一位利玛窦的热心拥护者;在结识利玛窦的第二年就被提升到北京礼部的杨道宾③,与郭正域一样,也是礼玛窦最好的朋友之一,他们与利玛窦间的持久友谊始于南京④。

还有一位被利玛窦的科学知识强烈吸引的人,是一位名医,也是一位博学多才的人,名叫王肯堂⑤,是上面提到的王樵的儿子。当时他住在金坛。他给利玛窦写了封信,恳请收他做学生。因为他不能经常到南京来,何利玛窦当面求教,他就派了个聪明的年轻人代他来听课。这种间接的学习使王肯堂收获不小。从他撰写的书籍中可以断定利玛窦对他产生了影响⑥。

李贽⑦(又名载贽)是位独特的人。在为朝廷效力多年后,他退休在家,潜心研究佛学。起初,他想将儒学与佛学结合起来。在这之前,他猛烈地抨击朱熹学说和书院的新儒学。因此他被正统的儒家学者视为敌人。1599年,当利玛窦和他相遇的时候,正是他名噪一时之际。他们都不喜欢宋代的新儒学,也许是这一相同之处使他们走到一起。李贽用自己的方式向利玛窦表达敬意,他送给利玛

---

① 张孟男(公元1534~1606),字元嗣,号震峰,中牟人,嘉靖四十四年进士,历任尚宝丞、太仆寺卿、户部尚书。——译者注
② 郭正域(公元1554~1612),字美命,号明龙,江夏人,万历十一年进士,历任编修、礼部侍郎等职。——译者注
③ 杨道宾(公元1552~1609),字维彦,号荆岩,晋江人,万历十四年进士,任编修、礼部侍郎等职。——译者注
④ 德礼贤写出了所有这些人的出色的传记概略,见 FR, Ⅱ, 第40页,注释8;第41页,注释1、2;第42页,注释1;第43页,注释1、3。
⑤ 王肯堂(公元1549~1613),字宇泰,金坛人,万历十七年进士,授翰林院编修,参与国史编修,后辞官回乡,治病救人,蜚声医界,编纂《政治准绳》、《古今医统证脉全书》等医学著作。——译者注
⑥ 德礼贤写出了所有这些人的出色的传记概略;见 FR, Ⅱ, 第53页,注释4。
⑦ 李贽(公元1527~1602),字宏文,号卓吾,晋江人,曾做过云南姚安知府,反对正统儒学,著有《焚书》、《续焚书》、《藏书》等。——译者注

窦两把折扇,上面题写赞扬"泰西奇人"的诗。后来,他将其中一首(《赠利西泰》)① 收进他的著作中②。他还翻印了利玛窦关于友谊的论文《交友论》,分送给他在湖北的学生们。

李本固③和利玛窦的交往也十分频繁。他是一位退休了的官员、一位学者和佛教徒、一个公认的聪明人。他与利玛窦之间在信仰方面的探讨十分友善,尽管利玛窦认为要让李氏改信天主教是没有什么希望的。李本固坦然地承认佛教如同烂了一半的苹果,虽然如此,在挖掉烂的一半的同时,也要保留住好的那一半。

李本固习惯在他的家中私下和几个人探讨问题,在一次讨论中,工部的官员刘冠南④,对李本固薄儒厚佛的观点展开了猛烈的攻击,特别在提到佛教的不足之处时,他好几次提到了利玛窦的名字。李本固决定安排利玛窦与一位名叫黄洪恩的和尚见面,他以法号三淮而知名。中国人形容三淮的相貌"天庭饱满,二目有神,鼻直口阔,面如满月"。三淮是当时最出名的知识分子、杰出的诗人和真正博学的佛教界人士⑤。虽然在信仰上利玛窦与三淮是格格不入的,然而李本固安排他们相见并无恶意。

这场辩论是以宴请利玛窦为名安排的。宴席还没开始,争论的声调就升高了,敏感的主人赶紧将三淮与利玛窦分开。开席后,讨论重又开始。应在座来宾的请求,利玛窦和三淮要对一些基本的哲学问题进行辩论:天主的本性,人的本性,邪恶的问题。利玛窦很快地发现,与佛教徒争论是一件困难的事情,这一点不少人有同感。因为佛教徒在哲学上是理想主义,否认矛盾的原则。在这场辩论中,

---

① 《焚书》里有一首题为《赠利西泰》的诗:"逍遥下北溟,迤逦向南征。刹利标名姓,仙山纪水程。回头十万里,举目九重城。观国之光未?中天日正明。"——译者注
② 这首诗的中文连同意大利文本见 FR,Ⅱ,第68页,注释5。
③ 李本固,字叔茂,号汝祯,任南京大理寺卿。——译者注
④ 刘冠南,号斗墟,庐陵人,任工部员外郎。——译者注
⑤ 这首诗的中文连同意大利文本见 FR,Ⅱ,第75页,注释5。

利玛窦即使没能说服三淮,他也至少赢得了在座听众的同情。这对于宗教信仰问题的争论来说,也许是最好的结果了。在后来的辩论中,三淮发了脾气,以至于争吵起来。对这场辩论,南京的知识阶层议论纷纷,利玛窦的声誉也因此大增。

由于这一段时间在南京比较顺利,利玛窦和瞿汝夔对他们不打算在南京长住的初衷进行重新审视。利玛窦的新朋友中几乎所有人都劝他在这个南方的都城住下来。当祝世禄①这位负责监察的(南京吏科给事中)、可能是在南京最重要的官员也来劝他的时候,利玛窦就似乎没有理由再犹豫了。

王弘诲说他有一所为他的助手准备的房子,现在空着没用,可以让利玛窦住。利玛窦没有接受。他先租下了一处房,想等到有钱的时候再买一处永久的住房。就在郭居静即将从北方回到南京的时候,买房子的机会来了。刘冠南有一处为工部的官吏修建的房子,但是人们都说房子里闹鬼,房子一直空了好几年。利玛窦看中了这所房子。它一共有三间,一间可以用来做接待室,另一间做礼拜室,剩下的那间足以供9名或10名传教士们居住。1599年4月中旬,郭居静一行三人到了南京的时候,利玛窦就不失时机地买下了刘冠南的这所房子。

郭居静平安到达南京,使利玛窦和王弘诲都松了一口气。因为当时局面十分混乱。朝廷和日本人的战争耗尽了国库的银子。为了补充国库,皇上下令对所有的货物征收2%的销售税,并将征税的任务交给了宦官。这帮宦官独立于朝廷正统的官僚体系,手中的权力几乎是无限大的。他们像蝗虫一样扑向各个省份。利玛窦几乎找不到更严厉的词语来形容这些寄生虫:"他们是一群愚蠢、野蛮、傲慢而又寡廉鲜耻的人。"他们执行的使命,"在很短的时间里就使

---

① 祝世禄(公元1539~1610),字延之,号无功,鄱阳人,万历年间进士,任南京吏科给事中。——译者注

全中国陷入一场混乱。那种糟糕的局面甚于朝鲜战争期间的形势"。当一艘船通过一处税收站时,就如同"落入了拦路抢劫的强盗之手"①。据估计,收上来的税只有不到 1/10 进了皇上的国库。南京和北京的官员分别向皇上呈上抗议的奏疏,警告说各地都有暴动发生,危险不可避免。一些勇敢的官员公开抗拒宦官们的税收,结果不是被罢官,就是被投入了监牢。

在这种混乱的局势下,王弘诲自然非常担心郭居静的安全。他猜想郭居静即使能够安全到达南京,行李也一定被抢了。因此当郭居静在 4 月份安然无恙地到达南京的时候,王弘诲着实吃了一惊,也松了一口气。他对郭居静安全的担心一点也不比利玛窦少。

到了 7 月,郭居静赴澳门为他们开辟的新工作筹集款项,因为利玛窦手中的钱只够付一半的房款。澳门的经济支柱是日本与澳门间的船运业,然而那一年澳门的船运没有赚钱。可是由于李玛诺的努力,以及葡萄牙商人的慷慨解囊,郭居静凑到了足够的钱。这些钱不仅能够用以支付三间住房的运转和维修,还能还清他们在南昌和南京欠下的债务。郭居静立即给利玛窦寄去了一张应由南京一名商人支付的、价值 200 枚银圆的汇票。但是当利玛窦接到汇票,按照上面的地址和姓名去找这个商人时,却找不到。这样一来,这张汇票就一文不值了。利玛窦因为他没能实现对刘冠南的许诺感到痛苦。好在刘冠南完全理解利玛窦的处境,爽快地答应延期支付余下的钱。后来,一位在澳门的中国商人写了一张交换的汇票,才拿到了这 200 枚银圆。

[064]

在郭居静离开南京期间,利玛窦于 1599 年 8 月 14 日写了一封信给他在罗马的朋友高斯塔神父(Girolamo Costa)。像以往一样,信中充分表达了他对自己处境乐观向上的态度。他非常清楚在南京结识的朋友有多么大的价值。他的信中说:"我们的信誉大增,可

---

① 这首诗的中文连同意大利文本见 *FR*, II, 第 81 页。

以说几年来在中国的收获成倍的增长。"不过,成绩没有影响他的正确的判断力,也没有改变他认为自己的工作仅仅处于开拓阶段的想法。他很现实,"谨慎小心"仍然是他每天工作的座右铭。在大街上或在人群聚集的市场中传福音的日子并没有到来。"还没有到收获的季节,甚至连播种也谈不上,只是处于清理土地和开荒的阶段而已。"但同时他也是乐观的。他认为:"中国与中国人是与众不同的国家和人民。中国人是一个有智慧的民族,他们十分注重文字,不喜欢战争,很有天分。目前,他们对自己的宗教和迷信更加持怀疑的态度。因此,我很清楚地认识到,在短期内,皈依天主教的民众迅速增长不是一件困难的事。"尽管他坦诚地承认,在经过了几年的艰辛的工作之后仍然没有明显的效果,他还是认定他们所完成的工作"可以与其他地方的出色的传教工作相媲美"①。在当时的日本,天主教徒的数量已达到了几十万;在印度尼西亚的摩鹿加(Moluccas)群岛可以举行弥撒仪式;在印度据说有几个十分气派的天主教中心、兴旺的天主教神学院,还有不少的神父。尽管利玛窦的信心毫不动摇,对未来美好的前景也坚信不疑,但在这时的中国,现实与理想还是相差甚远的。

在刚刚进入 1600 年的头几天,郭居静回到了南京,和他一同到来的有一位新加入在中国传播福音行列的西班牙籍的耶稣会士——庞迪我②(Diego de Pantoia)。在这以后的几个月里,拜访利玛窦的人太多了。利玛窦白天的时间几乎都用在会客上。他向客人讲述天主教的欧洲,使客人对天主教抱有好感。他是这样说的:

"在欧洲,有专为病人、孤儿、残疾人、无家可归者和朝圣者

---

① *Opere storiche*,Ⅱ,第 243~250 页。
② 庞迪我(Diego de Pantoia,公元 1571~1618),西班牙籍耶稣会士,1599 年来华。——译者注

而设立的救济院,人们称之为'怜悯之谷',有慈善团体帮助犯人、寡妇和贫穷的人;有宗教的教规以诱导人们追求真、善、美,以及帮助他人,使其生活更美好。在一些节日里,人们都到教堂参加弥撒,聆听上帝的教诲……教徒们还经常慷慨地向穷人施舍救济……"①

利玛窦特别向来访人们强调天主教的婚姻是一夫一妻制,并倡导永恒的夫妻关系,即使国王也不例外。对于这点,听众都"大加赞赏",尽管"没人愿意照着去做"。也许他们是出于礼貌才赞成利玛窦的观点,即这种一夫多妻制的习俗给"中国带来许多的混乱"。当利玛窦指出,在欧洲,儿童的婚姻是被禁止的时,来客们都十分的敬重。利玛窦还向他们讲述了教会的组织系统,客人们得知"教宗的尊严比天主教国家的所有的国王还要高"之后,都十分惊奇。利玛窦在他绘制的世界地图上特别标出了教宗所在地的位置,这样做,是使中国人对罗马天主教的这一特征有所了解的"好的方式"。因为在皇帝至上的中国,让人们接受一个最高的精神世界的权力,是极为困难的。对于中国的天主教教徒来说,教宗将是他们信仰和道德的最终仲裁者。利玛窦知道,当年的罗马帝国对拒绝服从教廷的教徒始终加以迫害,而中国全部文明都是以天子的王权为中心的。这种独特的社会现实和最高精神权利的关系,被证明是罗马教廷与中国文化关系中最为脆弱的部分。利玛窦死后很长一段时间里的事实都证明他的观察是正确的。

在南京,首批接受天主教洗礼的是秦氏家族的几名成员。这是一家世袭的贵族,掌有为朝廷每年运送征集上来的大米的权力。秦家的家长受洗时 70 岁,受洗后的教名为保禄(Paul)。他的妻子、儿子和孙子也都皈依了天主教。他的儿子,教名马丁(Martin),是武举考试的解元。马丁后来为传教事业做了许多工作。

---

① *FR*, Ⅱ, 第 94~95 页。

一些被大大夸张的有关中国皈依天主教的消息经过菲律宾的马尼拉传到了欧洲。等到再传到罗马时，就被吹嘘得距离事实更远了。这个最初的成果变成了：朝廷里的两个非常重要的官员，连同他们全部的家庭成员共有 100 多人接受了洗礼。到后来就传得更神了，甚至说，整个中华帝国已经变成一个天主教国家了！李玛诺在 1604 年 11 月 22 日，从南昌向罗马发了一封信，信中设法恢复事实的本来面目。他说：传说中的"两名高官"其实只是小吏，连同他们的家人不超过 12 人。谈到皇上的受洗，信是这样写的："真希望这是真的！但是皇上不是一名天主教徒，也没有任何迹象表明他将成为一名天主教徒。"①

这样的修正到后来成了经常性的。在十七世纪的头 10 年中，在中国的传教士们经常因为他们的传教成果被夸大而感到窘迫。这种不属实的报告先在菲律宾传开，又从菲律宾传到欧洲。其他一些满怀过度热情、已经在艰难中受阻的传教士们，可能会以为在中国的传教士们发出了总攻的信号。在中国的耶稣会士们不止一次对从澳门和马尼拉传来的有关他们取得的成就的消息大为震惊。他们认为有必要提出反驳，警告那些盲目乐观者，不要做传教事业已经成功的美梦。

1605 年 7 月 26 日，利玛窦在写给耶稣会总会长的信中，通过讲述真实的情况，来修正那些被夸大的消息。他并没有忽略自己所取得的重要成就，同时深深地赞美天主的保佑，是天主的唯一庇护使他们得以克服所遇到的很多几乎无法逾越的障碍。他指出，无论如何，到目前为止他们已经建立了一个小小的立足点②。

尽管利玛窦他们一再地澄清，耶稣会士们还是一直被这些夸大的消息所困扰，这些不实的消息甚至到今天还在被人引用。威尔

---

① *Opere storiche*, Ⅱ, 第 479～480 页。
② *Opere storiche*, Ⅱ, 第 289 页。

斯·威廉姆斯（Wells Williams）这样描写利玛窦去世时教会的情况，"大多数的省城和大城市都有教堂，天主教徒的人数多达数千"①。雷内·菲洛普·米勒（René Fülop‒Miller）对自己所讲的话的准确性惯于漫不经心，他说："在利玛窦去世时，中华帝国有300余座教堂可以听到钟声。"② 与另外一些说法相比，他的话还不算神奇，有一本书写道："在利玛窦1610年去世时，利玛窦组织下的耶稣会士已经遍布各省，由于工作进展顺利，在中华帝国已经有300个天主教团体了。"③

如果人们并不欣赏这些作者对待历史事实持有的随心所欲的态度，至少可以欣赏他们诗一般迷人的随意畅想的境界，但是并不令人鼓舞的事实却打破了他们无限的遐想。对于更关心事实、而不是依靠幻想生活的人来说，利玛窦去世时情况是这样的：在明帝国一共有四个耶稣会会院，每个会院只辟出一间装饰齐备的房间做小礼拜堂。在北京的会院，有一座单独的礼拜堂，这是由于李之藻慷慨出资建造，才成为可能。中国的天主教徒的人数有2000多，其中大部分都分布在这四个会院附近。至于教堂的钟声，除了澳门的，还没有一个敲响过。还要再过好多年，天主教徒们才能够放心地在中国大地上敲响教堂的钟声。

在南京的几个月里，利玛窦为修订和补充他绘制的世界地图做好了准备。他之所以修订地图，是应吏部官员吴中明④一再的请求。吴中明为人正直，人们对他的评价颇高，后来任广东总督，还在朝中担任其他很高的职位。他亲自为利玛窦再版的地图撰写了充

---

① S. Wells Williams 著 *The Middle Kingdom*，纽约，1883，Ⅱ，第330页。
② René Fülop‒Miller 著，F. S. Flint 和 D. F. Tait 译 *The Power and Secret of the Jesuits*，，纽约，1930，第245页。
③ A. Reville 著 *La religion Chinoise*，巴黎，1889，第670页。
④ 吴中明，字知常，号左海，歙县人，嘉靖五年进士，曾任南京刑部、礼部、吏部官员。——译者注

满赞扬的序,连同地图一起刊印出来。他在序文中是这样评价利玛窦的:

"神父是个谦和的人,他不求任何回报,以行善和荣耀天主为自己的享受。他每天早晚都要对自己的思想和言行进行冥想。他向我们展示的天与地、月亮与星辰间的复杂的数学关系,是不太容易理解的。但这些内容似乎都是有案可考的。"①

利玛窦的新版世界地图的刊印引起了人们新一波的和更广泛的兴趣,它产生的影响已经不限于南京。徐光启,一位为中国天主教赢得了最高荣誉的人,之所以成为天主教徒,这幅地图起了很大的作用②。在中国的天主教会的教徒中,杰出男士和优秀女士所占的比例是相当高的。甚至连不太抱有善意的批评家威廉姆斯也承认这一点:"在开始接受福音的异教国家里,没有几个像中国这样,有如此执着的皈依者。"③ 在所有这些杰出的人物中,徐光启无疑是最出色的。

原籍上海的徐光启在当时官职不高。而到了后来,他则做了职位最高的内阁大学士。有着高尚品德的、极为聪慧的徐光启在对佛学、新儒学和道家都做了相当的研究之后,对这些学说深感失望。他见到利玛窦的第一版的世界地图是在1596年,当时他正在韶州的一户人家中教书。随后他结识了在他心中播下第一粒天主教信仰种子的郭居静。

后来他进京赶考,中了举人。这次考试的主考官是著名的学者焦竑④。就是在焦竑南京的家中,利玛窦第一次见到了才华横

---

① *FR*,Ⅱ,第59页,注释5。
② 有一本很好的关于徐光启的传记概要,见 Arthur W. Hummel 编辑 *Eminent Chinese of the Ch'ing Period* (1644–1912),华盛顿,1943,Ⅰ,第316~317页。
③ *The Middle Kingdom*,纽约,1883,Ⅱ,第295页。
④ 焦竑(公元1539~1620),字弱侯,号瞻园,万历十七年中状元,任翰林,后辞官不仕,著述颇丰。——译者注

溢而又性格古怪的李贽。焦竑称赞徐光启是"一个真正杰出的儒生"①。

徐光启在上海见到利玛窦修订后的世界地图后,对天主教再度有了兴趣,下决心要与作者见面。1600年4月至5月,他来到了南京。由于他来去匆忙,利玛窦只能给他略讲一些天主教最基本的关于天主的概念。尽管徐光启在信仰方面的理论不多,正如利玛窦评论的,天主显然是希望将徐光启引向信仰的光明②。

三年之后,徐光启再次来到南京,请求受洗。利玛窦此时已到北京。徐光启接受了罗如望的进一步的指导,然后接受了洗礼。1604年,徐光启上京赶考路过南京时,在南京的耶稣会士的住所居住了两个星期。在这次考试中,他令人羡慕地中了进士。在南京与耶稣会士共处的十几天里,他受到了很大的启迪。他参加每日的弥撒,进一步地学习天主教的教义,第一次接受了告解圣事。从此以后,徐光启对信仰的热诚和奉献精神一直十分高涨。

在南京,利玛窦结交的朋友愈来愈多,应接不暇。尽管如此,他还是挤出时间做了好几种天文仪器:钟表、浑天仪、天球仪、四分仪、六分仪。这些活动和他的数学知识给南京钦天监的众多数学家们带来的是恐惧。这些人十分清楚他们是不称职的,害怕丢掉饭碗。利玛窦的朋友们向他们保证:利玛窦没有在钦天监做事的打算。他们的恐惧才消除了,对利玛窦的态度也友好了一些。

利玛窦对南京钦天监的设计精美、造型美观的天文仪器惊叹不已。尽管这些仪器,据他的判断,已经有大约250年的历史了,然而他在欧洲时也没有见过这样好的仪器。事实上,它们的历史比利玛窦的判断还要长,而且也不像利玛窦猜测的那样是"外国人利用

---

① FR,Ⅱ,第250页,注释3。
② FR,Ⅱ,第253页。

我们的科学知识制造的"。这些天文仪器是在忽必烈可汗时代由杰出的郭守敬①（公元 1231～1316）制造的。当时阿拉伯人对中国的科学有很大的影响。中国的天文学到了利玛窦所处的年代已经十分落后。这不应归咎于缺少仪器，应归咎于明朝的衰败，而天文学只是一个标志。

谈到这里也许要指出，夸大或缩小耶稣会士的贡献，或者贬低中国科学，都是错误的。利玛窦和他的继承人确实做出了杰出的贡献。在欧洲，当时科学探索与发现正处于黎明破晓的时代，哥白尼学说②还没有取得胜利，还没有被所有的人接受。有些耶稣会士相信哥白尼学说，而有些则不相信。

正如所预料的那样，耶稣会士们会将托勒密—亚里士多德（Ptolomaic - Aristotelian）世界观中狭隘、错误的观念带进中国。李约瑟（Joseph Needham）在他的关于中国的自然科学发展史的巨著的第三卷中，对耶稣会和中国科学的优劣给予了中允的评价。最终，他还是承认，尽管耶稣会士在科学上有错误，但是他们对科学的贡献，"无论何时都是两种文明最高水平文化关系的例证，在这之前，这种关系是不存在的……耶稣会士们成功地完成了一项工作，其成就超过了印度佛教的先行者们在唐朝的成功，是耶稣会士开启了中国与世界间的自然科学沟通的大门，而中国的自然科学成就将要以它为基点"③。

1600 年年初，当郭居静从澳门回到南京的时候，利玛窦再次做进京的准备。这时建安王托人带话，说有一个正在江西收敛强加的

---

① 郭守敬（公元 1231～1316），自若思，邢台人，曾编制《授时历》，制造简仪等天文仪器 10 余种，是元代著名的天文学家、水利学家和数学家。——译者注
② 哥白尼学说（Copernicanism），即天文学中的"日心说"理论。哥白尼（公元 1473～1543），波兰天文学家，于 1543 年发表《天体运行论》，阐明了"日心说"。——译者注
③ 皇家协会会员李约瑟（Joseph Needham）：*Science and Civilization in China*，剑桥大学，1959，Ⅲ，第 457～458 页。

销售税的太监潘相,愿意为利玛窦给皇上写一道奏折。潘相还想看看郭居静从澳门带回来要送给皇上的礼物。建安王力促利玛窦他们来南昌和太监商讨一下奏折的事。利玛窦非常不喜欢太监,也特别不信任太监,他婉转地将这件事情推掉了。

瞿汝夔从镇江来到了南京,与利玛窦一起商量去北京的事。和他一同来的还有一位在文学上很有修养的学者李心斋。李心斋对利玛窦传教事业发展的热心不亚于瞿汝夔。瞿汝夔和利玛窦一同去拜访都御史祝世禄,想听一听他的意见。结果很让他们兴奋,因为祝世禄为利玛窦进京签了一张通行证,这是他们没有想到的。让神父们高兴的还有,其他一些南京的官员也为利玛窦之行向北京的官员写了推荐信。这时忠实的朋友王弘海已经不在南京了。他因未被提升为北京的礼部尚书而感到沮丧。在1599年年底,他辞官回到海南老家。在离开南京之前,他为利玛窦给在北京的朋友写了几封信。

当时已经小有名气的郭居静神父仍然留在南京,负责南京会院的传教工作;罗如望从南昌来南京协助郭居静;苏如望留在江西省的省会南昌主持工作;而庞迪我和游文辉二人,则随同利玛窦进京。

利玛窦为了表达对祝世禄的谢意,送给他几件礼物。其中一架威尼斯出产的玻璃三棱镜,祝世禄特别喜欢。在利玛窦启程的时候,他和利玛窦的其他一些朋友都回赠了礼物,利玛窦说:"这是中国的习惯。"要指出的是还有另外一种"习惯"。这种"习惯"为一些不能摒除想象中的耶稣会士的传奇计划的作家所有。他们"习惯"于对在中国的耶稣会士发表不公正的议论与评价。罗伯翰(Arnod H. Rowbotham)先生,一位并没有意识到自己不公正的作家,对罗明坚的一次类似赠送礼品的事情这样评论:"以送礼的方式行贿,不久就成了耶稣会士的普遍行为。"[①] 罗伯翰先生认为,送礼是行贿

---

① *Missionary and Mandarin*, *The Jesuits at the Court of China*, 伯克利,加州大学年版社,1942,第44页。

的行为，而在中国人看来却是绅士行为。利玛窦他们就是顺应了罗伯翰所不齿的这种做法，遵守了中国社会道德行为准则，而使中国人相信，他们与首批在十六世纪企图进入中国的欧洲人不同，他们是绅士不是蛮夷。耶稣会士给皇上送礼物也是出于同样的用心，这是中国的风俗习惯。外国人要想接近朝廷，不送礼是不行的。同样，也没有一个外国人在离开中国朝廷时没有得到皇帝赐予的礼物。

一个负责往京城运送丝绸的太监同意利玛窦一行搭乘他的小船队进京。1600年5月18日，利玛窦一行离开了南京。

# 第五章 登上了"月球"

利玛窦前往北京的这次值得纪念的行程,有一个好的兆头,就是顺利地到达了山东省济宁市。主管这支船队的刘太监十分高兴有耶稣会传教士这样的客人来搭乘他的船,因为这些客人给他带来了便利①。大运河是一条繁忙的水道,挤满了船只,就像二十世纪突出的交通难题一样。给帝国朝廷运送供品的船队,以及一些载有身负官方使命的重要官员的小船可以优先通过。在河道的船闸前,其他的船只都要在一旁等候,让他们先行通过。船闸的原理很简单,但是操作很灵巧。船闸设在桥下,是木制的,将水拦住,直到水位上升到能够使船通过的高度。这一开闸和关闸的过程和众多的过往船只,使得那些没有特权的船只往往要在船闸处等候4~5天。而有了特权当然就不一样了,那个领队的刘太监发现利玛窦是位非常有用的人物,可以使他的船队避免烦人的等候。他请那些等候过闸的船老大来见他船上的来自西方的贤人利玛窦,以及要进贡给皇上的礼物。这些船老大看在这位非同一般的外国人的面子上,接受了领队太监的请求,很爽快地答应让他的船队排在前面。

在济宁,利玛窦受到了热情的接待。他还见到了送给他题有诗

---

① 这名太监的真实姓名没能确定。利玛窦称他 Liupusié。这名太监的名字可能是 Liu P'o‑his(疑为刘婆惜——译者注)。采用历史上的人物的名字并不奇怪。刘婆惜是元代一位著名的女艺人。以太监的背景来看,正如德礼贤有趣的看法,这位太监可能会用一个妇女的名字,见 FR,II,第101页,注释2。

[074] 句的扇子的老朋友李贽。李贽这时住在仓运督办刘东星①的豪华府第。仓运督办是个要职，其权力和地位与巡抚相当。刘东星是位很有能力并且十分正直的官员，他在朝廷里身兼数职②。除了仓运督办之外，他还担任工部尚书和都察院的右金都御史。

刘东星不仅从李贽那里听说过利玛窦，而且他的儿子也提到过利玛窦。刘东星的儿子与在南京的耶稣会士有很好的关系。当刘东星得知利玛窦到达济宁时，便派出一乘轿子，将利玛窦接到他的府中。他还在当天来到利玛窦的船上正式回访，这一举止在济宁城引起很大的震动。他以极大的兴趣仔细观看了利玛窦准备进贡给皇帝的礼物。临走时，他邀请利玛窦第二天再次到他家里做客，利玛窦答应了。第二天在刘东星家里做客给利玛窦留下了长久的美好记忆。那是非常愉快的一天，在座的有刘东星的几个儿子和好友李贽。至于主人的款待，他这样写道："每一位在座的人都和蔼可亲，我好像不是在地球的另一端，也不是在异教徒中间，而是在欧洲，在虔诚的亲密的天主教徒中间。"③

刘东星对利玛窦携带的在南京写好的给皇帝的奏折不太满意。他又重新起草了一份，并让济宁城里书法最好的人誊抄出来。最后，他还为利玛窦给在北京的朋友写了几封信。后来的事实证明，这几封信对利玛窦来说，比南京的朋友所写的信更有用处。

利玛窦依依惜别了几位好友。他希望有一天能够回报他们，将他们引导上信仰天主教之路。但是他的愿望没有实现。刘东星在与其分手后半年就去世了，享年64岁。又过了一年，75岁的李贽被召入北京，遭到蔑视"正统"的新儒学的指控。李贽不愿意接受流放的惩罚，也不想在他的老家福建再受到审判，就以自杀了却了生命。

---

① 刘东星，初任礼部右侍郎，自万历二十七年至二十九年（公元1599~1601）任工部右侍郎、兼右金都御史、总理河道、提督军务。——译者注
② *FR*，Ⅱ，在第103页，注释2中讲到他的生涯。
③ *FR*，Ⅱ，第105页。

离开济宁后，利玛窦的好运也随之消失。1600年7月3日，他所在的船队到达了仍属于山东的临清。利玛窦和他的同伴落到了一个声名狼藉的太监手里，他叫马堂，负责税收事务。为了摆脱马堂的高额盘剥，刘太监将耶稣会士们交给了马堂，并且告诉马堂，他们携带着给皇帝进贡的值钱的礼物。刘太监和耶稣会士也有相处得不错的时候，利玛窦搭乘他的船，使他一路上得益不少；他留下了在南京从一户饥民家庭中买的一个10岁的男孩。这个男孩成为庞迪我的汉语老师。[075]

马堂是个极为危险的敌人。甚至临清的驻军将领钟万禄都警告利玛窦，在与马堂打交道时必须万分小心。钟万禄是利玛窦早在韶州时认识的，而且在南京时又进一步建立友谊的老朋友。钟万禄对当时的中国政局的看法十分悲观，他认为："太监们是中国真正的统治者；皇帝离开他们，什么事情也办不成；在中国，哪怕最有权势的人物对太监们做的坏事也无能为力。"①

在这以后，利玛窦一行度过了6个月令人沮丧的日子。在临清待了几个星期之后，他们被送到天津，在那里等候皇帝的回信。马堂向北京递上一份奏折，禀告皇帝有外国人携带贡品要求进京。在头几个月里，这个粗俗而又没有理性的太监，对利玛窦等人表面上还算是尊重。从北京来了回信，说要一份利玛窦携带的礼物的清单。马堂又写了第二道列出了清单的奏折。可是几个星期过去了，北京方面对第二份奏折没有答复。这时，这个太监开始害怕了，怀疑皇帝是不是不高兴了？于是他对利玛窦等人的态度一下子就改变了。三名耶稣会士被关在天津的一座庙里，外面有卫兵日夜看守。

形势的发展让人绝望。马堂借口说利玛窦没有将所带的礼物全部列出来，就带着天津驻军将领及士兵将利玛窦的所有行李都打开检查。当他们发现了一个十字架的时候，马堂大叫起来。十字架上

---

① *FR*, Ⅱ, 第109页。

钉着一个裸体男人，流着血，暴露着伤口。他认为，很显然，这些外国人想要用这个有魔力的十字架将皇帝咒死。

据庞迪我说，他们向马堂充分地解释了十字架上的人物是怎么回事。马堂问："这是什么？"庞迪我说："我们告诉他，这是真正的神灵。是他造就了天地，全世界都必须崇拜他。是他为我们的罪而死，是他给了我们生命。他死之后，凭借他自己的力量，从死亡中复活，升上了天堂。"①

因为庞迪我到中国刚刚几个月，很难用流利的汉语宣讲耶稣拯救人类的道理，同样，他也听不懂利玛窦对马堂说了些什么。庞迪我写这件事时，将它略微戏剧化了。因为他的这封信是寄往耶稣会托莱多②省教区的，这样写不会有什么害处。

利玛窦非常清楚，也非常有经验。他知道，当中国人面对十字架上的耶稣像时，是没有思想准备的，不可能立即理解其中的含义。这样的解释就像是火上浇油。无疑，正确的还是利玛窦自己的看法："不要希望告诉中国人这是我们的神，在那种环境中，要对天主教教义无知的人深刻地解释这个神秘的事情，似乎是困难的，尤其是讲给太监听，他们会认为我们是在欺骗……我开始一点一点地向兵备道和其他人解释，这是伟大的圣人，他是为了我们而遭受痛苦和被钉上十字架的。为此，我们制作了代表他的雕像和画像，使我们能够经常在眼前看到他，这样我们就可以为我们得到的巨大恩典而感谢他。"③

情况简直糟透了。利玛窦的解释没有起任何作用，似乎所有的东西都要失去了。钟鸣仁，和利玛窦一同进京的耶稣会修士，设法从被关押的庙里脱身了，跑到北京。他找到了利玛窦的一些朋友，

---

① 耶稣会士庞迪我著 Relaçion de la entrada de algunos padres de la Compania de Jesus en la China, y particulares sucessos que tuvieron, y de cosas muy notables que vieron en el mismo reyno, 西班牙巴伦西亚, 1606, 第 41~42 页。
② 托莱多（Toledo），西班牙中部的一座城市。——译者注
③ FR, II, 第 116 页。

请他们相助。但是他们惧怕太监的权势，不敢插手这件事。他们甚至还劝告耶稣会士们，为了保全性命，干脆将所带的全部行李当作礼物送给马堂。他们说，要想将此事禀告皇帝是办不到的，因为皇帝所有的事情都要通过太监。利玛窦的朋友钟万禄断言，他们此行不会成功，力劝他们回到广东去。但是利玛窦和庞迪我却不愿意这样做，不管形势怎样令人失望，希望总是不能放弃的。"看来不再有任何希望得到人们的救助了"，利玛窦写道："他们坚持不懈地祈祷，请求神的帮助，同时也准备着面对任何可能发生的不测。他们心甘情愿地等待着由于马堂带来的迫害而为事业献上生命。"①

就在山穷水尽的时候，谁也没有想到，皇帝的圣旨来了，日期是 1601 年 1 月 9 日。圣旨要求立即将外国人及贡品带到北京。这次长时间的磨难终于结束了，然而在帝国的京城里还有新的考验在等着他们。

1601 年 1 月 24 日，利玛窦一行来到北京。他们发现他们陷入各政治派系斗争的漩涡之中。按照通常的行政程序，有关外国人的事务应由礼部的主客司掌管。主客司是礼部下属的四个部门之一。考察来访者的目的，将贡品进献给皇上，并就给予他们何等规格的接待向皇上提出建议，等等，都是这个机构的职责。但是太监却想绕过这个程序，他们的动机是希望能够分享皇帝赐予外国人的赏金，同时无疑也为礼部官员的受阻而恶意地暗自高兴。

一些文章不着边际地描写利玛窦如何用狡猾的手段潜入宫廷。但事实情况并不那么有趣，与这些流行作家的罗曼蒂克的描写也相差千里。米勒先生以超常的想象力和远离事实的情节编织了他的故事。米勒将利玛窦头 18 年在中国的经历一带而过，给人造成这种印象，即利玛窦在到达中国后，使用了一些骗术，得以在很短的时间内进入北京②。米勒是这样描写利玛窦进京的：

[077]

---

① *FR*，Ⅱ，第 119 页。
② *The Power and Secret of the Jesuits*,，纽约，1930，第 242~243 页。

"他独自居住在都城之外,在与一位高级官员混熟了之后,他请求将一封信和一件礼物带到宫廷内,送给皇帝。这件礼物是一座精致、美丽的欧洲风格的时钟。

"这位中国官员带着传教士的礼物来到皇宫的一个大门前,将礼物交给值班的官员。起初,这个官员犹豫了好一会儿,不知是否应该将礼物呈上。但是当他仔细打量了这个时钟之后,觉得这个礼物太奇妙了。他把他的上司叫来,让他观看。就这样,利玛窦进贡的时钟在官员的手里逐级传递,一直传到最高级的官员,最后终于到了皇帝手中。

"甚至作为'天之子'的皇帝,也从未见过这种上发条的时钟,他龙颜大悦,兴奋不已。不过,出于皇帝的尊严,不便打听送礼人的情况。第二天早晨,时钟突然停止了。皇帝叫来一位大臣,让他使时钟重新走起来。但是这位大臣尽了一切努力,也是徒劳。整个皇宫里的人轮番来试,但是没有一个人能使钟摆动起来。

"终于皇帝不得不亲自垂问,谁是时钟的进贡者。这个问题从上到下地追问,一直到了守门人。(皇帝问皇后,皇后问挤牛奶的女工!)在找到进贡的人让时钟重新走起来之前,皇帝的心总是踏实不下来。

"就这样,机敏的利玛窦博士在两个朝廷官员的陪同下,穿过几道皇宫的大门。大门门口的台阶是用大理石制作的,两侧还各有一个铜狮子,在它们的把守下一条弯弯曲曲的小河流过整个皇宫。"

上面的描写与利玛窦的实际情况可以说是大相径庭的。其实利玛窦到北京后没有什么特别值得注意的举动。他怀里揣着几封带给北京官员的信。他来京的目的就是为了得到允许在北京住下,并得到自由传播福音的权利。结果他的打算完全落空了。他落到一群太监的手里。在一连几个月中,他成为京城政治斗争中的一个足球、一个小卒子,陷入了太监和朝臣的纷争之中。太监们为了不让官员们将利玛窦等人带走,就把他们带到属于马堂的一处房子里,并派卫兵把守。

1月27日，太监将利玛窦的礼物连同他的奏折一并呈送给皇帝。以金钱来衡量，这些礼物的价值都不高：一幅由传播福音的圣路加（St. Luke）绘制的著名圣母像的复制品，这幅画在罗马的圣玛丽亚·梅杰（St. Mary Major）的教堂里，今天仍然广受天主教徒们的敬仰；另一幅是圣母玛丽亚怀抱婴儿基督的油画，画上还有施洗的约翰；一本天主教会每日祈祷用的书；一个呈十字架形的圣物箱，箱子里的纪念物都被拿走了。因为利玛窦考虑到："将圣徒的纪念物交到非天主教徒的手中似乎是不明智的。"还有两副玻璃棱镜、一架铁弦琴、两座自鸣钟。虽说小的礼物比较值钱，但大的礼物却更让人感兴趣，因为它可以发出声音。除此之外，还有几件类似的礼物①。

在与礼物一同呈上的奏折中②，利玛窦写道，他是一个外国人，

---

① *Relaçion de la entrada de algunos padres de la Compania de Jesus en la China, y particulares sucessos que tuvieron, y de cosas muy notables que vieron en el mismo reyno*, 西班牙巴伦西亚，1606，第33~34页。书中列出了礼物的清单，他将礼物列在"不太重要的物件"之下。详细的清单见 FR，Ⅱ，第123页，注释5。
② 万历二十八年十二月二十四日利玛窦奏折："大西洋陪臣利玛窦谨奏。为贡献土物事：臣本国极远，从来贡献不通，逖闻天朝声教文物，窃欲沾被其余，终身为氓，庶不虚生。用是辞离本国，航海而来，时历三年，路经八万里，始达广东。缘音译未通，有同喑哑，就居学习语言文字。淹留肇庆、韶州二府十五年，颇知中国古先圣人之学，于凡经籍，亦略诵记，粗知大旨。乃复越岭，由江西至南京。又淹留五年。伏念堂堂天朝，方且招徕四夷，遂奋志径趋阙廷。谨以原携本国土物，所有天主像一幅，天主母图像二幅，天主经一本，珍珠镶嵌十字架一座，报时自鸣钟二架，《万国图志》一册，西琴一张等物，敬献御前。此虽不足为珍，然自极西贡至，差觉异耳；且稍寓野人芹曝之私。臣从幼慕道，年齿逾艾，初未婚娶，都无系累，非有望幸。所献宝像，以祝万寿，以祈纯嘏，佑国安民，实区区之忠悃也。伏乞皇上怜臣诚悫来归，将所献土物，俯赐收纳，后益感皇恩浩荡，靡所不容，而于远臣慕义之忱，亦少伸于万一耳。又臣先于本国，忝与科名，已叨禄位。天地图及度数，深测其秘。制器观象，考验日晷，并与中国古法吻合。倘蒙皇上不弃疏微，令臣得尽其愚，披露于至尊之前，斯又区区之大愿，然而不敢必也。臣不胜感激待命之至。谨奏。"（引自张维华《明史欧洲四国传》，上海古籍出版社，1982，第139~140页。）——译者注

[079] 为中国的声名礼教所吸引,旅途上花了3年的时间,来到这个中央帝国。他在肇庆和韶州住了15年,学习中文;又在南昌和南京居住了5年。他既无妻室儿女,也别无他求,只是一心信仰自己的宗教。他对天文、地理、数学计算颇有研究,如能有机会为皇帝服务,他将荣幸之至①。

像所有的中国人一样,当皇帝看到利玛窦进献的西洋绘画时,也感到十分吃惊。欧洲的艺术家们精通透视法,对于那些不熟悉这种方法的人看来,这几幅画是有动感的。"真是活神仙!"据说皇帝这样惊呼道。皇帝似乎有些害怕离"活神仙"太近了,就把圣母画像送给了他的母亲,一位虔诚的佛教徒。后来这幅画被珍藏在皇宫的库房里。

皇帝对那能报时的自鸣钟非常感兴趣。当时钟不走了的时候,他就派太监去找利玛窦。就这样,利玛窦和庞迪我进了紫禁城。利玛窦要求派几个人专门跟他学习如何使用和保养自鸣钟。于是,他和庞迪我被安排在紫禁城的钦天监里住了几天,为被派来专门学习的太监讲授课程。

在礼物当中还有一架铁琴。四名太监被指派来学习演奏这种乐器。有一个月的时间,庞迪我每天都进宫给太监们上课。利用这个机会,利玛窦编写了8支简单的歌曲。歌词的内容包括天主教的道德伦理方面的说教。1629年,李之藻将这8首歌曲的歌词收录在有关天主教的书籍(《天学初函》)中,在北京刻印出版。后来这些歌词又随同这部书再版多次,最后一次出版是在1938年的上海。在十八世纪的后期,它被列为在中国最受欢迎的文艺作品之一②。

一个多月过去了,一位主管外国人事务的官员蔡献臣,对太监

---

① 这道奏折由艾儒略收集在一个集子里,于1638年在福建发表。德礼贤对这道奏折做了摘要。

② *FR*, Ⅱ, 第134页,注释6中列出了每首经文歌的名称。

们不把他放在眼里非常恼怒。他派了一小队兵丁将耶稣会士从太监们的手里夺了回来。在大堂上利玛窦跪了一个多小时,受到后来成为他好朋友的蔡献臣的责问。蔡献臣问利玛窦为什么给皇上进贡不通过礼部而经过太监。

利玛窦振振有词地为自己辩解。他指出,他落到马堂的手中,而马堂是连最显赫的官员都无可奈何的太监。迄今为止,他还在马堂的控制之中。利玛窦要求给予他当地居民的身份,而不应再由管理外国人的部门管辖,因为他在中国生活了这么多年,不应该还把他当一名外国人对待。

[080]

蔡献臣的态度缓和下来,他一再让利玛窦放心,不用害怕什么,他会给皇帝写奏折。但是蔡献臣没有批准利玛窦留在北京。这以后,利玛窦和他的同伴被安顿在被利玛窦委婉地称为"为外国人准备的宫殿"里。说是宫殿,实际是一座四面有围墙、里面有上千间房间的大院子。说是房间,还不如说是关牲畜的圈栏。没有门,没有椅子、板凳和床,根本就没法居住。房间里住着伪装成使者的外国人,等候着皇上的接见。其实这些人都是只对做生意感兴趣的商人。他们谁都明白彼此的目的,但是互相之间有一种默契,谁也不戳穿对方的身份。

这种假装使节的把戏始于永乐皇帝①(公元1403~1424)。他是一个爱慕虚荣的皇帝。他向周边国家派出一些使臣,邀请外国人到刚刚定都的北京来朝贡,并向他表示臣服。商人们有了发财的机会自然高兴异常。从此所谓"使节"源源不断地从远东和近东的每一个国家涌入北京。在北京尘土飞扬的大街上,商人们的骆驼、马匹和大篷车成了常见的景观。不过在皇城范围内,他们的活动是受到严格限制的。

---

① 永乐皇帝,即明成祖朱棣(公元1403~1424),明王朝的第三位皇帝。——译者注

利玛窦在这些圈栏般的房舍里，见到了70多个从中亚国家来的穆斯林。通过与他们的交谈，利玛窦找到了更多的证据，证明现实的中国与马可·波罗笔下的神秘的"契丹"是同一个国家。

部分所谓的"使臣"还会受到皇帝的召见，这是一种荣誉。利玛窦和庞迪我在这里住了几天之后，也参与了一次朝廷的召见。身着华丽官服的官员和穿戴礼仪服装的外国人，组成色彩斑斓的队伍，队伍的两旁排列着几千名士兵，由几头动作迟缓的大象引路。在东方的天际刚刚露出一线曙光的时候，受召见的人就来到一座足以容纳3万人的雄伟的大殿里。在许多年以前，皇帝是亲临大殿接见来使的，但是从1585年起，万历皇帝几乎断绝了与外界的所有接触。因此，当利玛窦被召见时，皇帝并不在场，他们面对皇帝的宝座进献礼物，行三拜九叩之礼。利玛窦看到一些使臣进献的礼物忍不住笑了起来。这些"礼物"有破旧的铁剑、自制的护胸甲、骨瘦如柴的一到了北京就饿得几乎要倒下的马匹。这种浮华的仪式要耗费很多钱。朝廷要供应这些"使节"喝酒、吃饭和娱乐，临走还要赐予远远超过他们进贡的贡品的礼物。所有的这些都花的是国库里的钱。

在招待外国人的馆舍（即会同馆）里，利玛窦和他的同伴受到了很好的照顾。他们被安排在一间特殊的房子里，有床、桌子和椅子，还有另外一间房子供他们做弥撒。蔡献臣设宴款待他们。作为回报，利玛窦自制了几件科学仪器送给他：一个地球仪、一个四分仪和一架星象仪。当得到这些仪器时，蔡献臣非常高兴。

利玛窦十分高兴能从马堂手中逃出来。太监与朝廷官员的争斗会使他定居北京的打算落空。而礼部右侍郎朱国祚[①]是反对他们定居北京的。他派出好几个属下，接连几天向利玛窦他们盘问各种问题，特别是问他们来中国的动机是什么。因为问题带有法律的性质，

---

① 朱国祚，字兆隆，号养淳，秀水人，万历十一年中状元，授编修，擢礼部右侍郎。——译者注

他们得到的回答都很明确。利玛窦写道："不管是口头还是笔写，他们的回答都是：他们是被上级派来传播天主的律法的。他们已经在这个帝国生活了好多年。他们来到北京，向皇帝进献礼物，以示对皇帝的尊重。他们不想做官，也不要什么回赠，仅仅希望请皇帝恩准他们继续在中国、在北京居住下去。"① 为了答复朱国祚提出的他们传播的宗教的基本教义是什么的问题，利玛窦送给他一本有关他讲道的抄本。这可能就是《天主实义》②一书。

朱国祚在给皇帝的奏折中，严厉地批评了马堂越俎代庖的行为，插手本来应属于礼部的事务。鉴于利玛窦等人是外国人，尽管没有遵守相关的法令，也是可以原谅的。只要将他们送回广东，然后遣送出境就行了。但当几个星期过去后，他的奏折没有得到回音。他开始有点害怕了，是不是做得太过分了？他改变了对利玛窦的态度，允许他在城里活动和拜访他的朋友们，不过还是要在礼部派来的仆人的陪同之下。在真诚接待利玛窦的朋友之

图 2　《畸人十篇》

中，有一位叫曹于汴③的重要官员，他是北京的吏科给事中。利玛窦在到北京后的第一个月就结识了他，从此两人成为莫逆之交。后来，在利玛窦所著的《畸人十篇》中，曹于汴是其中发问人之一。

---

① *FR*，Ⅱ，第 146 页。
② 参考 *supra*，第 39 页。
③ 曹于汴（公元 1558～1634），字自梁，号贞予，安邑人，万历二十年进士。——译者注

朱国祚接连五次向皇上呈上奏折,陈述他让利玛窦离开北京的理由。这些奏折的语气比第一份要和缓许多。不再坚持遣送利玛窦离境,而是改为将他们送回南方。但是所有的奏折都没有得到回音。

是什么原因使得皇帝会对这几个外国人如此宽容?一份中文原始资料说,皇上念及他们是从如此遥远的地方来到中国。《明史稿》说:

"皇帝对利玛窦自遥远的地方而来,甚为高兴。皇上赐予他住处、俸禄和礼物,对他十分关照。皇帝的态度使得一些显赫人物和朝中高官对利玛窦十分敬重,并与他建立联系。从此利玛窦安定下来,不会再被赶出北京了。"①

皇帝的宽容态度,部分的原因是他站在与朝臣们作梗的太监一边。1573 年,10 岁的万历皇帝登基。他是一个彻头彻尾的昏君,沉湎于酒色之中。他周围的人除了嫔妃之外,就是成千上万的太监。他与外界隔绝,不离开皇宫一步。

从 1588 年开始,以皇帝和太监为一方,以爱国的学者和官员为另一方,围绕着皇位继承权的问题,展开了激烈的斗争。朝臣一方坚持劝皇上封长子朱常洛为太子;而皇帝在太监的支持下,则希望指定其幼子作为皇位继承人。这一幼子的母亲是皇帝的宠妃。在内阁、检察机构和六部官员不屈不挠的斗争之下,皇帝最终还是放弃了自己的主张。1601 年 11 月 11 日,他宣布朱常洛为太子,将继承王位,尽管他后来又后悔了。

利玛窦到北京的时候,这场长时间的争斗正处于关键时刻。这时的皇帝正面临着群臣的压力,很难对反对他的朝臣有什么好感。利玛窦这件事,正是打击与他作对的人的一个机会。

不管出于什么动机,皇帝确实是希望利玛窦他们留在北京的。在呈上奏折中没有提出让他留下来的时候,他就不予理睬。按规定,

---

① *FR*,Ⅱ,第 151 页,注释 4。

只有礼部才可以提出这种要求。在几次奏折中都没有这样的建议，他就以将奏折"留中不发"来回答。

就在事情陷入僵局的时候，最终还是朋友们把利玛窦解救出来。他们强烈反对朱国祚将利玛窦扣留在会同馆中。曹于汴非常愤怒，要求释放利玛窦，并给予他在北京城里居住的自由。

迫于这些压力，同时也感到皇帝对他的奏折留中不发而表现出来的不满，原本主要是针对马堂插手礼部的事务而对利玛窦一行抱有敌意的朱国祚退却了。1601 年 5 月 28 日，耶稣会士的磨难终于结束了。这时离他们从南京出发之日已经历时一年多了。

这样，在经历了 20 多年的忍耐和不懈努力之后，利玛窦达到了预定的目标。一位史学家评论道："从未见过这样的传教者，用如此的勇敢、执着和机敏，并且运用了世俗的处世方法，投身于一个伟大的目标。"[①] 上述评价还不是历史中的真实的利玛窦。历史中的利玛窦是一位极为勇敢、有良好的判断力、处事不惊、有无可动摇的信念和伟大博爱的精神的人。

---

① *La religion Chinoise*，巴黎，1889，第 665 页。

## 第六章　收获

[085]　　在传言中,一直有人说利玛窦与万历皇上有密切的来往,其实他从未见过皇上,利玛窦自己写下了这一传言的起因。在他从招待外国使节的"会同馆"被放出后不久,已经在朝野闻名了的自鸣钟不走了。四名负责管理自鸣钟的太监将它们抬到耶稣会士们的住处,让他们修理。在修理期间,利玛窦的许多有地位的朋友都来参观。皇上知道后,下了一道命令:今后自鸣钟不许拿出宫。如果需要修理,这几个西方人可以进宫。"从此",利玛窦写道:"就有了一种说法,说是皇上对神父们格外的仁慈。还说皇上与神父们极为愉快地交谈。其实没有这回事。但是消除这种说法不容易,因为全中国都传遍了,说皇上经常和神父们友善地谈话。其实,即使是大官也是见不到皇上的。"①

　　利玛窦成功地到达了明帝国的首都,实现了他长久的愿望。在对现实中的政治形势有了第一手的了解之后,利玛窦产生了修正传教策略的想法。就像我们已经了解的,几年来人们一直在说服利玛窦:要想在中国传播天主教,最重要的是要获得皇上的赞同。有了这把保护伞,刚刚起步的教会就能躲开那些不友好的官员的干涉。传教事业一旦获得了皇帝的同意,就可能形成一个皈依天主教的热[086]潮。但是利玛窦亲眼看到了皇上的真实情况:万历皇上不是一位有权威的帝王,而是一个腐败、懦弱的君主,是一个行将灭亡的帝国

---

① *FR*,Ⅱ,第159页。

的统治者，整个帝国是被一群太监把持着的。

据庞迪我估计：当时宫廷里的太监，总数是1.6万人左右。在1602年，朝廷要招募3000名太监，结果有2万人应召。在北京的皇宫中，太监随处可见①。他们的大多数既无知又愚蠢，但是也不乏聪明人。然而由于他们的道德水平很低，这些聪明人更具危险性。他们之中有的掌握了相当大的权力。有几个太监还是愿意当有道德的人的。在明朝的最后几年，这些人当中有的成了优秀的天主教徒，其中最出名的是潘天寿（传教士们在信中都称他为P'an Achilles），他以品德高尚、忠于明朝而闻名。

当时，腐败、丑恶的现象比比皆是，像潘天寿这样的人实在是稀少的。利玛窦认识到：要想从皇上那里得到诏书是徒劳的，皇上只是太监手中的工具。因此必须采取不同的策略。

每个人都清楚，没有皇上的认同，住在北京是不可能的。传教士们在北京得到定居的认可这一事实，本身也就是说明皇帝接纳了天主教。所以只要皇上默许他们在北京住下，也就表示他接受了传教。在中国，要想办成事情往往需要迂回的策略，而不是直来直去。如果对一些问题给予肯定的、明确的答复，皇帝害怕会招来反对，因此他可能就不愿意讲明。在中国的政体下，可以将上级对某种局面的沉默态度解读为允许和同意；如果还要向上级正式地申请，反而会遭到拒绝。其实这种情况也不止限于在中国。

利玛窦认为，从今以后的策略更应注重智力传教。在京城，并以京城为起点，要建立一个遍布全国的高层友好人士网络，同时也要在大众中传播天主教。与之相伴的、间接地受益于该策略的传播福音的工作和吸收天主教徒的工作，也要同时在北京和其他省份展

---

① *Relaçion de la entrada de algunos padres de la Compania de Jesus en la China，y particulares sucessos que tuvieron，y de cosas muy notables que vieron en el mismo reyno*，西班牙巴伦西亚，1606，第117页。

[087] 开。总的方针有了,执行的方法是:静静地渗透和在文化上的适应;要摒除"欧洲人主义";与欧洲人,特别是与在澳门的葡萄牙人的接触,要保持在低水平;传教工作需要的资金可以从中国内地获得。只要在资金上还须求助澳门,就要"小心从事,尽量少用";当在天主教教义上不存在妥协问题时,避免同中国人的偏见和猜疑发生不必要的冲突;传教的工作要"慎重、不声张,用好的书籍和有理性的辩论向学者证实我们教义的真实性,让他们知道我们的宗教是没有害处的,只会给帝国带来好的朝政和平安的局面";在发展天主教徒时,强调质量而不是数量。

这个系统的传教方法的构想,是在 1609 年 2 月 15 日利玛窦写给耶稣会副省长巴范济的信中讲述的①。这是他成熟的想法,是其数年经验的成果。可以推测,在利玛窦刚刚到北京的最初几个月里,就有了这些想法。因为从 1601 年开始,他的传教工作就是沿着这个思路做的。

利玛窦的这种传教策略在相当程度上受到了批评。有人指责他过分信赖"人"或"自然"的方式,这种指责是不公正的。利玛窦有一套完整的、中允的见解。透过他的札记和书信,我们看到的是一位深刻的、有纯真信仰的人。利玛窦的经历本身就是一个例证:是唯一的神的行为,使天主教的传教有了超自然的成果。神佑总是及时地出现,介入他的传教使命,保佑他化险为夷。他将所取得的一切成就都归于天主的保佑。同时,他绝不是一个不切实际的宗教狂热者。他知道主的恩典并不是在真空中运作的,而是以人为媒介的,在"行其神迹"时,有数不清的秘密途径。传教士的职责,就是搬开天主在施行慈悲的路上所遇到的障碍,只要有利于传教,不管事情是多么的微小,无论道路有多么的曲折,都要将主的恩典和启示送到人的灵魂中。正是有了这样的思想,利玛窦才将为演奏古

---

① *Opere storiche*, Ⅱ, 第 377~388 页。

琴而谱写经文歌曲一事也当成了他的职业。

利玛窦深知神的恩典在传教过程中的作用。在这一点上，可以说他比在他去世后批评他的人知道得更清楚。他知道，是主的众多和细微的关爱才使他对最后的胜利抱有永不动摇的信心。与同时代的许多传教士不同，急躁、要见到立竿见影的成果，不是他的性格。利玛窦确信，果实何时成熟，主自有安排；对每一个复杂的、困难的问题，他都不求有即刻得到的、简单明了的解答。这与在他去世后对他持批评态度的人，也是截然不同的。他的思维是根植在深刻的信仰和十足的信心之中的。当时在传教士中存在的那些急躁、简单化等缺点，利玛窦是没有的。而后来的传教士们，却受这些缺点的折磨与困扰而分裂成两派，最终导致传教事业的毁灭。利玛窦认识到传教士们身处复杂的环境中，他却能坦然处之。当问题没有明确答案的时候，他满怀信心地守候着，等待着天意的安排。至于等候时间的长与短，并没有对他构成压力。[088]

有一封信，为利玛窦的这种态度提供了典型的例证。写这封信的起因是巴范济督促利玛窦，要他力争从皇上那里得到明确的授权，允许耶稣会士们在中国自由地传布福音。利玛窦回了一封信，在其中解释了为什么说提出这种要求是不安全的，说明了当时这种做法不必要的理由，并提出他在方法论上的一些见解。在指出吸收天主教徒要"看重质量，而不要吸收数量众多的平常之人"后，他还说："等我们有了相当数量的天主教徒后，可能会呈上奏折，请求皇上至少同意天主教徒行使他们的宗教权利，因为天主教与中国的法律是不相抵触的。我们的主将会让我们明白，同时也会让我们一点一点地发现，用何种恰当的手段，依照他那神圣的意愿而走到这一步。"这番话向我们展示出一位深信天主的恩典之人的特性，为我们理解他的处理传教问题的方法，提供了关键的答案。在我们解读后来的事情时，又一次证明了他的这种看法的远见卓识：1692年，利玛窦去世 82 年之后，当中国有了"相当数量的"天主教徒时，当有潜在的影响力的天主教深深地渗入到中国社会之中时，就有了一份这样的奏折呈送给康熙皇上，不久，康熙发布了接纳天主教的诏书①。

[089]　利玛窦生命中的最后 9 年都是在北京度过的，这 9 年是他职业生涯中收获颇丰的岁月。利玛窦传教的主要思路是在 1601 年形成的，它是 19 年的传教工作的结果，一直到他的去世，他都是按照这个思路全身心地投入，尽一切可能使它全面发展。

利玛窦是在中国的传教团的团长，要对中国各地耶稣会会院的工作予以指导和鼓励。凡是遇到重要的政策方面的问题，在做出决定之前他都要争得范礼安的同意。北京的工作占去了他的大部分时间。1602 年，李玛诺被任命为传教团的副团长，分工负责指导在中国南方的传教工作。这一职务的工作是相当繁重的。这样一来，利玛窦的工作减轻了许多。

就像在南昌和南京时一样，利玛窦将他的大部分时间用来传教，但是工作的范围扩大了。从"接待外国人的宫殿"（即会同馆）里放出来后，利玛窦难得自己清静地待上一会儿，拜访他的人蜂拥而至。来的人中，有的是在南方就认识的朋友，还有的是南京朋友介绍的一些有地位的官员，他们都不再害怕了，都来拜访他。从早到晚，利玛窦住的那条街上，引人注目的马车和轿子来来往往，络绎不绝。

在几个月的时间里，利玛窦就和朝廷的主要部门里比较重要的官员建立了友好关系。第一次见面就让利玛窦在他面前跪了一个小

---

① 1692 年（康熙三十一年）二月初三日，礼部奏疏曰："查得西洋人仰慕中国，万里航海而来，治理历法；在用兵之际，制造军器火炮；派往俄罗斯，诚心效力，功劳甚多。各省居住的西洋人并没有违法乱行之处，又不是感众生事之邪教异端。喇嘛、佛、道等寺庙，尚允许人们进香出入，西洋人并无违法之事，反而禁，似属不宜。应将各处天主教堂照旧存留，允许进香供奉之人，照常出入，不必禁止。此命下达之日，通行直隶及各省。"二月初五日，皇帝批"依议"二字，表示同意。——译者注

时的蔡献臣，这时却将利玛窦请到他家，对他极为客气。他还和气地说，北京很大，多个外国人不成问题。

许多来拜访的人都与利玛窦结成了至交。曾经对朱国祚慷慨陈词，为释放拘留数日的利玛窦起了不少作用的曹于汴，也是利玛窦的常客。沈一贯①也是一位常来的客人。他自1594年以来就是一名阁老，或称大学士。1603年，在内阁中他当上了相当于总理的职位。在职的5年期间，他一直是利玛窦值得信赖的朋友，是利玛窦和耶稣会的保护人。

朝廷里一些搞阴谋的官员，他们企图不让王位继承人朱常洛②继承王位，而是想让一个宠妃的儿子继承。另一些官员则坚决反对，沈一贯是这些反对者中突出的领导人之一。1608年，一本匿名的小册子③指控神宗皇上试图推翻已经让朱常洛做太子的计划。皇上闻讯大怒，疯狂地搜捕小册子的作者。这一事件导致了沈一贯辞职，还有不少无辜的人被投进监狱。京城里的人们无不心惊胆战。

[090]

还有一位利玛窦在南京认识的、当时任北京的刑部侍郎的王汝训④。他对数学很感兴趣，而且也有数学的天分，是利玛窦非常好的朋友。通过他的介绍，利玛窦认识了萧大亨⑤和冯琦⑥。萧大亨曾

---

① 沈一贯（公元1531~1615），字肩吾，号龙江，鄞县人，隆庆二年进士，历任户部尚书、内阁大学士。——译者注
② 朱常洛（公元1582~1620），明神宗长子，神宗死后继位，仅当了一个月的皇帝就死了。历史上称为"明光宗"。——译者注
③ 这本小册子题为《续忧危竑议》，300余字，称："东宫不得已立之，寓后日改易之意。"1603年11月某日，一夜之间从皇宫门口到街头巷尾，都发现该书。皇上大怒，下令严查肇事者。——译者注
④ 王汝训（公元1551~1610），字师古，号泓阳，聊城人，隆庆五年进士，历任浙江巡抚、工部右侍郎等职。——译者注
⑤ 萧大亨（公元1532~1612），字夏卿，号岳峰，泰安人，嘉靖四十一年进士，历任兵部侍郎、刑部尚书、兵部尚书等职。——译者注
⑥ 冯琦（公元1558~1603），字用韫，临朐人，万历五年进士，历任编修、礼部尚书等职。——译者注

在与蒙古比邻的宁夏任总督20年，后又先后担任监察御史、兵部侍郎、兵部尚书、刑部尚书等职。1602年，他18岁的侄子带着叔叔的祝愿成为一名天主教徒，圣名弥额尔（Michael）。不幸的是，没过几个月，他就去世了。

冯琦的早逝是出乎人们意料的。对利玛窦来说，他的去世是一大损失，因为利玛窦对他的皈依抱有很高的期望。他在任礼部尚书时与利玛窦结成好友，对天主教有了浓厚的兴趣，并且希望将天主教的教义介绍到文人学士中。他的学识和人品广受尊敬。他在1603年去世时，已经离领洗很近了。他的去世对传教事业是一个沉重的打击。利玛窦在他的1608年刊印的《畸人十篇》一书中，将他与冯琦的一些谈话内容作为书中的一章。在这章中，冯琦是一位对话者。他们的中心议题是：邪恶；人的真正的家不是在地球上，要求得到的是永生；等等。这对于不久于人世的冯琦来说，是一个很好的话题。

在这期间，利玛窦和被称为"李太宰"的李戴①也成了好朋友。在《畸人十篇》靠后的章节中，李戴也是一位对话者。李戴的职务是吏部尚书。这个职位仅次于内阁的大学士，是行政机构中最有权力的，因为它掌管着所有官员的任命。李戴经常将利玛窦请到他家，讨论几个小时的宗教问题。在利玛窦的《畸人十篇》中，在这一章中他们讨论的主题是时间的短暂和宝贵，光阴似箭、寸金难买。

利玛窦在南京认识的那些朋友，为他在北京的交往起了不少的作用。前任南京礼部尚书王弘海、前任南京户部尚书张孟男，来京后都要与利玛窦见上一面。任北京礼部官员的郭正域和杨道宾，也是利玛窦府上的常客。正是由于他们的作用，利玛窦才不会在北京

---

① 李戴，字仁夫，号对泉，延津人，隆庆二年进士，历任户科给事中、陕西按察使、吏部尚书。当时人们对六部的尚书又有这样的称呼：太宰（吏部）、司徒（户部）、司马（兵部）、司空（工部）、司寇（刑部）、司礼（礼部）。因此原文称李戴为"李太宰"。——译者注

的传教受到非难。

有几位显赫的人物,其中包括皇上和皇后的几个亲戚也来拜访利玛窦。利玛窦每一天都安排得满满的,甚至连吃饭的时间也没有。他通常一天要收到20来张帖子,遇到特殊的日子,例如在新年,一天要见100多位客人。利玛窦还要遵照最起码的礼貌,进行回访。

尽管这些社交活动让人十分劳累,还要有长时间的谈话,然而利玛窦发现这些往来对传教事业很有价值。所有来的人都因此而接触到了天主教。利玛窦在写给他的兄弟的一封信中承认,来访者中间的大多数是抱着好奇的心态。不过,他写道:"足不出户,我们就可以向这些异教徒宣讲福音,其中一些还皈依了天主教。大多数来访者不会放弃能使他们有更多放纵机会的伪宗教。但愿通过和我们一点一点地接触,主会感化他们的心。"①

利玛窦的名声和他的信仰不仅在北京广为人知,他那和蔼的话语和强烈的感染力,也从北京的住所扩展到绵延万里的整个帝国。北京是个圣地,每年都吸引着成千的学者,有的是官职在身,还有的是为了通过科举考试的煎熬,来北京谋个官职。利玛窦对北京生活的这一特征和对他的工作带来的影响是这样说的:

"在一年中,除了皇上的诏见,还要举办文、武殿试;在另一些年份又有文官和武官资历的考试;还有一些年份要从举人中选出一些官员;在每年的某个月里,各省的官员要按期来到北京为皇上做寿;在某个月任命一些官吏,过几个月又任命一些,如此等等。上千人从外省汇聚到北京,其中不少人在此之前已经认识了京城的神父们或者其他地方的传教士们,还有的听说过我们和我们的宗教,读过我们编写刊印的书籍。这样一来,我们不得不花一整天的时间在客厅接待客人,非常劳累。可我们还是一直热情地迎送每位来客,

---

① *Opere storiche*, Ⅱ, 第375~376页。

让他们感到我们的友善。我们向他们所讲的一切,都与我们神圣的信仰有关。"①

利玛窦没有提及众多从各地来的官员对他的高度评价。这些官员在北京与利玛窦亲切、友好地会面后,非常赞赏他那杰出的智力与情操。而他的同事知道这些。王丰肃在1605年从南京发回欧洲的信中说:

"我们的好神父利玛窦在中国人中有着难以置信的好声誉。通过和一些有地位人的来往,他的名声传遍了整个中华……来拜访他的人说,在欧洲不会有比他更聪明的人了。当我们说在欧洲还有些人比他更有才能时,他们不相信。利玛窦是用他的仁慈、和善的风范,通过与人们的交谈和他的无可挑剔的品行征服了每个人。"②

"传遍了整个中华"并不是夸张的说法。就拿离北京最远的省份之一——贵州来说,该省的总督郭子章③也刊印了利玛窦绘制的世界地图。在介绍著者时,他称利玛窦为地理学家。这样的称呼是为了保护自己,避开那些可能的指责。为了对付那些反对向外国人学习地理知识的人,他搬出了孔夫子,说:孔夫子并没有说过外国人不能为天子服务。为了以防万一,他还做出这样的结论:"利玛窦在中国生活了很长的时间,所以已经不再是外国人,而是一名中国人了。"④

每个省都在谈论利玛窦和他宣讲的宗教。之所以这样讲,是因为关于利玛窦本人、关于与他传播的教义的书出版数逐年增多。其

---

① *FR*, Ⅱ, 第353页。
② *Opere storiche*, Ⅱ, 第499页, 注释1。
③ 郭子章(公元1542~1618),字相奎,号青螺,隆庆五年进士,曾任贵州巡抚、兵部尚书。——译者注
④ 德礼贤著 *Due amici dal P. Matteo ridotti all'unità*, *Archivum Historicum Societatis Jesu*, Ⅵ, 罗马, 1937, 第303~310页。

中的观点有褒有贬，但发行的范围很广，分散在许多省份。也正是一本写利玛窦的书，引出了一个重要发现：中国存在着古老的犹太社团。一位名叫"艾田"的中国犹太人，在读了关于利玛窦和郭居静的书之后，认为他们不是回教徒，也不是异教徒，而是与自己一样的犹太教徒。1605年6月，在北京，艾田见到了利玛窦。利玛窦对他们之间的会面，在书中用了好几页做了最为有趣的描述：艾田给他的第一印象是——这是一名天主教徒，因为他熟知《圣经》中的人物。后来事情才逐渐清楚，艾田只知道《圣经》"旧约"中的人物，有犹太人的信仰。由此利玛窦发现，在开封有一个人数不多的犹太团体①。

从此，利玛窦的传教事业以北京为中心向四外辐射。这一过程是双向的。一方面，天主教的影响逐渐地在知识阶层中扩展开来，对一个变化缓慢的社会，这种方式营造了一种恰当的气氛，也为扩展皈依天主教的运动做了准备。与此同时，利玛窦在各省都有不少的朋友，他们都是掌权的官吏，对于根基不深的中国教会，这些人可以保护教会不受伤害和摧毁。从传教一开始，利玛窦就没有借助欧洲的军队来保护在中国的天主教的想法。面对必然要到来的对天主教的偏见、恶意的进攻，不是欧洲的军队，而是中国的朋友成了教会的主要保护人。利玛窦的这个见解可谓是有勇气的、开明的、大度的、博爱的和体现了基督精神的。"欧洲人主义"的支持者们攻击这个方针不足为奇，但是自我标榜为"自由主义"的人士，也对利玛窦的方针政策做了贬损的评论，却令人感到奇怪和沮丧。

罗伯翰（Rowbotham）教授在这方面就是一个有趣的例子。他在将耶稣会和十九世纪来中国传教的新教做了一番比较，对后来者

---

① *FR*，Ⅱ，第315～325页；关于开封府的犹太文化，参考耶稣会士 Jerome Tobar 著 *Inscriptions juives de k'ai-fêng*，上海，1921。

取得的成就给予了应有的赞扬之后,毫无根据地说:

"新教所取得的成功,当然是在没有向官员讨好的情况下得到的。"言外之意是说耶稣会士们的成功是在博得权势们的欢心后才取得的。罗伯翰倒是为耶稣会找了一些借口。"但是在新教的背后,他们的政府是强有力的、有组织的支持者。耶稣会士是在中国传教的先驱。他们只能依靠自己在明帝国寻找立足之地。"①

罗伯翰说的不错,环境是个理由。但是实际上,耶稣会士没有做什么需要找借口,并请人原谅的事情。利玛窦和他领导的耶稣会士们试图突破偏见的藩篱,与朝廷的官员建立友好的关系。难道为了避嫌献媚,他们就应当显得特别粗野么?利玛窦极力结交朋友,并取得惊人的结果,所依靠的不是欺骗也不是献媚。他成功的原因十分简单:无论是以中国的标准还是以西方的标准来衡量,他都是一位绅士。他有个人的魅力、智慧、友善,同时富有同情心。他是正直的,这是显而易见的。如果利玛窦这种方针、政策一直能够持续下去的话,东西两种文明的冲突就一定不会发生,这些冲突在东西方的关系史上,涂上了太多的不愉快的笔墨。

在传教事业中,利玛窦还有一个显著的特点:即在文字方面很活跃。他常提醒同事们注意这样的事实,在中国,"笔"是一种重要的武器,任何国家都难与之相比。1605年,在写给耶稣会中的朋友鲁德维克·玛斯利(Ludovico Maselli)的信中,利玛窦在讲述了"笔"的力量之后,得出这样的结论:在不得不单独工作,同时也没有任何帮助的情况下,如果说我在这个国家的学术界中引起了不小的反响,那么略有闲暇的人和比我更有才华的人,在这个国家将会做得更出色……所以,我向所有的神父们建议:深入研究中文,因为文字在中国皈依天主教的过程中是举足轻

---

① *Missionary and Mandarin*, *The Jesuits at the Court of China*, 伯克利,加州大学年版社,1942,第63页。

重的①。

1608年8月15日，利玛窦在写给耶稣会总会长的一封信中表示不想再担任传教团领导的职务，为的是腾出更多的时间写书②。两年之后，在写给朋友高斯塔的信中他仍然是这样想的，"在中国，通过写书能做许多事情"③。写这封信的第二年，在写给耶稣会总会长的信中，他再次提到"写书起到的作用要大于语言"④。

对书的作用有如此强烈的想法，促使利玛窦将几位有才华的朋友召集在一处，共同著书立说，而且收获颇丰。在这几个人当中，谈到合作人的情况，没有人比冯应京⑤更令人感兴趣了。冯应京是当时最有思想的学者型的官员之一。1599年，瘟疫般的宦官们遍布各省，为皇上征收特别的税。这时的冯应京正任湖广按察司。这里的百姓就称他是"贪官的敌人，良民和行善之人的朋友，孤寡贫穷之人的保护人"。面对这些勒索钱财的宦官，冯应京独树一帜，态度鲜明地与他们做斗争⑥。他毫不犹豫地释放那些因没能满足宦官们的贪心而被投入监狱的人；他将百姓的状子递到京城，自己也三次向皇上呈上奏折，怒斥那些税监无法无天的行径。万历皇上给他的报答，是将他革了职，押解到北京，关进监狱。为正义而蒙受苦难，使他在百姓中的威望更高了。

冯应京在湖广时，就听说过利玛窦，还派了一名手下的人去南京，向利玛窦学习数学。当时利玛窦已经启程进京。也就在利玛窦启程后不久，冯应京也被带到北京。在利玛窦从"会同馆"里放出来之后，首批拜访利玛窦的就有冯应京派来的人。利玛窦也听说过

[095]

---

① *Opere storiche*, Ⅱ, 第257页。
② *Opere storiche*, Ⅱ, 第301页。
③ *Opere storiche*, Ⅱ, 第336页。
④ *Opere storiche*, Ⅱ, 第343页。
⑤ 冯应京（公元1543~1604），字可大，号慕冈，盱眙人，万历二十年进士，曾任户部主事、湖广金事。——译者注
⑥ *FR*, Ⅱ, 第163页。

这名犯人品德高尚,立即前去回访。他们在一起谈了一个小时。再后来,冯应京在京被监禁了三年或是更长的时间,他们再也没能见面,因为朝廷对冯应京的看管更严厉了,不许人再来探视他。可是,就是这仅有的一个小时,足以使他们建立了持久、亲密的友谊。在监牢里的三年时间里,冯应京通过书信或托人带信,与利玛窦保持着频繁的接触。冯应京在牢房里还向利玛窦提出了很有用的建议和鼓励。他还自己出钱,刊印了新版的《交友论》,并且附上他撰写的序言。他还印制了利玛窦关于四元素的论文,还为文章写了"行文高雅的前言"。除此之外,他出资刊印的文章还包括:"有关数学问题的文章,两张小的世界地图,汇集了凡是他能搜集到的、我们教授的东西。"①

冯应京还刊印了利玛窦的《二十五言》一书②。该书的内容是简短地讲授天主教基本的道德教义。在为这本书写的序言里,他竭力指出:该书中讲述的教义,要优于佛教的名著《四十二章经》中所论述的。徐光启也为该书写了跋。

冯应京极力主张刊印利玛窦的重要著作,即著名的《天主实义》。要列出这本书有几个版本已经是不可能的事了。它的影响力超越了时间和空间的限制。当显赫的康熙皇上读了这本著作后,于1692年3月22日发布了关于宗教信仰自由的诏书。这本著作被列入到《四库全书总目》③ 中。《天主实义》被译成日文、朝文、越南文和蒙古文。在该书出版后的200年,一个在中国的传教士弗朗西斯·布尔奇斯(François Bourgeois)在报告中说,一些中国的学

---

① *FR*,Ⅱ,第 165~166 页。
② *FR*,Ⅱ,第 287 页,注释 3。
③ 乾隆皇帝下令编纂这部皇家目录。其主要部分完成于 1772~1788 年。该书收录的宗旨是囊括所有有价值的著作,不过没有收录的作品并不一定没有价值,如果作者曾对满人不满,他的著作就不会被收录。*The Literary Inquisition of Ch'ien-Lung*,第 258~259 页。关于这部著名丛刊的更详细的材料,参考 *Eminent Chinese*,Ⅰ,第 120~123 页。

者因为欣赏该书的文笔，经常反复地阅读此书①。

但是这本书招来的批评也是最多的。这些批评对利玛窦的传教做了臆想中的解释。一位批评者写道："利玛窦将自己限于只教授纯粹的自然神论……不讲三位一体，也不讲道成肉身，更不谈救赎……中国的朋友们可能会认为天主教只是佛教里的特别的一种。"②还有这样的批评："利玛窦将天主教完全解释成了孔夫子主义。"③这种说法，如同读了圣·托马斯·阿奎那④（St. Thomas Aquinas）的论文《论天主之力量》之后，竟然得出他是一位自然神论者的结论一样，这是一种古怪的批评，它要求利玛窦每次拿起笔来，就要全面地阐述完整的天主教教义。

《天主实义》是一部主要论述神义论的著作，也是利玛窦10年传教后的思考和经验的成果。它以反驳性的论述方法，谈及了天主的存在和本质，还有灵魂的问题。从这些问题的讨论中可以看出，利玛窦知道当时中国社会的知识分子在接受基督的启示时遇到的根本障碍是什么。对宋代唯物主义新儒学人士或是佛教一元论者，谈论天主教的7件圣事是毫无用处的。这本书是为那些根本没有福音概念的人讲述浅显的预备性知识的。

利玛窦也像任何作者一样，对《天主实义》一书的写作目的有自己的解释。在提到书的出版之后，他说：

"这本书没有涉及我们神圣信仰的所有奥秘。所有的奥秘只有慕道者和天主教徒才需要得到解释。书中只讲了几条用不深奥的、依靠自然的判断就能证实和理解的基本概念。因此这本书适用于天主教徒，也适用于非天主教徒。在我们神父一时还到不了的边远地

---

① 参考德礼贤在 FR，Ⅱ，第293页，注释1中所作的出色的解释。
② La religion Chinoise，巴黎，1889，第669~670页。
③ H. Boehmer 著 Les Jésuites（第二版），G. Monod 译，巴黎，1910，第669页。
④ 圣·托马斯·阿奎那（St. Thomas Aquinas，公元1224~1274），出生于意大利西西里，天主教哲学家、神学家。——译者注

[097] 方的人们,也可以看懂它,为接受其他的奥秘做准备。接受这些奥秘是要靠信仰和智慧的。这本书讲了一些这样的真理:宇宙间有一天主,创造了万物,并使万物生存下去;人的灵魂是不朽的,来世要为善与恶而受到天主的奖罚;灵魂转移到他人的身体里和动物里是荒谬的……尽管这本书没有对中国的各教派进行直接的驳斥,它还是用无可辩驳的理由和对那些与事实相矛盾的中国人的观点的评论,来摧毁它们的根基……在书的结尾部分,对耶稣基督降临到世上,拯救和教诲世人一事做了解释,还力促中国人向神父们寻求更为详细的讲解真理教义的书籍。"①

就是这被视为"只是佛教里的特别的一种"的书籍,却招来佛教徒方面起劲的攻击。北京的一些有影响的佛教团体,不满足书面上的论战,针对利玛窦的论题向皇上数次呈上奏折,攻击传教士和天主教教义。

利玛窦的《天主实义》的草稿是 1593 年在南昌完成。到了 1597 年,他将手稿送给在澳门的日本教区的主教路易·切尔奎拉(Luis Cerqueira),然后又送给范礼安,请求予以批准。到了北京之后,利玛窦又重新审定了全部书稿,增加了他在南京时与佛教大师三淮的辩论和在北京与一位非凡的信仰佛学的学者兼太子朱常洛老师的黄辉②之间讨论的要点③。冯应京看了手稿,在文笔上做了非常小心的改动。利玛窦在 1602 年 9 月写给华龙民的信中说,冯应京即使"改动一个字,也要征求我的意见"④。冯应京急于出版《天主实义》,但是利玛窦需要得到设在果阿的教会法庭的批准。利玛窦很难向他的朋友冯应京解释为什么等了那么长的时间,甚至他自己也

---

① FR,Ⅱ,第 292 页。
② 黄辉,字平倩,一字昭素,南充人,万历十七年进士,任编修、少詹事。——译者注
③ FR,Ⅱ,第 180 页,注释 6。
④ FR,Ⅱ,第 292 页,注释 1。

不明白，他只能用文字上还需要修改来搪塞冯应京，而冯应京则对这样的解释持批评的态度。他认为，从道德的观点来看，中国处于一种危险的境地，只有这本书能够救中国。当一位垂死的病人请求医生给他开药方时，医生不会说："等一会儿，我要将处方的文字写得尽可能的完美。"①

在京城一些最高职位的官员的努力之下，皇上终于将冯应京释放，将他送回离南京不远的老家。利玛窦失去了一位价值难以估量的合作者。冯应京想接受神圣的洗礼，但是在回南方之前，在京只有两三天的时间，在这几天里，他的每一分钟都被川流不息的、向他表示敬意的官员占满了。利玛窦和他只是简短地见了一面。神父们决定等他到了老家，让南京的神父去找他。在接受全面的指导之后，再接受他领洗。然而不幸的是，还没等到南京的神父去找他，想不到死亡竟降临在他的头上。他的耶稣会的朋友们只有在希望中寻找安慰，利玛窦是这样表达的："由于他为我们做的一切，渴望帮助我们，对我们传播神圣信仰的鼓励以及他本人对这个信仰的追求，天主是会同意他的领洗的愿望的，最终会有真正的洗礼，为他的灵魂赢得救赎的。"②

[098]

北京的几年中，利玛窦还结识了李之藻。李之藻，1565年生于杭州，1598年中进士，任南京工部员外郎，是利玛窦的好友刘冠南的下属，但是似乎在南京时并没有与利玛窦见过面。1599年，李之藻被调到京城任职。开始的时候，利玛窦之所以能吸引李之藻，可能是因为李之藻对地理特别的感兴趣。还是在青年时期，李之藻就绘制了一张附有说明的、包括了15个省份的中国地图，并且认为这就是世界地图。是利玛窦的世界地图让他大开眼界，强烈的求知欲和开明的头脑，使李之藻察觉到自己知识的贫乏。他马上在

---

① FR，Ⅱ，第301页。
② FR，Ⅱ，第168页。

利玛窦的指导下开始学习地理和西方科学的许多科目。从此以后，两人之间的亲密关系一直保持到利玛窦生命的结束。利玛窦非常欣赏李之藻的聪敏，他后来谈到，在他认识的所有的中国人中，李之藻和徐光启是仅有的能够完整地、不折不扣地理解欧几里得几何学的人。

1602年，李之藻出版了经利玛窦修改的新版世界地图，并将一些学者题写的诗词附上。1603年，他任福建学政，再回北京后，又得到晋升，他也恢复了向利玛窦的学习。他与利玛窦合著了一篇篇幅不长的关于几何学的论文——《圜容较义》。这篇论文直到1614年，利玛窦去世后四年才发表。李之藻对利玛窦的另一部著作——《同文算指》的贡献也是功不可没的，这本书将丁先生（即克拉委奥）的《实用数学》译成中文，也于1614年刊印，共十一卷①。李之藻还为利玛窦的《浑盖通宪图说》做了笔录，该书发表于1607年。这是一本两卷的关于天体立体投影的论文，后来被收录到《四库全书》中②。

1606年，李之藻被降职，他一气之下辞官不做，回到老家杭州。他是在朝廷大规模残酷的清洗中被罢官、降职的数千名官员中的一位。宦官和他们的朋党的工作就是使大批的人头落地，这种形势可能是东林党形成的直接原因。给李之藻定的罪名是经常宴请和赌博。这两项指控或许确有其事，但是当时的社会，这些现象很普遍，根本算不上什么，显然是"欲加之罪，何患无辞"。李之藻在辞官之后，刊印了新版的利玛窦的大作《天主实义》，并且亲自作序。他还刊印了不同版本的《交友论》。1608年，禁不住利玛窦和一些朋友的一再劝说，李之藻返回北京，重新在朝廷中任职。

---

① 参考德礼贤对这部著作的分析；*FR*，Ⅱ，第175页，注释2。
② 参考 *Eminent Chinese*，Ⅰ，第452页和 *FR*，Ⅱ，第174页，注释1。

李之藻与徐光启不同，他的品行不那么完美，在许多方面他更像瞿汝夔，十分聪明，思想开放，富有吸引力，但是过于贪恋享受。早在 1603 年他就请求领洗，但是不能受洗的主要障碍是他有妾。对于许多中国人来说，天主教教义中的一夫一妻的教义是"难以忍受的格言"。利玛窦的几位同事批评利玛窦和李之藻不间断的友谊。爱挑利玛窦毛病的庞迪我无疑便是其中之一。金尼阁报告说："这位好心肠的老人（原文如此！）似乎将太多的时间花在了李之藻的身上，每天都给他上数学课。有些人就看不惯。"①

一般来说，利玛窦凭直觉和善心所做的事是不会落空的。1610 年 3 月，离利玛窦去世还有不到三个月的时间，让利玛窦感到欣慰的事情发生了：李之藻终于接受了一夫一妻的教规，加入了教会。他家族中的大多数成员在他之前已经皈依了天主教。领洗改变了他的生活方式，使他永不怠倦地走过以后的 20 多年，热诚地宣扬天主教，勇敢地保护传教士。

1604 年，徐光启在北京顺利地考取了进士，和他结伴进京的秦马丁（Ch'in Martin）也通过了武科举的考试，并且被马上派到浙江上任。在选拔文官的考试中，徐光启是入选的翰林院 24 位新科进士中的一员。他还要在北京待上三年，在通过 24 项附加的考试之后，便可进入前 12 名，然后可以进入更高一级的职位，徐光启获得了成功。

在北京的三年里，徐光启一直都在与利玛窦一起工作，翻译数学、水利、天文和地理方面的学术著作。其中最有影响的是《欧几里得几何学》，出版时题为《几何原本》，共六卷。它是由利玛窦口述，徐光启笔录而成，几经修改，于 1611 年出版。

---

① *Litterae Societatis Jesu a regno Sinarum annorum MDCX ét* XI *ad R . P. Claudium Aquavivum eiusdem Societatis praepositum generalem*; *auctore P. Nicolao Trigautio, eiusdem Societatis*, 德国奥格斯堡，1615，第 24 页。以下简称为 Lit. X – XI。

徐光启与利玛窦在精神境界上颇为相似。徐光启有着崇高的精神境界、完美和谐的气质、准确的判断力、毫不动摇的信仰、真挚的谦恭。为了护卫天主教，他不惜牺牲自己的职业。在利玛窦去世后，他是中国天主教的主要支柱。和利玛窦一样，徐光启在对传教政策的把握上准确无误。传教士们从经验得知：不听从徐光启的劝告，是会为自己和事业付出代价的。

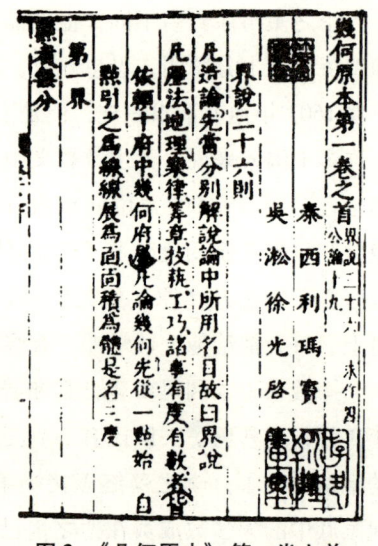

图3 《几何原本》第一卷之首

1606年，徐光启的父亲徐思诚来到北京，在这里他接受了洗礼。徐光启的独子徐骥也成为一名天主教徒，圣名约伯（Jacob）。1607年，徐光启在翰林院任编修检讨。没过多久，他的父亲去世了，丧事是在北京办的。徐光启十分小心地避开丧事中与"天主教教义相违的仪式，任何细节都要向神父们请教"①。

徐光启为他的父亲守制三年，辞官回到了上海，于1610年又回到北京在翰林院任职。在这之前的几个月，利玛窦已经去世了。

在这一时期利玛窦所著的两卷本的《畸人十篇》广为流传，它于1607年首次刊印，到了1608年就已被重印数次了，其中一次在南京，一次在南昌。这本书也是利玛窦在朋友的劝说下动笔的，因为《天主实义》对佛教信仰的直接抨击招致了强烈的反响，于是朋友们就向利玛窦提出了明智地暂时避开对佛教直接攻击的建议。为什么不用广受欢迎的《交友论》的写作风格，谈一谈天主教对生活的

---

① FR，Ⅱ，第361页。

看法呢？利玛窦听从了建议，撰写了《畸人十篇》。

书中10篇文章内容涉及了时间的价值、邪恶的问题、对死亡的思考带来的益处、为最后的审判做准备、沉默的智慧、斋戒与戒绝的理论基础、自我审视与自我改进的益处、人生来世受惩罚的必要性、寻求预知未来的愚蠢和贪婪富人的可悲之处等。正像利玛窦在写给耶稣会总会长阿桂委瓦的一封信中所说的："对天主教徒来说，这些教义是完美的，并不是悖论。但是对中国人来说，它们却是悖论。"利玛窦认为，这证明了他们的思想状况是多么的不幸。喜爱这本书成了一种时尚，这也就证明了利玛窦的看法是对的，甚至连他自己也对书受到的欢迎程度感惊奇，他写道："真是难以让人相信。"① 几个月后，他报告说，所有他写的书都受到了欢迎，但是《畸人十篇》带来的反响最大②。

利玛窦的传教工作并不限于交友和写书，还要关怀一个虽然发展缓慢，但是不断成长的天主教团体。庞迪我似乎将大部分时间都放在了发展天主教徒的工作上，利玛窦对这项工作也是积极的。1601年6月10日，他第一次为北京的两名皈依者施洗。在1605年5月的一封信中，他说北京天主教徒的数量已经超过100人③。

在北京，首批天主教徒的数量不多，但是都十分优秀。他们来自社会的各阶层，对信仰坚信不疑。第一位皈依者是个普通百姓，他的中文名字没有记录，教名是本尼迪克特（Benedict）。他从领洗那天开始，到1624年以84的高龄去世时为止，一直被人们视为生活中的楷模。其他的皈依者有在朝的官员、皇上御医的两个儿子、王后的妹夫。

在首批皈依者中，李应试（教名 Paul）是最热诚、最有启发性的，他非常聪明，但是沉溺于算命和其他方术的迷信之中，不是一

[102]

---

① Opere storiche，Ⅱ，第343页；参考 FR，Ⅱ，第302页，注释1。
② Opere storiche，Ⅱ，第360页。
③ Opere storiche，Ⅱ，第263页。

个容易接受洗礼的人。开始的时候,是利玛窦的科学知识吸引了他。他绞尽脑汁地与传教士们在天主教教义的问题上进行辩论,等到他的最后一道思想防线被击破的时候,他就走上了皈依的道路。在领洗那天,他在祭坛上放了一篇表白信仰的文章。从此以后,这种做法在受洗的仪式上就被广泛地采用了①。

利玛窦在北京的成功,促使范礼安重组传教团的行政机构。1601年,他任命瓦兰迪姆·卡尔瓦罗(Valentim Carvalho)为澳门神学院的院长,接替了李玛诺。然后派李玛诺走访位于中国的四个会院,陪他一起到中国的是耶稣会辅理修士倪一诚②(教名 James)。

1603年,范礼安解决了一个以前一直想解决的问题:将中国传教团从澳门神学院院长的管辖之下完全脱离出来。于是就形成了这样的领导路线:中国耶稣会负责人的上级是日本副省区的副省长,副省长的上级是印度省区。利玛窦早就促请这样的领导方式。他还力争不再担任传教团负责人的职务。范礼安不同意,他指定李玛诺负责南京、南昌和韶州的工作,但是利玛窦还是总的负责人。范礼安在经与日本、澳门的耶稣会商讨之后,向耶稣会总会长建议成立日本—中国省区,从印度省区分离出来。

在财政上,中国和日本传教团一直很困难。今天的罗马教会有传信部这样的组织,专为教会在外国的传教团提供财力支持,这在当时是没有的。传教团的费用主要来自西班牙(和葡萄牙)国王和教廷的帮助,经费的缺口很大。伯克斯(C. R. Boxer)用了一句西班牙的谚语表达当时的情况:"西班牙的帮助,不是晚到,就是不来。"③ 教宗答应的拨款和皇室给的钱一样的不足。范礼安一直力争用日本传教团的房地产收入来满足他们为数不小的开支。到了1590

---

① *FR*,Ⅱ,第263页给出了文章的内容。
② 倪一诚,又名倪雅谷,是出生于日本的华人。——译者注
③ *The Christian Century in Japan*,1549 – 1650r,伯克利—伦敦,加州大学出版社—剑桥大学出版社,1951,第119页。

年，日本有 136 名耶稣会士，170 名传道员，看护教堂和其他内务人员有 300 名，200 座以上的教堂，一所传教团的出版社，几所学校，还有几所医院、学校和神学院。所有这些都等着财政上的支持。为了解决财政上的困难，安排合理的规划，范礼安在 1578 年和澳门的商会达成了协议：商会同意耶稣会对澳门和长崎间的丝绸贸易进行投资①。每年有 1600 担的丝绸从澳门装船运到日本，澳门当地的商人每人享有一分利润。耶稣会被允许投资 100 担。这个办法得到了教宗格列高利十三世（Gregory XIII）的同意，1582 年获印度总督的批准，1589 年得到澳门上院的批准。

大家都清楚，这种为传教团提供财政支持的办法不是一个理想的方式。前任耶稣会总会长弗朗西斯·博尔吉亚（Francis Borigia），早些时候就表示过不喜欢用参与贸易的办法来解决传教团的财政问题。他的接任者阿桂委瓦尽管同意了这一办法，但也并不喜欢。在罗马耶稣会档案中，有不少来自日本耶稣会士的信件在谈到这事时持反对意见②。只要传教团从贸易中得到一点利益，贪心的澳门商人们就要向国王和教宗抱怨。同时，不少满怀神圣热诚的宗教界人士也专爱挑兄弟的毛病，这是这个时期传教史上一个突出的特点。所以，当马尼拉的费艾·马丁·阿瑟卡（Fray Martin Acerca）发表文章激烈地抨击耶稣会时，一点也不令人惊奇。范礼安也回敬了一

---

① *The Christian Century in Japan*，1549－1650r，伯克利—伦敦，加州大学出版社—剑桥大学出版社，1951，第 117 页。
② 阿桂委瓦会长在 1582 年 2 月 19 日的一封信中表达了他的看法，这封信收录在耶稣会档案日本—中国卷，简称 ARSI，Jap－Sin，9，I，f. 第 81 页。在日本耶稣会的大量信件中表明对这种做法的一些深思，见 ARSI，Jap－Sin 8 I，9 I－II，10 II，I，12 I，14 I，15 I－II，16 II，17，18 I，20 I。在一封 1613 年 3 月 21 日的信中，见 ARSI，Jap－Sin 56，第 159 页，未来的殉道者 Carlo Spinola 提出担心当地的一些负责人产生了为了自己传教居所的需要有多赚些钱的倾向，但是在 1618 年 10 月 8 日的一封信中，见 ARSI，Jap－Sin 36，第 193 页，这种看法得到更正，他没有发现交易中做了什么不妥的事。

篇文章。他只是平心静气地简单陈述了事实①。

在那个年代，商贸行业在人们的心中并不受到尊敬。殷实人家是不涉足这个行业的。他们的生活来源是出租地产或是继承家族的财产。这种时代的背景或许可以解释人们为什么对耶稣会参加商业活动表示出关切。其实，这种贸易并不是黑市，而是合法的买卖，大家都受益。中国人卖丝绸，日本人买丝绸，葡萄牙人是中间商。

在现代社会，人们对做买卖是一种严重的耻辱的说法是不太容易理解的，更何况日本传教团的一年开支至少是1.2万金锭，而他们从贸易中得到的收入仅仅是4000~6000金锭。范礼安对批评的回答似乎无懈可击。这是一个继续参与贸易，还是使正在蓬勃发展的日本传教事业停滞下来的两难的选择问题。只要教宗、国王或是其他什么人提供必要的资金，耶稣会士们是会立即高兴地从丝绸贸易中退出来的。

中国的传教事业在很大程度上也依靠这项贸易。可是这些装满丝绸的船只，经常因台风和落入荷兰的海盗之手而全部丧失。1604发生的一件事，对范礼安计划向中国传教团增派人力和充实财力造成了沉重的一击：这一年要卖的丝绸已经装上了一艘称为"那宝丸号"的大船，船停靠在澳门，准备驶往日本。这时，两艘荷兰的海盗船和一艘二桅船，在船长沃日科（Admiral Wijbrand van Waerijck）和舰队司令官维尼（Cornelius van Veen）的率领下，如恶鹰扑食一般占领了"那宝丸号"，将待运的丝绸搬到他们的船上，然后放火烧船。而这时，"那宝丸号"的军官和水手大都不在船上。海盗们满载价值200万两的丝绸驶回荷兰。在这批货物里，耶稣会投入了价值相当于1.5万担丝绸的资金②。

---

① 范礼安的回应见 *Labor evangelica de los obreros de la de Jésus en las isles Filipinas*, II，第682~692页。
② 范礼安1604年1月21日在澳门写给葡萄牙助理的信中告诉了这场灾难，见 *ARSI*, Jap–Sin 14, 156页左右。

范礼安以前就遇到过类似的灾难,为了应付这次的紧急情况,他不得不调整计划。一向积极地建议减少在中国开支的澳门耶稣会当局,极力促使范礼安关闭耶稣会在韶州和南昌的会院。范礼安拒绝这样做,但是也不得不对已经建立的四个会院减少拨款。在这之前,传教士们吃的已经是水泡饭了,一星期才能吃上一点肉。而现在只好再勒紧腰带,再往米里多加些水。尽管经历了这么多的打击,在 1604 年和 1605 年,范礼安还是向中国增派了至少 8 名神父,这让利玛窦流出喜悦的泪水。

运丝绸的船被毁了,范礼安无法拿出 600~700 斯卡第①(scudi)的银子为在北京的传教士们购买一所房子,但是在徐光启和其他朋友的帮助下,耶稣会士们得到了一笔借款。1605 年 8 月 27 日,耶稣会士们搬进了他们自己的房子,这所房子还有一间大礼拜堂,足够让在北京的天主教徒做礼拜用。

天主教徒的数量正在增长。1605 年,庞迪我开始到北京南面的保定地区的村庄里传教,后来,费奇观②(Gaspard Ferreira)接替了他的这项工作,到 1607 年,这个地区已有 150 名天主教徒。1608 年 8 月 24 日,利玛窦在写给在马切拉塔(Macerata)城的他兄弟的信中说,中国"已经有了两千名天主教徒,其中还有不少是学者"③。

这个数字代表的是 26 年的辛勤劳作的直接成果,但是对于富有远见的利玛窦来说,这个数字是未来的希望。他明白,他们在中国的土地上播下了蕴藏着活力的种子。在当时中国的所有 15 个省份里,都有理解和关心他的朋友,还有理解和关心他所传播的信仰的友人。利玛窦当然还清楚,一双笨拙的手会使幼嫩的小苗夭折,所以一直到他去世之前,他都紧紧地把握着铺设扎实的地基的政策。

---

① 斯卡第,古银币名。——译者注
② 费奇观(Gaspard Ferreira,公元 1571~1649),葡萄牙籍耶稣会士,1604 年来华。——译者注
③ Opere storiche, II,第 376 页。

他写道：

"我们要建立牢固的基础，使皈依者不会有损天主教的声望。同时，在开始的阶段，还要传播我们信仰的好声誉。这样，受洗人的数量就会如希望的那样多。"①

1609年2月11日，利玛窦从北京发出他的最后一封信。在信中，他坚持自己的一个看法，即派什么样的人来中国是件重要的事情。他认为，派来的人必须不仅是"优秀的，还要是天才，因为我们与之打交道的人又聪明又有学识"②。

利玛窦的工作做完了。他在生命的最后几个月发生的一些情况，说明他意识到了他正在走向生命的尽头③。有这种想法很奇怪，因为他还不满60岁，身体也很好。可是他讲过几次，说他不会长寿。当时，所有的人都这样说：是繁重的工作把他累垮了。特别是临去世前的几个月，他实在太累了。那年正值北京有科举考试，来拜访他的人实在是多。据熊三拔④（Sabbathin de Ursis）说，利玛窦从早到晚忙着接待客人，连吃饭的时间都没有。

有明显的迹象表明，当时利玛窦意识到了他还有几个月的时间。他写完了回忆录；烧掉了一些信件；将一些文件整理好；写下万一他死了，对传教团今后工作的一些指示，并且指明由龙华民接替自己的工作。他的同事们注意到，与平时相比，他晚上做祈祷的时间要更长些。有人还听他几次说，他现在能够给予在中国人中促进天主教信仰发展的最大贡献就是死亡。"直到那颗麦粒掉

---

① *FR*，Ⅱ，第347页。
② *Opere storiche*，Ⅱ，第390页。
③ 有一些关于利玛窦生命的最后几天的资料。熊三拔是目睹利玛窦去世的人，在利玛窦去世后不到两个星期，1610年5月20日，他记下了这些事情，见 *Opere storiche*，Ⅱ，第483～488页；金尼阁讲得更为详细，见 *FR*，Ⅱ，第530页和 *Lit* Ⅹ-Ⅺ，第31～32页。
④ 熊三拔（Sabbathin de Ursis，公元1575～1620），意大利籍耶稣会士，1606年来华。——译者注

落在地上①……"他显然觉得他的工作完成了，土地已经清理好，该是播种的季节了。

1601年5月3日那一天，利玛窦的病一下子就变得严重了。不巧的是，在这时，李之藻也病着，但他还是请了城里最好的大夫来给利玛窦看病，然而也不见好转，他又请来6位大夫为利玛窦会诊，结果大夫们的意见不一，开出三种药方。天主教徒和他的朋友们成群地来看望利神父。熊三拔说，"住所里的人都满了"。利玛窦依然是那样的和善，为了能见到更多的人，他躺到一间较大的房间里。5月9日，他坚持从床上起来，跪下接受了临终的圣体。就在这天，他的神志紊乱了。然而第二天，他又清醒了。他请求行临终涂油礼。在这天和接下去的一天，他与庞迪我、熊三拔，还有他四周的天主教徒们随意谈论着。

5月11日晚上，在天快黑的时候，利玛窦微笑着为他的耶稣会的同事们祝福。7点钟时，他安静地转向一侧，平和地与世长辞。在随后的两天里，吊唁的人们川流不息，其中包括朝廷中的大多数官员。人们向这位神父，一个外国人，一个不再是外国人的外国人，也是一位对中国人的思想和感情都具有强烈吸引力的人，表示他们的敬意。在利玛窦去世之后，李之藻马上向皇上呈上一份奏折，请求赐给这位功勋卓著的利玛窦、一位成了中国人的西方人一块墓地，埋葬他的尸骨。礼部附上了赞同的意见。叶向高以他的权力和地位尽全力促成了这件事。

这一请求得到了批准，皇上下了一道诏书，赐给耶稣会一块地，这块地原是一个太监的，位于北京城西的一个门的附近②。1611年11月1日，是利玛窦下葬的日子。他的生前预感的确是不错的：他

---

① 《圣经》中说，一粒麦子如果不埋入地里，仍还是一粒；如果埋入地里，才会结出许多籽粒来。——译者注
② 即阜城门外二里的滕公栅栏。——译者注

的死会给天主教带来益处。皇上的诏书说明了两点：一是利玛窦的形象得到了官方的承认，二是它保护了利玛窦宣讲的宗教。

几年之后，利玛窦的老朋友王应麟任顺天府尹，发布了一道官方的文告，并且被刻在石头上，立在了利玛窦的墓旁①。文告用简洁的语言庄重地写下利玛窦的生涯，以及利玛窦给中国社会带来的非同一般的、深远的影响。在这里，还是要提及几位知名的学者和学者型的官员，他们与利玛窦一直保持着紧密的友谊：

王弘海，礼部尚书；祝世禄，都御史；张孟男，户部尚书；冯琦，礼部尚书；李戴，吏部尚书；曹于汴，都御史；徐光启，翰林院庶吉士；李之藻，工部员外郎；龚道立，广东布政使；郑以伟②，詹事府詹事；周炳谟③，编修、礼部侍郎；王家植④，编修；熊明遇⑤，都御史；杨廷筠，南直督学；彭端吾，御史；冯应京，湖广按察司佥事；崔淐⑥，吏部郎中；陈亮采，按察司副使；刘胤昌，某地副府尹；吴道南，礼部右侍郎；黄吉士，顺天府尹。亨瑞·伯纳德（Henri Bernard）说的好：

"中国社会悼念的是一位完全被他们接纳的西方的博士——利玛窦。"⑦

---

① 德礼贤将中文全文译成意大利文，见 FR, Ⅲ, 第9页。
② 郑以伟，字子器，号方水，上饶人，万历二十九年进士，历任检讨、礼部左侍郎、詹事府詹事。——译者注
③ 周炳谟，字仲觐，无锡人，万历三十三年进士，任礼部侍郎。——译者注
④ 王家植，字木仲，号直斋，滨州人，万历三十二年进士，任编修。——译者注
⑤ 熊明遇，字良孺，进贤人，万历二十九年进士，官至兵部尚书。——译者注
⑥ 崔淐，字震水，号鹤江，任吏部郎中。——译者注
⑦ 耶稣会士 Henri Bernard 著 *Le pére Matthieu Ricci et la société chinoise de son temps* (1552–1610)，天津，1937，Ⅱ，第374页。

# 第七章　暴风雨的前奏

死亡正在向利玛窦走近。利玛窦躺在床上，周围聚着好多人，[109] 此时，他对熊三拔说："我把你们留在了一扇敞开的门前，通过了这扇门，就可以得到极大的回报，但是途中充满了危险与艰辛。"利玛窦在中国的28年中间，始终认为他所从事的传教工作是开拓性的。11年之前，他描述他的工作好比是清理土壤。在生命的最后时刻，当他意识到他的工作已经做完时，脑海里显然想起的是圣保禄的语句，即"我敞开了一扇大门，它可以引向无数的敌人"，但是他改变了圣保禄这句话的隐喻。

这扇门是被打开了，但是面对敞开的大门，会遇到许多的危险，需要十分高尚的美德和非常艰辛的劳作，才能使得这扇敞开了的大门不再关上。上述这番话，说明利玛窦对传教的未来还是有些盲点。我们可以谅解他，因为在生命最后时刻，卓有成就的工作带来的满足感影响了他的思维，使他夸大了他的收获。但是直到生命结束时，厌恶唱高调和保持清醒的判断力的性格，也依然存在。这也是他与众不同的地方。他最后的话也是对过分乐观发出的警告。教会的根基远未牢固，谨慎的策略不可丢弃，传教工作必须向他很久以前说过的那样，"谨慎小心是第一位的"。

利玛窦的同事们并不是都赞同他的这种慎重态度的。接替利玛窦负责传教团事务的龙华民在执行这项策略的时候就打了折扣。龙 [110] 华民有永远旺盛的热情，在道德方面也是一位榜样性的人物，是中国传教团中真正的巨人之一。他一生辛勤劳作，没有半点的松懈。

1654年12月11日，龙华民以令人崇敬的95岁的高龄去世，以史诗般的职业生涯走完了他奉献的一生。利玛窦生前对他的品行完全了解，他恳请耶稣会总会长接纳龙华民成为职业的耶稣会会员，并且向日本省区申请，举荐龙华民为他的接任者①。

然而，龙华民在担任中国传教团的头几年中过于乐观，这也是实情。从他到中国传教开始，就是一个乐观主义者，这在当时就已经显现出来了。他是在1597年到达中国的。不到一年之后在他寄往欧洲的一封长信中，就充满了对中国的局势过于天真的判断和不实际的赞扬②。

如果龙华民的信中所讲的情况是真实的，柏拉图将发现中国就是他的理想国。在这块土地上处处体现着美德：人们孜孜不倦地救济穷人，为医院捐款，帮助弱者；人们还盛赞一夫一妻制（龙华民没有注意到，在中国有相当多的人过的是一夫多妻制的生活）；他们检讨自身的品行，做忏悔、行斋戒、做冥想，如同"远古时期荒漠之中的神父"！

其实，龙华民笔下的这个中国从来就不存在。龙华民是一位说实话的人，他之所以描绘出这样令人兴奋的图画，只能解释为他的无知。因为他在写这封信的时候，到中国的时间还不足一年。除了韶州之外，他哪儿也没去过。

龙华民当时在语言方面没有显露出任何非凡的天赋。他还读不懂中文，讲中文的能力也十分有限。因此，他请了一位对自己的国家颇有浪漫主义情怀的中国教书先生教他中文。对这位先生所说的，龙华民一字不差地全盘接受了。

---

① 1608年12月9日，罗马签署了官方的文件，任命巴范济为巡察使，卡尔瓦罗为省长，日本副省区成为省区在法律上生效。不过由于文件直到1611年7月才到日本，在这之后才正式地生效。

② 这封信收集于由耶稣会士 P. J. Hay 编 *De rebus Jaoponicis et Indicis eoistolae recentiores*，安特卫普，1605，第913~914页。

几乎一贯正确的巴笃利（Bartoli）指责龙华民漠视利玛窦理智的传教策略，其他一些作家也接受他的这种看法。"从一开始，龙华民的观点就完全与利玛窦的相矛盾。"巴笃利说："在他的笔下，利玛窦似乎是一个畏缩不前的人，缺少信心，或者至少过于谨慎。龙华民还嘲笑、讥讽利玛窦通过讲授数学来尽力赢得与朝廷官员们的友谊。龙华民的狂热带来的是不幸的后果。如果不是与利玛窦交好的那些官员们出手援救的话，他和所有在中国的传教士几乎都会被驱逐出境。龙华民在付出了沉痛代价后，变得聪明了。他放弃了他的不良的、富于煽动性的观点，从那以后，切实地遵循利玛窦所开拓的策略。"①

在耶稣会档案中保存的龙华民的信件里，其实看不到巴笃利所提及的对利玛窦的讥讽态度。除非将他的一封最早从中国寄出的信，做随意的解读，将它认定为所谓"讥讽"的态度。在这封信中提到了"玻璃棱镜和一些类似的物品"，但是信中似乎没有给予这些物品在传教中的作用以太多的关注②。就确立一个严肃的议题而言，这一资料算不上是一个有力的证据。这可能是巴笃利对龙华民存有偏见。因为在澳门的耶稣会士写出了与龙华民观点相反的报告，强烈地反对他想使中国传教团获得独立地位的意向。他们还向罗马教廷写了许多封书信攻击他。巴笃利读过了这些信件和报告。在写上述那段话时，那些信件就放在他的面前。他的见解无疑是受了它们的影响的。

事实上，龙华民似乎完全清楚，他的直接传教在多大的程度上依靠着利玛窦的间接传教。在他接替利玛窦的工作后给耶稣会总会长的第一封信里，他对传教事业在多大程度上归功于他的前任，表

---

① 耶稣会士 Daniello Bartoli 著 *Del' istoria della Compagnia di Gesù, LaCina. Terza parte dell' Asia*，安卡拉，1841，Ⅲ，第 233 页。

② 1598 年 11 月 4 日给 Giovanni Alvarcz 的信；*Opere storiche*，Ⅱ，第 475 页。

达得一清二楚。"利玛窦神父的去世",他写道:"使我们成了孤儿,正像阁下您能想象的,他的权威和声望对我们所有的人来说,就是遮风挡雨之所。我们希望他在天堂里还能给我们更多的帮助。"① 有趣的是,当范礼安在这 5 年之前去世的时候,利玛窦也写了同样的话。他写道:"我们就像被遗弃的孤儿。"②

事实证明,龙华民也没有低估通过知识传播福音的重要性。在 1613 年,龙华民派遣金尼阁到欧洲去时,委派给他的重要任务之一,就是尽其可能地征集所有的好书。他想在中国所有的耶稣会会院都设立一个图书馆。龙华民自己早期的著作内容完全是关于道德品行的,到了后来,在 1624 年,他也出版了一本题为《地震解》的论述地震的书。在哲学领域,他写了一卷题为《灵魂道体说》(关于灵魂本质)的论著。1642 年,用利玛窦最为优秀的护教著作的文笔与风格,龙华民出版了一本小册子。书中以问答题形式回答异教学者提出的一些难题,如:万物之本源、天主降生成人、永生、礼拜的仪式之要旨、贞洁、一夫多妻,以及其他问题③。

因此,从那些证据是不可能推断出龙华民不是全心全意地赞同利玛窦充满智慧的传教方法的。他们唯一的不同点,是龙华民对形势的估计过于乐观,利玛窦也是乐观的,但是他明白,谨慎小心仍然是必要的。这扇门是打开了,但是当你要迈过门槛时,仍有被绊倒的危险。龙华民低估了这些危险。他的指导思想是:不再会有被驱逐出中国的危险了④。

不可否认,在利玛窦逝世前后的这些年里,传教事业的发展没

---

① *Opere storiche*,Ⅱ,第 490 页。
② *Opere storiche*,Ⅱ,第 299 页。
③ 耶稣会士费赖之著 *Notices biographiques et bibliographiques sur les Jésuites de l'ancienne mission de China 1552 – 1773*,上海,1932,Ⅲ,第 65 页。
④ *Del'istoria della Compagnia di Gesù, LaCina. Terza parte dell'Asia*,安卡拉,1841,Ⅲ,第 45 页。

有停顿过,似乎可以证实这种乐观的看法。新的传教基地建立起来了,一处是 1608 年在上海,一处是 1611 年在杭州,传教事业的安全感增加了。甚至在北京和南京发生的事情,也让人对未来抱有美好的憧憬。更多耶稣会士成功地进入了中国,其中一些人注定要在传教历史上发挥显著的作用。这些都是喜人的征兆。

在徐光启的请求下,郭居静神父于 1608 年 9 月被派往上海。这一新的传教中心所取得的进展,主要归功于徐光启的热情。在两年的时间里,上海的天主教徒已经有了 200 多人。这一充满前途的良好开端,自然地将建立一个永久性基地的议题提了出来。当时上海还是一个不起眼的小地方。在讨论这个问题的时候,李之藻正在返回他的家乡杭州的途中路过南京。他竭力主张,在杭州建立永久基地要比在上海好。因为杭州是省会,到上海也很容易,这样也能确保在上海的天主教团体不会被忽视。徐光启也支持这一看法。

他们做出了决定。在 1611 年的春天,郭居静和几个月前刚刚返回中国的金尼阁,还有钟鸣仁,一起到了杭州。李之藻将他们安置在自己乡下的家里,然后又到城里为他们找到了住处。1611 年 5 月 8 日,他们在那里举行了第一次庆祝弥撒[①]。

在杭州最初的几个月里,郭居静使一个人皈依了天主教,这就是杨廷筠。他皈依圣教的重要性,可以与徐光启和李之藻相提并论。杨廷筠信仰的转变,使被人们称之为"开教三大柱石"的集体得以形成[②]。

1611 年,杨廷筠结束了他曾担任过重要职务的学者型官员的生涯,回到了杭州。在那里他组织了一个哲学团体,叫作"真实社"。像那个时代的许多儒家学者一样,他对佛教很感兴趣,并给杭州的寺庙捐赠了很多钱,与禅宗的长老也经常来往。杨廷筠是在与他交

---

[①] 关于在杭州市发生的事情是根据金尼阁的报告,Lit, X – XI, 第 209~210 页。
[②] 参考 Eminent Chinese, Ⅱ, 第 894 页。

谊颇深的李之藻的家里认识郭居静的。在讨论中，郭居静关于天主的存在和本质的见解引起了他的兴趣。他邀请郭居静到他家去，他们俩就天主教的一些观点展开了讨论，有时谈到深夜，一直谈了9天。

杨廷筠不是一个能轻易被说服的人。他才思敏捷，讨论问题实实在在，一步一个脚印，接受天主降生为人的教义，对他来说是最大的障碍。他们之间的争论是真正的拉锯战，涉及了所有的领域，如人的超自然的命运体系、人的堕落与救赎等。最后，杨廷筠终于被说服了。

值得注意的是，与杨廷筠讨论的这些问题是耶稣会士们最常遇见的特别困难的问题。中国的知识分子中，不少人在信仰的其他方面受到强烈的吸引，但是他们认为天主降生与其崇高的人格之间，是本质上不能相容的。这也是作为耶稣会士们多年好朋友的叶向高最终没有成为天主教徒的原因。

这可能揭示出中国人的某种心理特征。与西方大多数反对天主教信仰的人的通常理由相比，中国人的思考无疑是更为深刻的。但是这也显示了中国人对爱的本质的理解的局限性。爱就是奉献自身，无限的爱，就是无限地奉献自我，舍弃自我。如果叶向高和其他知识分子领会了天主降生的含义，就会成为众多天主教徒中的佼佼者。他们低估了这种神爱的无限的能量。

在道德规范上，杨廷筠的主要困难也是与众多中国知识分子共同的：他有两个妻子。对一个男人来说，他对天主教在这一点上的道德的严格要求，是很清楚的，因此内心也是很痛苦的。对他来说，解决这个问题似乎是"明显地违背了自然的法则。再者，抛弃一个不仅没有丝毫过错，而且应该得到你善待的人，也违背了中国人做人的首要准则"[①]。到了后来，在内心经历了非常激烈的斗争之后，

[114]

---

① *Del' istoria della Compagnia di Gesù*, *LaCina. Terza parte dell' Asia*，安卡拉，1841，Ⅲ，第97页。

杨廷筠终于克服了他的顾虑,给他的第二位妻子①相当丰厚的抚养费,与她解除了婚姻关系。

关于杨廷筠皈依的故事,在后来艾儒略所著的题为《杨淇园先生超性事迹》一书中有所讲述。淇园是杨廷筠的号。艾儒略是杨廷筠在耶稣会士中最好的朋友之一,他根据杨的自述写了这本书。

1613年,在庆贺复活节的那个星期天,杨廷筠身着全身的官服,接受了圣洗,得到了圣名:弥额尔(Michael)。他的整个家族也接受了天主教信仰的指导,不久就有30人受洗,包括他的父亲和母亲。杨的妻子是他家中最后一位在有关天主教教义的争论中认输的人。其实,赞成天主教的信仰并没有给她带来不利,因为杨廷筠的信仰排除了在感情纷争中与她竞争的对手。到了1615年,她接受了天主教。在她受洗之后,杨廷筠为了感恩,买下了郭居静在杭州租用的房子,作为礼物赠给了耶稣会士们。他还购买了杭州城外的一处地产,给那些贫穷的天主教徒做墓地。

杨廷筠成了一名热诚的天主教徒。他的朋友和亲戚中的很多人,在他的极力影响下也皈依了天主教。他还组织了一个社团,致力于在对教义的理解和在实践中完善自我的工作。杨廷筠撰写和刻印了一本有关解释天主教原则的小册子,李之藻为其作序。1615年,他以《绝徼同文纪》为书名,将自罗明坚来中国之后出版的有关西方科学(包括地理学、哲学和天主教神学)的67种图书收集在一起,刻印出版。杨廷筠为该书写了两篇序言。在其中的一篇中,他为人类各民族的本质上的融合进行了辩护②。

1615年之后,杨廷筠重返官场,做了北京顺天府丞。1620年,他为及时躲避魏忠贤的阴谋和迫害而再次退休。在他生命最后的岁月里,他将精力全部投入到推动天主教的事业中。他撰写了大量的

---

① 即他的妾。——译者注
② 参考 Eminent Chinese,Ⅱ,第894页。

文章，宣扬天主教比佛教优越。在他的两部著作中，他论述了两种宗教的互不相容性。这两部著作是：《天释明辩》和《鸮鸾不并鸣说》。1623年，他与艾儒略合作，刻印了《职方外纪》一书。此书共五卷，对当时所知道的国家的情况做了描述。这本书后来被收录进《四库全书》，以庞迪我和熊三拔的注释为基础。1601年，庞迪我和熊三拔奉皇帝之命，对利玛窦进呈的世界地图（《坤舆万国全图》）做了注释。

杨廷筠像瞿汝夔、徐光启、李之藻等许多人一样，是有远见的、思想开放的知识分子，他们不想被狭隘的、正统的宋明理学所束缚。这些有洞察力的、没有国家或地方偏见的人，感触到了东西方文化的融合将给中国未来的发展带来潜能。1623年，在为艾儒略的著作《西学凡》所撰写的序言里，杨廷筠评论道："有七千册西方书籍从海外运抵中国。所有这些书都应该译成中文……如果我有十年的时间，同时有二十个或更多志同道合的人，我们就能共同完成这一任务。"①

利玛窦死后，北京的形势也确实让人对未来充满了希望。1610年12月，朝廷钦天监的官员在预报一次日食时发生了错误。他们为自己辩解时，将错误归咎于他们不得不使用的旧的计算体系和传统的计算方法。徐光启说服礼部向皇帝请求，将改正这一计算体系和修订历书的工作委托给耶稣会士来做。

这事在耶稣会士中间引起了一场讨论，做这项工作与他们来华的宗旨是否相符合？考虑到这将间接地对传播他们的信仰有利，他们决定接受朝廷委托的工作。

礼部的奏疏得到皇帝肯定的回答。熊三拔和庞迪我立即开始了工作。在徐光启和李之藻的帮助下，熊三拔将一本有关行星运行理论的书籍翻译成中文。（徐光启要求耶稣会士不仅翻译他们的数学

---

① 参考 *Eminent Chinese*，Ⅱ，第895页。

书籍，而且翻译欧洲的各种门类的科学书籍。这是不可能完成的任务，但不失是一个辉煌的梦想！）通过比较和研究在中国、印度以及欧洲所发生的一系列的月食的观察结果，熊三拔确定了北京的经度。与此同时，庞迪我也计算出了从广东到北京所经过的多数主要城市的纬度。

但是事业还仅仅处于初级阶段，因为在钦天监供职的心怀嫉妒的数学家们联合一气，形成了一道不可逾越的障碍。关于欧洲的传教士得到皇帝的命令，负责修订历书的消息传遍了全国。这自然而然地提高了耶稣会士们的声望。天主教的事业从中得到了极大的好处，但是却与失去信任的钦天监的官员们结了怨。为了"挽回面子"，这些官员要求提高地位，将薪俸加倍。在一些爱搞阴谋的太监和一伙守旧的卫道士的支持下，他们威胁要掀起一场风暴。皇帝不愿意勇敢地面对这一事件，下令放弃了延用西方传教士修历一事。

修改历法的工作流产了，熊三拔将他的才能转移到水利机械制造方面。这些水利机械使人大为心动。各个阶层的官员们：内阁大学士们、总督们、都察院的监察御史们，以及地方的行政长官们都来参观这些机械。徐光启劝说熊三拔撰写一部有关水利方面的论著。这使得六卷本的《泰西水法》于 1612 年出版问世。熊三拔用他的母语撰写，徐光启将它翻译成具有文学性的华美的中文。他还将此书收进他的六十卷本的《农政全书》之中。《农政全书》后来成为与之类似的《授时通考》一书的基础。《授时通考》于 1737 年奉乾隆皇上之命开始编纂，于 1742 年完成[1]。

有如此众多的达官显贵为熊三拔的著作撰写序言，以致篇数太多不能全部采用，其中的很多篇不得不被删除，只有四篇[2]被收进书内。最重要的一篇出自皇帝的首席笔杆子；另一篇是一位知名度

---

[1] 参考 *Eminent Chinese*，Ⅰ，第 318 页。
[2] 为 1612 年刻印的《泰西水法》撰写序言的有徐光启、曹于汴、郑以伟等。

很高的官员写的,他赞美天主教的理论是一种传授真实的天主和永恒的救赎知识的理论。当这部著作刊行之后,熊三拔将书分赠给朝廷里最重要的官员,包括内阁大学士们。他们都非常礼貌地、恭谦地接待了他,并在第二天派家人回访了熊三拔。

[117] 还有更为明显的迹象给人们造成这样的印象,即耶稣会士们正在取得新的胜利。因为通过太监们传出来皇帝的一项要求,让神父们绘制一幅世界地图。这幅地图的要求是,绘出"世界的四个部分,每一部分都是分开的"①。但是这也助长了一种虚假的安全感。曾经受过利玛窦训练的庞迪我绘制了这样一幅地图;兼任耶稣会世俗修士②和身为画家的中国人倪一诚装裱了此图,并用金色的字做了装饰;徐光启对地理和历史的说明文字进行了润色。在文字中有对罗马天主教信仰方面的解释和对几个奉信天主教的国家的说明。

如果说这一进展助长了乐观主义的情绪,那么在其前后发生的另一些事件则暗示着环境仍然呼唤着谨慎小心的策略。1603 年在马尼拉发生了屠杀中国人的惨案③。这一事件在北京引起了轰动,反对西班牙人的情绪高涨。但是中国人反对西方野蛮人的野蛮行径的愤怒浪潮,居然没有发泄到在中国传教的耶稣会士身上,这对利玛窦来说简直是一个奇迹。无论如何,要想从东西方和睦相处的细致工作中得到回报,是一件不容易的事。

在之后不久的 1606 年,广东成了可能造成灾难性损失的风暴中

---

① Del' istoria della Compagnia di Gesù, LaCina. Terza parte dell' Asia,安卡拉,1841,Ⅲ,第 59 页。
② 〔意〕柯毅霖:《晚明基督论》,王志成等译,四川人民出版社,1999,第 19 页,注 19:"耶稣会员分三类:世俗助手、灵性助手和专职人员。这种区分不在于会员的素质而在于其作用。前两类会员辅助后者。"世俗修士也被称为辅理修士。——译者注
③ 关于这次恐怖的事件,利玛窦在 1605 年 2 月写给马塞利神父(Maselli)的信中提到,见 Opere Storiche,Ⅱ,第 218 页。他报告说,北京方面估计有 20000 人被杀。西班牙的官方文件给出的人数约 15000 人。

心。尽管在表面上不乏戏剧性和滑稽色彩,但实质是严重的。至少从一方面的结果看,是一个悲剧性事件。事件是由使澳门的历史蒙羞的、无数的宗教争端中的一起引发的①。而这些争端中绝大多数都带有国家利益的色彩。以葡萄牙商人的眼光来看,西班牙宗教势力在澳门的每一个步骤都是他们商业入侵的前奏。1580年,西班牙与葡萄牙王室的结合,更增强了葡萄牙人的恐惧,也强化了西班牙人的野心②。

除此以外,造成上述争端的根源中,心理因素也极其重要。如果忽略这一点,历史学家在写这段历史的时候就无法写出历史真实的是非曲直。当时澳门的居民、修士和宗教人士都患上了幽闭恐惧症。由于禁止他们越过分隔澳门与中国内地的墙与内地来往,他们简直像是被拘禁了,月复一月,年复一年,待在这个小小的半岛上。不可避免地,他们的气质发生了变异。性格的冲突,观念的差异,[118]处于萌芽状态的忌妒,这一切都膨胀起来,形成了潜在的怨恨。这种怨恨经过长期的积累而形成了火山的爆发。在一个木筏上飘浮了几个星期的人,或者被囚禁在战俘营的人,都会经历这种心理现象。于是他们将丘陵看成了大山,互不信任经常发生,猜疑情绪一触即发,偏见取代理智。在澳门的欧洲人终生被遗弃在这个不动的木筏上,其结果也是相同的。

1597年,澳门的德·萨(Leonardo de Saa)主教去世了,果阿的总主教任命米歇尔·桑蒂斯(Michele de Santis)为澳门的行政长官。这显然是个不明智的选择。桑蒂斯已经被耶稣会除名了,并在其后参加了奥古斯丁会。很难指望他能以友好的情绪来对待耶稣会

---

① *FR*,Ⅱ,第372~373页。
② 1580~1640年葡萄牙被西班牙吞并,沦为西班牙的属国。葡萄牙议会承认由西班牙国王兼任葡萄牙国王。西班牙人的横征暴敛使葡萄牙人陷入极度贫困的境地。葡萄牙的舰队、海防遭到严重的破坏,它在东方的主要殖民地也受到极大损失。——译者注

士。后来耶稣会士们发现,他们常常遭到他的不公平待遇。

1606年,当已任行政长官的桑蒂斯在场的情况下,一名方济会的修士遭到了一个属于桑蒂斯一派的神父的虐待。这位修士,弗朗西斯科·皮托(Francisco Pinto)要求耶稣会神学院的院长瓦兰迪姆·卡尔瓦罗(Valentim Carvalho)代表他出席一个为他讨回公道的听证会。但是桑蒂斯拒绝召开这个听证会,也不承认卡尔瓦罗有为皮托辩护的权利。后来事情闹大了,卡尔瓦罗作为教宗的代表和裁判官,将行政长官桑蒂斯驱逐出教会。而桑蒂斯则采取报复行动,宣布整个澳门城停止教权。于是,澳门分成了两派。

一些不择手段的桑蒂斯的支持者编造了一个耸人听闻的谣言,说耶稣会士们要在葡萄牙人、荷兰人和日本人的帮助下攻打中国,并进一步征服中国。他们将这个谣言散布到中国人中间。在谣言中,郭居静被说成是入侵军队的领导和将来征服中国后的统治者!郭居静是一个体格魁梧的男人。他的同事曾德昭①(Alvare de Semedo)曾对他评论说,"不认识他的人,会认为他更像一个肩扛锄头干体力活的人,而不像一个念祈祷书的人"②。在澳门,人们经常能够见到他。他常常到澳门来休养和治疗他的关节疼痛病。这些事实,再加上他的中文知识和他对中华帝国情况的熟悉,使他成为谣言制造者顺理成章的选择。

这是一个极其荒谬的故事,但是却像野火一样迅速地蔓延开来,居然还能找到现成的所谓"证据"。在马尼拉发生的令人发指的屠杀中国人的惨剧没有被遗忘。住在澳门的中国居民笼罩在恐惧之中,他们仓促地逃离这个城市。广东的总督命令广州当局采取适当的措施,使广州处于战备状态。一个特别的备战会议召开了。在会上,

---

① 曾德昭(Alvare de Semedo,公元1585~1658),葡萄牙籍耶稣会士,另一中文名为谢务禄,1613年来华。——译者注
② Notices biographiques et bibliographiques sur les Jésuites de l'ancienne mission de China 1552-1773,上海,1932,Ⅰ,第52页,注1。

尽管一些头脑清醒的官员力图保持镇静，防止偏激，但是会议还是制定了几项严厉的措施：逮捕天主教的传教士；将人民武装起来；把广州城外上百间的民居夷为平地，以防止攻城的军队以此藏身。

恰好在这个时候，耶稣会世俗修士黄明沙①（教名 Francis）到达韶州，他从南京带来了发给范礼安的允许他访问在中国的耶稣会定居点的官方文书。当他得知范礼安已经去世，就待在了韶州，没有按原计划去澳门。一个背叛了信仰的天主教徒从澳门来，向黄明沙敲诈钱财没有得逞，他一怒之下就报了官，诬告黄明沙是来自澳门的间谍。

1606 年 3 月快到月底的时候，黄明沙与几个和他在一起的天主教徒被逮捕，并被押送到广州，投进了监狱。他受尽严刑拷打，被逼迫承认卷入了假想中的外国人图谋推翻中国朝廷的事件。这位中国耶稣会士以他令人钦佩的忍耐力承受着这些折磨，坚持称自己是无辜的。3 月 31 日，当他遭受了罕见的严刑拷打后，被抬回牢房时，悲惨地死去了②。

当时龙华民是韶州会院的负责人。他想方设法营救黄明沙和他的同伴。他给总督写了一封请愿书。这封信促使总督下令，宣布黄明沙是清白的，同时追究了将黄明沙错误地投入监狱的官员的责任。但是这一裁决来得太晚了，对谣言的牺牲者已经是毫无帮助了。

这一事件带来的影响并没有到此结束。在韶州，一部分人依仗着被激起的公众情绪，控告龙华民有通奸行为。就像反对苏撒纳③（Susanna）的阴谋一样，这一指控也没有得逞。那个假冒的所谓

---

① 利玛窦、金尼阁著《利玛窦中国札记》，何高济等译，中华书局，1983，第 309 页，注 1，称此人为"黄明沙"。黄明沙（公元 1573～1606），澳门人，1591 年加入耶稣会。——译者注
② 利玛窦在 1606 年 8 月 15 日的信中向阿桂委瓦报告了这个消息；*Opere Storiche*，Ⅱ，第 301 页。
③ 苏撒纳（Susanna）：《旧约圣经》中的人物。——译者注

"证人",策划阴谋者的同伙,最终承认了他是收取了贿赂而做伪证的。韶州的官员希望把这件事掩盖过去,但龙华民坚持要公开地审理。最终的审判结果宣布,龙华民是清白的,制造阴谋者被处以罚款。

最终还是依靠了利玛窦的影响力使这场风波得以平息。完全轻信关于那个阴谋的报告的广东海道,被一位直接从北京派来的、与利玛窦有友好交往的官员接替了。他十分友善地接待了龙华民,并派一名下属到澳门去实地调查那份关于外国人准备进攻帝国的报告中所涉及的证据是否真实。在对一些设施进行搜查和检验之后,那名官员呈上一份调查报告,终止了那个所谓入侵的神话。

被捕的天主教徒们恢复了自由。那个告发耶稣会修士黄明沙是间谍的叛教者畏罪潜逃,躲过了一场死刑判决。翌年从北京来巡视的官员将两名广州的官员撤了职,他们是在煽动群众闹事时特别活跃的人物。这一事件到此才算正式结束。

然而,在韶州的传教事业再没有真正地恢复起来。一个从澳门捎信的信使被抓住了,这使怀疑葡萄牙人要搞阴谋的情绪被再度掀起,并导致了耶稣会世俗修士丘良禀①(教名 Dominic)被捕入狱。由于事实上没有中国人能读懂欧洲文字,这就使证明这些信的内容与所谓的阴谋无关成为不可能。当这件案子提交到当地衙门后,耶稣会士被勒令离开韶州城。1612 年 4 月 25 日,费奇观、阳玛诺,以及两名世俗修士离开了韶州,前往位于广东省北部的一个又大又富裕的城市——南雄。尽管时任传教团负责人的龙华民在几个月后设法促使官方取消了这一驱逐令,但是韶州的传教点却再也没有能够恢复起来。

虽然这些动荡还令人们记忆犹新,但是似乎并没有使普遍存在的乐观主义受到影响。1611 年,龙华民在前往北京的路上第一次看

---

① 丘良禀,(公元 1581~1631),澳门人,1610 年加入耶稣会。——译者注

到了其他几个耶稣会会院，也许是这些会院给他留下的良好印象，促使他将以前不得不一贯实行的谨慎政策抛到了脑后。1611年金尼阁在他的年信中反映了这一普遍的乐观情绪。他做了一个关于在这个国家传教事业的充满激情的报告，并解释了这里的传教士们已经不再面临着被驱逐的危险的原因。

龙华民似乎打算采取一些步骤，请求皇帝颁布一项给予完全宗教自由的圣旨。但是某些友好的官员劝阻他，甚至强烈地反对他的这种做法。他们说，这样做的坏处要比好处多。龙华民显然没有再坚持①。

由王丰肃②（Alphonse Vagnoni）负责的南京传教点的工作似乎是最兴旺的。这里皈依天主教的人数也是最多的。南京的工作受到神父们的赞赏，天主教徒的信仰也得到极高的评价。所以龙华民争辩说，南京的工作最起码也能与北京相媲美。

王丰肃认为自己的处境非常安全，修建一座教堂不会出什么问题。以前他们一直是用他们住所的一个大房间作教堂的。由于他不得不将本来就捉襟见肘的少量津贴分给杭州会院一部分，因此缺少必要的资金来建教堂。这时中国人伸出援助之手，李之藻买下了建筑用地。其他的朋友，包括天主教徒和非天主教徒都慷慨解囊，捐赠了资金。

教堂很快就竣工了。在1611年5月3日"圣十字架节"那天，王丰肃正式启用这座新教堂。天主教徒们排着庄严的队伍，将旧教堂里的家具物品搬到新建筑里。

在接下去的几年里，南京的传教活动似乎证实了耶稣会士们乐

---

① *Notices biographiques et bibliographiques sur les Jésuites de l'ancienne mission de China* 1552 – 1773，上海，1932，Ⅰ，第104页，错误地说熊三拔得到了一份宗教宽容的政令。

② 王丰肃（Alphonse Vagnoni，公元1566~1640），意大利籍耶稣会士，另一中文名为高一志，1605年来华。——译者注

观的希望。在1612年为数众多的皈依者中，有三位与众不同的人物。其中之一是姓许的学者，他从淞江到南京来研究地理学。他极有可能就是徐甘地大①（教名 Candida）未来的公公。徐甘地大嫁给了许远度，许远度原籍是江苏华亭，而华亭是淞江的旧称，徐甘地大结婚后就住在那里②。1612年，徐甘地大只有5岁。可以理解，虔诚的徐光启希望将他的孙女嫁给一位天主教徒的迫切心情。徐光启在这位许先生的皈依过程中起了重要的作用，是他安排了许先生的儿子与自己孙女的婚姻。这也是完全符合中国的风俗习惯的。

南京天主教徒的热情之高，在当时中国的其他地方是无可比拟的。他们做了大量的慈善工作。王丰肃将城市划为三部分，在教堂聚众的时候，他将天主教徒们分配到划分好的区域中，每个部分都有聚会的地方，天主教徒们在这里聚会祈祷，并且得到指导③。

一些更为热情的天主教徒还组成供奉圣母玛利亚的团体。团体的成员们奉行的生活准则，鼓励他们更加努力，不甘做"平庸"的天主教徒。王丰肃将南京蓬勃发展的天主教徒事业带来的荣誉，大部分归于这个团体。在王丰肃看来，南京的天主教徒们在仁爱、热诚和热心的工作当中互相竞赛，看谁对穷人、鳏寡之人和孤儿帮助得更多，使之重建了早期教会的精神。教徒们对贫苦的病人施以仁慈，将他们带到天主教徒的家中照料。这使教外人士无不感到惊异。

举例说，经常造访南京的徐光启和李之藻在激励天主教社团的

---

① 徐甘地大（教名 Candida，公元1607~1680），系徐光启的孙女。上述许姓学者名许士俊。许士俊的父亲许乐善，曾参与考订校阅《几何原本》。——译者注
② 参考 G. M. H Playfair 著 *The Cities and Towns Of China*（第二版），上海，1910，在"Sungkiang"（淞江）的文字之下。
③ 关于南京的传教状况，参考 Lit. X-XI，第178~180页。*Del' istoria della Compagnia di Gesù, LaCina. Terza parte dell' Asia*，安卡拉，1841，III，第73~74页，第227~228页。

热诚上，曾给了王丰肃无可估量的帮助。一次偶然的机会，徐光启发现利玛窦的老朋友瞿汝夔的热情比以前有所减退。瞿汝夔老了，成为一个尽情享受生活的人，接近死亡对他来说是不愿意接受的概念，这是不足为怪的，一辈子的生活习惯是不容易改变的，瞿汝夔出于对不可避免的对死亡的恐惧，开始搞一些据说能使他延年益寿的迷信活动。徐光启指导他做圣·依纳爵的精神操练法，于是瞿汝夔抛弃了迷信活动，重新成为一个虔诚的天主教徒。之后不久，他在他的家乡常州以一个天主教徒的方式与世长辞①。

在这些年里，为数不少的耶稣会士成功地进入了中国，其中绝大多数人注定要在传教的历史中扮演出类拔萃的角色。1610 年有阳玛诺、金尼阁；1613 年有艾儒略、毕方济②（Francisco Sambiasi）、曾德昭和史惟贞③（Pierre Van Spiere）。他们的到来，使耶稣会散布在中国的 5 个小传教点的力量得到了增强。

艾儒略和史惟贞从一年前就尝试着从澳门进入中国。但是他们被抓住并遣返回了那个葡萄牙人的城市。这件事也是一次预示，并不是所有的风都是温和的。在他们做第二次努力时，碰到了好运气。这次曾德昭和毕方济也加入了他们的行列。史惟贞停留在南昌，艾儒略和毕方济去了北京。在北京所见到的一切都令他们信心十足。1614 年，庞迪我出版了一部题目为《七克大全》的七卷本著作，讲的是 7 种主要的罪过④。这本书在学者中间受到热烈的欢迎，唤起

---

① *Lit.* Ⅹ-Ⅺ第 193~194 页，讲述了他的去世，并且满怀深情地回忆了传教团所受利玛窦的老朋友 Ignatius（瞿汝夔的教名）的恩惠。
② 毕方济（Francisco Sambiasi，公元 1582~1646），意大利人，1613 年来华。——译者注
③ 史惟贞（Pierre Van Spiere，公元 1584~1627），法国人，1613 年来华。——译者注
④ *Notices biographiques et bibliographiques sur les Jésuites de l'ancienne mission de China* 1552-1773，上海，1932，Ⅰ，第 71 页以下。《七克大全》被重印多次，最后一次是在 1922 年。《四库全书》存目中也收录了这本书。这是被收入《四库全书》的耶稣会士的 8 部著作之一。

了他们对天主教信仰的强烈兴趣。在帝国的都城里有很多人皈依了圣教。甚至连一些太监也缓和了对传教士们的敌对情绪。他们中的很多人到传教士的住地去参观熊三拔做的水利机械。其中的一些人变得十分友好。熊三拔将刻印的《天主实录》散发给他们。这样，宣扬天主教教义的书第一次进入了皇宫。1614年，在首都的耶稣会士们目睹了皇太后的葬礼。她死于1614年3月，阴历二月初九，享年80岁。在耶稣会士们写往欧洲的信件中，详细地描绘了这一极其隆重的葬礼仪式。

不管是在北京、南京，或者其他地方，传教士们所津津乐道的行动自由，取决于他们与中国学者及学者型官员之间的友谊，这也是利玛窦睿智的间接传教方法所带来的成果。但是由于一连串的成功，人们很容易忘记这一点。将忽略或者轻视这种友好关系的倾向揭示出来是有重大意义的。1615年，耶稣会日本省区的省会长瓦兰迪姆·卡尔瓦罗（Valentim Carvalho），干预了在中国的这种传教政策。1614年，因为在日本对天主教的迫害狂潮，卡尔瓦罗被迫将在日本的耶稣会总部撤到了澳门。他如果不在中国事务上插上一脚，就无法名正言顺地在澳门立足。于是他颁布了严厉的布告，禁止使用利玛窦的传教方法，教授数学和哲学的工作也被禁止了。神父们只能专门宣讲福音，他们必须拒绝做任何与修订历书有关的事情，即使是皇帝特别颁布了圣旨也不行①。

这位省区高级负责人如此缺乏理解的做法，不仅使在中国的耶稣会士们，也使徐光启、李之藻和杨廷筠感到震惊。一点不夸张地说，卡尔瓦罗的态度，也包括他同时代很多人的态度，是完全不了解天主教传教团的目标的。这是一种观念的反映，即传教的唯一目的就是"制造天主教徒"，以及要达到这一目仅仅能依靠宣讲福音。

---

① *Del' istoria della Compagnia di Gesù, LaCina. Terza parte dell' Asia*, 安卡拉，1841，Ⅲ，第232~233页。

传教士们以前所做的，诸如与中国学者们讨论道德、数学问题，教授天文学、地理学、数学和其他科学，出版这方面的著作，等等，这一切似乎莫名其妙地都成了不光彩的事情。

乔治·果亚（Georges Goyau），著名的法国学者和作家，对传教的目的有他更深刻的理解，他说： [124]

"如果认为传教的终极目标是建立一个天主教的大厦，那么就比较容易理解那些最初的传道者所经历的长久的劳动。为什么十七世纪在中国的耶稣会士们耗费了他们生命的一大部分时间，去做天文学家、工程师、制钟匠和艺术家，而不是将他们的全部精力投入到不引人注目的给婴儿施洗和给垂死者祷告的任务上呢？为什么在中国的耶稣会士和本笃会士，在日本和印度的圣母玛丽亚会士和耶稣会士，在特里奇纳波黎①（Trichinopoly）、帕勒姆塔（Palamootah）和罗耀拉（Loyola）的法国耶稣会士和在孟买的德国耶稣会士，他们一心一意地在大学和学院里从事科学工作，而不是聚集在垂死者或者新生儿的身边呢？什么才叫作灵魂的丰收呢？因为在十七世纪，如果教会希望创建新的传教点，就需要通过智力渗透的努力，甚至渗透到北京的宫廷里；而在二十世纪，在一个教会希望扩展到的国家里，这种具有说服力的接触和联系，就要在一种高深的学问氛围中进行。"②

这也就是利玛窦的观点。他和其他人一样，清楚地认为，使人们皈依天主教的工作是传教的最根本目标。利玛窦在1599年这样写道："至于你们告诉我，渴望听到在中国有一个皈依天主教的伟大运动。这也是我和所有居住在这里的耶稣会士们不论白天还是黑夜所梦寐以求的。就是为了这个目标，我们离开了自己的国家，离开了亲爱的朋友，而来到这里，不论衣服还是鞋子都穿中国样式的，

---

① 特里奇纳波黎（Trichinopoly）：印度东部的城市，靠近孟买。——译者注
② Georges Goyau 著 Missions et missionaries，巴黎，1931，第 238~239 页。

说话、喝水、吃饭以及一切生活都依照中国的风俗习惯。"① 但是他是一个现实主义者。他非常清楚地意识到，处于襁褓中的中国教会的地位是不稳定的，轻率地热衷于加速信仰转化的运动，将把她置于危险的境地。"应该屈服于那种一味地要大力发展教徒的冲动么？那么我们将冒立即失去我们拥有的这一点点成果的风险。"② 他在1596年这样写道。

他以长远的观点去反对急功近利的短视观点。他的先见之明是，首先将天主教这粒种子种下，然后深深地扎根于中国的土壤里，让它静静地、缓慢地生长，沿着土壤表层的方向向前推进，在终于有了活力的时候，就可以自信地抬起头来，朝向天空，伸展枝杈，进入完全成熟期。这正是芥菜籽发育、成长的过程。

利玛窦与罗明坚的看法是完全相同的。罗明坚曾说过："这一传教事业是一株新发芽的、柔弱幼嫩的植物，只要有一股微风就能毁灭它。出于这一原因，在一开始培育它时，必须非常温柔、细心、体贴。只要栽培者好好地呵护它，而不去摧残它，就会得到预期的收获。"③

卡尔瓦罗显然不是这样的栽培者。幸运的是，他在那个职位上待的时间还不算太长，在被攥在他那双粗暴的手里的幼嫩植物还没有被完全摧毁时，他的那个难以置信的命令就被取消了。一场不久就来临的风暴充分暴露了招致风暴之人的愚蠢。

在南京的王丰肃，被胜利冲昏了头脑，将谨慎小心的态度抛诸脑后，以完全公开的方式来宣讲福音。在教堂里进行的礼拜仪式中，神父穿着华丽的服饰，场面十分辉煌壮丽。天主教徒们当然对此非常高兴。很多从利玛窦住在南京的那段时间起就对天主教表示同情

---

① *Opere Storiche*, Ⅱ, 第246页。
② *Opere Storiche*, Ⅱ, 第225页。
③ *Opere Storiche*, Ⅱ, 第422页。

和感兴趣的非天主教徒的学者型官员们也不会不高兴。在南京和其他城市的一些人，受到了南京生气勃勃的天主教社团的感染、启发和吸引，向天主教的信仰接近了。但是在南京的另一些人，则以带有偏见的眼光看待此事。有很多佛教的僧侣，他们将这一新兴而充满生机的运动视为对自己地位的威胁。王丰肃的态度也不是设法平息这些人本能的反感。他认为，他们中的绝大多数无疑是骗子，只能蛊惑无知和轻信的人。他毫不掩饰地对他们表示出轻蔑的态度。王丰肃是个热心和才华横溢的人。根据巴笃利的观点，王丰肃是在中国传教团中仅次于利玛窦的、无论在天主教徒还是在非天主教徒中都受到广泛爱戴和普遍尊敬的人①。尽管他的同事对他的判断是真实的，然而他也是有缺点的。龙华民在一份不公开的报告中，在肯定了王丰肃的卓越才能、他的审慎态度，以及他享有的声望之后，指出，与此同时他的粗暴和骄傲自大的性格使得他有时"遭人憎恨"②。因为在有关天主教一些术语如何确定的漫长的争论中，在以这种争论为特点的那些年里，王丰肃是他最强有力的反对者，所以龙华民的上述评价可能有一些偏颇。尽管如此，在1626年的一本记录中，概括了同事们对王丰肃的评价，在列举了他的很多美德和才华之后，还提到"不温和的"暴躁脾气，"如果他能比较和气一点"③，他会是一名好的副省区负责人人选的。

在王丰肃生活的环境中，这些缺点是有危险性的。如果他有利玛窦那样更多宽容的话，他的事业会做得更好。那些佛教僧侣们还是很有能量的，他们在儒家顽固分子中有不少有影响力的朋友。而这些顽固分子有着他们厌恶天主教的各自的理由。他们按捺着愤恨，注视着南京天主教徒们的活动。利玛窦和继他之后的罗如望、郭居

---

① *Del' istoria della Compagnia di Gesù, LaCina. Terza parte dell' Asia*，安卡拉，1841，Ⅳ，第758页。
② *FR*，Ⅱ，第277页，注4。
③ *ARSI*，Jap‑Sin（耶稣会档案日本—中国卷），第134页，第305页。

静、王丰肃都在南京这个南方的陪都结交了很多朋友。所以在一段时间里这些敌视他们的势力不得不按兵不动、等待时机,他们需要一个行动的借口、一个有足够影响力的领袖,以及向对方进攻的充足的勇气。王丰肃放弃了过去实行的不事声张的政策,结果给他的敌人提供了借口。南京礼部侍郎沈㴶[①]则充当了这一反天主教的领袖。

---

[①] 沈㴶,(公元 1558~1634),字铭缜,乌程人,万历二十年进士,累任南京礼部侍郎、礼部尚书、东阁大学士等职,为东林党政敌。——译者注

# 第八章　台风

1615年是天主教传教团收获颇丰的一年。但是也就是在这一年，沈㴶从北京来到了南方的陪都——南京，任南京的礼部侍郎。他的所作所为证明，他是一个与天主教不共戴天的人①。

沈㴶从未全面地解释过他仇视天主教的理由。通常，人们是不愿承认自己有偏见的，也不去分析其中的理由。因此，对沈㴶顽固地向天主教发难的动机，人们曾费尽心思地做出各种猜测。卡米洛·蒂·克斯坦佐（Camillo di Costanzo）在1618年从澳门发出的信中，提出了沈㴶对天主教怀有敌意的四方面的理由：①沈㴶的最好朋友，一位僧人挑起了对天主教的攻击。据说是由于徐光启写出反驳的文章所产生的强大佛教的效力使这位僧人饮恨而死。这种不幸的推断似乎不太合理。当然，一位东方人内心受到极其猛烈的冲击，"丢了面子"之后所产生的悲痛，或许也能招致冲动的行为，进而导致自杀，这也不是没有可能的；②在北京发生的几次与宗教相关的争论中，沈㴶都被徐光启和杨廷筠击败；③沈㴶由于徐光启和杨廷筠提议将修历的工作交给天主教传教士而更加愤怒；④他将眼睛

[128]

---

① 这一章所依据的事实，主要来自当事人的第一手记述。最有价值的是王丰肃的未曾发表过的报告：*ARSI*, Jap‑Sin 161 I, 第1~126页。曾德昭的报告写于事件发生的20多年之后，报告了一些不重要的、与事实有出入的细节，见曾德昭著 *Histoire univerrselle de la China trad. nouvellement en francais*，里昂，1667。另一方的材料来自南京法庭在处理教案时签署的一些文件汇编，参考下面的注释3。

盯在内阁大学士这个更高的职位上。他想通过揭露其臆想中的天主教的颠覆性来获取这个职位，树立起他热诚与无畏的帝国捍卫者的形象。曾德昭，这位沈㴶对天主教仇恨的主要受害者之一，对沈㴶敌视天主教理由的论述与之大致相同①。

不管是克斯坦佐还是曾德昭，似乎都未洞察到问题的深层。沈㴶对天主教的敌意或许可以说掺进了一些个人的原因，但其主要根源则出于宋明理学。由他发起的对天主教的迫害，是代表了正统的书院式的反对派对革新运动的第一次大规模的报复。关于这种说法的证据来源于沈㴶自己。他产生仇恨心理的主要根源与迫害天主教徒的真实动机，在他发表的对这场运动的官方结论性的文件中，作为耶稣会的罪状被披露出来。这份文件在1639年再次发表，被收录在徐昌治编辑的攻击天主教的题名《破邪集》的书中，作为前两卷②。《破邪集》一书共八卷，这两卷的内容表述的就是官方的孔夫子主义。从书中的内容来看，他们憎恨天主教的原因是：天主教是标新立异的新事物，在儒学的经典著作中找不到天主教所讲的内容；天主教不承认皇帝是最高的精神权威；天主教断言，它的道德体系要优于正统儒家所主张的经典的五种关系③，同时也比后者更为全面和广博。

沈㴶是官僚阶层中的一员，这种官僚体制则是几百年来各种势力相互斗争的结果，官僚阶层在帝国中享有优越的地位，要想使这个阶层的统治地位能够继续下去，就要依赖一套考试体系。而这种考试体系将学问限定在毫无生气地对文学的浅尝辄止的理解

---

① Di Costanzo 在给耶稣会总会长的长信中讲述了耶稣会士所受的迫害，见 *ARSI*, Jap–Sin 114，第 99~139 页；参见曾德昭的上述著作 407 页。

② 在中国的徐家汇图书馆中有《破邪集》的复本。在本章中摘录或参考的是出于 Auguste M. Colombel, S. J. 的手稿 *Histoire de la Mission du kiang–nan*（石印本），上海徐家汇，1895~1905，Ⅰ，第 204~234 页。

③ 指三纲五常之"五常"，即仁、义、礼、智、信。——译者注

之中。也正是这种考试体系，使宋明理学日趋退化，走向衰败。当在理性王国或是在宗教领域，人们看到新的地平线的时候，这个体系就面临着被打破的危险。反动的官僚们时刻提防着破土欲出的新思想。他们一直在奋力地维护宋明理学的虚幻神话。宋明理学给出的是关于真理和道德的最终定义，任何其他的关于真理或者真理来源的学说不仅是异端邪教，而且是大逆不道的。没有理由怀疑这些官僚们在维护国家与社会利益上的忠诚，而这种利益是与一套思想体系相联系的，他们则是这一体系的最大受益人。更没有理由怀疑，为了维护这种切身利益，即使是下意识的，也是他们反对新生事物的内在动机。这一点可以通过实事来说明。一般来说，在学者中，要数通过了秀才考试的年轻人最为保守。在通往仕途的成功之路上，他们过了第一道关卡，未来的名利与希望全都寄托在这个封闭的教育体制当中。他们是在这个体系中受到熏染的，一旦进入这个阶层，就决心捍卫这个制度和他们的优越地位。因而导致了他们不可避免地卷入这场保守的运动中来。利玛窦起初在肇庆、后来在韶州所遇到的一些侵扰，大多来自这些年轻秀才的煽动。1617年，南昌300名秀才签署了一份请愿书，请求驱逐传教士，禁止天主教。

在南京，沈㴶在反天主教的运动中也得到了秀才们的支持。数名秀才递上请愿书，请求将外国人从中国赶出去。请愿书中说，这些外国人无论对个人和公众的利益，还是对国家都造成了伤害。请愿书还称，一年中有数次，以做庄严的宗教仪式为借口，男人和女人夜间在教堂聚会，直到天亮之前方才离去。这种说法让人想起，在罗马帝国时期早期的天主教徒们因祈祷聚会，在官僚阶层引起的猜疑和恐慌。请愿书还指控说，传教士们给每位天主教徒五块银圆；这些传教士掌握神秘的炼丹术；新入教人都要起一个十分陌生的外国名字；教徒们一律都被教如何画十字，这是因为他们要发动革命，而画十字是他们使用的暗号；在外国人的住所里藏着武器；等等。

[130]

1615 年 5 月，沈㴶向皇上呈上一份奏疏，他的进攻从此开始。在奏折中，他竭力恳请将传教士与皈依者判处死罪。他指控耶稣会士是秘密潜入帝国的。他提到了在北京的庞迪我和熊三拔，在南京的王丰肃、阳玛诺等人。沈㴶错认了阳玛诺。年长些的是李玛诺，在澳门；年轻的是阳玛诺，在南雄。他还提到其他省会城市的耶稣会士，也可能还想到了杭州和南昌，但是并没有提出来。沈㴶的老家在杭州，他当然清楚杭州的耶稣会士得到了杨廷筠的支持。再说，杨廷筠有许多朋友，其中一些人是相当有地位的，所以最好不要对杨廷筠展开直接的攻击。至于没提及南昌的原因也与之类似。沈㴶似乎知道耶稣会士在南昌有许多朋友，其中肯定有皇亲。

这道奏疏被秘密送至北京。由于传教士们和信仰天主教的官吏们在朝廷内外有许多朋友，秘密是保不住的。没过多久，他们就知道了沈㴶的行为。他们不敢有片刻的耽误，立即设法避开风暴。杨廷筠给沈㴶和几位官员写信，捍卫耶稣会士和他们所传授的宗教。杨廷筠将这篇文章扩展成一份正式的辩护书，送给李之藻。这时的李之藻正在高邮，距离南京有两天路程。李之藻将一篇赞扬天主教和耶稣会士的文章加入其中，然后将它们发表。

与此同时，南京的传教士们敦促天主教徒们做好为信仰而蒙难的准备①。一名叫姚若望（教名 John Yao）的天主教徒做了四面旗子，上面分别写着他的姓名、籍贯，还写明他是天主教徒。他打算举着这些旗子，以激励信徒们的勇气。姚某是位无所畏惧的天主教徒，他渴望受难。他的这种态度让那些奉命要将天主教徒们绳之以法的官吏们感到困惑，不知道该如何对付他，反而对他相当客气。这可能反倒使一心要去殉教的姚某产生反感。在事态发

---

① *Histoire univerrselle de la China trad. nouvellement en francais*，里昂，1667，第 309 页。

展的初期，沈㴶的攻势并未公开显现。神父们觉得有必让姚若望的这种冲动的热诚有所收敛，往沈㴶的火药桶里丢火种是毫无意义的。

沈㴶焦急地等待着奏疏的回音，但他所期望的回音并没有降临。纵使皇帝见到了他的奏疏，这位威严的人物也并未理睬。朝廷这种无声的回应并没有使沈㴶退却，他继续上疏。在第一道奏疏呈上三个月之后，他又递上了第二道。沈㴶抱怨说，他的第一份呈请没有结果，但是内容却被泄露了出去。他将第二道奏疏与第一道合在一起，对王丰肃进行了更进一步的指控，他说：

"王丰肃公然住在朝阳门附近、明太祖陵山之西……在他的教堂里悬挂着蛮夷之人的画像；他诱劝愚昧之人接受他的教义；对每个入教之人发白银三两；他将入教者的姓名、家庭及年龄注册登记，并给予他们一个必须永远牢记的新名字；每个月中有四天，他将信徒们接到他的家中聚会。他称这为'做礼拜'。每次做礼拜时少则50人，多则200人……在南京城里，王丰肃在开国皇帝明太祖的宫殿前建了一处住所；在城外还有一处房宅，正位于明孝陵之前。皇陵之地为龙盘虎踞之乡。岂能允许这些卑劣的鼠辈污秽这片土地，而让狄夷伏藏于此！"

[132]

沈㴶抱怨说："天主教的教义已经传播得如此广泛。举例说，一个原本很平常的人走在南京的大街上，身上竟然佩戴着一面小黄旗，上面写着他是一名天主教徒，愿为天主而死。"其实姚若望没有做火上浇油的事情。但是沈㴶警告说，革命随时都可能发生。他要求朝廷降旨，批准对王丰肃和"所有与他一伙的人，以及还有凡是声明信奉天主教的人"，采取严厉禁止的措施。

南京的礼部尚书同时呈上一份对沈㴶的这些要求表示支持的奏疏。这两份文件于8月15日送交朝廷。南京礼部尚书所呈奏疏的内容，刊行于朝廷机构发布文件的邸报上。徐光启马上呈上一封反对上述内容的奏疏，为耶稣会士辩护，反驳沈㴶的那些指控。徐光启的这封奏疏展示出这位无畏的天主教徒的高尚品质。他的表述谦恭，但并不献媚。他声言，自己是一名天主教徒。通过数年与沈㴶所指控的耶稣会士的接触，他清楚地了解他们："不止踪迹心事一无可疑，实皆圣贤之徒也。其道甚正，其守甚严，其学甚博，其识甚精，其心甚真，其见甚定……"

徐光启在指出天主教的长处之后，提出要注意这样的实事：即朝廷容忍了佛教、道教和伊斯兰教的存在。因此他请求，将同样的宽容给予天主教。"允许天主教的传教士们行使他们正当的职责……允许他们去影响和指导那些高兴接受其信仰的人。"

[133] 徐光启向皇上陈述说，在他认识传教士之前，就听到过对他们同样的指控。而礼部尚书现在又重提旧话，以猜疑的心态审视这些外国人。"但是在数年的仔细观察和了解后……"，他肯定："即使是最微小的怀疑这些传教士的理由，都是站不住脚的……"

徐光启提出了三种验证的方法，用这些方法，皇上可以判定他的辩解是否有充足的证据：

第一，将礼部尚书在奏疏中的所指责的传教士都召到北京，让他们翻译从西方带来的经典著作。这些著作涉及宗教、自然、道德哲学、平民政体、天文学、数学、物理、医学、农业、政治学、经济学和其他门类的学科。让传教士们就每一科目写一篇相关的论文。由皇上指定一个团体进行审查，如果他们所写文章包含有任何谋反的企图，就将传教士逐出中国。"为臣情愿为这些犯有欺君之罪和煽动之罪的人受罚。"

第二，让那些被指责的耶稣会士与最有学问的佛家与道家人士展开辩论。如果在辩论中，耶稣会士败下阵来，则将他们逐出。"为臣愿和他们一起受罚。"

第三，让耶稣会士简要地写出他们宗教的教义。如果皇帝在亲自过目他们的教义以及30余种关于天主教的中文书籍之后，断定他们所传授的宗教有不能容忍的内容，则将传教士逐出，并相应地对徐光启给予惩罚①。

　　这篇奏疏在徐光启的天主教信仰上,可谓是一篇值得纪念的文章。这位中华帝国未来的东阁大学士,其在稳健中呈现出的勇气,令人想起另一个国家的一位学士——圣·托马斯·莫尔②(St. Thomas More)。他们差不多是同一时代的人。

　　在徐光启将奏疏呈上5天之后,礼部尚书还未等到皇上的批示,便派出快递的信差前往各省,命令逮捕传教士并将他们投入监狱。8月30日午夜,一位报信的人来到南京的耶稣会会院,告诉他们北京的耶稣会士带给他们的关于事态发展的最新情况。天刚破晓,龙华民和艾儒略便启程北上。同日,曾德昭和王丰肃接待了南京兵部尚书派来的三名官员,他们被告之,兵部尚书和沈㴶负责将他们逐出中国的工作。据曾德昭说,这几位来使都是"非常好的人",他们对事态的变化感到遗憾,表示坚决相信传教士们是清白的,并且劝告他们要毫不声张地服从,对驱逐令不要有任何抵抗。兵部尚书不想见到他们在离开的途中遇到任何麻烦。其中一名官员还说,一旦证实神父们是清白的,希望他们能马上回来。

[134]

　　就在那天晚上,沈㴶派来的一队卫兵包围了传教士们的会院。等到第二天黎明时,来了三名官员。他们负责逮捕耶稣会士并且搜查了会院,还交给王丰肃一封表示遗憾的信,为他们奉命执行任务表示了歉意。他们温和的态度使两位耶稣会的神父放松了一些。但

---

① 徐光启奏折的中文原文连同 E. C. Bbridgeman 的英译文见 *The Chinese Repository*, XIX, 广州, 1850, 第 118～126 页。原文中所注日期是万历四十四年七月, Bridgman 将它错译为 1617 年, 文中的日期相当于 1616 年 8 月。无疑, 徐光启提到的礼部尚书的政令作为朝廷的文件就是 1616 年 8 月 15 日的奏疏。我用的就是这个日期。关于日期的一致性, 参考 P. Hoang 著 *Concordance des chronologies neomenigques chinoise et europeene*, Varietes sinologigues No. 29, Shanghai：Mission catholique, 1910。

② 圣·托马斯·莫尔(St. Thomas More, 公元 1477～1535), 英格兰人文主义者、政治家和大法官, 因拒绝接受英王亨利八世为国教首领而被斩首。——译者注

是与之成为鲜明对比的，是沈㴐的残酷无情。

　　生病的曾德昭被留下，由卫兵看管；而王丰肃则被带上了一乘轿子，押往监狱。在南京，如同在中国的其他地方一样，一队卫兵出现在大街上会招来一大群人。与此同时，南京也像其他地方一样，也许还要更甚，流言蜚语就像长上了翅膀。等到王丰肃从住所被带出的时候，街上已是挤满了人，官兵们随意挥舞着棍棒，辟开出一条路来。

　　在前往监狱的路上，官兵们在与沈㴐是亲戚的一位道台家门前停了下来。就这样，王丰肃被留在轿子里，在大街上待了两个小时。在这两个小时里，这位外国神父被一群叫喊、喧嚣的人围住了。围着他的这些人似乎是些典型的中国民众。他们表面上似乎是在发泄愤怒的情绪，而实际上仅仅是为了好玩。在每一个聚集的人群中，必有一些幽默机智的人。在欣赏有幽默机智的人才方面，没人能与中国人相比。从王丰肃对当时的情景所做的描写来看，也一定有这样的人在场。王丰肃说他当时尽量使自己不要笑出声来。人们都爱提高兴的事，这是情理之中的。王丰肃的确是将他的笑声归于天主给他的特殊恩典，使他"特别的欢乐、喜悦、放声大笑，不能自制"。对这种说法有怀疑的人并不否认有特殊的恩典，但是还是认为他的态度与围观他的人有关。天主给予他的安慰确实能够令人高兴、欢快，可是令人开怀大笑的情景却不多见。

　　押送的官兵们终于从道台家中走出来。他们为让王丰肃久等一事表示了歉意。到了牢房之后，他们将王丰肃交给了看守，并嘱咐看守要将王丰肃当一名无罪的人来对待。和王丰肃关押在一起的还有两名中国教友。其中一名叫张采①，已跟随耶稣会三年，他自愿前来，请求与王丰肃共命运。

---

① 音译。——译者

当王丰肃被关进监狱的消息传开之后，不少天主教徒赶到耶稣会的住所，推开卫兵，闯出一条道。前面提到的姚若望是其中的领头人。他勇敢地挥舞着小黄旗。士兵问他想要干什么，姚若望回答道："为基督而死，为耶稣基督的信仰甘洒我的热血。"这些守卫的士兵倒是愿意成全他，他们在自己的权限内，绑住他的手，用绳子套住他的脖子，将他带到大堂。审案的官员们不知该拿他怎么办，对他相当的客气。姚若望显然是渴望为信仰而蒙难，不在乎对他的迫害。官员们给他松开绑，让他坐下，不久就将他放了。

沈㴶对他的下属小心翼翼地对待被指控的人十分恼怒。第二天，9月1日，他命令将曾德昭及所有在耶稣会会院抓到的人都押入牢房，并与王丰肃关在一处。与曾德昭一起入狱的有耶稣会修士钟鸣仁，21岁，澳门人；还有路易斯·帕瑞（Louis Paris），一位入选耶稣会的候选人；另外还有四名仆人、四名天主教徒。那天早上他们正好都在。沈㴶还派了一队人去搜查耶稣会士休息时去的城外的花园。他原本希望能在花园找到武器，但是结果让他失望了。

南京的天主教徒们托人带信将事态的发展告诉龙华民。此时，龙华民、艾儒略，以及李之藻都在高邮。三人决定龙华民依旧进京，艾儒略则到杭州的杨廷筠家避难。李之藻为龙华民的旅途准备了盘缠，还交给他几封给京城里的朋友写的信。尽管李之藻的亲朋好友警告说，他这样公开保护传教士的做法会毁了他的前程，李之藻还是初衷不改地站在了耶稣会士的一边。他甚至派人到南京，给监狱中的耶稣会士送钱和衣物。

[136]

龙华民到达北京后，与庞迪我、熊三拔二人相见。他们想尽一切办法争取申诉。龙华民试着说服官员们让皇上干预这件事。可是沈㴶非常会用钱来办事，堵死了所有的通道。

徐光启写了一篇论文，为传教士和天主教做辩护。其实在北京，这种文章是用不着的。除了礼部尚书之外，朝中没有人将沈㴶指控的事看得太重。在这种情景下，龙华民就派钟鸣礼①带着徐光启的文章赶赴南京，在南京印行并散发。

钟鸣礼在李之藻的亲戚、天主教徒夏某（教名依纳爵，Ignatius Hsia）的帮助下，找到了6位愿意帮助他印制文章的人。他们在一位天主教徒的家中干起活来。就在徐光启的《辨学章疏》首批刚印完的时候，这位天主教徒的邻居向沈㴶告了密。于是印制文章的人和钟鸣礼被捕了。

沈㴶命人对钟鸣礼施以杖刑，又将曾德昭和王丰肃带到他的官衙，对他们进行了长达6小时的令人筋疲力尽的审问。从曾德昭后来对当时被问的简短问题的回忆和记录，可以想象到当时的情景："你们标榜的是什么样的法律？你们是如何进入中国的？你们的经济来源来自何处？你们如何管理自己？你们与在澳门的外国人保持何种关系？"

由于南京礼部的一位官员事先接到了徐光启和李之藻写给他的信，所以二位神父在审讯结束后没有受刑。南京礼部迫于怒气冲天的沈㴶的压力，将案子转交到上一级衙门，并要求这级衙门对所指控的人严加处理。审讯的官吏对他们进行了一次简短的审问之后，发现他们并没有犯什么罪。但是为了照顾沈㴶的情绪，大堂之上，那位允许在他家刊印辩护文章的天主教徒被打了二十大板，钟鸣礼也被打了二十大板。

参与这件案子的官吏态度十分清楚，他们想就此罢手，但是沈㴶揪紧抓不放。他的同僚们显然认为他发起的这场运动是不必要的小题大做，对指控者的同情就是证据。尽管他的几次上疏都没有回音，但是沈㴶还是坚定不移。终于，一份在万历四十四年腊月十二日（1617年1月）呈上的奏疏有了沈㴶所渴望得到的结果。北京的

---

① 据张铠《庞迪我与中国》，北京图书馆出版社，1997，此人应是张采。——译者注

礼部侍郎向沈㴶提议：将一布告连同奏疏一同呈上，皇上只需在上签字即可。曾德昭提供的这份布告是这样写的：

"据北京顺天府通判全面了解的情况，确有一些外国人住在京城和其他各地。鉴于大臣的恳求与忠告，朕向全国所有省份发布命令：王丰肃和庞迪我及他们的同伙将被送回他们自己的国家。因为他们传播不为人知的教义；因为他们以宗教为借口，图谋扰乱我们百姓的平静的生活，煽动臣民造反，鼓动百姓与国家作对。基于上诉原因，朕命令南京礼部告知应天府的官员：对于这些外国人，无论在何处找到他们，都要在卫兵的严密护送之下，送到广东省的广州，从那里让他们平静地离开中国，回到自己的国家。尽管在去年，朕得知这些外国人来到中华帝国为我们服务，还知道庞迪我和他的同伴高质量地完成了修历工作，但是还是要将他们集合在一起听候朝廷的命令，并且将他们遣送回国。这是朕的意愿。此件发回礼部，由礼部执行……"①

1617 年 2 月 14 日，皇上签署了这个布告。沈㴶坚持不懈的努力终于有了回报。在经历了 35 年漫长、痛苦、耐心地劳作之后，传教士们的所有成果顷刻间就要化为乌有。这棵罗明坚心中"柔弱的小苗"，正在呻吟着。利玛窦所说的"危险就在前面"的预言，正以所料不及的速度到来。

不管这份布告是如何出台的，它已经成了既定的实事。整个大明帝国都要颁布、实施这一命令。如果中国朝政的真实情况和它表面的表现严格一致的话，耶稣会在中国的冒险事业也就到此完结了。然而对于耶稣会士幸运的是，中国在理论上常被人说成是"东方的独裁主义"，而在实际的运作中并不完全如此。在理论上，天子掌握所有的权力，他的权力是绝对的。但是在实际当中，他的权力是

---

① *Histoire univerrselle de la China trad. nouvellement en francais*，里昂，1667，第 326 页。

打了折扣的，既受到来自好的一方的制约，也受到来自坏的一方的制约。宦官们就是这种制约中彻头彻尾的坏的一方，他们可以控制诸多与皇上接触的渠道，同时还可以利用与皇上的密切接触。这些行为都可以削弱皇上的权力；好的一方面的制约则是来自遍布全国的正直官吏，是他们负责执行朝廷的命令，他们在执行命令时是有灵活处置的余地的，由此也制约了皇帝的独裁。各个省份的官吏们表面上匍匐在专制的皇权下，口称："诚惶诚恐，绝对服从。"而实际上各省的行政官员并没有"诚惶诚恐"，也常不完全遵守皇上的政令。在他们权力所属的范围，他们在执行皇帝命令的时候有着很大的回旋余地。当然，这些官吏们也可能因为玩忽职守而被革职或者受罚。有一套监察系统，可以使这些官吏的行为受到约束。一些官吏遭查办是经常的事，但其原因通常不是因为忽视了皇上的命令，而是在执行过程中对其对象过分的严厉。朝廷的官吏好比百姓的父母，这一概念深植于中国人的心中。检验一个好官的标准之一就是他管辖之下的百姓是否认为他是一位"好父母"。如果当权者的功能仅仅像一个冷血动物，一味形式主义地照章办事，那么这一体制就没有存在的意义了。有了以上的这种约束，行政官吏在执行命令时，也使专制与违法的行为受到制约。这是中国政治体系的基本部分，是中国政治理论的根基。

只有当皇帝的诏书符合孔孟之道时，官吏们才忠诚地担起忠实执行命令的责任①。在儒学的政治理论中，官吏是最高统治者与百姓的中介②。西方人不理解这是中国政治体系的核心特征。在记者、小说家的笔下，中国是一个高度集权的国家。在十九世纪，西方列国与中华帝国的纷争不断，严重地恶化了彼此之间的关系。西方人

---

① 参考 Analecta, XV, 8; XIV, 13。
② 关于这个题目，参考 Elbert Duncan Thomas 著 Chinese Political Thought, 纽约，1927，第 172～195 页。

对中国在中央集权的现象下存在着大量的、分散的责任制与非集权的权力这一点缺乏了解，是导致这些冲突的重要原因之一。

布告的颁布使在北京的耶稣会士们感到吃惊。当时在京城的有四名神父：龙华民、毕方济、熊三拔和庞迪我；还有两名助手，很可能是倪一诚和游文辉。传教士们向皇上申诉的努力是徒劳的，因为沈㴶的人有效地阻止了他们接近皇上。1617年3月18日，圣枝主日那天，耶稣会士们在拥挤的教堂里做完弥撒，分发棕枝以示忠诚。在劝诫天主教徒们继续坚定信仰之后，他们离开了利玛窦创立的、在皇上庇护下的、位于北京的中国人天主教社团。

[139]

龙华民和毕方济，还有两名助手都没有列入布告中被驱逐人的名单。于是京师负责执行命令的官员们也就睁一只眼闭一只眼地忽视了他们的存在。就这样，龙华民和毕方济两名神父躲在北京徐光启的家中避难，而那两名助手则躲到了北京西郊的利玛窦的墓地。朝廷对教堂和耶稣会的住所并没有没收，官员们允许北京的天主教徒们管理它们。熊三拔和庞迪我在卫兵的护送之下，通过了京城厚重的城门，出了北京，前往广州。他们出城的时候一定不止一次地回头仰望古都的城墙。庞迪我在京生活了16年，而熊三拔也在这里度过了11年的光阴。从此以后，他们二人再也没有回来过，他们都是在被驱逐到澳门后，在那里去世的。

在南昌，针对耶稣会士的这一政令执行得非常温和。官方允许这里的两位神父撤到建昌。耶稣会辅理修士丘良厚①（教名Pascal）仍然不受干扰地留在了南昌的会院。

从南昌被迫出走的神父们是塞翁失马。在此之前，罗儒望到过南昌，给一些人施了洗。这次，他和史惟贞受到了建昌当地一个望族成员的极为慷慨的接待。出于某种考虑，他们只用教名斯蒂芬

---

① 丘良厚（教名Pascal，公元1584~1640），字永修，澳门人，自幼入天主教。——译者注

(Stephen)来称呼他们的东道主。斯蒂芬将神父们安置在城墙附近的一所房子里,共有四间,外加一间厨房和一间大厅。这间大厅可以用于做礼拜。开始的时候,只有当地人数不多的天主教徒来这里聚会。渐渐地,耶稣会士们接待的人开始多了起来,其中有不少后来皈依了天主教。当曾德昭在两年后来到建昌,参加弥撒唱诗时,站在他面前的是一大群人。20年后,曾德昭是这样报告的:

[140] "建昌现在是我们最好的传教地之一,因为它有相当多的受过良好指导的天主教徒。在毗邻的浙江省,还有我们的两所教堂,离我们建昌不远,每一年神父都可以走访那里。"①

费奇观和阳玛诺自从1612年被从韶州赶出之后,就一直在南雄传教。这时,南雄的地方官通知他们说,皇上的政令说了,他们不必着急离开南雄,可以等到熊三拔和庞迪我来了之后一起走。但是神父们没有等,他们卖掉了房子赴杭州避难,与正聚在杭州的、在杨廷筠保护下的耶稣会士汇合。这时,郭居静、黎宁石②(Riberio)和艾儒略已在杭州,其他耶稣会士跟着也陆续都到了。在这之后的几年里,杨廷筠在杭州的家成了中国天主教希望的中心。当沈㴶的阴影使传教受阻时,耶稣会士在这里受到了保护。杨廷筠家中住着耶稣会士并不是什么秘密,沈㴶也十分清楚这件事。他的同乡杨廷筠正在挫败他的让中国摆脱天主教的计划,他清楚这点,也十分恼火,但是杨廷筠的地位使他不敢公开地发动进攻。杭州的官员们出于对杨廷筠的尊重,从未颁布过逐教令。

只有在南京,对这道政令的执行是既完全又严厉的。有三份文件被收集成册后刊印,以此可以证明沈㴶在这次事件中表现的热诚。这三份文件的签署日期都是在同一天:1617年阴历二月(公历3

---

① *Histoire univerrselle de la China trad. nouvellement en francais*,里昂,1667,第334页。

② 黎宁石(Pierre Riberio,公元1572~1640),葡萄牙籍耶稣会士,1604年来华。——译者注

月）某日。

第一份文件的内容是南京礼部命令它的官员审问犯人。该文件报告说，王丰肃承认他是一名蛮夷之人；文件还用来指导如何审问曾德昭，以确定他是否也是一名蛮夷之人；文件还要求确认一下阳玛诺是否已经返回欧洲；还要求调查一下钟鸣礼和钟鸣仁及其他犯人的历史情况。

第二份文件是由礼部起草的、在审问王丰肃之后做的记录，其部分内容如下：

"王丰肃，红色的面孔，白色的眉毛，蓝色的大眼睛，长而且尖的鼻子，黄色的头发。他自称50岁，欧洲人，自幼便读蛮夷人之书，并且成功地通过了数次考试，称其学位相当于中国的进士。他不愿为官，自愿加入了一个宗教的团体。在他30岁时，奉他的上司阿桂委瓦之命，与林斐理① （Félicien da Silva）等人进入中国传教。他与林菲理和阳玛诺从欧洲上船，在航行了两年零四个月之后，于1600年阴历七月抵达澳门。他在澳门停留了五个月。随后，阳玛诺留在了澳门，他与林菲理前往韶州住了几日，后又到江西南昌府停留了四个月，于1611年阴历三月到达南京。在他来南京的10年之前，此处就已建立了耶稣会会院。利玛窦、庞迪我、郭居静、罗如望等人，就是从这里奔赴全国各地的。当利玛窦北上京师进贡之后，罗如望接替了利玛窦在南京的工作，不久又将工作转交给他。他尽力地在南京传播天主教，有了200余名信徒。他负责为信徒们指定聚会的日期等诸事。

林斐理，于1613年阴历六月因病死亡。他的棺材仍然停留在教堂。

阳玛诺，现在澳门。在过去几年里，他住在南雄。数月之前他

[141]

---

① 林斐理（Félicien da Silva，公元1578～1614），葡萄牙籍耶稣会士，1605年来华。——译者注

来到南京，在王丰肃处住了两个星期。他还去了北京，后于1615年阴历十二月返回南雄。

王丰肃所需费用来源于欧洲，是由到澳门的商船带来的。他每年收到约600盎司的银子。当他修建几处大宅子的期间，每年得到的经费达1000盎司的金子。他与庞迪我及其他的传教士们分享这笔收入。

曾德昭，红面孔，白眉毛，长而尖的鼻子，大耳朵。他没有走仕途的打算，与朋友在一起是为了做学问。他在海上航行了6个月后来到了澳门。从这些情况看，他与王丰肃差不多，确定也是一名蛮夷。阳玛诺，还没有返回自己的国家，据说现仍住在南雄府，这不属于我们管辖的范围。

结论：两名蛮夷犯人——王丰肃与曾德昭，经审问，并且清楚地验证了他们的身份，将被押解至广州，交给当地的有关官员，送回欧洲。曾德昭目前患病在身。"

第三份文件是一份由礼部发给都察院的命令。命令他们采取必要的措施将两名欧洲人押往广州，交给有关官吏，然后送回欧洲。文件还提及皇上首肯的奏疏和案件的报告。案件的审判报告由晏文辉①执笔，并在礼部获得通过。文件的性质表达得十分清楚，由沈㴶发动的这场进攻其主要起因，是由"正统"儒学对天主教的敌视而产生的。

3月6日，王丰肃和曾德昭被带到沈㴶的礼部大堂上。曾德昭因病，身体十分虚弱，是躺在一块木板上被抬到大堂的。王丰肃身着囚服，脖上套着绳索，被牵了进来。他们被审讯了两个小时。主持审案的是礼部的一名官员。在审讯期间，王丰肃一直被迫跪着，

---

① 《明史》（卷三百二十六），中华书局，1974，第8460页："（万历）四十四年，（礼部侍郎徐如珂）与侍郎沈㴶、给事中晏文辉等合疏斥其邪说惑众……"——译者注

而曾德昭因为生病，只好躺在地上。在审问结束的时候，他们被带到了沈㴶的面前。沈㴶宣布，他们在中国传播的是一种新的宗教，本该处以死罪，但是由于皇上宽宏大量，免去他们的死罪，将他们遣送回国。沈㴶出于自己的意志，下令对他二人每人杖刑十大板。曾德昭因病得太重，被免了杖刑。而王丰肃则没有躲过，被拷打得十分严重，事后过了一个月，伤口才开始愈合。

"过了一个月的时间，我的伤口才开始愈合。"王丰肃写道："沈㴶派了三名职位不高的军官，还有礼部的两名官员，命我与他们一道，去对会院进行严密的搜查。将其中的书籍、手稿、圣像和数学测量仪挑了出来，没收入官，送到了沈㴶那里。会院中的家具没有拿走，让我处理。处理完了之后，我又被带回监狱。"

衙门的人在打开林斐理的棺材时发生了特别的事情。这些人希望在棺材中发现一些宝物。可是在开棺后，按照王丰肃的说法，他们意外地发现林斐理的尸体形态完好，而恰好在这时候，突然雷雨大作。这些迷信的人本来就因为尸体的完好而感到恐惧，这时他们就更加害怕了，匆忙在房前屋后转了一圈，搜查就结束了。沈㴶下令将林斐理的尸体扔到了城外的旷野里。后来，一些天主教徒们把尸体找了回来，安葬了。

1617年4月30日，王丰肃和曾德昭从牢房中被押了出来，囚于笼车中。这样的待遇通常是用于死刑囚犯的。一位主事的官吏对他们进行了最后的宣判，将朝廷的封条贴在笼车上。然后由押送的官兵们接管了笼车。

[143]

他们一行上路了。关在笼车中的两名耶稣会士，脖上挂着重重的铁链，手上带着镣铐，衣衫褴褛，头发和胡子已经好几个月没有梳理了。街道的两旁站满了围观的人。当囚车通过街道时，两边的人群鸦雀无声，这对于聚在一起的中国人来说，是很奇怪的。这是因为囚车上挂着三个牌子，上面写道：犯人是邪恶之人，他们扰乱了社会的平安，传播新的教义。禁止任何人与他们讲话或者与他们有任何接触。

原来的押运计划是准备用船的。一些天主教徒们就此做了些安排,可以使他们在押往广州的路上舒服些。但是沈㴶却临时改变了计划,让他们走陆路。他们在卫兵的押送下,被禁止与任何人讲话。结果,这些天主教徒的关爱没能实现。

他们在囚车里一直站到第四天,才允许从笼子里出来,有短暂的休息。到了后来,他们虚弱得已经站不住了。南京的天主教徒们一直陪着他们,但是一路之上他们之间是不能有所接触的。当他们到达南雄城的时候,最痛苦的经历总算结束了。不过在这段路程的最后一段,许多学者和朝中有职位的官员都来拜访这两位耶稣会士,押送的卫兵不敢阻拦。在拜访的时候,中国朋友们一般会送上短的诗文,"以示他们的情感,并且留下一些纪念品。来访的好朋友们对耶稣会士的不幸充满了同情",王丰肃后来这样写道。

南雄的府尹将两位犯人从囚笼中放了出来,令押送的卫兵返回。然后,又押送他们二人走水路赴韶州。他们在韶州所受的待遇不太好,多次过堂,受到了严厉的对待。终于,他们被押上船只,解往广州。5月20日,在离开南京一个月后,他们到了广州。

在这个南方的城市,他们被投入到一间条件极差的牢房里。牢房"又湿又小,流行着瘟疫,好多犯人挤在一起",王丰肃写道,"在这里是不可能躺下来的,因为一伸脚就会搭在别人的身上"。由于几名友好的官吏的干预,他们才被转移到一间条件稍好的牢房里。过后,熊三拔和庞迪我也来到了广州,和他们关在了一起。他二人是从北京来,所经历的却与王丰肃和曾德昭相差甚远。只是在出城的第一天有卫兵看押,后来他们向押送的人发誓说他们会去广州的。他们自己走完余下的路程,没有受到伤害。

四名耶稣会士在牢里关了一个月之后,广州府尹将他们放了出来。他似乎视耶稣会士所受的迫害仅仅是因为沈㴶的个人仇恨所至。他将耶稣会士们拘押在了一座塔楼里,并向他们提供生活用品。

1618年年初，在他们到达广州后约7个月，广州府尹怀着尊敬的心情将他们转交给澳门一方，他们的苦难结束了。

与此同时，押解王丰肃和曾德昭到南雄府的官兵们，返回南京向沈㴶报告说他们的任务完成了。这份报告收录在《破邪集》中。报告的日期为1617年阴历八月（公历9月）。报告说，押解王丰肃和曾德昭的工作完成得十分顺利。一路之上，他们处处向犯人体现出皇上的仁慈。两名犯人每人每月可得到两盎司银子的生活费。他们已被转交给广州的官员。熊三拔和庞迪我也已经和他们汇合了，他们已经被押送至澳门，并转交给那些卑劣的"蛮夷人"。报告的结尾还说，广东的官员们要负责不得让他们再次进入中国。广东的官员们大概没有打算按照沈㴶或者他的代言人的指示行事。后来，曾德昭、王丰肃先后于1620年和1624年再次进入中国。两人归来后，在传教工作上都是很有建树的。

在南京，与王丰肃和曾德昭一起关起来的天主教徒们每人挨了七十板子，然后就被释放了。而两名耶稣会的修士——钟鸣仁和钟鸣礼所遭受的处罚比这要重。钟鸣礼被送到大运河上做拉纤的苦役，干了三年。钟鸣仁则是被送到一个为修筑长城提供材料的采石场为奴。最终，钟鸣仁还是逃脱了这个命运。在徐光启与负责守卫他所服役的那一段长城的有关军官交涉之后，钟鸣仁被释放了。由一位英勇的天主教徒替代了钟鸣仁，而关于他，我们只知道他的教名为马修（Mathew）。

沈㴶彻底毁掉了南京的教堂和会院。他将这处地产以150两银子的价钱卖给了一个叫李庆①的人。这笔变卖的钱又经转手到了尚源贤②的手中，其官职是府丞，被他用来修缮他的官邸。耶稣会士

[145]

---

① 音译。——译者注
② 音译。——译者注

在城外的小花园以 15 两银子的价钱卖给一个叫王明①的宦官。

  1617 年阴历八月，沈㴶显然认为他要对这件事做出官方的结论。他以礼部的名义签署了一份告知南京百姓的庄严的文告。在文告中，他直言，反对那些"虚伪地称是信仰天主宗教的人，和那些引导无知者走向叛乱之人"；天主教在中国是被禁之教；严禁百姓膜拜"耶稣，即被野蛮的传道者说成是天主降生成人的人"；严禁受洗、严禁礼拜日和节日的聚众；中国必须延续祖上传下来的宗教。

  在沈㴶看来，他的文告如同辉煌的终场，其实，它不过是这场运动头一站的结束。沈㴶只是在南京取得了完全的胜利，而且这里的胜利也不是永久的。被逐到澳门的传教士只有四位，其中的有两位后来又回到了中国。在勇敢、忠诚的中国朋友的帮助之下，其他地方的传教士仍旧留在了明帝国。尽管在以后的几年里，他们不能自由行动，可是传教的工作却一刻也没有停下来。由沈㴶发动的这场"南京教案"是一件不幸的事，但是，与同时代的一些国家相比，十七世纪明朝的中国人几乎称得上是文明的典范。就在当时，日本的天主教徒因为他们的信仰，在倍受折磨中死去；欧洲的天主教徒们在相当长的时期里受到了刑讯，他们还在宗教的名义下自相残杀……

---

  ① 音译。——译者注

# 第九章　在暴风雨中前行

1617年8月，当沈㴶签署了那份庄严的逐教令时，在中国仍然有14名耶稣会士，其中有8名神父、其余为辅理修士。神父们是欧洲人，辅理修士们是中国人。他们被迫处于隐蔽之处，他们的宗教被禁止，传教士们的事业似乎衰败了。尽管这样，从他们的来信中却丝毫看不到悲观的言辞①，仅仅是以更沉稳、更中允的观点取代了过去过分乐观的看法，但是没有绝望的迹象。这14个人似乎在分享着他们事业最终将取得胜利的坚定信心②。

这时，大多数耶稣会士聚集在杭州。在这里，在博学的杨廷筠的指导下，他们刻苦地学习中国的文学和语言，为在风暴过去之后能够更为有效地传教默默地做着准备。艾儒略是杨廷筠的得意学生，在传教工作处于半停顿的几年里，他获得了大量的有关中国文学和

---

① 该章主要资料来源：
　a) 李玛诺、祁维材和金尼阁的年信，见 *Relatione delle cose più notabili scritte negli anni* 1619，1620，1621 *dalla Cina*，罗马，1624；以下简称 Relation 1624。
　b) 曾德昭著 *Histoire universelle*。
　c) 金尼阁1622年8月15日写自杭州的信件，见 ARSI，Jap‑Sin 114，第267－296页。
　d) 1625年的年信为李玛诺所写，见 *Histoire de ce qui s'est passé es royaumes dEthiopie, en l'année* 1626, *jusqu'au mois de Mars* 1627. *Et de la Chine, de l'année* 1625 *jusques en Fevrier de* 1626……，巴黎，1679；以下简称 Histoire 1625。
　e) *Eminent Chinese*，Ⅰ，第176页、第190页、第316－317页、第452页、第594－595页；Ⅱ，第846页、第885页、第892页。
② 参照龙华民1618年11月7日发自杭州的信件；ARSI，Jap‑Sin 17，187页。

风俗习惯的知识。后来他在福建传教的时候，被人们众口一词地称作是"西来孔子"。被逐到澳门的王丰肃在这些日子里也没有虚度光阴。他全心投入到用中文写作、改进文笔、加深对经典著作的研究之中。他的成果是大量的和有延续性的。他后来写了一些给人们留下最为深刻印象的著作，其中一些今天仍在被人阅读。

[148] 仅有的几名耶稣会士，在面对这么多年的工作遭受了明显的毁灭性打击的时候，振奋精神的因素是很多的。当年利玛窦做了何等有耐心的努力、辛苦工作了多少年，才在韶州、南京和北京有了落脚之地！现在所有的收获似乎在一夜之间全都丧失。只有有勇气的人才能面对这种局面而泰然自若。耶稣会士们就是这种有勇气的人。他们没有时间为暂时的退却而忧伤，没有相互指责，也没有去评价是谁的过失。罗马教会方面听到了一些批评，但是是很温和的。龙华民过去太乐观，王丰肃也不够慎重。他们接受了这些批评，并且聪明地加以改正了。他们有一致的目标：为今后做好准备，只要环境允许，传教的工作就要继续下去。

神父们尽可能地走访天主教社团，但是却不能履行本堂神父的职责。尽管困难重重，但在1619年，他们还是有了277名新的皈依者。在他们的报告中还说他们吸收了许多慕道者，这些足以证明沈潅努力要摧毁天主教的努力失败了。

就在1619年，四名耶稣会士受到住在咸阳的王徵①（教名Philip）的邀请到遥远的陕西传教。王徵在1594年中举人，在经历了9次失败后，直到1622年才中进士。他考取进士的那张试卷至今仍然保存在陕西省的图书馆里。不知道保存试卷的原因是因为他的答卷精彩，还是要证明他的执着。不过，为了应试而多次进京，使他结识了耶稣会士，并导致了他皈依天主教。1619年，他试图将天主教

---

① 王徵（公元1571~1644），字良甫，泾阳人，天启二年进士，官至登莱监军金事，后辞官。——译者注

的信仰介绍到他的老家，但是失败了。因为"南京事件"的影响和那道逐教令的发布，使得传教没有遇到合适的时机。几年之后，在王徵的地位使他能够对传教事业做更为有效的帮助时，天主教传入了他的家乡。

同样是在 1619 年，史惟贞和修士钟鸣仁设法走访了南京。南京的天主教徒们见到他们高兴极了。他们鼓励南京的天主教徒们不要熄灭信心的火焰。在南京的天主教徒们的坚定信仰方面，曾德昭做出了很大的贡献①。

1621 年，嘉定建立了一个传教中心。嘉定是离上海很近的一个城市。这项工作由孙元化②（教名 Ignatius）——一位天主教徒、学者型的官员负责。孙元化曾师从徐光启，学习西方数学。也是由于徐光启的影响，他皈依了天主教。1621 年，他写信给在杭州的耶稣会士，邀请他们来嘉定开教。当这封信到达杭州时，郭居静和毕方济正要启程赴上海。于是，毕方济转而去了嘉定。等到了嘉定，毕方济才发现孙元化在家中已经为他准备好了一套房子，还带有一间礼拜堂③。毕方济的工作硕果累累，没过多久，小礼拜堂已经不够用了。1620 年，曾德昭在澳门待了四年之后，悄然离开，来到嘉定后，写出了这样的报告：

[149]

"我确实可以这样讲，在嘉定有相当数量的、极有热诚的天主教徒。在作弥撒时，看这些善男信女的神情，其专注程度不亚于孩子。他们聆听着天主的声音，做忏悔，经常到圣坛施以庄严的圣礼，与欧洲最虔诚的天主教徒并无两样。"④

---

① 参见曾德昭的著作 Histoire universelle，第 335 页。
② 孙元化，字初阳，嘉定人，天启年间中举，曾任兵部员外郎。——译者注
③ 金尼阁混淆了曾德昭与毕方济，曾德昭自己说，是毕方济对嘉定做了第一次访问。
④ Histoire univerrselle de la China trad. nouvellement en francais，里昂，1667，第 337 页。

嘉定是一个令人愉快的小镇，是一个极为适合做学问的地方。澳门的年轻人和进入耶稣会的候选人，被送到这里来学习中文，其间还要接受见习修行的精神戒律的训练。刚从欧洲来到中国的耶稣会士也要被送到嘉定，开始他们的中文学习。1622年，有四名新来的传教士在嘉定学习中文。

1626～1627年，退休了的徐光启住在上海。这对郭居静来说是十分有利的。郭居静发现要学习天主教教义的人太多，他不得不请来在杭州的耶稣会士帮忙。尽管仰仗于徐光启的地位，传教工作得以得到庇护，但是以防万一还是必要的。1622年，为了避免因聚众太多而引起麻烦，郭居静仍旧遵守天主教徒们在做弥撒时聚集的人数不得超过5人的规定。即便如此，在重返官场前的1627年，徐光启还是觉得必须在上海建一个更大的礼拜堂。老的教堂对蓬勃兴起的天主教团体来说，已经显得太小了。

耶稣会士在1620年年度报告的信中说，那年共有268名皈依者：北京20人，杭州105人，南京25人，上海20人，建昌98人；1621年，北京有40名皈依者，杭州300名，南雄12人，上海72人，嘉定60人，南京52人，南昌46人；1622年，北京31人，嘉定70人，杭州191人，上海86人，南昌和建昌50人。

[150]

与遇到的困难相比，收获还是令人鼓舞的。当时，传教士们在中国没有一个自己的居所，只是在上海有所教堂。他们住在忠诚的天主教徒家中：在上海的住在徐光启家；在嘉定的住在孙元化家；在建昌的住在斯蒂芬家；在杭州的住在杨廷筠家；在北京的住在秦马丁和另一位天主教徒学者的家里。对后者，我们仅仅知道他是一名进士，教名为纳泽瑞斯（Nazarius）。

1621年，沈㴶不再在南京的礼部任职，到杭州过着退休的生活。他的暂时离职又给了传教士们新的希望。金尼阁在写给欧洲的报告中说，似乎风暴已经过去了。大多数的耶稣会士都住在杭州杨廷筠的家中，因此他们的任何举动，他们的死对头沈㴶都是一清二楚的。每逢到了过宗教节日的时候，每次参加弥撒聚会的竟达到100人。而沈㴶的沉默使金尼阁感到困惑。其实对这点，解释起来并不困难。当时，沈㴶已经不在官位了，无力发挥其威力了，当然，他反对天主教的态度并无改变，对杨廷筠安排他与耶稣会士们见面邀请拒不理睬，就清楚地显示了他的态度。

沈㴶的退休也使北京的传教情况有所改善。尽管谨慎还是必要的，但是信徒们可以参加每月一次的、在指定住所的小组聚会，接受指导；每年可以有5~6次聚在教堂做忏悔，听神父的讲道，做弥撒。1620年圣诞节的庆祝相当正规，只不过其中的音乐是中式风格的。

1621年的扬州，这个曾在马可·波罗管辖之下的城市，有许多人皈依了天主教，不但在城里建立了一个天主教中心，而且还首次成功地向陕西和山西两省传教。

马呈秀①，一位声誉不错的学者型官员，在陕西省的衙门里任职。他到北京后与耶稣会士们见了面，对西方的数学产生了兴趣。他请求徐光启说服一名传教士访问他家，并且向他传授实用科学。结果艾儒略被选中。艾儒略到了扬州马呈秀家，给他讲授数学和其他科学，同时也成功地使马呈秀皈依了天主教。1621年，在天使报喜节那天，马呈秀接受了洗礼，取了教名彼得（Peter）。和他一起受洗的，还有他的儿子，他的许多亲戚也都成了慕道者。后来史惟贞就是在马呈秀扬州的家中落脚的，继续着艾儒略开始的工作，从而在明帝国又开辟了另一个重要的天主教中心。

当马呈秀启程前往陕西时，艾儒略和他同行。马的官邸在商州，[151]一路之上他们走了29天。在商州，艾儒略逗留了5个月。艾儒略经常陪着办公事的马呈秀走访他所管辖的19个城镇。

在陕西的这几个月，艾儒略在葡萄酒的酿造上取得了成功。他

---

① 原文为Ma San-chih，据林金水教授考证，此人名叫"马呈秀"。——译者注

的关于陕西的葡萄可以酿造好酒的发现是很重要的。因为做弥撒时用的葡萄酒,是从欧洲带来的。这是一个很难解决的问题,在这之前耶稣会士们也曾经尝试过酿制葡萄酒,但是没能成功,不是变酸,就是根本不发酵。

在马呈秀被调往福建的时候,艾儒略来到了山西省。他是应韩云(教名 Stephen Han)的邀请而来的。韩云的家为学者型世家,他和兄弟韩霖(教名 Thomas)在北京皈依了天主教①。如同许多例子一样,他们的皈依是受了徐光启的影响。他们兄弟俩都是在徐光启的指导下学习数学和军事科学的。而且兄弟二人也都成了热诚的天主教徒。韩霖是弟弟,后来成为一名著名的藏书家。

1621 年,艾儒略来到山西绛州拜访韩家时,韩霖出远门了。韩霖在 20 岁时,就已经通过了在北京举行的举人考试。在回到绛州之前,韩霖用去 9 年的时间,到直隶②、山东、江苏、浙江还有江西搜集书籍。艾儒略在韩家见到了韩云,韩霖的哥哥。那时,传教士们称韩云为斯特凡诺博士(Dr. Stefano,即他的教名)。韩云在艾儒略来到之前已经对他的许多朋友和亲戚做了天主教基本原则方面的辅导。艾儒略到了绛州之后,又对这些人做了全面的指导,随后,给 18 个人进行了洗礼。10 年之后,绛州的天主教社团中成了中国最具朝气的天主教团体之一。艾儒略在绛州能做的也只能是这些,因为沈㴶的一个朋友来到绛州巡视,签署了一道反对天主教的公告。艾儒略离开绛州后与正在河南等着他的马呈秀汇合。之后他们一起返回扬州。马呈秀到扬州后与家人相见,然后赴福建,出任福建省总督。

1622 年,在中国的耶稣会士共有 13 名,比 5 年前沈㴶颁布逐教

---

① 韩云、韩霖,都是韩爌的儿子。韩爌,字象云,蒲州人,万历二十年进士,曾任内阁大学士。——译者注
② 即今河北省。——译者注

令时还多了 5 名。1621 年,曾德昭重返中国,和他一起来的还有金尼阁。次年,费乐德①(Rodrigo de Figueredo)、祁维材②(Wenceslas Pantaleon Kirwitzer)和汤若望③(Johann Adam Schall von Bell)也都先后来到了中国。

1621 年,南京的情况又有新的骤变。这次首先发难的是北京的高官,再反映到南京的政界。天主教的大敌再次威胁要摧毁传教士们希望的根基。新的攻击是与当时中国的内部政局密切相关的。

[152]

几年来,在中国官场,爱国官吏与阉党④斗争的结果,是后者占了上风。势力不断增长的阉党使许多正直的、有能力的官吏丢了乌纱帽,一些官员即使未被革职,也在行使职能时遇到了极大的困难。

山海关外的满族人对中国日益增长的威胁,使明王朝内部的这种令人悲哀的政治局面进一步恶化了。在漫长的万历皇帝执政期间(公元 1537~1620),明王朝的派系摩擦和党争加速了这个朝代的灭亡。这时候在东北部的鞑靼人⑤,或称满人中原来分散的部落进行了不断的联合,力量也有了长足的发展。

努尔哈赤(公元 1559~1626),原本只是一个无名部落的小首领。后来,他将东部鞑靼人的部落组成一个统一的民族。这个民族构成了对明朝的主要威胁。努尔哈赤生于女真族里有着首领地位的爱新觉罗部落。历史上的女真民族生活在朝鲜以北和中国辽东版图的东部与东北部。在十二世纪的时候他们建立短命的金朝(公元

---

① 费乐德(Rodrigo de Figueredo,公元 1594~1642),葡萄牙籍耶稣会士,1622 年来华。——译者注
② 祁维材(Wenceslas Pantaleon Kirwitzer,公元 1586~1626),捷克籍耶稣会士,1622 年来华。——译者注
③ 汤若望(Johann Adam Schall von Bell,公元 1591~1666),德国籍耶稣会士,1622 年来华。——译者注
④ 阉党是指明代天启年间以大太监魏忠贤为首的腐朽势力,东林党的主要政敌。
⑤ 当时的外国人对女真族人(满族人)的称谓。——译者注

1115～1234）。在十三世纪，他们被蒙古人征服后，被划分为三个主要的部落：建州女真部落、海西女真部落和野人女真部落。努尔哈赤属于建州女真。在他的父亲塔克世①死于非命后，他当上了建州女真的小首领。

自此以后，他开始了传奇般的政治生涯，他的权势急剧扩展，声望也迅速增长。他首先在亲戚和族人中间建立了自己的权威。到了 1610 年，他征服了东鞑靼除了叶赫以外的所有部落。同年，他将部落组成四个团队，即四个旗。到了 1615 年，四个旗被分成八个旗，这种"八旗"制度使女真民族转化成了强有力的军事机器。

1608 年他与驻守在辽东边境的明将签署了关于确定疆土边界的协议。随着他的军事能力的不断增长，他开始对明帝国产生了敌意。到 1609 年，他就不再向明王朝进贡了。

1617 年 2 月 17 日，努尔哈赤自称为大汗，年号为"天命"，国号为"金"，或称"后金"，其意义是说它是十二世纪金朝的延续。20 年后它改国名为"清"。

1618 年，努尔哈赤率领一支军队入侵明朝。与此同时，他发布了被称为"七大恨"的声讨明帝国的檄文。当时在辽东的明军官员由于感受到努尔哈赤日益增长的力量带来的威胁，便给予另一个女真部落、也是爱新觉罗部落的敌人——叶赫部落以军事上的帮助。这大概是最让努尔哈赤憎恨明朝的原因之一，再加上他日益膨胀的野心，这一切促使他采取军事行动。努尔哈赤的军队横扫辽东，占领了几个城市，其中包括抚顺。

抚顺的陷落对万历皇帝是个警告。他任命杨镐为兵部侍郎，并派他赴辽东指挥抵抗努尔哈赤的战斗。没有比这个命令更糟的了，当初就是由于杨镐的犹豫不决和指挥不当，在 1598 年与日本人在朝

---

① 塔克世与任建州女真首领的他的父亲觉昌安，于 1574 年被明军误杀。——译者注

鲜的战斗中，明军受到了灾难性的打击。

1619年4月5日，杨镐派出四支军队攻打满族人的重镇赫图阿拉。他计划，四支部队从四个方向在4月15日包围合击赫图阿拉。然而第一支军队在4月14日提前到达，结果是全军覆没；第二支军队于4月15日在尚间崖也遭受到同样的厄运；第三支军队，在4月17日连同朝鲜方面协同作战的部队在阿布达里冈也被摧垮。只有第四支部队迅速撤退到沈阳才得以保全。四天的战斗，明朝的损失是巨大的。徐光启对朝廷的无能感到愤怒。

1619年8月7日，徐光启向皇上呈上奏折请求让他以特使的身份奔赴朝鲜，劝说朝鲜当局与满族人抗争。他之所以这样做，不单单是渴望为中国组织一只援助的力量，也是希望借此机会将天主教介绍到朝鲜。为了这个目的，他打算带着毕方济一同去。毕方济这时正住在徐光启北京的家里。他的奏疏虽然得到了兵部的批准，但是被皇上驳回。朝鲜没去成，徐光启被派到北京东边的通州负责新兵训练营的工作。这项工作使徐光启再次受挫：从朝廷那里那不到军队所需的资金，他不得不向李之藻和杨廷筠求助，请他们捐献。

1620年8月18日，以他的年号"万历"为人所知的神宗皇帝，在生病两个月之后去世。万历皇帝几乎长达48年的统治给中国带来的是灾难。皇位由他的儿子朱常洛继承，年号泰昌。

[154]

朱常洛生于1582年，其母是贵妃。尽管皇太后承认他为皇位继承人，但是他的父亲想把皇位传给一个年龄比他要小的儿子——朱常洵。朱常洵的母亲姓郑，是皇上最宠爱的妃子。1601年，在经历了15年不断的争斗之后，皇上终于屈服于内阁诸大臣的压力，宣布朱常洛为皇位继承人，然而暗中的争斗并没有停止。东林党的崛起就主要源于这场争斗。虽说当时的中心议题是皇位继承一事，而问题的实质则是东林党一方想要用一个运作良好的行政机构来打破宦官、妃子及其朋党对政权的控制。

1615年，一个无名刺客，携带一支棍棒，潜入朱常洛居住的慈庆宫，企图将这位皇位继承人打死。后来有人对这个刺客进行了审判，宣布他是疯癫之人。尽管政治上的争斗成功地掩盖了事件的真相，但人们普遍认为，要谋害皇位继承人性命的阴谋，是由郑妃支持下的太监们干的①。

1619年，皇后去世，郑妃更加受宠于皇上。来年，皇上病危，他留下旨意：将郑妃升为皇后。朱常洛在他父亲病危之际被郑妃阻拦，不许他看望。一伙内阁大臣害怕朱常洵的母亲郑妃发动宫廷政变，在果敢的杨涟的带领下，强烈要求皇上兑现立朱常洛为继承人的承诺，并且得到了皇上亲口肯定。同样是这些人，在皇上死后，成功地阻止了郑妃成为皇太后。如果她当上皇太后，就有了对新皇上指手画脚的权力。

1620年8月28日，朱常洛继承了皇位。耶稣会士对他的继位寄予厚望。他们认为朱常洛是一个有能力、有德之人，可以将国家从腐败的朝政中解救出来。耶稣会士这种判断是建立在可靠的依据之上的：在激烈的皇位争夺战中，正直的官吏都力争保他为继承人；他刚一即位就着手整顿朝政的事实，也是佐证。没人知道在他指挥下改革的运动能走多远，因为改革的过程受到了阻碍。就在他登基9天之后，他突然病了。几天之后，皇上吃了郑妃身边的一名太监送来的药后病情加重。当皇上服用了一个大夫开的据说有奇效的"红丸"药之后，病情进一步恶化②。杨涟连续呈上奏疏数次，强烈反对庸医给皇上治病。

这期间，皇上的一名选侍李氏住在皇上的乾清宫。这一现象加剧了杨涟一干人的恐惧，他们害怕皇宫里的人结成朋党，万一皇上死了，这些人会建立郑、李妃子的联合摄政。

9月26日，皇上去世。在北京的耶稣会士同意人们的普遍看

---

① 这就是被称为明末宫廷著名的"三案"之一的"梃击案"。——译者注
② 这就是被称为明末宫廷著名的"三案"之二的"红丸案"。——译者注

法：皇帝是被毒死的。杨涟在接到死讯后立刻率领内阁大臣来到皇宫。太监们企图阻止他们进入，但是杨涟的威严使他们让步。杨涟和他的同事们将已故皇上的长子朱由校掌握在手中，带着他上了金銮殿，宣布他的登基。在李选侍搬出乾清宫之前，杨涟等人不让朱由校住进乾清宫。以杨涟和他的支持者为一方、太监及他们的死党为另一方，双方的争斗异常激烈。宦官们希望保持住他们的政权，通过妃子控制皇上，从而左右小皇上的施政。第五天时，僵局打破，李选侍从乾清宫搬了出来①。

对东林党人来说，这个胜利其实是徒有虚名的，尽管人们还是很欣赏杨涟的勇气。朱由校做了皇帝，年号天启。他对朝政的改革没有任何作为，凡事他都做不了主。朱由校是皇位的合法继承人，但是占支配地位的阉党支持朱常洵，皇帝被甩在一边，宦官们通过郑贵妃、李选侍来操纵朝政，大局已定②。宦官们的胜利，给天启年间（公元1620～1627）的中国带来的是一场灾难。在这7年中，中国的实际统治者是声名狼藉的魏忠贤。他在中国历史上是最有权势的太监之一。

[156]

魏忠贤，年轻时自行阉割入了宫，为的是从所欠的一身赌债中脱身。他靠着野心、不择手段和狡猾的手腕侍奉上了朱常洛的妃子。与魏忠贤串通一气的是朱常洛的乳母客氏③。

新皇上颁布的第一道圣旨就是给魏忠贤和客氏加封。年轻的皇上放弃了手中的权力，将它完全交给魏忠贤，自己则退到他的木工作坊里，将他大部分时间用来做木工活。他的嗜好、无节制的声色

---

① 这就是被称为明末宫廷著名的"三案"之三的"移宫案"。——译者注
② 作者上述对天启初年的朝政的分析是不准确的。实际上，当时朱常洵、郑贵妃和李选侍已经无力操纵朝政了。魏忠贤的兴起，在天启四年，且与她们无关。——译者注
③ *Eminent Chinese*，Ⅱ，第847页；这里作者也有误，客氏是朱常洛儿子朱由校的乳母。——译者注

似乎就是他的一切。有关宫里的谣传说,皇上称魏忠贤为"父亲"。
"这是一种畸形的情感",巴笃利讥讽地评论道,"从礼仪的观点来看是不适宜的,同样,从自然的角度来看也是不可能的"①。

魏忠贤将大多数正直、能干的官吏赶出朝廷。许多人对魏忠贤的暴政难以容忍,徐光启便是其中之一。当宦官们还没有完全控制朝政时,徐光启得到要他将在通州训练士兵的人数减至4600人的命令。当徐光启再三呼吁朝廷必须组织起有效的军队,派有能力的人来指挥以抵御满人而无人理睬时,徐光启便辞官不做,退隐到天津去务农了。

1621年,中国清楚地显示出正在走向灾难。也就是在这一年,终于征服了叶赫部落的努尔哈赤将他的注意力再次转向明朝,他的部队席卷辽东,占领了两个最重要的城市——沈阳和辽阳。努尔哈赤在辽阳建立了他的新都,并使辽东成为他经营的主要基地。

在发生了这些灾难之后,徐光启又被召回北京。他再次上疏请求出使朝鲜。毫无疑问,在朝鲜组织对满族人的抵抗要比在北京更有效。在北京,一切对局势有利的努力,都因魏忠贤一伙人的干预而毫无结果。兵部尚书崔景荣强烈地反对徐光启的这项主张。

就在徐光启上疏后不久,沈㴶到北京做了高官。徐光启再次引退,回到上海的家中。也许象征着对世俗世界幻想的破灭,他根据毕方济的口述,笔录了两卷关于灵魂的论文,于1624年发表,名为《灵言蠡勺》。

有人早就劝说徐光启,只有发展一种新的防御武器才能阻止满人的进攻。徐光启看上了满人、汉人都不熟悉的,被称为"红夷大炮"②的加农炮。红夷大炮将能完全击败努尔哈赤的任何新战术。因此,徐光启曾力图反复说服当权者们向澳门的葡萄牙人寻求帮助。

---

① *Del' istoria della Compagnia di Gesù, LaCina. Terza parte dell' Asia*,安卡拉,1841,Ⅳ,第69页。
② 红夷大炮,当时中国人视葡萄牙人为红头发的夷人,因此称他们制造的大炮为"红夷大炮",又称"红衣大炮"。——译者注

还是在通州训练士兵的时候，他就向澳门派去他的使者——张弥额尔（Michael Chang）和宋保禄（Paul Sung），这两名人都是天主教徒。他们受到了在澳门的葡萄牙有关当局的友好接待。尽管不太情愿失去大炮和士兵，因为荷兰人正在威胁要进攻澳门，但葡萄牙人还是送给他们四门大炮和一小队炮手。江西省的地方官将红夷大炮收下，而让炮手返回了澳门。

就在徐光启1621年回到上海前不久，自1616年一直赋闲住在杭州的李之藻被召回北京担任监督军需的光禄寺少卿兼工部都水清吏司事。他上任后，在1621年阴历五月呈上一道奏疏。他在奏疏中建议，将徐光启最初的提议进一步实施起来，派官方使团赴澳门寻求帮助。奏疏得到了兵部的赞同。江西的官员们接到将四门红夷大炮运到北京的命令。张弥额尔和宋保禄被封官职后，受命再次赴澳门。在澳门他们受到了隆重的欢迎。因为葡萄牙人注意到，张、宋二人的使命第一次得到北京朝廷的认可；另外，作为外交使节的中国人都是天主教徒。在澳门停留期间，张、宋二人在一次庄严的主教弥撒中表现得非常崇敬、虔诚和投入，这也使他们的这一次出使显得更受瞩目。

[158]

在这期间，洛佩·萨尔门托（Lopo Sarmento）船长从航行到日本的旅程中返回了澳门，他报告说，此时在中国海的荷兰人不具备足够的力量攻打澳门。澳门当局极想满足中国人的要求，于是就同意派炮手去操作中国人在岸边失事的一艘英国船上找到的30门红夷大炮。澳门当局还派出了以司令官罗伦佐·李斯·韦利奥（Lorenzo de Lis Veglio）为首的一支由100名滑膛枪手组成的军队。

张、宋二人的使命似乎完成得很成功。耶稣会士和他们的天主教朋友们特别有理由为此感到高兴，因为他们在与澳门当局的谈判中，用上了他们天主教徒的有利身份。谈判的成功或许能够使逐教令得以解除。就在有了转机的时候，沈㴲重又出现，继续实施他的整个阴谋。

随着魏忠贤的掌权，自 1620 年被免职回家的沈㴶发现，他在官场里出人头地的机会又来了。张、宋二位使节刚刚完成澳门谈判之时，也正是沈㴶被召回北京任大学士之际。他在离开杭州之前，做出怀有敌意的姿态，要求总督给他派 500 名侍卫护送，以防范天主教徒。总督拒绝了他的要求。到达北京后，沈㴶立即着手破坏张、宋二人的成果。他在官员中散布葡萄牙人要征服大明帝国的恐慌。这样一来，葡萄牙人提供军事人员协助的建议被拒绝了。

早在这之前，澳门提供的四门红夷大炮中的两门放在北京，由毫无经验的中国人担任炮手。他们在操作时发生了爆炸，死了几个中国人。这个事件导致李之藻被迫从军需监督部门辞职。他回到了杭州，隐居在家中，全心写作，帮助传教士做研究工作①。

沈㴶这时抓住了火炮伤人事件，以此为借口，为的是重新掀起对天主教徒的迫害。这时发生在山东的骚乱，将机会直接地递送到沈㴶的手里。常年的苛政、压迫、各级官员的普遍无能，这一切带来的后果是各省日益增长的不安定。再加上宦官们鱼肉百姓，人数众多的朝廷军队在与满人的战争中由于指挥的错误带来的溃败、军队的反戈，所有这些都引起了百姓不满。耶稣会士们在这几年间写回的年信中，持续地报道了不断增长的不安和骚动的情况。

处于民间不安分子中的秘密结社，从未在中国占据过长时间的主导地位，而此时活动却加剧了。1622 年，声名狼藉的白莲教的一个分支领导了一次农民暴动。他们打劫了一只往京城运送全年稻米税的船队。抢劫的成功使他们的胆子更大，他们又袭击了几处设防严密的军事驻地，并且占领了一个城市。叛乱最终还是被消灭了，但其影响波及邻近省份。

---

① *Eminent Chinese*, Ⅰ, 第 453 页; 曾德昭做了有些不同的讲述。据他讲, 红夷大炮爆炸事件是发生在山海关。但在北京有一火药库, 由于不慎也发生爆炸, 炸死 21 人; *Histoire univerrselle de la China trad. nouvellement en francais*, 里昂, 1667, 第 153 页。

北京向各省发出命令，要求追捕白莲教的每个成员。在南京，一位天主教徒因为自己的一个邻居受到官府衙役的粗暴对待，站出来为他说话。结果这名天主教徒遭到逮捕，他的家也被搜查。一幅救世主的画像证明他是一名天主教徒。而南京的某些官员们竟然断言天主教就是白莲教的另一个名字。

绘制这幅救世主画像的艺术家也是一名天主教徒，他也遭到逮捕。拷打之下，他说出了40名南京天主教徒的姓名。随后，其中的34人被捕，他们坦率地承认自己是天主教徒。尽管受了严刑拷打，但他们还是坚决否认与白莲教有任何关系。结果，除了8个人之外，其他人都释放了。这8个人的家是天主教徒经常集体做祈祷的地方。在整个过堂的过程中，这8名天主教徒受到了严厉的对待，并且受了好几次杖刑。其中的一位被活活拷打致死，他是一位木匠。史惟贞秘密访问南京时，就是在他的家中主持各种圣事的。姚若望，那位在6年前的南京教案中因果敢而使官吏们感到困惑的天主教徒，如今仍是热情高涨。他对他不在34名被捕的人之中深感失望，主动来到衙门，称他自己也是天主教徒，并且要求将他与他的同伴关在一起。显然，官吏们仍然判定他是失去了理智，并不知道他真是在是渴望蒙难，所以拒绝逮捕他。

在应天府衙中主持这件案子的官吏，做出信仰天主教有罪的判决。他在重申了沈㴶的奏疏和逐教令之后，宣判8名天主教徒坐牢一个月，并没收他们的书籍、宗教画像及其他与天主教相关的物品。

［160］

在此期间，南京的天主教徒们将事态的发展，告诉了在杭州的耶稣会士。杨廷筠立即给南京的官吏写信，为天主教徒们辩护。徐光启又写了一篇为天主教辩护的文章。文章从14个方面清晰地对天主教与白莲教的根本不同做了说明，并将文章分送给南京的主要官员。徐光启的介入并没有产生什么作用，因为此时南京的官吏大多是阉党的人。这些人正想方设法取悦沈㴶，因为他是大学士，是朝廷里最有权势的官员之一。给8位天主教徒结案的官吏给徐光启回了一封信。信中不敬的口气，在写给像徐光启这一身份的人之中，是十分少见的。在中国文人之间，即使彼此敌意很深，也要假装得温文尔雅。这名官吏在信中断言，天主教就是白莲教的一部分。他还指责杨廷筠和徐光启敢于公然表示不忠于皇上、不忠于皇上的律法，不忠于皇上的内阁。

1622年9月15日，突然有消息传到杭州：沈㴶被罢了官。早在沈㴶赴京任大学士之前，他已经树敌颇多。他的兄弟也是对他提出控告的许多人中的一个。在沈㴶到北京之后不太长的时间里，由于他热衷于搞阴谋，专横不公，招致反对他的人与日俱增，即使阉党中有权势的同伙也无法救他了。

频繁的迫害终于结束了。尽管在这片土地上，传教士们仍旧没有自己的住所、没有公共的教堂，但是他们又开始扩大他们的传教范围了。不过他们还是小心翼翼地，这里没有大街上的布道，也没有教会的游行。他们不想重走1611～1615年过分乐观的老路。

官方仍旧没有取消逐教令，传教士们在中国仍旧没有得到合法的地位。在逐教令颁布之前，他们曾经享受过这个权力，他们在北京的存在曾经得到了官方的承认。而现在，这种地位已经失去了。只要魏忠贤把持着权力，传教士们就处在非常危险的境地，就像一块阴影笼罩在他们的上方。但是沈㴶的失势对传教士们是不小的补偿。1624年4月19日，传教士们的宿敌沈㴶死于杭州的家中，或许耶稣会士们会为他的灵魂祈祷，但是他们也许会有某种满足感。耶稣会士们是不相信鬼魂的，沈㴶伤害他们传教事业的力量到此也就完结了。

# 第十章　是谁杀了知更鸟

当金尼阁于1621年再一次进入中国时,他已经在欧洲完成了一个非同寻常的使命,同时还留下了两个令后来的史学家们冥思苦想而不得其解的神秘话题。　[162]

1613年2月,龙华民决定,或许他没有权利做出这个决定,让金尼阁从澳门启程赴罗马,为诸多的问题寻求明确的答复,同时,要为在中国的传教团确立独立的地位,还要恳请人力和财力上的支持。金尼阁生于低地地区的杜埃①(Douai),仅有两年的传教经历,但是他有才能、精力旺盛,他口若悬河的游说能力,与他眉头一皱计上心来的随机应变能力一样的出色。这些可能就是龙华民派他去的原因。

金尼阁要寻求的答案,大多数属于行政管理性质。从他提出的50项要求中,就可以看得十分清楚,即他请求得到一些政策方面的指导。他将这些问题提交给在罗马的耶稣会总会长②。耶稣总会长姆提欧·维太利斯奇(Mutio Vitelleschi)便将这些问题的大部分转交给耶稣会传教团的巡察使去解决。不过金尼阁有两个要求因其性质重要,影响深远,只有教廷才能做出决定。第一个要求:在中国的神父在举行弥撒仪式时允许戴帽子;第二个要求:允许中国用中文举行礼拜仪式。

---

① 杜埃(Douai),在今法国北部,靠近比利时的城市。——译者注
② ARSI, Jap – Sin 100,第10~17r页。

[163] 在数年之前，范礼安就提出过这样的请求，但是耶稣会总会长给他的回答是：上述做法有违天主教教会法。只有教廷才可以做出决定。在中国，不戴帽被视为不敬。一位头上无帽的神父站在祭坛上，在中国人来看与他正在主持的威严仪式是不相称的。"欧洲人主义"者经常将目的与手段相混淆，对于"手段"赋予了本应该属于"目的"的绝对价值。他们坚持要遵守欧洲人的习俗。龙华民正像范礼安一样，明白要达到目的就要尊重一些特别的规则。一些社会的准则在欧洲得到尊重，但在中国就得不到尊重。遇到这种情况，就应该入乡随俗。在中国，这些准则就应该被抛弃。

当教宗读到金尼阁提出的关于"不脱帽子"的理由时，也许会使他发笑①。在中国，男人是要留发的，"与妇女一样"。只有佛教的僧人才剃光头。耶稣会士为了不被人当成佛教的僧人，也要遵守共同的习俗。"十分清楚"，金尼阁说，"正在走向祭坛的神父，有着妇女一般的头发，是多么的失礼，特别是在对不戴帽子的男人持反感态度的人的眼中。"

中文执行礼拜仪式的问题带来的是双重的谜团：这个想法的创始人是谁？又是谁使它没能执行？

在金尼阁从中国启程时，身上带着龙华民关于向罗马提出问题的指示性的文字。龙华民写给金尼阁的这些指示，现存在耶稣会在罗马的档案馆中，尽管指示中谈到了在行弥撒时的"戴帽"问题，关于用中文行礼拜仪式的事却没有提一句②。以此为根据，历史学家们得出结论：这个问题是金尼阁自己提出的③。也有人认为，在事先没有得到龙华民同意的情况下，金尼阁是不会提出如此重要的

---

① *ARSI*, Jap-Sin 150, 第 10r/v 页。
② *ARSI*, Jap-Sin 113, 第 265~281 页。
③ 德礼贤著 "Daniele Bartoli e Nicola Trigaut," *Revista storica italiana*, *XVI*, Jun 30, 1938, 第 77~92 页。

问题的①。依金尼阁的性格来看，它不一定不是金尼阁提出的。金尼阁是位极富想象力，会极力促成实现他的想法的人。另外，通过比较两份文件，说明几乎所有的金尼阁提交给耶稣会总会长的 50 个要求，其实质性的内容都是以龙华民的指示为依据写成的。似乎可以这样解释，龙华民与金尼阁在礼拜仪式的问题上是有共识的。似乎最有道理的解释方案是：龙华民一般不会将这个问题写成正式的陈情书，放在他写在给金尼阁的指示中，因为教会是根本禁止任命中国人为神父的。范礼安曾就任命中国籍神父的问题，请求总会长给予答复，但是由于受到远东、特别是在日本的诸多耶稣会士负面报告的影响，耶稣会总会长在 1606 年 12 月 12 日给他的答复是：不可以任命中国人为神职人员，因为在信仰方面，中国人还太年轻②。龙华民一直强烈地反对这个决定，争辩说：中国的修士们在任何一个方面都是完全满足要求的，一点儿也不比日本或是欧洲的神职人员逊色。

[164]

龙华民对不同意任命中国人为神职人员的反应强烈，他派金尼阁去欧洲，不可能不交代要求教会消除这项禁令。除了口授金尼阁一定要谈这个问题之外，龙华民可能还会告诉金尼阁，如果这个问题得以解决，再看有无可能允许不懂拉丁文的人成为神职人员的培养对象。金尼阁确实对不可以任命中国人为神职人员的禁令展开了抨击，并且获得了胜利。随着这项障碍的清除，他又提出了用中文行礼拜仪式的问题。

教廷对金尼阁所提的问题反应迅速，这也清楚地表明了教宗的态度倾向。金尼阁是在 1614 年 10 月到达罗马的，这正是教宗保禄五世（Paul V）任职期间，也正是耶稣会总会长阿桂委瓦任总会长

---

① 见圣母圣心会士 Joseph Jennes 博士著 *A propos de la liturgic chinoise*，*Neue Zeitschrift für Missionswissenschaft*，Ⅱ，1946，第 241~254 页。

② ARSI，Jap‑Sin 3，第 25r 页。

（公元1581～1615）的最后几个月。阿桂委瓦会长立即将金尼阁提出的要求交到罗马神学院的耶稣会神学家们的手中。1615年1月6日，神学家们对这些要求有了态度相当积极的回应。金尼阁又将报告呈送教宗保禄五世。教宗将这件事送交罗马圣职部处理。圣职部的一位有影响的成员、利玛窦在罗马念书时曾经听过他讲演的，红衣主教罗伯特·白拉明立即着手办理这件事。一向以反对仓促行事而闻名的圣职部，于1616年1月15日在意大利皇宫举行会议，教宗保禄五世出席。此次会议同意给予在中国的耶稣会请求下的特许权：允许神父们在行弥撒仪式时戴帽子；允许将圣经翻译成文言文中文；允许中国籍的神父主持弥撒，允许祈祷时用中文文言文背诵。

[165] 对于这些特许权的精确的措辞明显地尚有一些不确定的地方，因为同样的问题在圣职部3月26日召开的、有教宗参加的会上再次被提出。白拉明担任这次有6位红衣主教出席会议的主席。这次会上起草了新的文件，并且得到了通过。这份新文件与上次会议的决议在实质上没有什么不同，但是增加了某些重要的条件。它明确地写道，在中国的所有传教士都可以戴帽子；至于礼拜仪式，可以用中文，但是在中文仪式之后，还要行罗马的仪式；如果主教是在中国被委派的话，不得歧视主教裁判权。为了给予3月26日所通过的政令以可以达到的最高权力，教宗保禄五世在1615年6月27日的一期罗马教会最高会议简报（Brief Romanae Ecclesiae Antistes）中，颁布了这个政令。

允许神父们在行弥撒时戴帽子的决议实施以后，神父们在一些中国朋友的帮助下，为在中国的耶稣会士设计了一种特别的帽子。它是以古代的学者在行仪式的场合所戴的、被称之为"祭巾"帽子为原型的。在相当长的时间里，这种帽子是中国天主教在行弥撒时所特有的现象。现在这种做法已经见不到了。随着中国人在社会文化上态度的改变，戴帽子的形象已经不需要了。

至于用中文行礼拜仪式的特许则没有遵循实施，史学家们对其原因一直感到困惑与神秘。1683 年，红衣主教、前圣职部秘书长弗朗西斯卡斯·阿尔比特斯（Franciscus Albitius）声明说：在 1615 年 3 月发布的政令，还有教宗的简报，虽然起草了，但还是被撤回了，从未发给耶稣会。到了十八世纪，教宗本笃十四世（Benedict XIV）声明说，这个政令从未被送往中国①。

许多作者都接受这位红衣主教的说法。但是，这位红衣主教和教宗本笃十四世都说错了。带有圣职部印封的这一政令的原件，现存放在罗马耶稣会的档案馆中②，而其副本则由金尼阁立刻发往中国。金尼阁写于 1615 年 12 月 31 日的一封未经删改的信件，可以证实这一点③。金尼阁在这封写给他的中国同事的长信中，讲述了他在欧洲办事的情况，还告诉他们他已经得到了戴"祭巾"和在弥撒仪式中使用中文的许可。他已经将教宗政令的三本副本发往中国，等他返回中国时，还将随身携带两本以上的副本。

还有一些作者说过：保禄五世的继承人废除了这种特许权。这也是错误的。罗马教廷从未废除过这种特许。还有的人指责耶稣会

[166]

---

① 参考 A propos de la liturgic chinoise, Neue Zeitschrift für Missionswissenschaft, Ⅱ, 1946, 第 48、49 页。

② 日期是 1615 年 1 月 15 日，见 ARSI, Instit. 175, 第 7r 页；日期是 1615 年 3 月 26 日，见 ARSI, Instit. 175, 第 9r/v 页。所有的作者都接受政令只有一个，但是对日期感到困惑。耶稣会士 Francis A. Rouleau 最近在一篇文章中证实并发表说：这分别是两个政令，出自圣职部两次不同的会议。

③ 这封信现存在里斯本的档案馆中：Biblioteca de Ajuda（Lisboa）, Jesuitas na Asia 49-V-5，接下 160v-171v 页。在十八世纪四十年代 7 位中国籍的抄写员在修士谭若翰（João Alvarez）的指导下，抄写了所有澳门耶稣会档案馆中的文件，然后将它们送往里斯本。这就是在里斯本看到了金尼阁的信的原因。长期以来人们一直认定耶稣会在从葡萄牙人的占据下的澳门被 Marquis Pombal 赶走的时候，在澳门的原始档案也被毁了。最近，耶稣会士 Josef Franz Schütte 在马德里发现了这些原始档案的大部分。它们是经菲律宾到的这里的。参考耶稣会士 Josef Franz Schütte 著"Wiederentdeckung des Makao-Archivs,"Archivum Historicum Societatis Iesu, XXX, 1961, 第 92~124 页。

总会长阿桂委瓦的继任者——姆提欧·维太利斯奇（Mutio Vitelleschi）。他们的理由是，这位接任者与阿桂委瓦相比是个胆小的人，他会认为这些标新立异的做法过于大胆，因为这个政令并不是强制性的命令，而仅仅带有许可的性质，所以决定不予实施。这种说法同样也是不对的。

还有一种并不肯定的可能性，即：没能实施这项特许的真正的拦路虎，是在日本的耶稣会士与在中国的耶稣会士之间存在的意见冲突；以及这个计划没能实施，肯定是受到了巡察使弗朗西斯科·维尔热（Francisco Vieira）的否定。诚然，两国的耶稣会士有分歧是没有疑问的，但是另一点也是确定无疑的，即：假如维尔热被请求对这个问题做出决定的话，他也绝不会取消这一特许权。

在日本的耶稣会士对金尼阁赴欧洲的使命持强烈反对的态度。1614年10月，在日本的长崎召开第一届耶稣会日本省会议。在会上，关于适应政策的主张问题一直讨论了15天。最终得到的结论，在每一点上几乎都直接与龙华民派金尼阁去欧洲的目的相抵触。会议的一位代表——格布瑞尔·马特斯（Gabriel de Matos）被推举赴罗马。他携带着对适应政策主张的声明和陈述有关理由的概述。为确保这些文件一定能够到达罗马，会议还派了另一名耶稣会士帕迪欧·摩瑞金（Pedro Morejon）带上另一份内容相同的副本，路经墨西哥而到罗马。1617年5月，马特斯到达罗马，将长崎会议提出的一系列方针交给耶稣会总会长。这些方针政策揭示出在中、日两地的耶稣会士非常不相同的，乃至针锋相对的观点①。

在日本的耶稣会士不同意任命本地人为神父。他们劝说不要任

---

① 这些关键的文件，Acta Primae Congregationis Provinciae Japoniae 1614 Nangasqui, in oppido et portu Japoniae 和 responsa of Vitelleschi to De Matos' postulata；见 ARSI, Congr. 55, 1612～1626, 第 270～286v、288r～295v 页。

命日本人为神职人员，或者也不同意日本人担当耶稣会的辅理修士。5 位在日本的耶稣会士签署了一份补充性的备忘录，在其中写道：日本人令人难以捉摸，缺乏对完美的追求，不够热诚，对宗教的全身心的投入也不是毫无杂念的。对日本人来说，这样的判断是残酷无情的。在过了 20 年之后，许多日本的天主教徒经受了殉教的磨难，其中一些人为天主教的信仰献出了生命。

对于一些当地人来说，天主教的信仰无疑是一种新的事物，这是事实。因为时间与传统的关系，他们还没有得到对严格的神职生活以深刻理解的机会，本地神父实际遇到的困难问题要比人们想象到的更多。就在长崎会议召开后没几年，印度支那首席宗座代牧们满怀着对事业的热诚，任命了本地人为传道师之后，体验到了这一点。因为这些被任命的人完全不能适应对神职人员所要求的遵守纪律和独身生活。不加区分地播种，其结果是收获的杂草要比麦子多。

[167]

如果有人问，为什么在这些传教的土地上遇到的问题要比几百年前天主教在欧洲刚刚开始传播时遇到的多？回答是显然的，这就是独身生活。这一点是重要的障碍。正如圣·托马斯·阿奎那指出的：独身是一种非自然的生活。与人性的自然需求抗争，需要有坚强的自制力，还要接受训练；过非常严格的超自然的生活，还要具备强烈的动机。这些条件，在神职人员的独身生活的理想还没有时间扎深根基的地方，似乎不太容易具备。在几百年前的欧洲天主教刚开始传播的时候，这个问题并不存在，因为当时对神职人员并不要求独身。

在日本，在吸收一些日本人加入神职人员的行列时出现一些令人遗憾的事情，这是不足为怪的。从这些事情中，不能得出如同长崎会议做出的那样的结论，即日本人不能过宗教或是僧侣生活。正像 1618 年 10 月 11 日，在日本为数不多、持不同意见的耶稣会士在信中写的那样：仅凭几个失败的例子，就得出日本人不适合僧侣生活的结论是没有道理的①。之所以存在一些问题，除了信仰天主教的时间比较短之外，在审查和训练上也有问题。在处于新生的和快速成长的兴奋时期，传教团和教会组织在遭受迫害的情况下不能提供适当的训练和测试。当地的神职人员的失败并不令人吃惊，令人吃惊的倒是在当地人中竟然也有殉道者和圣徒。

其实这是"欧洲人主义"的思想在作祟。"欧洲人主义"认为，非欧洲人天生就不适合过有很高要求的神职人员的生活。要消除这种种族和民族的骄傲十分不容易。就在迈入二十世纪的时候，当教宗庇护十一世（Pius XI）任命一名中国籍神父为主教时，仍然可以发现带有偏见的眼光。

就当时和后来有关日本神父和信教人士的一些纪录来看，有大量的证据表明：长崎会议所做的评判是何等的错误。耶稣会总会长姆提欧·维太利斯奇（Mutio Vitelleschi）反对这种评判，这给他带来莫大的荣誉。鉴于传教团在财政上的来源问题，维太利斯奇同意对加入耶稣会的人数加以严格的限制，同时也表示，他希望耶稣会的大门对日本人永远不会关上。日本人，他明确地提醒神父们，已经通过了殉道的终极考验，证实了他们优秀的品质。

长崎会议上带有偏见的看法，也落在了中国人的头上。在中国的第一批耶稣会修士中，有许多奉献、热诚、直至英雄主义的事迹记载。这些人的大多都有很高的才能。在长琦会议召开的8年之前，就有一位中国的修士为天主教的信仰而牺牲，在会议之后还有一位中国神父为信仰而舍命。所有这一切，都是对长崎会议上论点的否定。

因为长崎会议上的耶稣会士反对任命本地的神职人员，会议发言人马特斯（de Matos）由此推论，他们也将不同意在礼拜仪式中使用当地的语言。他们这样做的全部目的，是为了任命神职人员时

---

① *ARSI*, Jap‑Sin 17, 第99页。

的便利。所以，当马特斯发现金尼阁在罗马的所作所为的时候，就提出了他的异议。他声言："这种特许权似乎是没必要的。"因为这种特许已经获得了教廷的批准，他就促请耶稣会总会总会长将是否执行这些政令留给各地的巡察使来决定。耶稣会总会长维太利斯奇同意了马特斯的意见。从他简洁的回复中，就能知道他对这些政令的没能执行不负有责任。他写道："将这些政令拿到中国去处理。这是一个事关重要的问题，让那里的巡察使作决定。"①

从合理的行政管理角度来看，维太利斯奇的决定无疑是正确的。他远离中国，要处理的又是一件基础性的重要事情，对这些事的看法又有很大的分歧，他就将执行这个政令的权力交给了当地的负责人。耶稣会总会长维太利斯奇没有扼杀这些特许。那么，难道是耶稣会的巡察使从中作梗么？

正在印度省工作的巡察使弗朗西斯科·维尔热，在1615年时被任命为日本省的巡察使，在1616年7月到达澳门。维尔热是同意长崎会议上耶稣会士关于礼拜仪式的观点的。另外，他对这两件事情发了牢骚也是他容易被摆放在做出不利于中国的传教团决定的位置上的原因。

维尔热是有着强烈的民族忠诚感的葡萄牙人。他认为金尼阁罗马之行的目的之一，就是说服耶稣会总会长，使在中国的传教团成为一个独立的团体。这样做，是龙华民为了建立他们意大利人的势力范围，与传统上属于葡萄牙人的领域对抗。维尔热不好向是意大利人的耶稣会总会长维太利斯奇说什么，但是在写给耶稣会总会长的助理——葡萄牙人纽诺·玛斯卡热赫斯（Nuno Mascarenhas）的信中，却毫无掩饰地道出了这种想法②。作为维太利斯奇的继任人之一的赛热斯·冈萨雷斯（Thyrsus Gonzales），在十七世纪的后期愤

[169]

---

① *ARSI*, Jap‑Sin, Congr. 55, 第295v页。
② *ARSI*, Jap‑Sin 17, 第63~64页。

怒地将这种想法称为是"应该遭到谴责的民族主义精神",它对天主教在远东的事业起了不良的作用。

龙华民派金尼阁去欧洲有违行政管理准则的事实加剧了维尔热的怨言。龙华民的上级是日本省的瓦伦廷·卡瓦略(Valentim Cavalho)。龙华民抓住了巡察使巴范济去世后职位空缺的时机,不征求卡瓦略的意见,自作主张地派金尼阁去罗马。龙华民一定认为,通过正规的渠道从罗马得到他所期望的关于中国的政策,是根本走不通的。维尔热和卡瓦略都反对这种违背程序的做法①。金尼阁在罗马说,巴范济在去世之前批准了他的罗马之行。这种说法值得怀疑,因为龙华民在 1613 年 2 月 2 日的信中向阿桂委瓦讲述,他是如何在从北京前往澳门的途中在南雄停留,将巡视中的巴范济带回澳门的。龙华民是知道巴范济去世的,在巴范济去世后很短的时间里,他就派金尼阁去了罗马②。不管怎么说,善于说服人的金尼阁有凭有据地让阿桂委瓦相信龙华民的处境,为龙华民的唐突做法开脱。

有理由根据这些事实,做出这样的结论:巡察使神父维尔热会对罗马的政令做出否定的决定。同时,维太利斯奇还让维尔热来决定,中国是否从日本省区独立出去。结果维尔热的决定又是否定的。这就使上述猜测更加可信。

在中国的耶稣会士们对于与日本联系在一起的管辖关系一直感到烦恼。当时澳门是天主教日本省区的行政中心。许多在澳门的耶稣会士不配合的态度,一定让在中华帝国的为数不多的耶稣会士感到他们的传教工作就像一个不受欢迎的、后娘养的孩子。事情也正是如此。日本省的耶稣会士抱怨说,从日本调走的人力和钱财,用在了中国。从马特斯的陈述中自始至终都可以看到这

---

① 参考 Vieira 的信,见 *ARSI*, Jap – Sin 17, 第 41~42、63~64、84~86 页。关于 Carvalho 的温和的抱怨见 *ARSI*, Jap – Sin 17, 第 67~68 页。
② *ARSI*, Jap – Sin 113, 第 215~264 页。

种态度。

在龙华民的指示下，金尼阁打算在欧洲吸收 50 名耶稣会士到中国传教。马特斯表示了他强烈的反对态度。因为金尼阁要吸收的耶稣会传教士不是葡萄牙人，而主要是德国人和比利时人。这就会冒犯里斯本的当权者。他们非常妒忌德国籍和比利时籍的神父。再说，中国的传教团在住地和资金方面都没有条件更多地吸收耶稣会传教士了。马特斯在写给耶稣会总会长的报告中说，长崎会议的一些与会者甚至强烈地表示，就连金尼阁本人也不允许再回到中国去！针对金尼阁的建议，马特斯提出让耶稣会总会长派 30 名耶稣会士，由巡察使来安排，根据日本与中国的需要来决定他们的去向。不用说，如果这样的话，在中国是不会见到几名新成员的。

在指责在日本的传教士们的自私之前，一定要考虑当时的时代背景，再对他们做出评断。从中国澳门或者日本的立场对中国的传教工作做出要求，是极为不合理的。因为当中国的大门依旧紧闭，而依靠着利玛窦的辛勤劳作，天主教在中国仅仅得到了一小块立足之地的时候，在日本的传教已是兴旺发达，发展速度非同一般的了。在当时，使整个日本民族皈依天主教的希望，已经不是痴人说梦了。要说出当时日本天主教徒的准确数量虽然不太可能，但天主教徒和殉道者的数量剧增却是事实。当时日本的天主教徒、殉道者的数字被大大地夸大了。在某些作家的笔下，这个时期日本的天主教的人数有上百万、殉道者有十几万[1]。这些数字与实际相差很远。有文字记载的殉道者的数量为 4000～5000 人。最保守的估计，可能也是最贴近的数据是：在 1614 年的日本，天主教徒的总数大约是 30 万；在 1582 年，也就是利玛窦进入中国的那年，日

---

[1] 参考 Yoshi S. Kuno 著 *Japanese Expansion on the Asiatic Continen*，伯克利加州大学出版社，1937，II，第 79 页。

本的天主教徒的数量是 15 万①。

在日本，由于对教堂数量的需求增长迅速，天主教日本省的财政开支达到了最高点，通过这一努力也确实见到了实实在在的成果。比较之下，在中国的成果就有些微不足道。当在日本获得丰收的时候，日本一些投身于天主教事业的人，对将人力投入到没有得到应有回报的、还仅仅是做清理地基工作的中国产生抱怨，也就不足为奇了。对那些反对继续对中国传教事业进行投入的人的最适当的评价是：他们没有范礼安的远见，是些节俭、吝啬的人。

[171]

从最早到中国内地传教的罗明坚开始，在中国的传教士就有一种受歧视、被干扰的感觉。他们认为，唯一的解决办法就是让中国的传教团从日本省区独立出来，成为一个完全自治、自我供给的省区。龙华民听从了这一劝告。金尼阁此次赴罗马的主要目的，就是要获得这样的合法独立形式，筹措资金，并为新的传教省吸收成员。

金尼阁与耶稣会总会长阿桂委瓦谈得很成功。但是阿桂委瓦在还没来得及做出成立新的中国传教省区的决定之前，便在 1615 年 1 月 21 日去世了。由于来自日本方面的强烈地反对，新任耶稣会总会长维太利斯奇觉得此事还是小心谨慎为好。他决定暂时给予在中国的传教团以独立的身份，它的领导将具有省区一级的权力，但是是否给予副省区的地位，则让巡察使来决定。巡察使维尔热通知耶稣会总会长的葡萄牙籍助手说：在中国的传教士要求过高，他决定不给予他们这样的地位②。

当后来在日本的传教士们知道了，傲慢的金尼阁凭着中国现有的几千名天主教徒、少数的几名神父、有数的几所会院，请求成立独立的省区，甚至还满不在乎地建议将澳门，这一葡萄牙耶

---

① 耶稣会士 Johannes Laures 著 *The Catholic Church in Japan*，东京，1954，第 173、174、179 页。对于天主教徒的数量参考 177 页。

② *ARSI*，Jap – Sin 17，第 63～64 页。

稣会士的骄傲、远东天主教的中心，连同它的神学院和它的教堂一并归属在新的中国省区时，可以容易地想象出，他们的愤怒一定像硫磺岛的那颗小型原子弹一样爆炸了。金尼阁还不动声色地加上了"慷慨"的附带条款，说：为了顾及传教事业的效果，中国省区将允许其他兄弟省区的成员继续住在澳门，尽管他们在那里没有任何管辖权。在日本的传教士们听了这些话，一定会更加愤怒。

1619 年 12 月，在巡察使维尔热（Vieira）神父生命的最后几周，不轻易服输的金尼阁，终于使病中的维尔热转变了他原先反对给予中国以独立省区地位的态度。这时的金尼阁刚从欧洲回到澳门没有几个月。1621 年，耶稣会总会长发出通知，任命已经接任龙华民任传教团负责人的罗如望（João da Rocha）神父为第一位中国副省区的负责人。但是罗如望 1623 年 3 月 23 日在杭州去世，这时任命书还没有到杭州。阳玛诺（Manoei Dias, Junior）是这个职位的第二位人选，他最终成为任命生效后的第一位中国副省区的负责人。

[172]

对于巡察使维尔热神父来说，有关金尼阁的这趟欧洲之行的使命他都不赞同。在比利时人金尼阁返回澳门之前三年的时候，维尔热认为用中文行礼拜仪式的看法"太新奇，不要说实施，甚至连讨论这个问题，也要再等好多年之后"。至于金尼阁请求为中国传教团派一名主教的事，他夸张地讥讽说，"为四名中国天主教徒派一名主教，这太可笑了"①。

上述这些似乎可以清楚地说明，维尔热对送给他的有关用中文行礼拜仪式的问题，肯定是会投否定票的。但是在档案中，没有找到他这样做的直接证据。当时的其他一些因素，也使在中国的传教士们不可能必须让维尔热一定给出答复。因为中国的传教

---

① *ARSI*, Jap-Sin 17, 第 42~43、84v 页。

士们即使拿到了这种特许权，当时的形势也不允许他们运用这个权力。

金尼阁从欧洲返回的时候，正值中国政府对天主教徒迫害的高潮时期。传教士们实际上是在从事地下活动。他们正在竭尽全力地使天主教传教事业不至于遭到毁灭，很难再顾及诸如以中文行宗教仪式或者训练神职人员的问题。中国籍的耶稣会士，他们当中的大多数在加入耶稣会时，存在着今后当神父还是仅仅做修士的问题，但在这时，都肯定地认定：他们的未来将仅仅是修士。

在将用中文行各种圣事的想法付诸实现之前，弥撒书、每日祈祷书和有关礼仪的书籍都必须被译成优雅的中文。这是一项大工程。这项翻译工作最终是由利类思①（Ludovico Buglio）——十七世纪耶稣会最优秀的汉学家，花了24年的时间（公元1654~1678）才完成的。利类思是在金尼阁返回中国20多年之后才来中国的。

在金尼阁返回中国之后的若干年，有大宗的信件来往于相隔遥远的中国与罗马，但是在档案中却找不到一句关于以中文行礼拜仪式的话，只有一处还是间接的。它是李玛诺（Manoel Dias Senior）在1637年写给耶稣会总会长的一封信，信中说可能在相当长的时间里，到十七世纪末，还不会任命一名中国籍的神父。

李玛诺对于局势的估计过于悲观了。首名被任命为神职人员

图4 利类思像

---

① 利类思（Ludovico Buglio，公元1606~1682），意大利籍耶稣会士，1637年来华。——译者注

的中国籍耶稣会士是郑惟信①。郑惟信到了罗马后，在 1651 年加入耶稣会，在耶稣会的神学院经过完整的培训之后，于 1664 年得到任命。两年之后，他乘船回到中国，全心地投入到天主教的事业当中。到了 1673 年，他的早逝结束了他的奉献②。

1688 年，又有三名中国人被任命为神职人员，其中的一人叫吴历③。他是清代最伟大的艺术家和诗人之一④。吴历是在中年时皈依天主教的。1682 年，丧妻之后的吴历，在澳门加入了耶稣会。那年他正好 50 岁。对这位达到了成熟年龄的吴历，是考虑请求用中文行礼拜一事的。他在澳门学习拉丁文的 6 年中间，也就是在神学家们为他的任命做准备的期间，耶稣会士们迫切地请求恢复对这一问题的特许权，但是一切努力都归于无效。

真实的情况似乎是这样：当罗马方面同意了中国的耶稣会士的请求时，他们反而还没有做好使用这些特许权的准备。是在中国的传教士们自己将罗马的这个政令搁置起来，然后又将它忘记了。在这些年中，没有证据表明传教士们渴望发展本地人为神职人员。或许他们认为时机不合适，传教团的资历太浅，或许是由于"欧洲人主义"的余毒在作怪，而使他们低估了这项工作的重要性。1644 年，杨光先⑤发动仇教运动，使耶稣会士们被关押到广州。这才使他们从自我满足中醒来。从那以后，他们才再一次开始对待用中文行礼拜仪式的问题。

---

① 郑惟信（公元 1633～1673），教名玛诺，澳门人，自幼赴罗马，1671 年回国，住在北京。——译者注
② 参考耶稣会士 Francis A. Roulcau 著 "The First Chinese Priest of the Society of Jesus," 见 *Archivum Historcum Societatis Iesu*, XXXIII, January–June, 1939, 第 3～50 页。
③ 吴历（公元 1632～1718），教名沙勿略，字渔山，常熟人，1682 年加入天主教会。——译者注
④ *Eminent Chinese*, II, 第 875 页。
⑤ 杨光先，字长公，歙县人，明时任千户，后降清。——译者注

耶稣会士们至少向教廷申请了5次，想要恢复那些特许权。从法律程序上讲，他们并没有必要提出重新申请，因为罗马关于特许权的政令从未撤销过。不过，由于他们在当时没有使用这种特许权，还有可能是因为总有一些人反对他们行使这些特许权，所以在重新判定这项特许权时就更为慎重。1671年，殷铎泽①（Prosper Intorcetto）抵达罗马，随身带着比利时籍耶稣会士鲁日满②（Frans de Rougement）写的陈情书。这份得到耶稣会总会长认可的陈情书，被交给了教宗克莱蒙十世（Clement X）。不幸的是，1622年教廷创立了传信部，一切对外传教事务管辖权全部交给传信部审理。教宗克莱蒙十世便将关于用中文行礼拜仪式这件事务交给传信部，结果被传信部搁置起来。

用中文行礼拜仪式的问题再次搁浅。当时即使是有了教宗的支持，也无济于事。亚历山大七世（Alexander Ⅶ）和英诺森十一世（Innocent Ⅺ）两位教宗都曾经同意用中文行礼拜仪式，并且都曾交付传信部办理，但是二人都准备不考虑传信部的决定。1678年，作为最伟大的耶稣会传教士之一的南怀仁（Ferdiand Verbiest）③，对这个问题写了一篇给人留下深刻印象的、富有哲理的文章；1686年，柏应理④（Philip Couplet）以传教团代理人的身份来到罗马，呈上有关这个问题的陈情书；1698年，另一位在北京的杰出的耶稣会士安多⑤（Anthony Thomas），也写了一份陈情书。但是他们遭遇到的命

---

① 殷铎泽（Prosper Intorcetto，公元1625～1696），意大利籍耶稣会士，1659年来华。——译者注
② 鲁日满（Frans de Rougement，公元1624～1676），比利时籍耶稣会士，1659年来华。——译者注
③ 南怀仁（Ferdiand Verbiest，公元1623～1688），比利时籍耶稣会士，1659年来华。——译者注
④ 柏应理（Philip Couplet，公元1624～1692），比利时籍耶稣会士，1659年来华。——译者注
⑤ 安多（Anthony Thomas，公元1644～1709），比利时籍耶稣会士，1685年来华。——译者注

运是相同的。安多的陈情书是在耶稣会总会长冈萨雷斯（Gonzales）的敦促之下撰写的。冈萨雷斯在柏应理的努力失败之后，用他的魄力及乐观的态度，敦促在中国的耶稣会士再次提出这个问题，同时他还指出，在陈情书中，对主要的反对意见要在事先解决好①。最后的一次申请好像是在 1726 年，是由耶稣会总会长泰姆伯瑞尼（Tamburini）下令提出的，结果又被传信部否决。

这件事始终没有进展。用中文行礼拜仪式的数次请求，包括首位由传信部于 1673 年任命的宗座代牧所提出的请求，无一例外地被宣布无效。当然，要使对这项请求做出否决的裁判所做的裁决无效，只有在获得同一裁判所对这项请求明确地表示同意之后才行。

金尼阁在这次从中国到罗马的漫长的航行中，将利玛窦的回忆录译成了拉丁文，1615 年首次在罗马出版，书名为《天主教远征中国史》(*De Christiana expeditione apud Sinas suscepta ab Societate Jesu, ex P. Matthaei Ricci ejusdem Societatis Commentariis*)。这是一部最具权威性的介绍中国的著作。书中讲到中国的人民、风俗、法律和政府。这部著作的出版引进了极大的反响。在欧洲，无处不在谈论这本书②。

耶稣会的史学家巴笃利（Bartoli）严厉地批评了金尼阁出书的事。巴笃利实际上是在指责金尼阁，用他人的工作为自己谋得荣誉，而有意将利玛窦放到次要位置。耶稣会的汉学家德礼贤（Pasquale D'Elia）对金尼阁出书这件事也持批评的态度③，虽然没有巴笃利那样的严厉。事实也是如此，根据书名会让人觉得这是金尼阁的著作，

---

① Gonzalez 的备忘录见 *ARSI*, Congr. 84，第 299~304r 页。这份备忘录很长，与耶稣会总部通常发出的简短的备忘录形成鲜明的对比，可见 Gonzalez 对这个问题的强烈兴趣。

② 金尼阁的拉丁文版本由耶稣会士 Louis J. Gallagher 译成了英文 *China in the 16th, the Journals of Matthew Ricci 1583-1610*, 1953。

③ 参考 *Civiltà Cttolica anno* 86，罗马，1935。

是金尼阁根据利玛窦留下的笔记写成的。他本该只是简单地将利玛窦的意大利文的回忆录全文翻译成拉丁文。金尼阁这样做的结果之一，是使利玛窦原始的手稿被放在耶稣会的档案馆中300年无人理睬。直到1911年，汾屠立（Tacchi Venturi）才将利玛窦的手稿展示在公众的面前。1942~1949年，这份宝贵的手稿，才被完全地收进德礼贤神父编辑的不朽的学术著作中。

为金尼阁辩护的一方肯定会说，金尼阁并没有否认利玛窦的著作权，他在书的引言中写了关于作者的问题（德礼贤指出，是写了，但是只是一带而过），明确地承认作者是利玛窦。辩护的一方还会说，金尼阁的译本，在文学语言上得到了当时所有欧洲人的认同，这才使利玛窦的成就在西方世界引起广泛的兴趣。

金尼阁完成了在罗马的任务之后，为了给中国传教团招募传教人员和筹措资金，又在欧洲周游了两年[①]。在法国，马里耶·梅迪奇（Marie de Medici）给金尼阁不少挂毯，作为送给皇上的礼物；在布鲁塞尔，西班牙的依莎贝尔（Isabel）送给他许多教堂用的装饰和很有价值的绘画；大主教特里夫斯（Trêves）给了金尼阁一个圣物箱；金尼阁还拜访了大主教在安特卫普的家族。在那里，金尼阁的兄弟艾利（Elie）、侄子米歇尔（Michel）和堂兄让·阿尔贝里克（Jean Alberic）三人获得与他一起到中国去的准许。金尼阁是一个说服力极强的人。

在慕尼黑，金尼阁见到了在修道院里过着隐居生活的威廉五世（William V），还见到了他的儿子——天主教联盟（the Catholic League）的重要人物马克西米连（Maximilian）。他们送给金尼阁一批带回中国的礼物，还承诺给在中国的传教团每年500弗罗休

---

① 对金尼阁在这两年里活动的权威性的研究，见耶稣会士 Edmond Lamalle 著 "La propagande du P. Nicholas Trigault en faveur des missions de Chine (1616)," *Archivum Historicum Societatis Jesu*, IX, 罗马, 1940, 第49~120页。

（florin）的金币。

1617年年底，金尼阁来到了西班牙的马德里。腓力三世①（Philip Ⅲ）答应给他足够的建立起15所会院的经费，再加上可供300名传教士的日常费用。在金尼阁的面前，展现出一幅传教事业的美好远景图。必须记住的是，当金尼阁离开中国的时候，正是龙华民乐观主义的高峰期。金尼阁对已经降落在传教团头上的灾难一无所知。直到1618年10月4日，他于返回中国的途中，在印度的果阿上岸时，才知道沈潅对天主教徒的迫害和逐教令的颁布。他的幻想还没有等他到达果阿就破灭了。就在他离开西班牙的马德里到达葡萄牙的里斯本时，发现腓力三世的承诺只不过是画了一张大饼。这时葡萄牙与西班牙是在一个皇冠之下的联合体，但是他们双方之间的妒忌反而变得更深了。西班牙的君王腓力三世，对金尼阁承诺时的宗教动机，不如渴望利用传教士将西班牙人的影响带到葡萄牙人在中国水域的贸易领地的动机强烈。至少，葡萄牙人是这样看待西班牙国王的。金尼阁一行要想从海上回到中国，必须"经过里斯本"，必须随船带上葡萄牙籍的神父们一起到中国去。要想从里斯本启程，金尼阁不得不放弃西班牙君王腓力三世对他的承诺！

[178]

耶稣会总会长维太利斯奇事先就得到了马特斯准确无误的警告。他说，葡萄牙当局对向传教地大量派遣非葡籍的神父持反对意见。因此耶稣会总会长积极地干涉金尼阁在这方面的工作，使他的热诚有所降温。金尼阁在游历北欧各国的时候，吸收了数量可观的年轻耶稣会士加入去中国传教的行列，而且还说服这些志愿者所属省区的负责人同意他们的行动。尽管有了耶稣会总会长维太利斯奇的干预，金尼阁在抵达里斯本时，随他一起来的非葡籍耶稣会士的人

---

① 腓力三世（Philip Ⅲ，公元1578~1621），西班牙国王，兼任葡萄牙国王。——译者注

数，还是超出了葡萄牙当局的意愿。所以，有不少人在最后没有走成。

就在航船起锚的前夕，因为害怕荷兰的海盗，金尼阁将带回中国收集的礼品搬出船舱。就在这期间，一艘装着上述法国的马里耶·梅迪奇给传教团救济物品的船，在特茹河（Tagus）河口被荷兰海盗抢劫了。1618年4月16日，由5艘航船组成的船队（"Nossa Senhora de Jesus"号）起锚向远东航行。与金尼阁同行的有22名耶稣会士，其中有10名葡萄牙人。这10名葡萄牙籍的耶稣会士曾经受到金尼阁的救助。这个船队共载635人。他们像"一群雪鱼一样散布在货物、行李与食物中间"①。在22名耶稣会士中，有杰出的人物邓玉函②（Johann Terrenz Schreck），当时人们都叫他名字的中间部分，即"Terrenz"，还有汤若望。著名的数学家邓玉函在中国的传教事业中正施展着他的才华的时候，死亡却结束了他的工作。是命运让汤若望接替了邓玉函的工作。后来，汤若望在朝廷里做了高官，成了清帝国第一位皇帝的密友和顾问。在船队的另一艘船上还有17名耶稣会士，他们的目的地是日本。马特斯，即长崎会议派往罗马的代表，也在这艘船上。他为了阻挠金尼阁的使命竭尽了全力。

在金尼阁为中国招募的22名耶稣会中，后来仅有8人在中国传教。其中的5人，包括金尼阁的堂兄阿尔贝里克，在当船行驶到西非海岸的时候，由于热带瘟疫席卷全船而亡。在船上没有医生的情况下，耶稣会士们在邓玉函的指导下做起医疗救护工作，千方百计地使死亡人数降到最低。最后仅有45人死亡。在这些耶稣会士中，有两人以上死在了果阿，其中一人是金尼阁的兄弟艾利（Elie）。他

---

① 耶稣会士 Alfons Väth 著 *Johann Adam Schall von Bell, S. J.*，科隆，1933，第40页。

② 邓玉函（Johann Terrenz Schreck，公元1576~1630），日耳曼人，出生地现属瑞士，1621年来华。——译者注

们是在 1618 年 10 月 4 日在果阿登陆的①。

在 1619 年 5 月 20 日，金尼阁从果阿前往澳门的时候，与他在欧洲一同上船的耶稣会士仅有四名与他一同前往，其他的或是因生病，或是为了要完成学业而留在了果阿。金尼阁和邓玉函于 7 月 22 日到达澳门。汤若望、祁维材和傅汎际②（François Furtado）在另一条船上，他们早金尼阁一个星期到了澳门。

在经历了风暴和海盗的劫难之中，金尼阁有一件宝贵东西没有丢失，即红衣主教白拉明写给中国天主教徒的一封信。信中表达了他本人、教宗保禄五世和罗马教廷对中国天主教事业所取得的进步而怀有的喜悦之情，同时还表达了他最良好的祝愿。这封信在中国的学者型天主教徒中产生了强烈反响。几乎所有的人都要写回信。当时的广州控制严密，向国外发送太多的信是危险的。万一信件落在那些好猜疑的官吏手中，可能会使他们歇斯底里的旧病复发，就像 1606 年因猜疑而导致的愤怒那样。最后，徐光启于 1621 年以中国教会的名义，在北京给这位红衣主教写了一封回信。在信中，徐光启感谢红衣主教的来信，讲述了这封信给中国的教会带来的喜悦；还提到了天主教在中国所受到的迫害。信中对未来充满希望，并且请求红衣主教为他们祈祷。在信的结尾，徐光启对白拉明主教表达了最美好的祝愿，祝他健康、幸福③。

这是两个伟大的天主教的人文主义者，在一个尚未接近的世界的一次真切、和谐的交往。他们二人都是杰出的学者，一位是值得信赖的中国朝廷的官吏，一位是罗马教廷的大员。他们的相像还有

---

① 金尼阁在写自果阿的一封信中讲述了这次损失惨重的航行，见 ARSI, Jap – Sin 121, 第 92~115 页。
② 傅汎际（François Furtado，公元 1587~1653），葡萄牙籍耶稣会士，1621 年来华。——译者注
③ 白拉明的拉丁文的信和翻译成葡萄牙文的徐光启回复的信，见傅汎济的从杭州来的年信中的 1621 年 8 月 24 日：ARSI, Jap – Sin 114, 第 234~261 页，原信在 243~245 页。

更深层的一面：徐光启崇高的精神境界与敏锐的洞察力，与白拉明如出一辙。

引人注目的金尼阁的欧洲之行，有令人夺目的成功之处和彻头彻尾的失败之举。它是一个奇特的混合体。大胆地说，金尼阁是一位才华横溢的、极富远见的人。他向教宗提出要建立传教活动的组织，这在当时是惊人的超前想法；他促请在东方建立由主教管辖的教阶组织；建议在欧洲的每一个城市成立一个中心组织，为传教团募集资金，如今这是教廷传信部所推行的项目之一；为在地图上用不同的色彩标出不同的传教地域做好准备，并提倡广泛地运用这一方法，如今这种做法已经是很平常的了。金尼阁还促请教宗建立罗马委员会来仲裁传教事务，6 年之后，专门负责这个事务的传信部成立了。

[180]

金尼阁从耶稣会总会长和罗马教廷那里实现了他请求的大部分事情。他的欧洲之旅在招募新人和筹集资金方面也是旗开得胜。但是有些人承诺的资金并没有兑现，由于船只的失事或是海盗的抢劫，他征集来的物品大多数也丢失了。极为特殊的关于用中文行礼拜仪式的申请，得到了教廷的批准，但是并未付诸实行。他招募来华的 20 几名耶稣会士中，仅有几名到了中国。当然，这几个人的工作都是非常出色的。将中国的传教团从日本的省区独立出来，可能是一次以重大的代价换取的胜利。

对天主教徒的迫害和自我的封闭使日本关上了大门。在这之后的几年中，本来每年用于扩展在日本传教工作的人力和财力得以转给中国。但是由于在中国的传教团不再属于日本，结果这些人力和财力被转到越南北部的东京（Tonkin）和印度支那（Cochin-China）。在中国的耶稣会士们可能有时会希望，金尼阁在争取将中国的传教团从日本省区分离出来时，不应表现得那么坚决和努力。尽管也是葡萄牙籍人，但是像其他人一样反对澳门方面批评，勇敢地捍卫中国传教团权利的曾德昭（Alvarô Sewedo），一定对这样的结果感到失望。在过了1/4个世纪后,他说,使中国传教团成为一个独立的省区的主张,完全是金尼阁个人的想法,这不仅违反日本省区神父们的意愿,将中国的神父们也是不同意的[①]。曾德昭说错了,将中国的传教团从日本省区独立出来是龙华民的主意,当时耶稣会士们大概也是同意的,不管他们事后怎么说。

---

[①] 见1645年12月致巡察使郱维铎的信,见 *ARSI*,Jap – Sin 161 – Ⅱ,第224~226v 页。
郱维铎(Manoel de Azevedo,公元1647~1692),葡萄牙籍耶稣会士,来华时间不详。——译者注

# 第十一章　新与旧

[183]　　在接下的几年里，随着沈㴶的失宠，传教团的命运有了明显的好转。命运的好转也与阉党的暂时退却有关。满族人发动的战争使一些被魏忠贤赶走的、有能力的官吏重回朝廷。1621年，在沈阳、辽阳先后陷落后，有能力的、敢于批评阉党的将军熊廷弼①再次被启用，负责守卫山海关。此处是长城东段的终点，是满人大规模入侵中原的必经之路。不过，阉党成功地任用王化贞为辽东巡抚，以求得权力上的平衡。徐光启预言王化贞的上任将不可避免地会使辽东落入满人之手。就在第二年，徐光启的话得到了验证。由于王化贞反对熊廷弼的战略战术，满人攻陷了广宁。1622年3月，王化贞的军队大败。尽管这次失败并不是熊廷弼的责任，但是由于魏忠贤朋党中显赫的成员之一、寡廉鲜耻而又肆无忌惮的冯铨，以熊廷弼为死敌，熊廷弼还是被捕入狱，并且不久被处死刑②。

　　尽管冯铨将整个辽东地区陷落在满人手中的责任都推在了熊廷弼的身上，让熊廷弼做了替罪羊，可是宦官的责任还是难逃。所以，当启用退休的官吏袁崇焕，并委以保卫战略要隘的重任时，宦官们[184]没敢反对。1622年9月，朝中主张变革的一派赢得了另一场胜利。

---

① 熊廷弼（公元1573~1625），字飞白，号芝冈，万历二十二年进士，任御史、巡按辽东。——译者注
② 参考 Eminent Chinese，Ⅰ，第308页和Ⅱ，第823页。

孙承宗①，一位有能力的、学者型的将领被任命为兵部尚书，同时任内阁大学士。在接下去的三年里，袁崇焕②与孙承宗的合作使满人的威胁得到了抑制③。

孙承宗以蓟辽总督的身份出镇山海关。他和袁崇焕稳扎稳打地将满人赶向北方，在夺回的城镇中修筑工事、建立军旅。他们的成功，有相当一部分原因是采纳了孙元化（教名 Ignatius）关于用"红夷大炮"保卫边界的建议。孙元化在沈潍丢官后，回到北京的兵部任职。在这个职位上，他可以呈上奏折，恳请用"洋枪洋炮"保卫国家。

孙元化的有利条件在于他打交道的人没有宦官官僚的成见。他的建议被采纳的另一个因素，可能是由于几个月之前用火炮成功地保卫澳门一事给中国人留下了印象。一支由13艘船组成的荷兰人的舰队，与两艘英国船只联合，在舰队总司令克纳里斯·瑞杰森（Cornelis Reijersen）的指挥下，于6月23日，攻打葡萄牙人占据下的设防很弱的澳门④。英荷联军在一阵炮轰之后，便将海滩工事里防守的60名葡萄牙人、90名澳门人赶走了。然后，800名荷兰人分别转乘32条大艇和5条帆船强行登陆。除了听到来自在

---

① 孙承宗（1563～1638），字稚绳，号恺阳，高阳人，万历三十三年进士，任兵部尚书、东阁大学士。
② 袁崇焕（公元1584～1630），字元素，东莞人，万历四十七年进士，任兵部主事，辽东巡抚。此处作者有误，当时袁崇焕并未退休。——译者注
③ 对这些事和后来袁与孙的情况，参考 Eminent Chinese，Ⅱ，第670、686、954页。
④ 这段事情的第一手资料来源：荷兰一方，见 William Ysbrantsa Bontekoe 著 Memorable Description of the East Indian Voyage 1618 - 1625，纽约，1929，第85～86页；葡萄牙一方，见在澳门档案中发现的官方的报告，由 Aders Ljung - stedt 刊印，An Historical Sketch of the Portuguese Settlements in China；and of the Roman Catholic Church and Mission in China，波士顿，1836，第75～76页。生动、准确描写的主要材料来源是：C. R. Boxer 著 Fidalgos in the Far East 1550 - 1770，海牙，1948，第72～93页。

防卫人数上大大少于入侵者的澳门方面的零星的毛瑟枪声之外，入侵的军队没有遇上实质性的抵抗。正当侵略军迈着胜利的步伐行进在大街上的时候，灾难从城市的一个想不到的地方降到了他们的头上。

布鲁诺（Bruno）神父是耶稣会神学院的代理负责人，这时擅自采取了行动。按照耶稣会的说法，他也是要公然嘲弄一下"勇敢"的葡军要塞司令官——罗泼·萨门托·卡瓦略（Lopo Sarment de Carvalho）。布鲁诺在荷兰人进攻之前便拆卸了四门炮，运到耶稣会神学院的山上，将它们装配好。当敌军进入澳门时，在耶稣会士布鲁诺、罗雅谷（Jacques Rho）① 和汤若望的指挥下，炮手们向荷兰人开炮。罗雅谷的大炮所射出的一发炮弹，刚好打中位于入侵部队中间的一个火药桶，荷兰人的军队顿时大乱。这一炮，使他们的火药损失大半，再加上有一小队澳门人和黑人射手零星的射击，荷兰人开始朝海滩方向撤退。在葡军要塞司令萨门托的"孩子们，冲向他们！"的助威呐喊声中，澳门的百姓，以及"葡萄牙的士兵、葡中混血的市民，还有黑人奴隶，更不用说还有武装起来的修士和耶稣会士了，他们齐声呐喊着，冲向荷兰人"②。恐慌之中的荷兰人，顾不上他们留在海滩上的物品，奔向他们的船只，不少人在逃跑时溺死在海中。

五六名耶稣会士和几门大炮在这次胜利中起了决定性的作用。它不仅对澳门，对在中国的传教团也是一个重要的事件。一旦澳门落入荷兰的加尔文派教徒的手中，进入中国大陆的通道就会被切断，耶稣会的传教事业也就毁了。

广州当局向取得胜利的葡萄牙人表示祝贺，并且允许他们在

---

① 罗雅谷（公元1593~1638），意大利籍耶稣会士，1624年来华。——译者注
② 见 *The Christian Century in Japan*，1549－1650r, 伯克利—伦敦，加州大学出版社—剑桥大学出版社，1951，第82页。

澳门设防。在这之前,由于中国方面不许葡人在澳门设防,守卫澳门成了不可能的事。葡萄牙人得到这项权利之后,便开始修筑防御工事。1626年,防御工事竣工了,这使澳门在海上的防御无懈可击①。

孙承宗采纳了孙元化的建议,首次使用"红夷大炮"来对付满人。到了1625年的夏天,满人从山海关的东北被迫后退100英里以上。同年11月6日,孙承宗因多次反对魏忠贤恶政而被迫去职。宦官指定的、接任孙承宗的官吏②命令放弃北部的防御,要求部队大规模地撤到山海关以内,而宁远守将袁崇焕拒绝执行。1626年2月19日,当努尔哈赤率领他的八旗军队,越过辽河,向在宁远的袁崇焕发动进攻时,遭到了他戎马一生中最惨重的失败。这次惨败对他的打击特别巨大,也许直接导致了他在7个月之后的死亡,其实他在这次战斗中只是受了一点轻伤。

袁崇焕取得这场伟大胜利的关键,在于火炮的使用。徐光启、李之藻和其他一些人长期以来一直力争使用红夷大炮,这次胜利使火炮的威力得到了证实。如果说这种新式武器的潜能没有得到进一步发挥,那是因为阉党从中作梗。1627年,正是魏忠贤的权力达到高峰的时候,他迫使袁崇焕离职回乡。

1625年,退休之前的孙承宗帮助恢复了在北京的耶稣会住所。传教士们这时还是不能公开传教,因为逐教令还没有撤销。只有逐教令被收回,或者官方通过某种形式,同意他们返回北京居住,才能使逐教令失效。

1622年,当孙承宗执掌朝政的时候,传教士的朋友们,又重提从葡萄牙人那里购买武器的事情,并且力争邀请耶稣会士作为军事

---

① *Voyages et missions du père Alexandre de Rhodes de la Compagnie de Jésus en la Chine et autres royaumes de l' Orient*; nouv. ed. , par un père de la même Compagnie,巴黎,1854,第72页。

② 代替孙承宗的是原兵部尚书高第。——译者注

方面的顾问,再次进京。他们向皇上呈上奏疏,争辩说耶稣会士是有德、有识、有能力之人,也是杰出的数学家,他们可能会熟知某种作战武器。而这种武器的使用会使明军在对满人的作战中处于优势。当传教士们得知朋友们这种打算之后,曾表示反对。他们强调说,他们在军事武器方面没有什么知识(尽管罗雅谷等人在澳门抵抗荷兰人的战斗中表现不错),他们来中国的目的不在于此。李之藻,按照曾德昭的说法,"是这场喜剧中的主要演员之一"。李之藻不顾传教士们的反对,劝他们不必将所谓的军事专家的身份看得太重。"你们利用这个称号就像裁缝用针一样,针在缝制衣裳的时候是有用的;用过了之后,就将它搁置一旁不用了。当你们得到了皇上的允许,能够留在京城之后,就可以很容易地将剑放在一边,而将笔拾起来……"①

这个计划得到了在京有官职的东林党成员的支持。这时,叶向高仍在担任内阁大学士之职。他利用自己的影响推进这个计划。张问达②也是积极为传教士们活动的内阁大学士之一。他的儿子是天主教徒,教名保禄(Paul)。张保禄后来与他的朋友王徵合作,在陕西为传播天主教而工作。张问达除任大学士之外,还担任吏部尚书的职务。

在孙承宗掌管下的兵部,对该计划表示支持。此时的魏忠贤,自觉其势力不足以与孙承宗的强势相抗。奏折得到了皇上的同意,并且签署了寻找耶稣会士,宣他们进京的命令。"其实",曾德昭评论道:"用不着花什么力气去寻找他们。因为负责找他们的人清楚地知道耶稣会士在什么地方。"③

耶稣会士就在北京。阳玛诺,从 1621 年起就一直在北京。由罗

---

① 曾德昭著 histoire universelle,第 349～350 页。
② 张问达,字德云,泾阳人,万历十一年进士,历任御史、吏部尚书、内阁大学士等职。——译者注
③ 曾德昭著 histoire universelle,第 350 页。

如望在 1621 年接替了传教团负责人职务的龙华民，于 1623 年 1 月 25 日，在汤若望的陪同下，也到了北京。他们在内城的西南城门①附近的一所由利玛窦在 1605 年置办下的房子里安顿下来。

龙华民和阳玛诺被带到兵部。兵部的官员们问他们是否能从葡萄牙人那里得到红夷大炮，还问他们是不是使用红夷大炮的专家，对于第一个问题，他们的回答是肯定的；对于第二个问题，他们陈述说，他们是宗教的专家，不是军队的炮手。不过，他们可以劝说葡萄牙人的炮手来做这项工作。

他们的回答让兵部满意，因此被允许在北京住下。显然，没人认真地对待耶稣会士是否是军事专家的说法。孙承宗和他的下属在询问传教士时，也只是走形式。耶稣会士重返他们旧宅的结局是肯定的。在兵部任职的秦依纳爵（Ch'in Ignatius）出资重新修整了教堂。"在北京"，曾德昭写道："耶稣会士们仍旧生活在平静与受人尊重的气氛之中，再也没人问一句关于红夷大炮、战争或者满人的事。"②

曾德昭说得对。事情的前前后后只是上演了一场友善的戏剧。是叶向高、张问达、孙承宗、李之藻和其他有地位的政界人士的合作，以此使耶稣会士在北京、在中国的地位得以恢复。戏剧中最精彩的是，从戏的开始到幕布的落下，各位演员一直都是一副严肃、认真的面孔。

虽然它是一幕喜剧，对传教团来说也是一个胜利的信号。它意味着沈㴶置天主教于死地的努力是徒劳的。传教士们再次在明帝国取得了半合法的地位，逐教令也就等于失效了。

耶稣会士被召回北京的事，在其他的省份也产生了反响。1623 年艾儒略在江苏常熟建立了一个天主教社团。常熟是利玛窦的老朋友瞿汝夔的家乡，受瞿汝夔儿子之邀，艾儒略访问了常熟。这时瞿

[188]

---

① 即宣武门。原文称"北城的西南门"，显然是将内城称为"北城"，外城称为"南城"。——译者注

② 曾德昭著 histoire universelle，第 350 页。

汝夔已不在世了。艾儒略在常熟的几个月里，许多人皈依了天主教。其中有一位最有名的人物瞿式耜①。后来在 1643～1644 年明帝国被赶出京都后的复明斗争中，他是一位英雄②。瞿式耜是利玛窦的老友瞿汝夔的侄子。瞿式耜的祖上也是有名望的官吏与学者，他的祖父瞿景淳曾任礼部左侍郎，兼翰林院学士，曾任《永乐大典》第二部抄本的总编校。《永乐大典》是明朝的一部巨大的百科全书，达一万一千零九十五卷。

1616 年，瞿式耜中了进士，两年之后被任命为江西永丰县知县。在永丰期间，他受到当地百姓的高度评价，以至他在 1621 年要到湖北江陵上任时，受到当地百姓聚众挽留。父亲去世后，瞿式耜回到常熟为其父守孝期间，与艾儒略相识，从而使他对天主教产生了兴趣。他为艾儒略八卷的宗教心理研究著作《性学粗述》一书撰写了序言。这本书正好在瞿式耜皈依天主教的那年刊印出版。

瞿式耜在这之后的 20 年的大部分时间里，主要是退隐在家，他是使中国分裂的政治斗争的牺牲品。在满人征服了中国的北方之后，他才重登政治舞台，成为明王朝的杰出的拥护者。当时耶稣会士称他为"托马斯博士"（Dr. Thomas）。

艾儒略在福建的工作收获颇丰。在福建取得的成就，使他成为早期耶稣会士中的伟人之一。1625 年，艾儒略到福建开教。他是应叶向高之邀来到这里的。叶向高自从 1600 年在南京与利玛窦相识以来，他与欧洲传教士们一直有着牢固的友谊。

18 年来，叶向高一直在北京任大学士。他与京城最有教养、最

---

① 瞿式耜（公元 1590～1650），字起田，常熟人，万历四十四年进士，坚持抗清而死。——译者注
② 关于瞿式耜事迹，参考 *Eminent Chinese*，I，第 199～200 页；另参考 Fr. Jäger 著 *Die Letzten Tage des Ku‑shih‑si. Sinica*，VIII，1933，第 179～180 页；还有 Paul Pelliot Michel Boym, *T'oung Pao*，1934，第 95～96 页。

有成就的人物之一的中国籍辅理修士丘良厚,一直来往密切。沈㴶在1622年到京城任大学士,再次搞反对天主教的阴谋时,叶向高公开地表示反对。叶向高还通过丘良厚,向耶稣会士们通报将会有什么事情发生。在沈㴶倒台后,他还为耶稣会士们重返北京给予了大力的支持。叶向高是东林党的一个领导人,直言反对魏忠贤,所以他在北京的日子不会长久。1624年,魏忠贤及党羽成功地迫使叶向高退休。

[189]

叶向高在回家乡福建的途中路经杭州时,与艾儒略成了好朋友。艾儒略向他布道,劝他接受天主教。这位前大学士表示出很大的兴趣。12月的时候,叶向高坚持让艾儒略陪他到福建省的边界处,他们走的是水路。他们在一起讨论的时间不多,因为叶向高的大部分时间都用来接待来访的官员了。这些官员们来到船上,向叶向高表示敬意,还要待在船上,陪着他们走一程。

在叶向高和艾儒略分手的时候,叶向高请艾儒略在来年的春天一定要来他的家乡福建,还承诺说,在有关天主教传教事务方面,他将协助艾儒略。1625年4月,艾儒略起身前往福建。在乘船走了21天之后,他来到了福建省的省会福州。在福州,开始的局势令他失望。魏忠贤的特务遍布全省。他们为魏忠贤刺探其政敌的活动情况,然后向魏忠贤汇报。在北京时常与宦官们对立的叶向高,回到家乡后,几乎成了白色恐惧的牺牲品。这时,魏忠贤在北京对东林党人的迫害正处在高潮时期。在接下去的一年中,这一迫害的结果使上百名忠实的官吏遭到贬黜,还有6名重要的京城高官被处死。已经因为反对魏忠贤丢了官的叶向高,害怕魏忠贤的手将会伸到福建,没收他的财产,将会用链子把他锁住带回北京。魏忠贤可能也知道了这位前内阁大学士正在家乡帮助外国人的事。

荷兰人在沿海一带窥视着与中国的贸易机会的活动,这也增加了艾儒略传教的困难。巡抚和当地的百姓一般都把艾儒略当成荷兰人。因为所有的外国人长得都很像。这时荷兰人已经在不久前占领了福建沿海的一个小岛①,并在岛上设防,以该岛作为他们行动的基地。这样一来,省里本来就存在的反对外国人的倾向就更为严重了。

荷兰人的消息证实了这样的事实:他们的掠夺在中国人中引起了强烈的怨恨。接替克纳里斯·瑞杰森(Cornelis Reijërsen)任荷兰在中国海的舰队司令官的斯诺科(Dr. Sonck)写道:

"我们在中国沿海的行动使中国人如此愤恨,以至全中国都反对我们。在他们眼中,我们比杀人犯、暴君和海盗好不了多少。我们和中国人打交道时确实很无情、很残酷。"②

艾儒略到达福州后,他首先面对的,是当地的一名官员写了一篇反对天主教的尖刻文章。即使这样,艾儒略还是设法租下了一间小房子。在圣灵降临节那天,他在这间小房子里举行了弥撒。艾儒略住下几个月之后,一位信仰天主教的学者来到福州,他对艾儒略工作的介入,使艾儒略的处境有了根本性的转变。

被称为"奇才"的褚梅尔基③(Melchior Chu)④,被无辜地卷入进士考试的一场诈骗案中,其结果是终生不得录用。在一场乡试中,褚某的考卷被另一名考生掉了包后交了上去,结果这名考生在 300 名考生中名列榜首,这在中国是最为荣耀的事情之一。但是丑闻被曝光。这名犯了法的考生,连同褚某一起都被处以终生不得录用的惩罚。

尽管有这样的结果,他还是受到大家的尊重,但是他也不得不放弃走仕途的想法。他当上了杨廷筠孙子的老师。在当老师期间,他与耶稣会士们相识,在 1623 年领洗。褚某是福建人,与省内大部分有地位的人物关系良好。在艾儒略来福州后不久,他也从杭州回到了福

---

① 即台湾岛。——译者注
② 见 *Memorable Description of the East Indian Voyage 1618 – 1625*,纽约,1929,第 15 页。
③ 此人中文姓名不考,费赖之书中也仅以外文名称之。此处权且将其姓"Chu"音译为"褚"。——译者注
④ 见 *Del' istoria della Compagnia di Gesù, LaCina. Terza parte dell' Asia*,安卡拉,1841,Ⅳ,第 54 页。

州。一到福州,他马上开始着手为艾儒略在学者与官吏中打通道路。他做了一件最为重要的事:重新得到了叶向高对传教事业的支持。

这位前任大学士住在离福州30英里的一所宅院里。他这样做,可能是想避开魏忠贤的特务对他的注意,也可能是与古罗马皇帝戴克里先(Diocletian)一样,喜欢他的房宅与庭院。禇某拜访了叶向高,使他又重新鼓起了勇气。为了补偿他曾暂时表现出的怯懦,叶向高请艾儒略和禇某吃饭,另外,还让他的侄子陪着艾儒略回福州,并将艾儒略介绍给礼部驻当地的代表。

[191]

没过多久,叶向高公开来到艾儒略在福州的住所拜访了三次。在其中一次,他赠给艾儒略一幅丝织的卷轴,上面写有赞扬传教士和艾儒略宣讲的教义的文句。其行文的风格是中文古典的对仗体。上面写道:艾儒略对他有着双重的说服力,一是言语,通过他理性的功效;再有是沉默,通过他神圣的生活。这两种方式都是对他所宣讲的真理所做的见证。

叶向高的上述行动影响深远。如果一个人其显赫的地位在全省无人可比,并且公开地、毫无保留地、清楚地表明他的态度,那么那些原本怀着敌意的人就很难不做些改变了。一些人也开始效仿叶向高。当地礼部的主管官员,派他的助手也向艾儒略赠送了一幅类似的丝织卷轴,其他的官员也跟随着这样做。不久,写了反对天主教文章的作者,也试图将散发出去的文章尽量地收回,将它们毁掉。当着叶向高的面,文章的作者请艾儒略原谅,表示他是在不知道天主教的真实本质的情况下,就写了诽谤文章的。

艾儒略开始接待川流不息的来访者。客人中有最有名气的学者和省里的官吏。他们明白禇梅尔基丝毫也没有夸大这位传教士的人品与学识。艾儒略承袭了利玛窦的传统;另外也因为他曾经师从杨廷筠,是杨廷筠最好的学生,而从中受益匪浅。他在与杨廷筠长达数年的密切交往中,精通了中国的文化。当然,这也与他时刻对中国有教养社会的准确、细微的观察有关。他的这种友好地接受中国习俗的态度,为他赢得了前来拜访的客人的心。

艾儒略首次以传教的身份出现,是在福州的一所书院。艾儒略向书院的院长送了一篇关于天主教原理概要的文章。院长请他在下次书院开会时做讲演。当艾儒略神父来到书院时,受到全体成员非常有礼貌的接待。大家在向房间的一端写有孔子名字的金色大字鞠躬之后落座。这时乐师们正在演奏着"凝重的曲调,为的是排除杂念,集中意境"。接下去,一位学者朗读了一篇儒家的经典文章。院长请艾儒略对这篇文章发表见解,艾儒略知道这时要表现得恭敬谦和一些,便推辞起来说,他在诸多富有才学的人面前没有能力来引发一场讨论。院长对他这番谦逊的声明,也同样用和蔼的言辞肯定地表示,在场的没有人比他更有学识。这种争执不会有什么不快,因为它是一种大家都接受的礼貌的客套。正如所料,艾儒略接受了院长的要求。艾儒略的讲演给他带来了声誉,让他在福建省迎来了首批的皈依者。不久,艾儒略为26人施洗,大多数是学生,其中有三名秀才。

艾儒略在福州待了四个月之后,开始走访省里的其他地方。他花了8个月的时间从一个城市走到另一个城市,拜访那些在叶向高的鼓励下对天主教感兴趣的各地的官吏。艾儒略发现这些人中的大多数都称赞天主教是神圣的学说,也有的渴望在生前能够皈依天主教,但是没人有勇气从"多妻"的,即被巴笃利称之为"牢固的绞索"中将自己解放出来。尽管如此,艾儒略通过与这些人的友好接触,获得的收获还是无法衡量的。通过他们,艾儒略使众多的由于误会可能会轻易地反对天主教的知识分子,更好地了解了天主教学说的性质。有50多名学者型官员,其中一些是高官,都写了颂扬天主教和艾儒略的文章①。后来,他们中的一些人还为艾儒略的著作

---

① 在1942年的时候,王重民先生,还有国会图书馆允许我观看这些福建的出色学者写的颂扬艾儒略的文章的影印本。从这些学者的文章中看出,传教士的年信中对艾儒略的成功没有丝毫的夸大。

写序文。

在福建的第一年,艾儒略的注意力主要集中在建立起广泛友好接触的基础上。与利玛窦一样,艾儒略通常喜欢从长远的观点看问题。他愿意先有一些零星的收获,期望的是将来的大丰收。他在这几个月结识的一批重要的朋友,证明了他出色的工作。不仅如此,在福建的大多数城市里,还有了一定数量的天主教徒教和慕道者。艾儒略准备好了土壤,又播下了种子,在随后的10年里,得到了惊人的收获。

也就在这几年里,山西和陕西两省的传教中心也建立起来了。1624年,金尼阁受韩家两兄弟①的邀请来到了山西绛州②。在绛州,金尼阁度过了丰收的一年。1625年,一年之前从澳门再次进入中国的王丰肃来到绛州,接替了金尼阁。他在绛州建起了耶稣会会院,辛勤耕耘15年,在山西取得了了不起的成就。

[193]

离开山西的金尼阁,在王徵的邀请下来到陕西省。他在1624年在绛州写给巴伐利亚(Bavaria)诸侯的信中,说道:"我等了一天又一天,盼望我的同伴来接替我在山西的工作。因为受一些相当有地位的人士之邀,我必须到另一个省去。"③ 这个同伴就是王丰肃,这位有地位的人是王徵,另一位显然是张缄芳④(教名 Paul)。这时王徵刚刚从直隶广平推官的职位上退下来。

金尼阁得了重病,在王徵的家中休息了五六个月。在这几个月

---

① 指韩霖(教名 Thomas)、韩云(教名 Stephen),详见本书第十八章。——译者注
② 金尼阁对山西和陕西的工作的陈述,可以在他写给低地国家的耶稣会省的信中找到。原件存于安特卫普的耶稣会学院。复制件是在 C. Deshaisnes 所著 *Vie du Père Nicholas Trigault de la Compagnie de Jésus*,比利时图尔内,1865,附录,第 280~284 页。
③ 拉丁文原件在比利时的布鲁塞尔 Bourgogne 图书馆;复印件在上述 Deshaisnes 之著作,第 275~277 页。
④ 张缄芳,张问达之子,费赖之书120页中,称张缄芳为一秀才。——译者注

里，王徵在金尼阁的指导下学习拉丁文。可能就是在这段时间里，王徵帮助金尼阁写出拉丁注音的专著《西儒耳目资》。这本著作在1626年由王徵和韩云刊印出版，出书的经费由张问达和他的儿子张缄芳资助。

金尼阁恢复健康之后没多久，便在王徵和张缄芳的陪伴下赴西安。在他们到来之前，在离这个古都不远的地方有一个考古学上引人注目的发现："大秦景教流行中国碑"的出土①。碑的发现地点是距西安城西南40英里的盩厔县②。竖立此碑的时间是公元781年2月4日。碑文的一面是优美的唐代书法，另一面是古叙利亚文。

有关景教碑的文献很多，在此不再赘述③。我只是想说，这通碑的发现在当时首次揭示出：属于天主教一个派别的景教在七世纪的唐朝传入了中国，受到好几位皇帝的庇护，曾经享有一个相当昌盛的时期。

景教碑的发现引起了对古迹十分重视的中国人的极大兴趣。遵照西安府府尹的命令，石碑被送到了西安。学者们蜂拥而至，但是都看不懂上面的文字。见到景教碑的第一位天主教徒，可能是原籍福建的张赓④。他这时正在陕西。他是利玛窦的老朋友，1621年由艾儒略施洗。他猜想碑上的文字可能与天主教有关，就拓下碑文，送给在杭州的李之藻。

---

① Henri Havret 对这个题目的处理最具学术性，见他的 *La stèle chrétienne de Si-ngna-fou*，3 vols，上海，1897。碑的确切发现日期有争议，最可能的日期是1623年。将石碑移到西安的时间是1625年；参考 P. Y. Saeki 著 *The Nestorian Documents and Relics in China*，东京，1937，第26~30页。

② 盩厔县，今陕西省周至县。——译者注

③ 对于文献的考察，参考 *La stèle chrétienne de Si-ngna-fou*，3 vols，上海，1897，Ⅱ，第343~374页。自从 Havret 发表了他的著作之后，有关文献的数量又增加了。

④ 张赓，"是一名官员，福建人，1621年艾儒略在杭州给他洗礼，后来成为艾儒略的得力助手"。引自〔意〕柯毅霖《晚明基督论》，王志成等译，四川人民出版社，1999，第167页。——译者注

"我正住在灵竺（李之藻在杭州附近的居所）的时候"，李之藻写道："歧阳的张赓虞寄唐碑一幅，此外还写道'此碑是最近在长安出土，碑名为：大秦景教流行中国碑。还没有人听说过这种宗教，它是不是与利玛窦从泰西的世界带来并传播的宗教是一样的？'"①

李之藻与在杭州的耶稣会士不费什么力气就认出这种曾经"显赫的宗教"确实就是天主教。尽管碑文模糊不清，文字中还夹杂着一些道教和佛教的词语，其中还是清楚地揭示了许多天主教的教义。按碑文记载，在教士阿罗本（O-lo-pen）率领下的传教团，于635年受当朝的皇上给予的特别礼遇，"公开地、荣耀地"被迎进国都西安，毫无疑问地是一个天主教传教团。李之藻和其他的耶稣会士很难想到，它就是天主教的景教。因为在欧洲，景教早已是无声无息了。他们自然先是认定这种"显赫的宗教"与"利玛窦来传播的宗教"是一样的，不过他们并没有失去他们的判断力，对待出土石碑上的文字，他们无可挑剔的诚实和学者般的慎重态度都是令人敬佩的。在对这件事的报告中，耶稣会士没有夸大其词。李玛诺在1626年3月1日从嘉定写给在罗马的耶稣会长的一封信中，宣布了这个发现。他写道："在西安发现了一通古碑。这通古碑证实了神圣的福音曾经在中国传播过。"在讲述了张赓如何将碑文的抄本送给李之藻后，李玛诺指出，碑文的内容读起来十分困难，"碑文的表达有许多模糊不清之处，还有的是源于异教的词语，理解起来很困难，没有什么隐喻和文学上的暗指"。在对开始的几段碑文提供了质量很高的译文之后，李玛诺又写道：

"到目前为止，我们只是证实了碑文的大概的意思。已令金尼阁神父前往现场察看石碑。因为进士们可能忽略了我们必须知道的一些细节，我们希望金尼阁能够得到碑文的准确抄本。一旦得到， [195]

---

① 对于文献的考察，参考 *La stèle chrétienne de Si-ngna-fou*, 3 vols, 上海, 1897, II, 第38页, 注释1, 给出中文。

会立即寄给阁下。"①

对于这一划时代的发现,在中国的耶稣会士的反应是明智的。但是,在接下去的250年里,在耶稣会的家乡,耶稣会士们被一些"有学者派头"的业余人士指责是诈骗和骗子。这些人将景教碑的出土看成是耶稣会士的骗局。"它显然是块假的石碑。"马蒂兰·韦西埃·拉克鲁兹(Mathurin Veyssiere de Lacrozs)在1724年写道:"可笑的伪造物……绝对的谎言……纯粹的骗局。"伏尔泰的轻视与嘲弄耶稣会的短诗文,在今天读起来似乎平平,但是在他生活的时代一定震动了巴黎的沙龙:

"啊!您还不算老呵!

您还要我去骗人,

您还是先好好骗骗我吧。"

直到1855年,认为景教碑的出土是一场骗局的说法还很盛行,欧内斯特·勒南②(Ernest Renan)对此也表示认同。8年之后,他坦诚地承认他的看法是错误的。从此以后,他对景教碑的真实性不再持有异议了③。今天,大秦景教流行中国碑的真实性得到了全世界的公认,因为通过对朝代记载的研究,还有过去80年来考古的发现,证实了碑文上所写的日期是正确的。

在中国的耶稣会士完全清楚这个发现的价值。对他们来说,景教碑的发现其主要的价值在于对他们传教的影响。中国人一直反对天主教的理由之一就是它是新生的宗教。在中国,旧的事物有着更高的价值,这种看法要胜于世界的任何地方。有了这样的历史意识,对于在中国的过去没有根基的事物,中国人是从不看重的。阳玛诺

---

① *Histoire*,1625,第186~187页。
② 恩斯特·勒南(Ernest Renan),十九世纪法国哲学家、历史学家和宗教学家。——译者注
③ Ernest Renan 著 *Histoire générale et système comparé des langues sémitiques*(第三版),巴黎,1863。在同一著作的第一版中,他就指控这是骗局。

在他对景教碑的评价中，表达了传教士普遍的共同的体会：

"'毫无疑问'，来拜访传教士的人们常说，对你们远道而来传播宗教，我们理当表示欢迎，但是为什么我们的祖先没有接受这样的宗教呢？我们为什么这样晚才知道呢？这是我们不明白的……"

李之藻在他 1625 年刊印的关于景教碑发现的文章时，也简要地讲到了碑的发现所起的上述作用：

"30 多年来，我们中国的学者已经熟知了西方来的有识之士讲授的教义和例证。大家都盛赞这是了不起的教义，并以天主教为荣耀。不过还是有不少的人持怀疑的态度，因为他们视天主教是一种新事物。"

[196]

现在这种猜疑的基础被摧毁了：

"谁会相信这是真的呢？在 990 年之前，这种教义就已经（在中国）得到宣讲。在这个不断变迁的世界里，只有天主不会改变的天佑，才能培育出不知何谓障碍之物的智慧之人。现在这块神圣的石头被如此幸运地保存了下来，突然间又重见了天日……埋在地下这么多年，这块宝物似乎就是在等待着幸运的时刻。"

要回答中国人"我们的祖先没有接受这样的宗教"的问题，是十分困难的。利玛窦将天主教的使者姗姗来迟的原因，归咎于中国的地理情况。他的解释有道理，但是中国人不满足这个解释。这也是为什么利玛窦和他的继承者们渴望找到天主教在他们到来之前就已传到中国的原因之一。从开封的犹太朋友那里，利玛窦推测在中国曾经有过天主教的团体，但是这条希望的线索没有得到结果。1619 年，龙华民在修士钟鸣礼的陪伴下，从杭州来到河南找寻这些"十字架的基督徒"。

开封是犹太人的社团中心，这条消息对耶稣会有着强烈的吸引力。可能这就是为什么金尼阁在 1623 年去陕西之前在开封停留了几个月的原因。他想在这里建立会院，但是没有成功。几年之后，毕方济在这里成功了。但是关于一个古老的天主教团体的传闻，还是没能得到证实。西安石碑的发现,提供了天主教在中国不是新宗教的无可置疑的证据。正如一些学者们相信的那样,在中国历史上最辉煌的时期之一,天主教受到了数位最伟大的皇上的青睐。

李之藻不失时机地发表了一篇关于景教碑和其意义的文章,文章被广为传诵。阳玛诺也写了一篇关于景教碑碑文的学术性的评论——《景教碑诠》,1644 年印于杭州,并附有 7 页完整的中文的碑文,论文共 49 页①。

张赓可以说是第一位亲自考察有关天主教考古遗迹的中国人。他使西安府的石碑引起了世界的注意,也激发了他自己对这种特殊的考古学的兴趣。1638 年在福建,他发现了刻在石头上的十字架。自此以后,又有多处这样的发现。这些是天主教的文物。张赓为他发现的十字架写了简短的说明。这篇说明被阳玛诺收录到他的《景教碑诠》中。张赓是这样写的②:"这一古代的石刻十字架,在泉州府东畔郊被发现。没有人知道它在这里存在了多久。往来的过路客没人注意它。当我皈依天主之后,在主的感召下,我和同在宦海的几位朋友一道发现了它。我请神父将它树立在永州的教堂里。张赓对此写下如此的文字。"③

---

① 阳玛诺的《景教碑诠》一书中的附件中,给出了李之藻的相关文章。我在文章中所引用的内容源于王重民给我的影印件。
② 张赓的中文原文如下:"圣架兹古石,置温岭东畔郊,年代罔知,往来无观。崇祯戊寅春,因余兴怀主心,鉴格昭示,君朋获知,爰请铎德竖桃源堂中。"转引自方豪《中国天主教史人物传》(上册),第 267 页。——译者注
③ 中文见 La stèle chrétienne de Si-ngna-fou,3 vols,上海,1897,Ⅱ,第 96 页,注释 4。

# 第十二章　潮起潮落

随着山西、陕西和福建新会院的建立，耶稣会士已经有9个永久性的会院，它们分布在中华帝国的15个省的7个省中。传教团共有18名神父，6名中国籍的辅理修士①，还有10名年轻的澳门中国人由于要加入耶稣会，被派往各处会院接受意志与精神的锻炼和培养。

极端的小心在这时仍然适用，尽管沈㴶的阴影已不复存在，但是潜在的、更为危险的、带着更大的破坏性的魏忠贤的阴影，遮蔽在传教士们的上空。魏忠贤在各地安插下特务，密切地注视着传教士们的活动。即使几个教徒的聚众也是被严禁的。阉党们声称，教徒们聚集的场所就是反叛的栖息地。

天主教的事业实际上已经与明帝国的国内政治联系在一起了。利玛窦对传教方向的确定，使耶稣会自然而然地与改革派结成了联盟，也不可避免地与他们的朋友同呼吸、共命运。耶稣会事业的起落与阉党势力的兴衰形成对比。1622年，明军惨败在满人的手中时，反动势力被迫收敛，耶稣会士们被招进京。在科学方面的才能已经受到关注的汤若望，结交新朋友的能力也很强。他交的朋友中最为显赫的是户部尚书。

汤若望预测在1623年10月8日将有月食出现。当他的预测被验证是正确的时候，兴奋的户部尚书用中国人的方式请求汤若望收

[199]

[200]

---

① 见 La stèle chrétienne de Si-ngna-fou, 3 vols, 上海，1897，第70页，注释11。

他做学生。翌年,汤若望为在 9 月将发生的一次天体交食的现象,写了一篇两卷的论文①。论文对日月食的现象做了图文并茂的讲解,还研讨了一些与天文学有关的问题。这是他的第一本天文学著作。耶稣会修士丘良厚在文字上很有造诣,他对汤若望这本著作的文字加以润色,然后徐光启将这篇论文送交礼部。

在罗马的耶稣会档案中,有简短的几句话,告诉我们汤若望的直接领导是如何看待汤若望的职业生涯的:"有良好的才智,良好的判断力,慎重的程度中等,经验有限,文字上进步快;性格:天生的好脾气,乐观,愉快,还不太成熟;他懂得如何与人相处,但是还不适合做领导。"② 这是葡萄牙人阳玛诺和意大利人龙华民对德国人汤若望做的不公开的评论,他们在仔细观察后,才对汤若望有良好的评价。

9 月,汤若望在户部尚书的宅第观看到了天文上的交食现象,他的计算再次被验证准确无误。户部尚书和其他的一些官吏希望重提修历的事情,还促请由耶稣会士负责这项工作。杰出的耶稣会士邓玉函刚从杭州到北京不久,正在开始着手写天文学的著作。可是当时的时机还不合适。1622 年因对满人战争的失利而导致的阉党势力的收敛,并不意味着魏忠贤权力的丧失。相反,他对东林党人的嫉恨反而更加深了。他下决心摧毁他们。于是,魏忠贤与学者型的进步官吏的斗争又达到了一个新的紧张点,他对这些官吏的憎恨程度也是前所未有的③。

魏忠贤的第一步是羞辱他们。受天启皇帝的委派,魏忠贤去参拜明陵。他出行的仪仗气势宏大,其规格只有皇上才能享有。他要走的路程只有 12 英里,而这 12 英里全都用黄土垫道,士兵列队站

---

① 即《测食说》(二卷)。
② *ARSI*, Jap‑Sin 134,第 15 页。
③ 这页中的主要资料来源和下面关于宫廷斗争的情况见 *Eminent Chinese*,Ⅰ,第 148 页;Ⅱ,第 892 页。

在道路的两侧，锦旗招展，鼓乐齐鸣。魏忠贤在一队全副武装的士兵的护卫下，坐在皇家的轿中。两府、五寺、三院的大员们在魏忠贤经过时，必须从自己的轿中下来，还要在尘土飞扬的地上磕头。[201]然后，他们被命令步行跟随魏忠贤轿子去参拜陵墓。

东林的学者们并不是俯首帖耳的儒夫。在京城，叶向高是东林党公认的领袖。1622年，叶向高毫无畏惧地与魏忠贤对抗，结果他被迫退休还乡，回了福建。

其他与魏忠贤斗争的官员还有陈奇瑜①、左光斗②、黄尊素③和杨涟④。这几个人常在御史黄尊素家聚会，制定东林党对阉党的反攻行动。1624年，左副都御史杨涟在一道奏疏上，愤怒地逐条列出"魏忠贤的二十四条罪状"，但是奏疏没有得到回音。通常这是皇上不赞同、不满意的表示。在魏忠贤的严密控制之下，很难说皇上真的见到了这本奏疏。从不缺少勇气的杨涟又呈上第二本，其措辞比前一本更强硬，仍然没有反映。因为杨涟的行动代表的是一些官吏的主张，不少人与杨涟一样，将奏章被"留中"看作是对自己的一种侮辱。其中一些人宁可辞官不做，也不愿再屈服于无法容忍的魏忠贤的权势。他们联合写了一道奏疏，请求皇上接受他们的辞呈，告老还乡，魏忠贤向皇上念了这道奏疏。他的手腕十分高明，假装的十分谦恭，乞求皇上解除他的职位，说，不能因为他而失去这么多有能力的官员。正如魏忠贤所料，皇上对这道奏疏大怒。他不同意仅仅让他们光荣地辞官，退休还乡，而是下令剥夺他们享有的一切特权，将他们贬为庶民。这样的惩罚殃及他们

---

① 陈奇瑜，字玉铉，德州人，万历四十四年进士，任礼科给事中。——译者注
② 左光斗（公元1575~1626），字遗直，号浮丘，桐城人，万历五年进士，任御史。——译者注
③ 黄尊素（公元1584~1626），字真长，号白安，余姚人，万历四十四年进士，任御史。——译者注
④ 杨涟（公元1572~1625），字文孺，号大洪，应山人，万历三十五年进士，任兵科给事中。——译者注

家族的所有成员。

大获全胜的魏忠贤不失时机地扩大战果。他用向他献媚的人来填补空缺的官位。无耻的冯铨通过这次机会当上了大学士。身为魏忠贤打手的冯铨，在用激烈的手段反对东林党人的行动中，充当了一名急先锋。

[202] 北京的派系分明。无耻的追名逐利者争着讨好魏忠贤，与之相对的是东林党的成员，他们坚定不移地拒绝与腐败的宦官政权妥协。1624～1626年，双方的冲突迅速达到高峰。

东林书院在北京有一所刚建好不久的宅子，它成了东林党的敌人魏忠贤愤怒的焦点。魏忠贤不认为这是学者们的书院①，坚持说这是反叛的聚会地点。魏忠贤组织了由他的支持者参加的、相对立的书院。从那里向皇上呈上上百本对东林党人诽谤的奏疏，这些奏疏都到了皇上的手中。这是魏忠贤策划的一种手段，以此来说明他反对东林党是得到广泛支持的。

1625年7月29日，魏忠贤以收受熊廷弼的贿赂为名，将杨涟下狱。这是阉党展开全面进攻的信号。与杨涟一同入狱的还有数位东林党的活跃人物。入狱不足一个月，杨涟便在1625年8月26日死在狱中。他是因为在狱中每隔两三天便受鞭打而死的。其他5名东林党的杰出领导者也在同年死于狱中，他们是：魏大中②、左光斗、顾大章③、袁化中④和周朝瑞⑤。与杨涟一起，他们6人在历史上被称为"六君子"。

---

① 即位于宣武门附近的"首善书院"。——译者注
② 魏大中（公元1575～1625），字孔时，号廓园，嘉善人，万历四十四年进士，任吏科给事中。——译者注
③ 顾大章（公元1576～1625），字伯钦，常熟人，万历三十五年进士，任刑部员外郎等职。——译者注
④ 袁化中，字民谐，武定人，万历三十五年进士，任御史。——译者注
⑤ 周朝瑞，字思永，临清人，万历三十五年进士，任礼科左给事中。——译者注

受到迫害的不只他们 6 人。还有一些人在遭迫害后自杀。所有与东林党来往密切的官吏几乎都被扫地出门,并且殃及各省。约有 330 名学者型官吏被罢官,贬为庶民。阉党在京城的扫荡进行得非常彻底,它触及到了朝廷最高职位的官吏。三位想要为受害者讲情的大学士被赶出了朝廷,丢了官。这时的徐光启和李之藻都不在职,所以没有受到直接的影响。杨廷筠在一年前被任命为顺天府丞,1625 年 4 月被令退休。在这之后,他返回老家杭州。

到了 1626 年,魏忠贤赶走了为数众多的与他作对的官员,让他们退休。还有一些官吏,他不惜用害死他们的方法来让他们安静下来。他采取了歪曲历史的办法给他的敌人扣上反叛的罪名。在他的指使下,诋毁东林党的《三朝要典》出台了。据称这一文件是几件著名案件的官方版本。这几个案件是主张改革的官吏与保守的反动派之间长期争斗的分水岭。它们是三个案件:梃击案、红丸案和移宫案。梃击案是 1615 年有人企图杀害准备继承皇位的太子的案件;红丸案是 1620 年据说有人用一个神秘的红药丸毒死了生病的泰昌皇帝的案子;移宫案是指在 1621 年妃子李选侍不肯从已故皇上的乾清宫搬出的案子。这本《三朝要典》没有对事情进行客观的、真实的分析,因为冯铨是它们的主编。

同样是在这一年,狂妄自大的魏忠贤由于在与对手争斗中取得的胜利,他到了自我陶醉的地步。他掀起在全国各地为他修建生祠①的热潮。第一个恳请为他建生祠的是浙江总督,请求将生祠建在杭州西湖边上。接着,与魏忠贤同伙的官吏们雪片般地递上为他修建生祠的恳请疏,皇上表示同意。于是,巡抚与总督们竞相效仿,为他建起豪华的生祠。魏忠贤坚持所建生祠的规格不低于孔夫子!

1627 年年初,王徵住在北京。他与邓玉函合作,写了一本关于

---

① 中国历史上有老百姓为已故圣贤修祠堂的习惯,偶尔也为活着的、特别优秀的官员修祠堂,称作"生祠"。——译者注

机械原理的书《远西奇器图说》。书中的插图由他绘制。书中所用的一些术语成了中文的固定词语。

王徵曾一再恳求派汤若望去他的老家。魏忠贤这时正在权力的高峰期。教会的负责人认为可以让他离开北京，这也反映了当时京师的传教气氛并不好。1627年夏，汤若望被派往西安，接替金尼阁。

在西安这个古老的都城，汤若望受到的接待，直接反映出北京的政治气候对各省传教工作的影响。他发现西安的气氛充满了敌意。曾德昭几个月后也来到西安，他说南京的地牢也要比这里好受。尽管有王徵的热情帮助，曾德昭还是调到江西工作，只有汤若望留在了西安。

魏忠贤的胜利并没有持续太久。就在他的暴政处于巅峰的时刻，1627年9月30日，天启皇帝死了。因为他没有子嗣，所以由他的弟弟朱由检继位。京城流行着一种说法，说是野心无限的魏忠贤自己想当皇上。他将天启皇上的死讯保密了数日后，将一些借助他的势力当上高官的人找来开了一次秘密的会议。在宣布了皇上的死讯之后，他直言，如果他们想让他当皇上，他不会拒绝的。一个太监想要穿龙袍，甚至连他的党羽也认为他的胃口实在太大。到会的人回答说，皇位的继承问题是不可能改变的。魏忠贤又厚颜无耻地表示，由他来宣布16岁的朱由检登基，由他陪着新皇上走上金銮殿。

新皇上的年号为崇祯。明朝的幕布命中注定要在他的手中落下。他有着良好的意识和天生的美德。"非常的有天分，但是非常的不幸"，这是汤若望对他的评价①。

朱由检的登基意味着魏忠贤暴政的结束。他决心摆脱魏忠贤。他在做这件事的时候不是没有经过预先周密计划的。他首先下旨：没有他的同意禁止任何人建庙修祠，还承诺要让大家各尽其言。十分清楚，他下的旨意是指向魏忠贤的。魏忠贤明知风暴已经刮了起来。没过一个星期，他就提出辞职。

---

① 见 *Johann Adam Schall von Bell*, S. J., 科隆, 1933, 第94页, 注释15。

有了皇上的保证，两名官员立即呈上参劾魏忠贤的奏疏。几位大学士，包括冯铨，清楚魏忠贤的倒台也会殃及他们，便企图施加影响，使皇上惩治参劾魏忠贤的人，但是他们受到了严厉的驳斥。这个消息传开后，参劾魏忠贤的奏疏像雪片一样呈送给皇上。

[205]

皇上恢复了在 1625～1626 年被革职官吏的官职和地位，许多魏忠贤的人被罢了官。绝望中的魏忠贤企图避开风头，便请求皇上撤掉他在前任皇上在世时用不正当的手段提拔起来的亲戚，皇上接受了他的请求，但是主犯没有被赦免。崇祯皇帝在登基的两个月之后，便令魏忠贤退职回原籍。魏忠贤被宣布了三大罪状：图谋篡位，害死或逼死朝廷要员，侵吞皇室财产。魏忠贤回原籍后，看押他的卫队长给他一个小盒子，里面装着一条绳子：皇上命令他自尽。魏忠贤死后，皇上命令拆掉所有魏忠贤的生祠、坐像和画像，为他修祠的官吏受到了严厉的指责，《三朝要典》也被烧毁。"魏忠贤留在中国历史纪录中的只是可耻的象征。"①

魏忠贤的女性同党——客氏的结果更悲惨。在魏忠贤得势期间，她在宫内行使暴政，就像是魏忠贤治理国家一样。她对待皇后就像对仆人一般，皇后的父亲也被她赶出皇宫。新皇帝当着守寡的前任皇后的面，将客氏凌迟处死。

魏忠贤的倒台使得许多进取的、爱国的官吏重返朝政。徐光启在 1629 年任礼部左侍郎。

对另外两位想要返回朝政的学者来说，命运车轮的转动显得太慢了。他们——叶向高和杨廷筠，都以不同的方式为天主教的事业做了了不起的贡献，但是二人都在 1627 年去世了。对传教士们来说，叶向高没有皈依天主教使他们深感遗憾②。更令人悲伤的是杨

---

① *Eminent Chinese*，Ⅱ，第 847 页。
② *Notices biographiques et bibliographiques sur les Jésuites de l'ancienne mission de China 1552 – 1773*，上海，1932，Ⅳ，第 232 页。

廷筠的去世。曾德昭说杨廷筠是"中华帝国天主教信仰的三柱石之一"。另外二人,是他的好友徐光启和李之藻①。

杨廷筠应该得到巴笃利这样的赞扬:

"可能除了保禄进士②之外,耶稣会在这片土地上没有一位比他更仁爱的父亲,或者说比他更值得信赖的慷慨的护卫人了,也没有比他的道德品行更完美的天主教徒了。"③

杨廷筠,与这个时期信仰天主教的学者们一样,在学识、科学、哲学,以及耶稣会士带来的宗教方面,有着浓厚的兴趣。他们在开明的、真情的人道主义方面,以及在渴望挣脱长期的、狭隘的古典主义的思想束缚方面,是志同道合的同志。

1627 年,杨廷筠承担了修建包括传教士们居所的一座教堂的工程。地址在杭州的武林门内。他上了年纪,还坚持做体力活,结果过度的劳累使他病倒。他在 12 月 31 日去世,享年 71 岁。

北京政治气候的变化影响地方各省需要一些时间。但是到了 1629 年,地方的形势也开始明朗起来。西安再次做了一回晴雨表。汤若望在动工修建一座礼拜堂时,受到了鼓励,甚至还得到了一些非天主教徒的官吏在资金上的支持,一些原本态度最不友好的人也有了善意。新建的礼拜堂装饰有一个十字架,并没有遭到反对。这是从 1611 年在南京建教堂以来,第一次在教堂上安上十字架而没有受到处罚。

当地的巡抚派了两名官员向传教士送上他的名片和礼物,还写了一篇赞颂西方科学和耶稣会士如何有学识的文章,并命令西安府尹将文章用金色的字体装裱后,举行一个公开的仪式送给汤若望。官方的态度转变显然不可能不在大众中产生反应。人们的敌意消失

---

① 曾德昭著 Histoire universelle,第 362 页。
② 徐光启的教名。——译者注
③ Notices biographiques et bibliographiques sur les Jésuites de l' ancienne mission de China 1552 – 1773,上海,1932,Ⅳ,第 211 页。

了。汤若望第一次可以自由地宣讲福音了，不久就有 50 个人受洗了。

西安是从中亚来的商队的终点。每 5 年有一个大的商队，每三年有一个小规模的商队到达西安，然后以进贡使节的名义进京。这样一来，西安就成了这些商队的大本营。1628 年的时候，一支大规模的商队要去北京，汤若望拜访了商队的领队米尔尤丁（Mirjudin）。他们成了真正的朋友。一个天主教的传教士，一个穆斯林商人的领队，在米尔尤丁赴北京之前，他们相互拜访了 20 回，用中文交谈。汤若望对从中亚到西安陆路上发生的一切都非常感兴趣。

耶稣会士们对中亚这条路一直有着浓厚的兴趣，因为来中国走海路太不安全。1580~1640 年，有 323 条船从里斯本开往印度的果阿，其中有 70 条船失事。能安全地到达目的地的乘客比例是很小的，相当多的人死在途中①。

汤若望仔细地分析了这位手下有一支商队的来自巴尔克（Balkh）的领队讲的情况后，写了一份切实的研究报告。这份报告现存于罗马耶稣会的档案馆中②。报告详细、准确地讲述了该商队行进的路线、行走的距离、中国政府对商队穿越长城的规定，以及它带来的货物和它带走的货物等等。

汤若望在报告中还提到另外两条穿越中亚的陆路路线，一条是经过印度的西北部，另一条从西藏的东部进入孟加拉。汤若望对于北面的路线，即从中亚的布哈拉③（Bokhara）到肃州的路线写得很

---

① 参考 Manuel de Faria e Sousa 著 *Asia Portuguesa*，里斯本，1666~1675。他在其中列出所有在 1412~1640 年从葡萄牙到非洲和到亚洲的船只。还有 1541~1603 年从里斯本乘船到东方的所有耶稣会士的名单，见 Jeronimo P. A. da Camara Manoel 著：*Missoes dos Jesuitas no Oriente nos seculos XVI e XVII, Trabalho destinado a X sessao de Congresso Internacional dos orientalistas*，里斯本，1894。
② *ARSI*, Jap-Sin, 143，第 1~8 页和第 9~20 页。
③ 布哈拉（Bokhara），位于乌兹别克斯坦中部。——译者注

详细。肃州就是耶稣会修士鄂本笃在完成了四年艰辛的值得纪念的旅程,在给利玛窦送出他到中国的消息后,于 1607 年 4 月 11 日去世的地方。汤若望再一次肯定了鄂本笃的发现,因为当时还是有人怀疑马可·波罗所讲的契丹与中国不是一个国家。汤若望还指出,旧地图中契丹绘制的位置太偏北。他和利玛窦一样,坚持认为马可·波罗所说的大都和北京是同一个城市。

30 年之后,耶稣会总会长格斯文·尼克尔(Goswin Nickel)派了两名神父吴尔铎①(Albert D'Orville)和白乃心②(Johann Grueber),试走汤若望讲的两条路线中的任何一条。他们选了第二条,他们在 1661 年 6 月离开了西安,穿过沙漠到达西藏,翻过喜马拉雅山,穿过尼泊尔和孟加拉,在长途跋涉了 214 天后到了阿格拉③(Agra)。吴尔铎在阿格拉去世,白乃心独自带着报告前往罗马④。

崇祯皇帝清理门户的开端,对未来似乎是个好征兆。虽然他的意向很好,但是优柔寡断和软弱却使他裹足不前。他的确铲除了一些很阴险的人物,但是还是缺少铲除国家机构中由于魏忠贤的统治带来的一切腐败因素的勇气。像冯铨这样臭名昭著的恶人都没有受到惩罚,说明改革是不完全的。用折中的办法已经不行了,只有大刀阔斧地行动才能拯救政权,但是皇帝没有这个能力,他只是拖延和妥协。不少有能力的东林党人确实重返朝政,阉党的控制也被打破,但是阉党的影响并没有被铲除。

一些魏忠贤的余党仍然在朝为官,直到明帝国的结束,他们一

---

① 吴尔铎(Albert D'Orville,公元 1622~1662),比利时籍耶稣会士,1659 年来华。——译者注

② 白乃心(Johann Grueber,公元 1623~1680),奥地利籍耶稣会士,1659 年来华。——译者注

③ 阿格拉(Agra),印度中部一城市。——译者注

④ 白乃心讲述的他们的旅程,见 Melchisédech Thevenot 著 *Relations de divers voyages curieux*,巴黎,1696,Ⅰ,注释 7,第 1~23 页。

直有着很强的影响力。1628 年，魏忠贤死后不到一年的时候，魏的余党阻止了任命当时著名的诗人、散文家和历史学家钱谦益①为大学士，将他们的同党温体仁②任命为大学士。钱谦益的礼部侍郎的职位也被罢免，瞿式耜1628年来北京任吏部给事中，他在这场政治斗争中是一位突出的人物。他和钱谦益是好朋友，当钱谦益退休时，瞿式耜也被命令和他一同离开。到了1637年，一直都在常熟过平静生活的钱、瞿二人，在被人诬告后，又被监禁了一段不太长的时间。这段插曲揭示出，崇祯皇帝在摧毁阉党的势力上是非常不彻底的。这也是他为什么不能建立一个永久的、强有力的政权的原因。1621～1644年，六部的尚书换了116次③。再也没有比这更能说明晚明时期政权机构混乱状况的了。

在皇上着手进行不彻底的改革时，耶稣会的许多朋友回到北京，这对传教团是不小的收获。教会平安度过了另一次危机。传教士们可以自由地在京都行走出入，恢复了公开传播天主教的活动。

这时任礼部侍郎的是徐光启，他任这一职位对再次提请将修历的工作交给耶稣会士是有利的。邓玉函在与徐光启进行了长久的讨论之后，同意了他的计划。1629 年 6 月 21 日将发生日食。三位天文学家事先分别对此进行计算：一个是中国人，一个是穆斯林，一个是欧洲人。结果前两人的预测是错的，只有邓玉函的预测是准确的。礼部将三人预测的情况公布，修历工作的请求再次被提出。

皇上要求对两位对用传统算法推算错误的原因加以解释。经钦天监的数学家和礼部的官员的仔细检查，计算没有错误，完全符合 [209]

---

① 钱谦益（公元1582～1664），字受之，常熟人，万历三十八年进士，历任礼部侍郎等职，后降清。——译者注
② 温体仁，字长卿，号圆峤，乌程人，万历二十六年进士，任礼部尚书，大学士。——译者注
③ *Eminent Chinese*, Ⅰ, 191 页。

规则。唯一的答案是,穆斯林和中国的计算体系都不可靠。

徐光启在一份精心准备的报告中,为钦天监的数学家们开脱责任,说明错误不在他们,而是他们用了好几个世纪的运算体系有问题。这个用了好几百年的计算系统,在一开始使用时还是相当可靠的。但是随着时间的推移,体系中原本存在的不足之处成了错误的来源。唯一补救的办法是对整个中国的历法进行修正。报告在礼部的会上经宣读后获得通过,然后以奏疏的形式呈给皇上。皇上对这个计划表示赞同,并且命徐光启负责此事。一个新的历法机构——"历局"成立了。

徐光启在第二道奏折中,向皇上陈述说没有欧洲传教士的帮助,修历的工作无法进行。传教士们是优秀的数学家,他们经过长期研究,对中国的天文也有了透彻的了解。对于徐光启的这个请求,礼部害怕皇上会因为将如此重要的工作交给这些被他的祖父赶走的人而发怒,所以有些犹豫,但是徐光启仍旧坚持。在徐光启的力争之下,礼部克服了恐惧,奏疏以礼部的名义呈给皇上。

1629 年 9 月 27 日皇上下了批文,同意耶稣会士在历局工作。这道政令在全国的发布,对天主教有很大的帮助,它有利于提高传教士们的地位,向着取消 1617 年的逐教令迈进了一大步。在北京和其他省份,耶稣会士们都接待了来向他们表示祝贺的官员。

徐光启指定李之藻、王徵、龙华民和邓玉函来历局工作。两位神父——龙华民和邓玉函的生活开支由国库发放。此外,还向他们提供了制造天文仪器的作坊。

幸运的是,在中国还有几位在数学和天文学上有能力的耶稣会士,在他们的图书馆里有着在这方面最好的书籍。这些书是金尼阁于 1619 年从欧洲带来的。书籍和人才的两项优势要归于利玛窦的远见卓识。24 年前,1605 年 5 月 12 日利玛窦在写给葡萄牙耶稣会总会长助理若昂·阿尔瓦斯雷(João Alvares)的一封信中以肯定的口气强调,作为一件重要的事情,他需要一名天文学家和一些天文学的书籍：

"……我向尊敬的阁下提出一项请求。这项请求好多年前我就提过，但是没有得到答复。派一名在天文学方面有造诣的神父或修士来北京，这是我们最急需的。我之所以要天文学家，因为迄今为止，我在几何学、钟表学和星盘方面的知识还够用，我也有这方面的书籍，但是中国人在这方面知识的需求没有天体现象方面的需求多，诸如对日月食现象的计算。还特别需要能编历书的人。皇上为了每年的编历，雇用了估计有200多人来做这项工作，开支很大。这项工作由两个机构的人来完成，一个机构使用的是中国的标准，编好后的结果肯定有错误，但是比较受重视；另一个机构，知名度略低，用的是回历系统编历，虽然它在测日月食方面更准确一些，但还是不理想。这两班人马都住在宫外。还有两组由太监组成的编历人员住在宫内。在南京，还有两班人马做这项工作，其中有不少学者型的官员。在一套不科学的系统之下工作，他们不会取得任何成果。当他们预测的结果远离事实时，唯一可找的借口是他们的算法是祖上传下来的。

因为我制作了世界地图、钟表、地球仪、星盘和其他一些仪器，并向他们传授这些知识，我得到了世界上最伟大的数学家的声誉。尽管我没有天文学方面的书籍，我借助葡萄牙文的日历和期刊来预测日月食现象的发生，在准确性上还是要比他们强得多。我告诉他们，因为我没有天文学方面的书籍，不想承担修历的工作，但是他们不相信。出于这些理由，如果我要的这样的数学家能来的话，我们就能将我们的历书译成中文，我可以做翻译的工作。然后，我们就能接手修历的工作。修历的工作将会提高我们的声誉，还会让我们有更多的机会进入中国，给我们的安全、自由带来保障。我希望借助您的威望，能使耶稣会总会长将这件事当成一件对中国十分重要的事情来办。无论是来自哪个国家的都行，派遣一两名天文学家直接到中国的北京，因为在别处作用不

[211]

大。还要让他们带上必不可少的书籍。不能依靠印度的果阿或其他任何地方,因为在印度的同事们没有这方面的书籍,即使有,他们也不会借出。"①

随着1629年皇上诏书的发布,利玛窦30多年前的梦想实现了。邓玉函和龙华民在1629年进入历局工作,标志着耶稣会在中国的传奇故事中最让人兴奋的部分开始了。他们起初任助手,但所做的工作是真正的指导性的工作。他们的职位虽然在汤若望之下,但是也都有官职,是部门的实际负责人。汤若望在钦天监②的官职是中华帝国有史以来外国人所担任的最高官职,传教史中一些最伟大的人物都担任过钦天监的负责人。汤若望受到邪恶的骗子杨光先的迫害,失去了在钦天监的工作,除了这几年(公元1664~1669)的中断外,他在钦天监的工作一直持续到1775年,教皇克莱蒙十四世(Clement ⅩⅣ)在1773年发布通谕,解散在中国的耶稣会时,钦天监都是由一位耶稣会士负责。最后一位负责钦天监的耶稣会士是刘松龄③(Augustine de Hallerstein)。他从1746年起就担任这个职务,得知教宗解散在中国的耶稣会的命令后受到了很大的震动,导致了他在1774年10月29日的去世。

耶稣会在钦天监工作的这些年,对在整个中华帝国传播天主教的信仰起了决定性的作用。正如利玛窦预见的,他们赢得了威望,

---

① *Opere storicbe*,Ⅱ,第284页。
② 历局是明末实行历法改革时成立的区别于原钦天监的机构,到了清代,天文、历法工作统归钦天监负责。作为第一位出任钦天监领导的汤若望,当时的职务是掌印官。后南怀仁受命任监副。随后任钦天监监正的传教士有闵明我、庞家宾、纪理安、戴进贤、刘松龄等,徐日升等人曾任钦天监监副。——译者注
③ 刘松龄(Augustine de Hallerstein,公元1703~1774),日耳曼人,出生地现属斯洛文尼亚,1738年来华。原著称刘松龄为任钦天监监正的最后一位耶稣会士,有误。刘松龄之后,葡萄牙籍耶稣会士傅作霖、高慎思、安国宁和索德超相继任监正之职。索德超才是最后一位任此职务的耶稣会士,他的任期是1795~1805年。——译者注

结交了上层人物，使在各地直接传布福音的工作变得更容易。在由于禁行中国礼仪而导致的中国传教事业骤然走下坡路的不愉快的年月，特别是在乾隆皇帝（公元1739～1796）的长期统治之下，只有在钦天监和一些类似机构工作的神父们身上，还能看到从前天主教传教士们享有的威望的一些迹象。

# 第十三章　栋梁的倒塌

[213]　　1628年11月4日，52岁的金尼阁与世长辞，这对传教团来说，是一个严重的损失。金尼阁的去世笼罩在神秘之中，在他死后的第35年，巴笃利写道：金尼阁死于精神崩溃。德礼贤指责巴笃利，用偏见的眼光看待金尼阁，使巴笃利的历史判断受到了扭曲①。不过巴笃利所讲的是有证据的。在耶稣会的档案馆里有巡察使班安德②（André Palmeiro）在1629年12月20日写给维太利斯奇的一封信。信中隐秘地告知，金尼阁是自杀身亡的；还说郭居静曾经预言过，金尼阁对天主教术语中所争论问题的强烈关注，会杀了他自己③。说不定可以依据这些线索来推断发生了什么事情。金尼阁由于头脑绷得过紧，而导致了心神错乱。

　　金尼阁是最热诚的用笔来推动传教事业的人士之一。在常州和西安，他对天主教在中国首次留下的文字④做了鉴别。传教团的负责人非常愿意金尼阁在文字方面的才能得到发挥，所以没有安排他做传教工作，只是让他从事文字工作。他在这方面劳累过度。金尼阁的记忆力惊人，对棘手课题的研究也有着强烈的欲望。据说金尼

---

① 耶稣会士德礼贤著 *Danicle Bartoli e Nicola Trigault*，*Revista storica italiana* XVI，1938，第77～92页。
② 班安德（André Palmeiro，公元1569～1635），葡萄牙籍耶稣会士，1628年来华。——译者注
③ *ARSI*，Jap–Sin 161 II，第116～117页。
④ 指大秦景教流行中国碑。——译者注

阁为了挤出时间研究中文,晚上只睡三个小时觉,他的睡眠太少了。

在1630年春天的时候,传教团又受到了重重的一击。刚刚开始在历局工作的邓玉函,于5月13日去世。他此时的去世带来的损失似乎是不可挽回的。邓玉函是一位有高深学识的人。他原籍瑞士,在35岁加入耶稣会之前,作为一名物理学家、哲学家和数学家,他的声誉已经传遍欧洲。除了母语,他还能流利地讲法语、英语和葡萄牙语,甚至还精通闪米特(Semitic)语。邓玉函是将西安景教碑上的叙利亚文字翻译出来的第一人。

邓玉函在与金尼阁一起来东方的路上,沿着果阿、孟加拉、澳门、苏门答腊和印度支那收集植物、石头、动物、鱼类、爬行动物和昆虫。他在将它们分别加以描述后,还配上绘制精确的插图。邓玉函还认真地研究了他所到国家的气候和居民①。根据这些资料,他写出了两卷未发表的论文。论文包含了他当时的研究和后来一直到他去世前的观察、研究成果。

邓玉函有一位朋友,同时也是学院的同事,他就是伽利略。伽利略是罗马楷西学院②(Cesi Academy)的第六位院士,邓玉函是第七位。邓玉函在离开欧洲之前与伽利略有过8年的直接的往来。来中国后,邓玉函通过他们在科学界的共同的朋友与伽利略联系。在对中国的历法改革方面,邓玉函试图取得伽利略的帮助。他还特别渴望得到伽利略有关日食的计算方法。邓玉函对1616年4月6日罗马天主教的圣职部下令禁止伽利略为哥白尼学说辩护的禁止令感到十分不快。尽管邓玉函再三地请求伽利略告诉他计算日食的方法,但是这位比萨(Pisa)的著名学者,在这件事上却没有显示出他的

---

① 耶稣会士 Arthanasius Kircher 著 *China monumentis, qua sacris qua profanis, nec non variis naturae et artis spectaculis, aliarumque rerum memorabilium argumentis, illustrata*,安特卫普,1667,第110页。
② 楷西学院(Cesi Academy),由意大利楷西亲王创建的科研机构,又称"灵采研究院"。——译者注

好名誉。他对金尼阁的请求不予理睬,最终还是拒绝了①。与之相比,邓玉函与另一位著名的、博学的天文学家,欧洲人开普勒的友谊给他带来更多的益处。邓玉函从北京给开普勒写信,向他解释中国人推算日食的方法。

邓玉函在北京的葬礼,是自禁教令颁布以来首次隆重、正规的葬礼。许多非天主教徒的学者型官员也渴望纪念他,纷纷为他的后事捐款。

邓玉函展示出了他的才能,也有了良好的声誉。传教团的负责人将他的去世看成是一场大灾难。徐光启马上让汤若望和罗雅谷接替邓玉函在历局的工作。幸运的是,39 岁的汤若望和 37 岁的罗雅谷被证实都是优秀的人选。

[215] 汤若望自从 1627 年就在西安传教。罗雅谷与王丰肃在山西传教。1630 年 6 月 29 日,皇上对调他们到历局任职的提议表示同意,并向陕西和山西两省的官员发布命令,令他们为二人进京提供旅途上所需的一切。在沉寂了数年之后,天主教再次得到了承认,在中华帝国有了受人尊敬的地位。

这是 13 年来传教士们头一次可以公开地进行传教工作。这种新的自由带来的结果,马上在山西省有了反映。1630 年,王丰肃在当时还没有进京的罗雅谷的协助下,已经有了 500 名天主教徒。在罗雅谷进京之后,1631 年,在王丰肃一人工作的情况下,又使 700 人受洗,1632 年则达到 1100 人。回想一下 1625 年,正是魏忠贤反对东林党人的高潮时期,整个中华帝国的天主教徒人数只有 673 人。天主教徒人数的增长说明的问题是显而易见的。在其他省份,据传教士们报告,领洗的人数也在增多。

1629 年被重掌兵权的袁崇焕成功击退的人向西进军。然而就在

---

① 德礼贤讲述了完整的经过,见 *Galileo in China*, Rufus Suter, Matthew Sciascia 译,剑桥—哈佛大学出版社,1960。

这一年的冬天，满人突然行动，从内蒙古一方突破长城，直抵北京，兵临城下。袁崇焕从宁远赶回北京，保卫皇城。尽管袁崇焕对满人的进京没有任何的责任，但是死去的魏忠贤同党向皇上进谗言，诬告袁崇焕。1630 年 1 月 13 日，袁崇焕在拜见皇上的时候被拿下，以通敌的罪名凌迟处死①。

面对满人的威胁，皇上命令徐光启和李之藻按照欧洲的模式训练军队。徐、李二人再次提起寻求葡萄牙人帮助的问题。1630 年 2 月 14 日，皇上同意了他们的建议。澳门方面送来两门加农炮，几支毛瑟枪，还有五六名炮手，领队是葡军将领公沙的西劳（Gonzales Texeira Correa）。耶稣会士陆若汉②（João Rodriques），作为译员陪同来京。陆若汉不属于在中国的传教团，而属于在日本的传教团。在日本，陆若汉被日本人当成一名译员。陆若汉是一位出色的语言学家，为日本的关白丰臣秀吉和他的接任者德川家康当过好多年的翻译，但是在 1612 年被从日本逐出③。

澳门派来的这一小队人马来得正是时候，对解救离北京不远的涿州的被围起了关键作用。葡人的枪手和炮手将满人击退。由于打了胜仗，情绪高涨的西劳将军呈请皇上允许再从澳门调兵 300 名，并承诺，有了这些士兵，他就能将满人赶出明帝国，其毁灭性的打击将使满人不敢再入侵中国。西劳之所以信誓旦旦，可能是由于他对满人在作战中的勇猛没有体验。满人对用枪炮的作战并没有准备，双方还没有展开激战，满人便从涿州撤退了。

[216]

兵部的意见是接受西劳的提议。陆若汉被委派从澳门带回增援的部队。在澳门，200 名士兵整装待发。这些士兵大多数都是在澳

---

① *Eminent Chinese*，Ⅱ，第 955 页。
② 陆若汉（João Rodriques，公元 1561～1634），葡萄牙籍耶稣会士，1614 年来华。——译者注
③ 关于他的职业生涯，参考 C. R. Boxer 著 *The Christian Century* 中的索引的相关页。

门的中国人,他们既是出色的士兵也是职业的枪手,每名士兵都配有一名仆人。他们还有皇上的国库发给的丰厚的军饷,身着整齐的制服,佩戴着武器。这一小队人马在佩德罗·克尔迪耶(Pedro Cordier)和安东尼奥·罗德里格斯·卡波(Antonio Rodriques del Capo)队长的率领下,从澳门出发向北行进。

当这支军队行进到南昌时,正在南昌的曾德昭亲眼见到了他们①。南昌的官员们对待这支部队格外的慷慨。曾德昭说,南昌的官员们"赞同和赞赏这支军队除了着装之外的所有的一切"。不过,南昌的官员没有再让这支部队往北行进,而是让他们在南昌停了些日子后,令他们返回了澳门。

葡萄牙人在贸易方面的特权只限在广州口岸。这样的限制使广州的商人们有了独揽对外贸易的机会。他们认为葡萄牙人向北方的扩展对他们丰厚的利益构成了严重的威胁。葡萄牙人向北方扩展的成功,可能会使葡萄牙人赢得在整个帝国的自由贸易特权,广州就会失去它独占的优势。于是,广州的商人们凑足了一大笔钱,贿赂那些对他们有用的、仍旧在京城做官的一些反动的朋党。这些官吏便去劝说皇上,说要击退满人,并不需要额外的援助。没有主见的皇上下了诏书,让这支远征军返回澳门。

[217] 远征的失败对在中国的传教来说,并不是没有益处的。5 名耶稣会士从澳门随着这一小队远征军进入了中华帝国。这是 8 年来首次对传教团在人员上的补充。士兵们从南昌折回澳门,但是传教士们却分头去了事先安排好的地方:聂伯多②(Pietro Canevari)去杭州;方德望③

---

① 见 Histoire univerrselle de la China trad. nouvellement en francais,里昂,1667,第 152~153 页。

② 聂伯多(Pietro Canevari,公元 1594~1675),意大利籍耶稣会士,1630 年来华。——译者注

③ 方德望(Etienne Le Fèvre,公元 1598~1659),法国籍耶稣会士,1630 年来华。——译者注

(Etienne Le Fèvre) 去山西，与王丰肃一起工作；谢贵禄①（Tranquillo Grassetti）留在南昌；林本笃②（Bento de Mattos）去福建；金弥阁③（Michel Trigault），即金尼阁的侄子，去了西安。

对传教团来说，1630 年是收获与损失兼有的一年。在诸圣节 11 月 1 日那天，李之藻在北京去世。"中国天主教的三柱石"又倒下了一位。自从李之藻与利玛窦相见以来，已经过了 31 年。在这 31 年，特别是李之藻领洗之后的 20 年中，他对传教士们的帮助是无法估量的。

临终时，他躺在北京的家中，几位耶稣会的神父围在他的床边，他拉着徐光启的手，流着泪说出了他的心事：

"我将在满足中死去。因为我目睹了我们的神父们又重新站了起来，并且得到了你的威望与权力的强有力的支持。我不必再向你夸奖他们，因为我十分清楚他们在你心中的地位。我的罪孽使我在工作中无足轻重，我为能参与其中、成为你的同事而感到不胜荣幸。如果在这项（修历）工作完成之后，我的名字能为荣耀天主和传播我们的信仰有任何帮助的话，这是我的荣耀。中国的天主教事业要靠你们了。"

李之藻是天主教中的绅士，有学识的使徒，天主教信仰的传播者。曾德昭在悼词中的一段话，说得再确切不过了："对他的怀念，将永远地活在我们耶稣会士的心中。他的为人之楷模的高贵品行，也会永远活在那些高尚的中国人的心中。"④

---

① 谢贵禄（Tranquillo Grassetti，公元 1588~1644），意大利籍耶稣会士，1630 来华。——译者注
② 林本笃（Bento de Mattos，公元 1600~1652），葡萄牙籍耶稣会士，1630 年来华。——译者注
③ 金弥阁（Michel Trigault，公元 1602~1667），法国籍耶稣会士，1630 年来华。——译者注
④ 这段对李之藻的评价和其他的评价，见 *Histoire univerrselle de la China trad. nouvellement en francais*，里昂，1667，第 359~360 页。

又过了两年，1632年9月7日，耶稣会又失去了一为坚定不移的朋友和杰出的天主教徒——孙元化。他是在北京的监狱中被处死的，他是自己忠信的牺牲品。在1630年，他被任命为山东半岛的登州和莱州的右佥都御史①。由于来自澳门的军队没能北上，公沙的西劳和他的一小队葡萄牙士兵带着他们的枪炮来到登州，加入孙元化的队伍。

孙元化指挥下的军队是与满人打仗的明军；孙元化是天主教徒，也是一名东林党人；他仅有举人的功名，却担任了通常只有进士才能担当的职位。这三条就是许多在京为官的魏忠贤的余党忌妒他的原因。这些人关心的是他们在政治上的利益，而非朝廷的危亡，他们时时伺机将孙元化扳倒，孙元化发现自己被孤立了。他为所属军队索要的粮饷、供给如石沉大海，没有回音，他的军队有好几个月没发军饷了，他一再向京城提出的请求，但从来就没有得到过答复。1632年1月19日，士兵的哗变不可避免地发生了。孙元化属下耿仲明和孔有德领导的军队叛变了。他们开始掠夺驻扎地周围的村庄。忠于诚信的孙元化试图恢复秩序。后来对他的指控说，是他试图使反叛者回心转意的做法，错失了平息叛乱的机会。孙元化可能比任何人都清楚，这些人之所以哗变，在很大的程度上是北京那些有野心的政客行为所致。假如问题可以得到解决，孙元化不愿意用武力来对付叛乱者。可是他的和平解决的方法没能奏效。2月22日，哗变的军队拿下了登州。公沙的西劳在城墙上指挥作战保卫登州时阵亡，他的葡萄牙士兵只有三名生还。和他一起来的耶稣会士陆若汉从高墙上跳落在很深的积雪中，逃到不远的一个村里，才保住了性命。孙元化被叛军捉住，反叛者对他并无歹意，他们清楚，孙元化也是北京政治斗争中的牺牲品。计划为满人效力的耿仲明和孔有德试图说服孙元化加入

---

① *Eminent Chinese*，Ⅱ，第686页。

他们的行列。尽管孙元化知道有什么样的命运在北京等着他，他还是一口拒绝了。耿仲明和孔有德放了孙元化和与他一起在军中的张焘①（教名 Michael）。孙元化返回京城，面对军事法庭的审判。

徐光启这时已经晋升为大学士。他想尽了一切办法来营救他的这两位朋友。无奈敌对的势力太强、组织得太周密。致使他的营救不能成功的，还有中国人对于政治责任的理念问题。地方官吏，在他所管辖的区域内，无论出了什么事情，都要负全责。这样的思维方式，为京城寡廉鲜耻的官僚们提供了一把绝好的保护伞。他们暗设密谋，刻意地制造爆炸性的局面。要打败这些官僚，孙元化是孤立无援的。事情发生后的道德责任感落在了孙元化他们的身上，可惜对他们没有补救的办法，孙元化要负法律上的责任。尽管徐光启强烈反对，孙、张二人还是被判有罪，处以死刑。他们二人在牢里等待执行的时候，汤若望涂黑了脸、肩上背着木炭口袋，装成卖炭的小贩，设法混进了牢房，为他们行了告解圣事②。这是一场悲剧，但是对于孙元化和张焘来说，也是个悲壮的结局。孙元化在他的家乡——嘉定，为耶稣会建立会院慷慨出资。张焘在 1621 年以首位朝廷官方使者的身份出现在葡萄牙人的驻地澳门时，受到了葡萄牙当局的盛情接待。

第三位卷入这场悲剧的也是一位杰出的天主教徒。在孙元化的推举下，王徵被任命为登莱监军佥事，驻地在登州。他于 1631 年 8 月 17 日上任。6 个月之后，登州落入反叛者手中。王徵逃了出来，回到老家陕西。翌年，他以没能使登州脱离叛军的罪名被判流放，

---

① 张焘，见方豪《中国天主教史人物传》（上册），第 237 页。——译者注
② 耶稣会士毕嘉（Joannes Gabiani）著 *Incrementa Sinicae ecclesiae a Tartaris oppugnatae*，维也纳，1673，第 594 页。
  毕嘉（Joannes Gabiani，公元 1623~1696），意大利籍耶稣会士，1659 年来华。——译者注

不久又被赦免。不过他再也没机会重返朝廷了。他以后的事情是专心写作和尽一切可能帮助在他的家乡陕西传教的耶稣会士。尽管王徵受到了不公正的待遇，特别是他的朋友孙元化受到了不公正的遭遇，但王徵对朝廷仍无二心。李自成占领西安时，曾争取王徵加入他们的行列，但是遭到王徵的拒绝。他称，宁可死，也不支持叛军。像其他的许多爱国将领一样，他在饱受原本根本不该受到的不公正对待后，仍旧对这样的政权忠心耿耿。据说，王徵在得知北京在1644 年 4 月 25 日落入李自成的手中之后自杀了①。如果他真的是自杀，那么他的行为违背了天主教信仰的律条，但是我们对他不可过于苛求。明朝的忠臣王徵，在面对政权的垮台时思维混乱，在强烈感情的左右之下，受到旧有价值观的赞许和鼓励，甚至是尊敬和崇拜，等等，那些根深蒂固的社会习俗的力量，重又找回自己的位置，而这个力量要大于天主教信仰给他带来的新的道德原则。有事实说明这不是第一次、当然是最后一次，王徵违背了天主教信仰。尽管他是优秀的、忠诚的天主教徒，在忠于新接受的信仰的道德律条上还是有波动的。当他不再从政之后，有纳妾的行为。作为惩罚，可能是他的好朋友王丰肃神父将他逐出教会。后来，王徵对自己所犯的错误感到懊悔，写下沉痛的悔过书，并且请求宽恕。当他放弃他的妾之后，宽厚的神父们又让他重回了教会②。在他死后，清朝的乾隆皇帝授他"忠节"的谥号。满人赏识忠义之人，即使这些人为他们推翻的王朝服务过。

[220]

1633 年 11 月 8 日，中国的教会经历了自利玛窦死后最惨痛的损失。徐光启在他的职业生涯达到最高峰的几个月后去世了。他原来已任东阁大学士，几个月前又被任命为文渊阁大学士，这个职位

---

① *Eminent Chinese*，Ⅱ，第 808 页。
② 耶稣会士 Joseph Siao 著《天主教传行中国》，1931，第 209 页。

的人被认为是"皇上之下的第一人"①。

徐光启在他生命的最后几年十分活跃。他在历局的组织工作上下了大力气。后来历局取得的成就,要归功于开始时他对历局工作的定位。最初的工作是将专业的文献翻译成中文,以方便中国助手使用。一开始是邓玉函做这项工作,接下去是汤若望和罗雅谷全力以赴地投入到这项极为迫切的工作中。

刊印每一年的历书是朝廷行政机构的最重要的职能。日、月、星辰的运行规律,太阳进入中国人划分的黄道带的二十八星宿的时间,所有这一切都要求计算得十分的精确。准确无误的历书,对实现孔夫子的黎民百姓与自然的和谐有序地相处的学说,是至关重要的。

中国的天文学有很长的历史,在这个领域的水平曾经与欧洲相差无几②。在理论方面,中国人认为天体是飘浮在无限的宇宙空间中的。而托勒密、亚里士多德关于宇宙的概念,认为以地球为中心的宇宙是一个固态的球体,就像一个可塑的圆顶。中国人的概念要更接近真实的情况。而欧洲人计算日月食的方法要优于中国皇家的算法。中国人观察天空已有好几百年了,积累下大量错误的数据,随着时间的推移,错误成倍的增长,因此在推算日月食现象方面很难做到准确无误,常常对它们发生的时间推算不出来。

[221]

他们也试过加以改革。在新的朝代开始时,他们通常要做这件事情。比如在元朝开始的时候(1280年),阿拉伯算术的引入更新了原有的算法。直到明朝(公元 1366~1644),回族历仍受尊崇。明朝初年,至少还有 24 位阿拉伯的数学家为明朝工作。1370 年时,回族的学校还是钦天监的一部分,学校的校长们还要讲授几何学与代数学。当明朝的创建者朱元璋将忽必烈的后代赶回蒙古国时,在

---

① 见 *Johann Adam Schall von Bell*,S. J.,科隆,1933,第 103 页。
② 参考 *Science and Civilization in China*,剑桥大学,1959,第 171~479 页,特别是第 437~438 页。

京都，这些阿拉伯的天算学家们已将上百部阿拉伯文原稿译成了中文。1385年，阿拉伯的天文学家们向朝廷呈上一篇历法理论的论文，这篇论文在1470年和1477年又经两次修改。在耶稣会士开始修历时，回教的学校仍是钦天监的一部分。汤若望认为，在其准确性上，回教的算法与中国人的算法相差无几，历法已经有381年没有彻底地改变过了①。

耶稣会士不能只是简单地用欧洲的历法体系代替中国原有的体系。他们不得不保留中国人时间的测量体系和基本的历法结构。魏特说，这就是为什么尽管耶稣会中的许多人是相信哥白尼太阳中心说的，但是还是不能放弃托勒密体系②。李约瑟认为这也是因为"耶稣会士们不能不在乎教会对伽利略的定罪"③。耶稣会士们希望终究有一天他们能够说服中国人让他们相信格列高利历法（Gregorian Calendar），但是在当时，猛然地将传统的方法打破是不可能的。

李约瑟在评价耶稣会士对中国天文学的贡献时，也提到了耶稣会对中国的天文学起了一些不好的作用，但是他承认耶稣会士的贡献价值要远大于这些负面的作用。在列出耶稣会士们的六大贡献后，李约瑟评论说：

[222] 十七世纪到达中国的这些耶稣会士，是满怀宗教热情的传教士，同时又是文艺复兴和资本主义上升时期发展起来的科学的大多数领域内的专家，在文明之间相互交往的历史中，似乎找不到能与他们相提并论的人了。

汤若望和罗雅谷在他们的住处安安静静地工作着，为的是不去刺激那些旧的回教学校的拥护者。二人的工作进展迅速，使徐光启可以在1631年两次、1632年一次，向皇上呈上翻译成中文的天文

---

① 见 Henri Bernard S. J. 编 *Lettres et mémoiresd' Adam Schall*, *S. J.*，天津，1942，第7页。
② 见 *Johann Adam Schall von Bell*, *S. J.*，科隆，1933，第102页。
③ 见 *Science and Civilization in China*，剑桥大学，1959，第438页。

书籍七十二卷和星座的图表一份。两位耶稣会士的功绩卓著，这也是与徐光启的通力合作分不开的，这位伟大的学者使翻译的文字有了古典的文风。

徐光启还为训练数学家与天文学家开办了学院。这所学院的学生都是天主教徒，他们在汤若望和罗雅谷的指导下翻译天文与对数的图表。

在1633年9月11日徐光启病倒的时候，修历的工作进行顺利。在这一年，徐光启向皇上推荐李天经①（教名Peter）接替他担任历局的领导。徐光启无疑是想通过对李天经的培养，继续促进天主教文化的价值。在他一生中事业最顺利的年月，他对这项工作倾注了心血。1632年，李天经任陕西按察使，工作使他离不开，不能来历局。徐光启推荐的另一位担任此职的学者身体不好，不能上任。负责历局的工作并不是一件美差。来自各方的旧的天文学派的拥护者，怀着怨恨与妒忌，和那些反动的卫道士们一起等待着时机。

躺在病床上的徐光启，想到的还是天主教的事业和耶稣会士们在历局的工作。10月31日，他抱病向皇上呈上两本奏折，一本向皇上讲明历局修历工作的进展，对耶稣会士们不遗余力地完成交给他们的工作大加褒奖，请求给他们与他们的贡献相当的酬劳；第二本，他再一次推举李天经接替他在历局的工作。这是他最后一次履行他的行政职责。落幕的铃声响了，他的一生是无私的一生，是全心为社会服务的一生，是为学识、为国家、为他的天主教信仰奉献的一生。在他生命的最后几天，他专心地为死亡做准备，过得很平静，长时间地做祈祷，也随意地与人们交谈，经常与龙华民、汤若望和罗雅谷谈起永久的福祉。在他至少做了三次忏悔，接受了临终圣体和临终涂油礼后，11月8日，"天主收他去了"，巴笃利写道："他对中国天主教会伟大的贡献得到的奖赏，是这种贡献永远不会消失，永

[223]

---

① 李天经，字长德，赵州人，曾任光禄寺卿。——译者注

远荣耀历史,永存在他的后代对阁老保禄徐光启的记忆中。"①

皇上派来他自己的医生给病中的内阁大学士看病,还时常派官员询问病情,在知道徐光启去世的消息后,皇上不胜悲痛。皇上为死者送来用上好的木材做的棺椁,并且命令礼部为徐光启举行隆重的葬礼,所用开支由国库支付。

在庄严的礼仪中,徐光启的遗体被运往上海。由于当时的局势不够安定,直到1641年,徐光启才被安葬在他在徐家汇的墓地里。1933年,位于神学院主楼后的徐光启的墓地,举行了精心安排的悼念徐光启去世300周年的纪念会。

徐光启死后,皇上封他为少保,谥文定。

即使皇上的封号,也不能缓解在中国的每一位耶稣会士由于他的去世所带来的在感情上的悲痛。耶稣会的每一所会院的建立都与徐光启直接或间接的作用分不开的。

从皈依天主教到去世,徐光启的个人生活一直都奉行最高尚的天主教徒的道德品行。耶稣会士们对他非常了解,用了许多笔墨来讲述徐光启的宗教信仰,他的谦恭、温和、宁静、正直;他对祈祷和赎罪的真心,他对自我感情的控制,他对敌人的宽恕;他那平和的心地、语言和表情;他的以慎重为界的热诚。他使多少人皈依了天主教并没有记录,但是仅在1623年一年,据有记录可查的,他直接使120人皈依了天主教,这些人大多数是学者和学生。

在北京,徐光启的家与耶稣会士的住所紧挨着。他的家有一个自用的通道与神父的礼拜堂相通。即使在他担任内阁大学士而朝政繁忙时,他也从不忘记每天抽出时间做祈祷。

徐光启的天主教信仰,不带丝毫的民族主义,他的信仰是无国界的。他将教会看成亲密的一体。他对传教士们从欧洲收到的来信

---

① 见 *Del' istoria della Compagnia di Gesù, LaCina. Terza parte dell' Asia*,安卡拉,1841,Ⅳ,第429页。

有着浓厚的兴趣。对教会在印度支那（Indo-China）的迅速发展也是由衷的高兴。他给越南的东京（Tonkin）新建的天主教中心写信，鼓励那里的天主教徒们面对进攻时要牢牢地站稳，"要想到自己是生活在教会的祝福之下，为教会而死是更有价值的"。

在需要维护他的天主教信仰时，他从不害怕失去官位。每当有人用笔攻击天主教时，徐光启都会写出反击的文章。他的《辨学章疏》，不同于一般的辩论性的文章，在护卫天主教真理时，没有忘记天主教的博爱。当大多数的人被激怒时，他也从未失去文雅的风范。他这篇为天主教辩护的文章如此有效，使许多写反对天主教文章的作者无力再发起一次进攻。

与利玛窦一样，徐光启是位有远见的人。他看的是将来，对他来说，明天的收获要比今日见到的、暂时的收获要重要。这也是为什么尽管经历了数年的失望与反复之后，他一直没有忘记修历的事情。通过修历，他希望为教会取得安全和自由的地位。他的愿望实现了。

在中国，走仕途是致富的好门路，但是徐光启无论是在生前还是在死后都十分清贫，他的收入只够维持他自己和家人的生活。皇上为表彰他的杰出贡献赐给他的奖励，他都用来做了善事。在他过生日的时候，他发放了四大笔的救济：向病人、向在牢狱中的人、向老年人，以及向传教士们发放用于救济天主教徒的钱。在一些受灾的省份，当地人称他是"穷人之父"。身为大学士，徐光启享有最高的权利，但是在他去世前的生病期间，陪伴他的耶稣会士注意到，他竟然连买普通的药的钱也没有。

巴笃利撰写的悼词刻画出这个伟大的人：

"这就是阁老保禄留给他家人的财产，是这笔财产使他的家庭很富有：伟大的业绩，伟大的榜样，极少的世俗物质。"① ［225］

---

① 见 *Del'istoria della Compagnia di Gesù, LaCina. Terza parte dell'Asia*，安卡拉，1841，Ⅳ，第48页。

# 第十四章　兄弟帮兄弟

[226]　　徐光启的逝世标志着一个时代的结束。在突发性的、毁灭性的打击面前，为天主教在中华帝国赢得一块安全之地，是利玛窦传教的首要目标，现在这个目标达到了。传教事业平安地度过狂风巨浪。对天主教徒的迫害也没有能够根除天主教，邪恶的魏忠贤也成了过去。怀揣圣旨的耶稣会士们在历局工作，天主教终于享有相对安全的环境。随着徐光启，最后一位最伟大的、与利玛窦一起奋力使天主教在中国土地上扎下根来的学者的去世，中国传教史的第一章结束了。

　　传教进入新的发展时期。不安全感消失了，坦然自信成为主流。这与20年前带有龙华民色彩的观点、造就了他的传教政策的虚假的、灾难性的乐观主义是不一样的。现在的自信来自挫折经历对他们的磨炼，来自对利玛窦洞察力的敬佩给他们带来的力量。

　　半个世纪以来，开拓性的传教事业带来的成果，首次在各省以不断皈依天主教的运动形式呈现出来。汤若望在历局的工作，为天主教赢得了威望，使这皈依运动得以继续下去。

[227]　　形势的发展也有另外的一面。传教历史的第二阶段不仅仅是欣欣向荣，还有新的灾难出现。一开始就用灾难引起人们的注意，是因为按照时间的先后顺序它们在这一章的开始出现了。当徐光启在1633年去世，第一幕的幕布落下时，天主教方济会道明会也在这一年来到了中国，第二幕的铃声拉响了。

　　在中国的传教事业的胜利，似乎注定是在从一个危机到另一个危机中呈现出来的。这种模式只会使那些不理解耶稣会士打算要做些什么的人感到惊异。在中国的耶稣会士们，要使天主教与中国文化有效地结合起来，产生中国的天主教文明，是一项最精细的适应的和调和的工作。

在罗马帝国，天主教的传教士们遇到的是一个组织良好的、有成熟文化的、有令人骄傲文明的社会。但是罗马帝国与中国之间无可比性。因为所有闪米特族①（Semitic）的天主教背景也是希腊化（Hellenic）世界的一部分。中国则是一个完全不同的世界。这是一个骄傲、自满、妒忌的、对新生事物抱有很深敌意的国家。传教事业在这里遇到的困难，远比在罗马遇到的要多。在中国，耶稣会在开始的50年遭遇的苦难，主要是由于文化领域背景的不同而产生的。利玛窦的传教政策的实施，使这些矛盾得到了克服。但是"适应政策"所要求的两种文化的融合，需要双方都做出努力才可以达到。如果说中国的文化不得不有所改变的话，天主教自身也要适应新的环境。天主教会内部反对适应与调和的意见，产生于另外的一个矛盾。

要使天主教适应中国的文化并不是一件易事。由于罗马天主教会不仅是一种文化，它还代表一种宗教，这就使事情变得十分复杂。构成天主教教理和道德真理的主体是不可篡改的。另外，在揭示出的真理的主体上，天主教发展了文化的形式。在自身有所适应和调节的同时，也对欧洲的艺术形式、社会习俗、衣着服饰、语言思想的发展演化做出了贡献。它还有了一套完整的教会的法律、罗马的文字、天主教生活的戒律，它们是历史的一部分，而文化和法律则是以世俗的形式呈现出来的。它们也不具有绝对的价值，假如天主教在开始的几百年是向东方，而不是向西方转移，它的文化形式的发展将截然不同。条文清晰的罗马法律和逻辑思维形式的希腊思想，

[228]

---

① 闪米特族（Semitic），居住在北非和近东地区的民族。——译者注

与东方起伏式的思维方法和模糊不清的法律概念相比,可能前者能使完整的有绝对价值的理论更有章可循。天主教向西方的发展,可能只是一种偶然。无论如何,欧洲的文化形式并不具备绝对的价值。适应政策在对欧洲文化的尊重中,对于以宗教面目出现的天主教的特性可能并没有产生什么影响。

当然,还有一些潜在的困难。说得确切些,是一些天主教徒不能够对诸如普遍性与绝对性、天主教的不变性和特殊性、相对性与天主教的文化适应形式的区别等做出必要的区分。早期的教会在这方面有过争论。在当时,这些头脑不清的和反对"文化适应"策略的人是极少数。天主教早期的神学家德尔图良①(Tertullian)是他所在教派的唯一的杰出人物,他的观点使他脱离了教会。

到了十七世纪,形势发生了变化。"欧洲人主义"占据了强有力的地位,此时适应和调和的原则已经不见踪迹,致使这种原则竟然不被人理解。天主教和欧洲文化、习俗被无可置疑地认为是唯一正确的,哪怕稍稍对一些非"欧洲人"的文化和习俗有些让步,都有被视为背叛天主教信仰的危险。如果早期教会史上,适应态度引起的是极小部分人的反对,那么在十七世纪,肯定会招致绝大多数人的反对。

奉行着独创性的对日、华传教政策的范礼安,完全清楚这种情况。他明白,他所推行的传教政策是与同时代人的大多数的看法相抵触的。因为这些人对他的政策不理解,所以反对这种政策也是必然的。范礼安不想让传教的领域含有冲突的种子。他认为,分裂、斗争和争论一定会给传教事业带来危险。传教士们在传布福音时与当地文化相碰撞而产生的困难已经不少了,如果再加上传教士们内

---

① 德尔图良(Tertullian,公元160~220)迦太基人,早期天主教神学家、伦理学家,教会拉丁语言的创始人,在传播天主教词汇和教义方面起到一定作用。——译者注

部的分歧,和随之而来的天主教徒中的意见不一致和非天主教徒的流言蜚语,传教的困难就将不知要增加多少倍。再者,范礼安确信,[229]"欧洲人主义"不会给这些国家带来皈依天主教的希望,特别是在中国,成功的唯一希望是团结一致、排除敌意,直到让"文化适应"策略自身的结果来证实自己,直到让天主教的本性能够被人们更好地理解,直到让教会牢牢地扎下根来。

对范礼安的传教政策的主要威胁来自菲律宾。在菲律宾,教会的经验使传教士们没有理由去怀疑作为传教方法的"欧洲人主义"是否有效,尽管西班牙人也写过一些强有力地反对"欧洲人主义"的文章,尽管在墨西哥和南美的传教也采用了"文化适应"策略。在菲律宾的传教士们不愿意看到,在他们赖以取得成功的传教理论中有太多的错误。成绩斐然的在菲律宾的传教士们,在攻克固若金汤的中国时失去了耐心。空想时代的欧洲人对非天主教的人民的看法都是一致的。他们对中国文化的承认,似乎一点也不比对菲律宾和印度文化的多。

罗索(Rosso)并不在意传教方法的问题,认为它与耶稣会士和方济会士在福建发生的冲突无关,他还肯定说:"……那些被称为耶稣会的传教方式,在其特征上与(方济各的修士)没有一点是不同的。"罗索忽视了一些人的说法,他的这番话,是与方济会事业的领导者,一位多产的关于方济各事业的作家的讲话直接矛盾的①。方济会士文都辣②(Buenaventura Ibañez)所描写的耶稣会传教方式,"纯粹是用人性手段,是直接与传教者们所使用的方式、与我们的主耶稣推荐的方式相矛盾的。除了耶稣会的神父们,其他各地

---

① 见方济会士 Antonio Sisto Rosso 著 *Apostolic Legations to China* 美国帕萨德纳,1948年,第109页。
② 文都辣(Buenaventura Ibañez),中文名字参考〔法〕沙百里《中国基督徒史》,耿昇、郑德等译,中国社会科学出版社,1998,第151页。——译者注

都遵循着传教者们的传道方法传播天主之国的教义"①。耶稣会士们的智力传道的方法,在文都辣看来,不过是"在异教徒面前装腔作势,摆出他们富有、有权利、有权威和高贵的样子"。如果"异教徒们"知道了还有其他"使徒式的、贫穷的、谦恭的"传教士组成的传教使团时,耶稣会就会处于羞愧的境地,所以他们极力不让其他的修会进入中国。

修会之间的这些差别,最终以礼仪问题为中心展开了争论。这场争论在经过了一段相当长的时期后,达到了最高点。这场冲突从中国扩散到欧洲,对所涉及的问题争论的程度,比原有对在中国的一些传教问题的争论要更强烈、更让人激动。卷入这场争论的有罗马的教宗、中国的皇帝、枢机主教的代表、红衣主教、理论家、人文学家和唯理主义者。争论的旋风席卷欧洲的各大高等学府,它成了巴黎索邦②(Sorbonne)神学院教学中著名的案例。对这个问题的争论,使中国在欧洲成为引起人们普遍狂热、甚至是满怀激情的关注目标。这种情况可以说是空前绝后的。

史学家们关注的焦点是在争论的后期。因为在冲突的后期,争论的结果超出了一般的范围,冲突立即变得过分的复杂,同时又是过分的单纯。说它复杂,是说一些其他因素的介入,使冲突更加复杂化。宗教各派的团队精神需要为各自的传教士辩护。詹森派③(Jansenists)和高卢派④(Gallicans)抓住这次机会,用争论的武器向他们老对手耶稣会发动进攻。这样一来,在欧洲,这场争论成了政治的、宗教的复杂斗争的一部分。由于争论持续的时间很长,它

---

① *SinFram*,Ⅲ,第90页。
② 巴黎索邦(Sorbonne)神学院,由索邦(公元1201~1274,法国国王的告解司铎)创建,后成为巴黎大学,是欧洲主要的学习中心。——译者注
③ 詹森派(Jansenists),由弗兰德天主教改革运动的领袖詹森所倡导的派别,主张人生完全是由上帝预先决定的观点。——译者注
④ 高卢派(Gallicans),出现在法国的宗教和政治的理论派别,强调限制教宗权力,反对教宗干涉法国内部事务。——译者注

的火药味不可避免地就越来越浓。当双方在争论中黔驴技穷、弹尽粮绝的时候，感情因素、人身攻击、互相指责等等，出于卑鄙动机的责难越来越多地代替了理性。另一方面又说冲突过分的单纯，是说礼仪的争论加大了问题的重要性，将争论重点扩展到天主教传教的目的是什么等问题，同时也将被遗忘的传教方式问题又提了回来。对一些人来说，它是一场耶稣会为了骗取中国人接受天主教的一种"代用品"的阴谋。对另一些人来说，它只不过是道明会和方济会对耶稣会的成功产生嫉妒心理而引起的事件。

正像戈约（Goyau）所指出的："如果仅仅将争论说成是传教的各派别间的争吵，是各派别在习惯和气质上的不一致，就使这场争论失去了它的全部的意义。"① 这场争论的真正意义在于，它代表的是"欧洲人主义"的哲学与政策，和"文化适应"策略的直接冲突，这是它更深一层的意思，包括礼仪问题在内的每个问题。虽说礼仪问题在后来表面上显得特别重要，以致掩盖了其他问题，但是在这更深层的意义之下，它也不过是枝节问题。

1580 年，范礼安召集在日本的耶稣会士负责人开会，讨论日本由于天主教会人数的迅速增长而带来的困难。他们讨论到，在天主教徒的人数不断增加的情况下，邀请其他修会到日本来传教是否明智。到会的人对于这个问题进行了充分的讨论，他们分别提出了赞同与反对的重要理由。由于没能做出决定，范礼安将两方面的意见同时提交给教宗格列高利十三世（Gergory ⅩⅢ）。格列高利十三世认为，这时让其他修会进入日本是不适宜的。1585 年 1 月 28 日，在教会简报（Brief Pastorali Officio）中，教宗发布了除了耶稣会禁止其他修会进入日本的政令②。

---

① 见 *Missions et missionaries*，巴黎，1931，第 104 页。
② 见 *Ius Pontificium de Propaganda Fide*，罗马，1888～1909，Ⅰ，第 143～146 页。

在菲律宾的传教士们,当然不会默不作声地接受这样的歧视。其中一些人的情绪由不满变成气愤,甚至是激愤。他们将不能进入日本这一对他们具有强烈吸引力的地方的原因,归咎在耶稣会的身上。他们想在这片土地上获得丰收。耶稣会受到的攻击实在是太多了,以至范礼安觉得要采取一些行动,解释一下耶稣会的处境。1598 年,范礼安针对这种对耶稣会的指责发表辩护文章:《对于形形色色的有关对在日本和中国的耶稣会神父们的错误诘难的防卫性答复》。要了解这个时期,这篇文章不可不读①。从这篇文章中,还可以了解到范礼安个人的一些深层次的想法。文章避开派别之争,清晰、客观地讲述了这件事情的前后经过,还谈到了教宗格列高利十三世的决定和他自己做出决定的理由。

从范礼安的文章中可以清楚地看到他的传教政策基于两条理由:一是,他要使顽固坚持"欧洲人主义"的传教士们,不管是耶稣会士、道明会士还是方济会士,统统远离日本和中国;二是,要避免西班牙与葡萄牙的民族主义者之间发生正面的冲突②。

作为耶稣会巡察使的范礼安,耶稣会士桑切斯带给他的干扰,一点也不比其他修会的修士带给他的少。范礼安于是将压力转给耶稣会总会长,请他禁止耶稣会士从菲律宾进入中国。另外,范礼安还愿意支持放弃了"欧洲人主义"的其他修会的成员。1583～1584 年,他与道明会的西尔韦斯特雷·德·阿塞韦多(Silvestre de Azevedo)的关系就能证明这一点。阿塞韦多是在柬埔寨的一名传教士。因为放弃了"欧洲人主义",他发现自己在传教士们中处在被孤立的地位。他的传教方式

---

① 见 Labor evangelica de los obreros de la de Jésus en las isles Filipinas,Ⅱ,第 682～692 页。
② 在耶稣会的档案馆中有许多范礼安的信。从这些信中可以看到他一直对传教团受到托钵僧会的活动带来危险感到担心。例如:1583 年 10 月 28 日,ARSI,Jap‑Sin 9 Ⅱ,第 170～172 页;1588 年 11 月 21 日,Jap‑Sin 11 Ⅰ,第 13～15 页;1599 年 2 月 22 日,Jap‑Sin 13 Ⅱ,第 266～267 页;1601 年 10 月 16 日,Jap‑Sin 14 Ⅰ,第 102～106 页。

与利玛窦在中国使用的是一样的。他通过吸收本地的文化，运用他的学识，用外交上的方法取得了传教的成功，赢得了柬埔寨国王萨塔（Preah – Berom – Intoreachea Ⅱ）的信任。但是，阿塞韦多得到的"奖励"却是马六甲的代理主教将他逐出修会的命令。被驱逐的理由是，他没有全心地投入到直接传福音的工作中，而是将时间用在了科学、哲学和其他的一些世俗的事务上。5 年来，没有神父听他的申诉。范礼安从遥远的日本给他鼓励，给他寄去做弥撒时要用的一切物品①。

如果说范礼安待人处世的态度，没有因为其他修会对他怀有恶意的态度而受到影响，那么同样也没有因为西班牙人对他的反感而受到影响。李玛诺在写给耶稣会总会长的一封信中陈述说，西班牙籍的庞迪我（de Pantoia）被选入在中国的传教团的原因之一，就是"摧毁我们不允许西班牙人进入中国的传言"②。在范礼安去世 6 年之后，具有讽刺意义的是，在日本的葡萄牙籍耶稣会成员之一的皮尔（Pires），十分沮丧地埋怨说，范礼安总是提升西班牙人和意大利人，而没有提升葡萄牙人③。接替因对在日本发生的天主教徒受迫害一事处理不当被耶稣会总会长撤职的卡瓦略（Cavalho），而担任天主教会日本省区负责人的马特乌斯·德·库洛斯④（Mateus de Couros）则指责说，范礼安和其他意大利籍耶稣会士毁了日本省区⑤! 巡察使巴范济的继任者弗朗西斯科·维埃拉⑥（Fancisco Vieira），向葡萄牙籍助手抱怨说，耶稣会总会长愿意用意大利人和西班

[232]

---

① 见耶稣会士 Henri Bernard 著 *Aux portes de la Chine*，第 117 页，注释 30。
② *Opere storiche*，Ⅰ，第 339 页，注释 1。
③ 1612 年 3 月 10 日的信，见 *ARSI*，Jap – Sin 15 Ⅱ，第 212~216 页。
④ 马特乌斯·德·库洛斯（Mateus de Couros，公元 1569~1632），葡萄牙籍耶稣会士，1617~1621 年任耶稣会日本、中国省会长。——译者注
⑤ 1617 年 10 月 5 日的信，见 *ARSI*，Jap – Sin 17，第 95~96 页。
⑥ 弗朗西斯科·维埃拉（Fancisco Vieira，公元 1555~1619），葡萄牙籍耶稣会士，1615 年任耶稣会日本、中国巡察使，1616 年曾到澳门，1619 年死于澳门。——译者注

牙人而不是葡萄牙人①。

当时存在着强烈的民族主义，是一个无可争辩的事实。范礼安当然会批评这种现象，就像他在1595年11月18日从印度的果阿写的一封信中所表达的那样。但是在处理具体事务时，他也不得不考虑这个问题②。那些不配合范礼安"文化适应"传教策略的耶稣会士，根据耶稣会内部的规矩将被调离。日本省的省长、耶稣会士卡布拉尔（Cabral），是不能忍受范礼安的适应政策的人之一。我们还记得，他曾因在身为耶稣会印度负责人期间歧视本地的神职人员，而受到利玛窦的批评。卡布拉尔不能摆脱"欧洲人主义"的偏见，范礼安就不再让他担任这个职位，让他回到澳门③。但是耶稣会不能控制其他修会。在十七世纪，其他修会进入中国仅仅意味着一件事，即"欧洲人主义"占据绝对主导地位的从菲律宾来的传教士，不想向其他有特色的传教方式——如耶稣会士的文化适应方式学习。

在中国的耶稣会士是从自己的错误中学习，而聪明起来的。来自菲律宾的传教士们并没有从耶稣会士犯过的错误中吸取教训的打算。一位方济会的护教学专家也是这样认为的："他们一点也不留意已经在这个国家工作的传教士的经历，没有充分地吸取他们的经验。"④

事后的结果证实了范礼安的预见。在日本与中国，对传教方式有着不同主张的修会，再加上骄傲的民族性，导致的将是辩论、不合、争斗、分裂和灾难。伯克斯（C. R. Boxer）评论说："在日本，罗马天主教的各派修会间的竞争，是导致他们传教事业毁灭的主要

---

① 1618年9月30日的信，见 ARSI, Jap-Sin 17, 第168~169页。
② 给总会长阿桂委瓦的信，1595年11月18日，见 ARSI, Jap-Sin 9 II, 第167页。
③ 卡布拉尔（Cabral）1583年10月5日的信，见 ARSI, Jap-Sin 9 II, 第167页；参考范礼安1595年11月23日的信，见 ARSI, Jap-Sin 12 II, 第315~319页。
④ 见 Die Wiedereröff-nung der Franziskanermission in China in der Neuzeit, 德国威斯特伐利亚, 1926, 第77页。

原因。两个世纪后在中国发生的事也是如此。姑且不论在争论中谁是谁非，这种兄弟间的争斗，对一个传教整体来讲，带来的后果是灾难性的，就像范礼安在 1583 年预见的那样。"①

范礼安对在菲律宾的西班牙人对中国的企图没有夸大。西班牙的远征司令莱加斯皮（Legazpi）在 1565 年占领了菲律宾的宿务岛，没过两年，他向西班牙国王腓力二世（Philip Ⅱ）提出组建一支舰队向中国沿海和邻近岛屿扩张的建议。在 1569 年的时候，征服者们普遍地认为征服中国不会遇到什么困难②。

范礼安还清楚，上述的野心是得到在菲律宾的传教士和教会的支持的。对"一手拿着福音书，另一手握着国王的宝剑"③ 这种说法，耶稣会士桑切斯和方济会的马丁·伊格纳西奥·罗耀拉（Martin Ignacio de Loyola）不认为这与传教的理念有什么不和谐之处。桑切斯的这种观点促使一名在墨西哥的耶稣会士——塞阿科斯塔（José de Acosta）写了一篇文章。文章认为，如果为达到让中国允许传教士们自由传教的目的而对中国发动一场战争，那将是一场非正义的战争④。这篇文章的确切标题是《对中国之战的评论》，文章发行的范围远不限于墨西哥。它清楚地证实了，当时对中国进行一场"圣战"的有诱惑性的想法，其传播的范围是相当广泛的。范礼安对桑切斯在澳门的不断出现感到愤怒。罗耀拉的来自远方的干扰也使他深感烦恼。

菲律宾马尼拉的主教多明戈·萨拉泽（Domingo de Salazar）在 1583 年 6 月 18 日写给西班牙国王腓力二世的一封信中，将在菲律宾的传教士的想法暴露无遗。萨拉泽是道明会有突出才能的人物。

---

① 见 C. R. Boxer 著 the Christian Century，第 247 页。
② 见 El patronato español y la conquista de Filipinas, con documentos del archivo general de Indias，西班牙布尔戈斯，1930，第 105 页。
③ 耶稣会士 Pierre D'Orleans 著 La vie du père Matthieu Ricci，巴黎，1693，第 30 页。
④ 他的论文 Paracer sobre la guerra de la China 载于 Opere storiche，Ⅱ，第 450 ~ 457 页。

[234] 在马德里时,他因为在"是否用武力为传福音开辟道路"的一场激烈的辩论中的突出表现,而成为众人瞩目的人物。与他所在修会的大多数理论家一道,萨拉泽在法庭上,针对一些殖民地行政官吏的野蛮政策,与官方的法律学家们进行了激烈的辩论。当时他为捍卫当地印第安人的充分自由而辩护。萨拉泽在 1579 年被任命为马尼拉主教,1582 年上任。显然,轻易地就能与马德里的律师们的逻辑相抗衡的萨拉泽的观点,在菲律宾马尼拉的过度强烈的"欧洲人主义"的气氛中不会存活太久。很快他就改变了立场,在 1583 年 6 月 18 日,萨拉泽在写给腓力二世的信中说:

"尊敬的陛下,以您的权利和地位,作为西班牙的国王在东、西印度群岛享有一切,作为葡萄牙的国王在中国也一样享有一切……我主张:陛下可以派一支军队去中国。这支军队要强大得足以使全中国的武装力量也不能对它造成危害;这支部队有进入中国各个省份的权利。当有人骚扰修会时,军队可以阻止这些人的行动;它还可以让这个国家的国王和官员允许宣讲福音,保护传布福音的使徒……"

"假如中国的国王固执己见,禁止传播福音,尊敬的陛下甚至可以剥夺他的王位。这项建议与前面的主张相比,在可行性上要差一些……执行起来的困难也会更多些。"

"请尊敬的陛下将一切事物放置一旁,甚至是一千个弗兰德①(Flanders)人的入侵,或者是恢复圣地(Holy Land)。不管是恺撒,还是亚历山大大帝,都从未面对如此壮观的军事上的挑战。自从天主教开教时代以来,还未有如此重要的神圣的举动。"②

---

① 弗兰德(Flanders),指中世纪欧洲的国家,幅员包括今法国北部、比利时、荷兰的部分地区。——译者注
② 这段内容被 Bernard 引用,见 *Aux portes de la Chine*,天津,1933,第 186 页。在耶稣会士 P. Pastells 著 *Catalogo de los documentos relativos a las Indias Filipinas existentes en el Archivio de Indias de Sevilla, por D. Pedro Torres y Lanzas, precedido de una historia general de Filipinas*,巴塞罗那,1925,Ⅱ,CLⅦ。

即使是丰臣秀吉,这个被征服世界之梦冲昏头脑的人,也讲不出比这番话的调门再高的言论了。那些认为范礼安夸大了中国人的担忧,或者夸大了导致这一担忧的原因的人,看来是大错特错了。

格列高利十三世(Gregory XIII)不允许托钵僧会的修士进入日本的命令,并不是长期有效的。克莱蒙八世(Clement VIII)在 1600 年 12 月 12 日颁布的谕令中,撤销了这种限制。它允许任何修会的会士,不必考虑其来自哪个民族,都可以到中国和日本传教,只是要求去南亚和东亚的非葡萄牙籍的传教士必须经过里斯本和果阿。不久这条限制也被取消了。因为法国与西班牙间的争斗,使想去这些地方的传教士们很难到达里斯本,而且即使他们到了里斯本,还很可能要等上两年的时间才允许出发。由于西班牙与荷兰之间发生了战争,葡萄牙人的船只经常被荷兰人和荷兰人的盟友英国人捕获。在印度的果阿,教会法庭经常找非葡萄牙籍传教士的麻烦。鉴于这些,教宗保禄五世在 1608 年 6 月 2 日颁布的关于解决传教问题的若干规定的通谕中,做出"允许托钵僧会的成员选择任意的路线到达远东"的决定①。教宗乌尔班八世(Urban VIII)在 1633 年 2 月 22 日的通谕中,将原来仅限于托钵僧会成员的规定,扩展到所有的修会和会众之中。

[235]

于是,在 1608 年之后,道明会和方济会就不再受教会在这方面的任何约束了。也没有证据表明,耶稣会士为了不让这些修会的成员进入中国而采取了行动。不过,耶稣会士对由此而可能发生的事情,则是非常焦虑的②。

长期以来,西班牙人一直将目光盯在台湾,将台湾看成一个可能的行动基地。这个基地可以保护他们的商业利益,抵御荷兰人的掠夺。这个岛屿对在菲律宾的传教士们来说,还是进入中国的跳板。1626 年 5 月 10 日,一支从马尼拉出发的远征军到达了台湾的东北海

---

① *Jus Pontificium*, I,第 444 页。
② 参考曾德昭著,*Histoire universelle*, 374~375 页。

岸。他们没有遇到任何抵抗，就占据了几个码头。在圣萨尔瓦多①（San Salvador）的远征军大本营里，道明会建起了一所教堂和会院。

1631年，行政长官唐·胡安·阿尔卡拉索（Don Juan de Alcarazo）决定派一名使者去见福建巡抚，以期取得与福建省的贸易优先权。道明会在台湾的负责人——安吉罗·高奇（Angelo Cocchi）担当了这项使命，并让同一修会的伙伴——托马斯·谢拉（Thomas de la Sierra）与他一起前往。谢拉在台湾学过一些中文，高奇曾在马尼拉的中国人当中工作过两年，也会讲几句中文②。

1631年12月30日，在两名西班牙士兵、7名菲律宾人、一名中国籍翻译和1名墨西哥人的陪同下，两位神父从圣萨尔瓦多起航了。从此悲剧一直伴随着他们。他们无意中雇用了海盗船员，运送他们前往中国大陆。到了夜间，船上的旅客便落入这伙魔鬼的手中。在一场混战中，谢拉、5名菲律宾人和那一名墨西哥人被杀，还有两人受伤。高奇和其他的幸存者守在船舱里。到了第二个夜晚，一伙比这帮强盗更凶狠的海盗，又登上了这艘船，在抢了东西、杀死船员之后，弃船而去。高奇和同伴们这才从船舱中爬出来，设法驾船到了福建沿岸的一个岛上。当地的渔民将他们带到了大陆。

这几位外国人被交给当地的地方官，地方官将他们送到泉州，泉州的官员又将他们带到福建巡抚的面前。开始的时候，这几位不请自到的客人让巡抚感到烦恼。在听了他们令人毛骨悚然的经历后，巡抚非常同情他们，将他们安置下来，还供给他们生活用品。巡抚向北京送去关于这件事情的报告。

高奇因为海上的可怕经历而病倒了，甚至差一点病死。在生病期间，高奇给他的上级写了一封信。他在信中所做的结论，肯定是由他

---

① 圣萨尔瓦多（San Salvador），位于菲律宾西海岸上的一座小城。——译者注
② 见道明会士 Benno M. Biermann 所著 *Die Anfänge der Neuren Dominikanermission in China*，德国威斯特伐利亚，1927，第28页，注释4。

的这次经历而得出的。信中说,他的西班牙行政长官特使的身份根本不起作用,中国人不拿这当回事。将来要在中国传教的时候,传教士们要穿中式服装,要学说官话,要模仿耶稣会的传教方式。像许多人一直鼓吹的,那种只要有一小队传教士在沿海登陆就可以进入中国的论调,是"最愚蠢的"。这样做唯一的结果,将是苦恼和无一例外地被送回他们出发的地方。

这封信的内容相当有意义。高奇迅速认识到旧式传教方法中的错误和适应政策的聪明之处。应该注意到高奇是意大利人。强调一下在中国的耶稣会、道明会和方济会的争论起因,是民族气质的不同,而不是由于教派的不同,决不会太过分。十六世纪和十七世纪初叶,在欧洲伊比利亚半岛的民族主义最为强烈。大多数在中国的传教中起着领导作用的耶稣会士,是来自那些民族主义尚未发展的国家。要是在首批来到中国的道明会和方济会的成员中意大利人占大多数,也许他们就不会与耶稣会发生冲突了。

高奇在福州住到四个月的时候,北京传来命令,要巡抚将他送回台湾。朝廷对与西班牙做买卖没有兴趣。送高奇的船准备好了,但是他没有上船,而是设法让一位日本籍的渴望去菲律宾的天主教徒替他登船。这个主意是住在福州北面福安村的天主教徒刘路加(Luke Liu)想出来的。高奇暗中到了福安,躲在刘路加的家中。他穿上了中式服装,留起中式胡须,向刘路加学习中文。

在这期间,高奇设法与耶稣会士艾儒略取得了联系。俩人建立了亲切友好的关系,艾儒略给予了这位道明会神父多方的帮助①。但是艾儒略完全不支持道明会在这个时候想要在中国安置下来的打算。艾儒略尽一切努力说服高奇,告诉他,采取这样的举动是不明智的。高奇没有承诺什么,仍然是我行我素。

---

① 见 *Die Anfänge der Neuren Dominikanermission in China*,德国威斯特伐利亚,1927,第33页。

福安村有着 3000 多位村民，其中有 10 位天主教徒。由于与后来一些从菲律宾来的传教士的悲观看法不同，高奇对这些天主教徒素质的印象有重要的意义。他发现这些天主教徒的素质要高于在马尼拉新皈依的天主教徒。在马尼拉的新入教者，通常因为考虑到能在物质上得到好处而加入教会。在对福安的不长时间的观察之后，高奇得出了"在中国，皈依者……是些有能力和有学识的人"① 的结论。

由于渴望在高奇建起的立足点上发展下去，道明会传教省省长命令黎玉范（Juan Bautista de Morale）到台湾去，准备加入高奇的行列。黎玉范是在 1622 年从墨西哥到达菲律宾马尼拉的。1629 年他领着一组人到了柬埔寨，但是不久又回到菲律宾。

将福音传到中国，也是方济会长久以来的愿望。他们的迫切心情是与他们的同事道明会一样的。方济会指派艾文德（Francisco de la Madre de Dios）和利安当② （Antonio Caballero a Santa）与黎玉范结伴来中国③。在方济会的中国传教事业发展过程中，利安当注定是位杰出的人物。他有开阔的思想，不以冷嘲热讽的态度待人，不因与个别人的冲突而影响对耶稣会的普遍看法。尽管他与耶稣会在礼仪问题上的看法有很大的分歧，在引起的著名的"礼仪之争"中，除了道明会

---

① 见 *Die Anfänge der Neuren Dominikanermission in China*，德国威斯特伐利亚，1927，第 34 页。
② 利安当（Antonio Caballero a Santa Maria，公元 1602~1669）：来华方济会士。《晚明基督论》第 89 页，注 65："利安当是中国 17 世纪方济会传教士中最有名的一位，……他在中国礼仪问题上与利玛窦的立场截然不同。"方豪：《中国天主教史人物传》（中）有利安当传。——译者注
③ 关于黎玉范的生平，参考 *Die Wiedereröff-nung der Franziskanermission in China in der Neuzeit*，德国威斯特伐利亚，1926，第 50 页，注释 9；关于艾文德的生平，参考 *Die Wiedereröff-nung der Franziskanermission in China in der Neuzeit*，德国威斯特伐利亚，1926，第 51 页，注释 12 和 *Archivum Franciscanum Historicum*，Ⅷ，方济会历史档案，1909，第 581 页，注释 2。此书以下简称 *AFH*。关于利安党的生平，参考 *Die Wiedereröff-nung der Franziskanermission in China in der Neuzeit*，德国威斯特伐利亚，1926，第 51 页，注释 13 和 *SinFran* Ⅱ，第 317~318 页。

的黎玉范,恐怕就要数他起的作用最大了。但是他还是赢得了在中国的耶稣会士的赞扬与尊重。1673 年 1 月 20 日,利安当去世后四年,耶稣会士安文思从北京写给方济会的文都辣的信中,称赞利安当是"极为虔诚……的传教士,是一位杰出的人物"①。

[238]

1633 年 3 月 9 日,黎玉范等三人从马尼拉启程。他们在台湾停留了三个月后,黎玉范和利安当登上高奇派来接他们的驶向中国的小船。船上有高奇派来的翻译和四名天主教徒。6 月 25 日,他们在中国上岸。7 月 2 日,翻译将他们带到了福安,一路上没有受到盘查。

他们与耶稣会士的首次打交道似乎就不顺利。利安当后来讲到了这件事。他们出于善意,送给葡萄牙籍的耶稣会士林本笃②(Bento de Mattos)一瓶做弥撒时用的葡萄酒。林本笃显然是承受不了甜甜的葡萄酒,对送酒者不礼貌地抱怨说,甜酒让他恶心!他还说,只有贼而不是牧羊人才从后门进入中国。他所说的进入中国的正门,是指要通过澳门的主教。林本笃认为,他们应该得到澳门主教的批准,至少也应与负责这个教区工作的耶稣会中国区副省长阳玛诺见上一面。在林本笃确信黎玉范等人的到来会受到副省长神父的欢迎时,不礼貌的态度似乎有所缓和。利安当在一封信中有不高兴的表示,但是他在其他几封信中承认,在后来的几年里,林本笃的态度变得好些了。

几年之后,林本笃讲了他对这件事情的说法。这是他在被调到海南之后不久,从那里发出的一封信中讲述的③。写信的日期是 1636 年 5 月 1 日,显然是在曾德昭问及这件事的情况下写的。林本笃在信的开头写道:"我在回答您所询问的有关我与在福建的神父

---

① *SinFran*,Ⅱ,第 331 页。
② 林本笃(Bento de Mattos,公元 1600~1652),葡萄牙籍耶稣会士,1630 年来华。——译者注
③ *ARSI*,Jap‑Sin 161 Ⅱ,第 161r~163v 页。

们的情况时，一定如实告知。"他承认，他已经记不住所有的细节了。他说，他与高奇有着良好的友谊，还提到了他给高奇许多的帮助。自从那三位神父在 1633 年到福建之后，他记不得发生过任何不愉快的事。他提到，是高奇听说他缺少做弥撒时的酒，就送给他几瓶的。他也送给他们"几样东西"作为回赠。他还给过他们一些书籍，其中有一本他在澳门得到的葡中字典。在高奇去世后，黎玉范捎信说，没有安葬高奇的地方，林本笃就将几年前在福州去世的年轻的耶稣会神父卢安德① （Andre Rudomina） 旁边的一块地提供给他。有几次林本笃还注意到黎玉范寄到澳门然后再转给在台湾道明修道院副院长的一些表示感谢的信。除了不同意黎玉范等三人未经澳门主教同意就进入中国的做法，并且一直为此感到震惊之外，林本笃在信中所描绘的他与他们之间的关系，还是很正常的。

[239]

在利安当来到中国时，像他自己写的那样，只是"刚学了几句基本的中国官话"。四个月之后，他就决定"出发上南京去"②。他是在 1633 年 11 月 2 日，在一名译员兼向导的天主教徒的陪伴下启程的。为带上做弥撒的用品，他还雇了一名脚夫。12 月 16 日，当利安到达江西建昌的时候，受到了耶稣会士费奇观的热烈欢迎。费奇观留他住了几日，在那儿的教堂里举行了弥撒。到了第三天，费奇观告诉利安当，没有教区副省长的同意，他再住下去是不合适的。

还是在好多年以前，耶稣会士就认识到，给予那些其传教方式

---

① 卢安德（Andre Rudomina，公元 1594~1632），立陶宛籍耶稣会士，1626 年来华。——译者注
② AFH，II，第 551 页。对于与林本笃的相见和接下去在南京全程发生的事情，依据的是利安当自己的讲述。公开的讲述见 SinFran，第 319 页，注释 1。文章写于 1636 年，是在下一章讲述的由到北京的旅行而引发的神学辩论法中的见解。更早、更详细，不公开的讲述见利安当 1634 年 7 月 16 日的信。这封信是在事情发生后立即写给在马尼拉的道明省会长的。两年之后，利安当自己复制了这封信送到西班牙，交给方济会会长。这个复制件现存在西班牙马德里的 Biblioteca Nacional，5930，第 167~171 页。

可能会对传教事业带来危险的托钵僧会士们以殷勤的款待，将使自己不得不面临许多麻烦，为此他们请求耶稣会总会长制定出一项相关的政策。这也是金尼阁 1616 年在赴罗马时，提出的多项请求中的一项①。总会长维太利斯奇答复了这个问题：鉴于危险性的存在，似乎需要对此采取一种消极的政策。但是，这个决定将由所在地的负责人，根据谨慎与博爱的原则来处理。

利安当在圣诞节的前几天到了南昌。正如林本笃预料的那样，在南昌的耶稣会负责人友好地接待了他。无论是在教堂，还是在住处方面，都为他提供方便。利安当显然是期望阳玛诺允许他无限期地住下去。但是过了几个星期后，阳玛诺提出，他最好还是到别的地方去建自己的传教点。阳玛诺为利安当物色了一名向导，还为他给南京的天主教徒们写了几封信。

1634 年 1 月 23 日，利安当来到了这个古老的陪都。在南京，利安当的向导总是给他调换住处，并解释这样做的原因是，他来到南京的事一定不能让外人知道。大家普遍不愿意收留这位方济会的成员，是害怕官方知道后会进行报复。最终那位向导还是给他找到一户人家，让利安当在那里住了 6 个星期。房东这家人和其他的天主教徒都劝利安当离开南京。他们说，如果他不离开，可能会引起官方对整个南京城的天主教徒的迫害。[240]

利安当不听劝告，无视南京的天主教徒受迫害的历史。他将所有这些他不爱听的意见，都理解成是别人想摆脱他的一种手段。他的中文水准不高，这无疑也使他的理解力受到影响，使他不能理解这些人的恐惧是真的。南京人还没有忘记沈㴶和 1617 年的逐教令。他们记忆犹新的是牢房和杖刑。"南京教案"发生的几年之后，虽然耶稣会士返回了各地的会院，但是南京的教堂仍然没有本堂神父。当地的官员们对天主教仍然抱有敌意，许多在职的官员还是属于沈

---

① *Postulatum* 注释 26，*ARSI*，Jap – Sin 100，第 10r 页。

淮一派的。传教士之间的走访必须秘密地进行。

在中国的天主教徒中，要数南京的教徒们最具非凡的热诚。他们承受着这种困难的局面，焦急地盼望将南京的教会恢复起来。直到1634年，即利安当不合时宜地到来的这一年，他们的希望似乎就要实现了。徐光启在世时最后办的几件事情中，有一件就是试图恢复在南京的教会。在他去世前不久，他让毕方济来南京办些历局的事务，而他真实的意图则是确保有皇家使命在身的毕方济，可以受到官方正当的接待。因工作性质，他也可以在南京无限期住下去。

1634年年初，毕方济到了南京。这是从1617年以来，第一次有一位神父公开地来到这里。当地的官府发布文告，告知老百姓毕方济将要到来的消息，要求人们对他的住处和他本人都要尊重。

在评判利安当的不幸经历时，一定要考虑到当时南京的背景。方济会的利安当是在1634年到的南京，刚好与毕方济的到来在同一年。毕方济的到来，预示着南京的天主教团体在经历17年的半地下存在的状态后，会重新出现在公众的面前。南京的天主教徒们在经历了长时间的失望之后，他们的期望值很高。而热诚的利安当在此刻出现，使他们这种期望受到了灾难性的威胁，至少天主教徒们是这样看的。这时候只要走错一步，迫害就会重新而来。这就是为什么这里的天主教徒们极不愿意在南京见到利安当，而且一有机会，就想办法让他离开这个城市的原因。

[241]

当利安当在他们的一再恳求下仍然坚决不离开南京时，南京的主人们采取了激烈的行动。他们准备好一条船，编了个理由将利安当引到上船的地方。利安当拒绝上船，教会的一些教徒就将他按住，尽管他竭力反抗，他还是被捆上手脚抬上船，被锁在了船舱里！船到了福建之后，他被放了出来。

这是件不幸的事，但是也让人感到好笑。它可能是唯一记录在案的虔诚的天主教徒诱拐了一名神父的案例。利安当值得称赞之处是，他本人对这件事情并没有心怀不满，不像他后来的同事，因为利安当在南京的遭遇一直对耶稣会存有偏见。不过,利安当误认为:在前前后后发生的这些事情中,阳玛诺是整个阴谋的策划人。利安当从未看过阳玛诺让他带给南京的天主教徒的信(因为信是用中文写的,他无论如何是读不懂的)。但是他相信,在南京发生的每一件事——南京的天主教徒害怕受到迫害,他从一个住处被转到另一个住处,严密地限制他的活动范围,请求他离开南京,等等,所有这一切都是阳玛诺在信中精心策划好的。利安当的这种看法,说明他忽视了当时他周围的环境。如果阳玛诺真的要上演这一场戏,南京是他最不愿意选中的舞台,其他任何地方都比南京要好。还有一点要注意,尽管不是利安当的过错,但是在南京的时候,他与毕方济和阳玛诺二人都没有交谈过。他的一切观念都是在他被监禁的房子里,从两个年轻的中国男孩儿那里得到的。

耶稣会士在这件事情里到底起了什么作用?在耶稣会的档案中,到目前为止没有找到在这段时期与此事相关的材料。或许毕方济和阳玛诺觉得话说得越少越好。从利安当的陈述来看,他被自己知道的与实情相反的情况左右了。将这些细节拼凑起来,勾画出事情的结局并不是困难的事。阳玛诺建议利安当去南京的时候,并不知道毕方济到了南京,或者不久将会到南京的消息,也没有充分考虑到南京天主教徒的恐惧。在南京,没有一个家庭愿意让方济会的成员长期居住,这就反映了他们的恐惧。南京的天主教徒们想到的不仅是他们自己受过的迫害,还清楚地知道在日本发生的仍旧来势凶猛对天主教徒的可怕的迫害。他们与耶稣会士一样,谴责方济会鲁莽的传教方法。从利安当记录的与南京天主教徒的争论材料中,可以清楚地看出这一点。南京的天主教徒们经常以日本为可怕的例子,来讲述原本欣欣向荣的教会如何变成了废墟。他们将恐惧告诉了在发生事件之前或之中来到南京的毕方济。毕方济完全理解他们。在阳玛诺进京途经南京时,毕方济向阳玛诺讲明,将利安当送到南京是不明智的。虽然二位神父没有亲自导演绑架利安当的一幕,但对

[242]

这种行动，他们肯定是同意的。

毫无疑问，耶稣会的两位神父应该与利安当讨论一下形势。他们一定觉得几个星期都过去了，利安当听不进去他们讲的道理，在这样的情况下与他讨论是没有用的。也许还因为阳玛诺是葡萄牙人，利安当是西班牙人，使阳玛诺对利安当的仁爱之心变得麻木了。过了几年之后，阳玛诺在一封信中请求利安当为1634年发生的这件事宽恕他①。

如果指责阳玛诺公然违背了仁爱原则，也许还应该记住南京的天主教徒们也应该与利安当一样得到仁爱。在将近20年的时间里，南京的天主教徒们以坚定的信仰承受着所遭遇到的迫害，赢得了每一位在中国的耶稣会士的赞扬。毕方济的到来，带给他们最终得到解救的希望。他们会置危险于不顾，而容忍一位在他们中间漂泊不定的、不考虑形势许可、固执地不接受劝告的陌生神父么？阳玛诺认为他们不会。

几年之后，福建的天主教徒们不得不承受狂暴的打击，而打击是由一伙固执的、逻辑混乱的、抱着鲁莽热诚的托钵僧们引发的。引起风暴的托钵僧们欢呼雀跃地继续以他们的方式行事，说："他们值得为此蒙难。"而真正遭受打击的是中国的天主教徒。他们要首当其冲地面对愤怒的官员，要为他们的被毁坏的教堂和礼拜堂哭泣。如果为了使天主教徒们避开灾难，毫无伤害地让几位过分热情的传教士离开，即使是采取一些剧烈的手段，也是有充足理由的。这是一个很有创意的看法。

---

① 利安当在1652年1月24日向他修会的省长报告了这件事，见 *SinFran*，Ⅱ，第413页。

## 第十五章　多么美好和快乐啊……

在 1634 年的 11 月，弗朗西斯科·迪亚斯（Francisco Dias），一位道明会的会士，和艾文德①（Francisco de la Madre de Dios），一位方济会的会士，一同到达福建。此刻，这名道明会士和这名方济会士分道扬镳了，迪亚斯仍留在福安，而艾文德在叫作"顶头"的一个村庄落了脚。他们虽然努力在周围一带传播福音，但是不是很成功。他们遭遇到甚至包括已经信仰天主教的人们的反对。原因是很清楚的，他们不愿意向中国人的感情和当地的环境做出任何让步。他们试图迫使中国人不仅接受宗教的信条，还要服从教会的所有法律和在欧洲及西班牙殖民地的全部习俗。在这方面，耶稣会士们对不愿这样做的人做出了让步，于是不可避免的事情发生了。

新来的神父企图强制性地实行新的关于天主教徒的义务和禁令，对违反者处以令其非常痛苦的被拒绝领受圣事的惩罚，这在天主教徒中间引起不满。这些信徒们向引导他们入教的耶稣会士神父们申诉道："道明会和方济会的传教士们教导我们的，与耶稣会的神父说的不一样，而后者似乎更好些。耶稣会士们同样也是天主的仆人，而且他们在中国传布福音已经有 60 年了。"② 不久，在福州的耶稣会士也听到了在福安和顶头的天主教徒们抱怨他们新神父的

[245]

---

① 艾文德（Francisco de la Madre de Dios），中文名字参考《晚明基督论》，第 168 页。——译者注
② 根据艾文德和黎玉范提供的证词。见 *Die Wiedereröff-nung der Franziskanermission in China in der Neuzeit*，德国威斯特伐利亚，1926，第 58 页，注释 26。

申诉。这些抱怨的人们还说,新神父们断言:从利玛窦以来的耶稣会士们把天主教徒领错了路,而他们则是由至高无上的教宗派遣来将走错路的天主教徒引入正路的!耶稣会士们在中国待了很长时间了,他们知道必须应以何等的小心谨慎来承受谣言制造者的报告。因而担任耶稣会副省长的傅汎济,在 1636 年 11 月 10 日的信中向总会长报告了这一事件,在信中他十分谨慎小心地说,那些托钵僧的说法可能是不属实的①。

此前不久,耶稣会士与后到中国的托钵僧对于天主教徒的责任与义务上的不同解释,在中国天主教徒中导致了严重的分裂。"分裂和严重的流言蜚语",是道明会士迪亚斯用来描述当时情况的话语。范礼安的担忧正在成为现实。

利安当就他们传教的性质一事去询问了一名耶稣会士。在当时的形势下,直率地交换意见是必要的。但是,正如方济会士文都辣所指出的,利安当并不是为了达成理解的目的,而去寻找对耶稣会政策的适当解释的。他正在按照自己的偏见,从耶稣会士们那里搜集证据,以便提出指控去反对他们。文都辣写道:

"为了证实他的新入教的教徒的话,利安当神父到一处只有一名耶稣会士主持的教堂。由这名神父伴随着进去参观时,他小心地掩饰着自己的真实目的,问道:尊敬的神父,请告诉我,你们对新教徒是怎样教导的?你们要求他们必须履行什么义务?他们的哪些风俗习惯是可以被允许的?我问这些是为了使我们的方法与你们的方法取得一致。"②

那名耶稣会士简要地解释了他修会的政策。利安当就以这些信息为武器,报告了黎玉范。这两个人在迪亚斯和艾文德的支持下,

---

① *ARSI*, 161, Ⅱ, 第 164~165 页。
② 方济会士 Buenaventura Ibanez 著 *Brevis relatio de oppositionibus quas tres missionarii Franciscani passi sunt ab ingressu in Sinam anno Domini 1649 usque ad annum 1662*, *SinFran*(方济会在中国), Ⅲ, 第 93 页。

立即开始准备一份报告,分别递交给在马尼拉的他们各自的省部。这个报告包括两个文件。第一份文件是以从 1635 年 12 月 22 日起至 1636 年 1 月 9 日止对 11 位中国天主教徒的询问记录为基础写成的。第二份文件包括了他们自己修会的四名传教士的观察所得①。那四个人在 1636 年 1 月 21 日到 2 月 10 日期间举行的一系列会议的证词,被存放在法庭的文档里。在那个月结束之前,迪亚斯和利安当就乘船去菲律宾,将那份报告递交给马尼拉的神学家们了②。木已成舟,这一步导致了传教活动长时间的停顿,可悲的礼仪之争发生了。

迪亚斯停留在台湾,他携带着文件的副本。利安当乘船去马尼拉,携带着文件的原件。在路上,他的船被荷兰人截获了,这位方济会的神父成了俘虏,在爪哇做了 8 个月的苦工,又在摩鹿加群岛苦熬了一年。直到 1637 年,才到达马尼拉。

同年的春天,艾肋德③(Gaspar Alenda),另一位方济会士,来到中国,加入黎玉范和艾文德的行列。在这几个月里,艾肋德和艾文德在一起正如范礼安所担心的那种事故中,充当了领导的角色。这也是关于传说来源的一个带有启发性的个案研究④。

在福安的村庄里,一位学者发表了一本攻击天主教的小册子,他仅仅是一名不怎么重要的秀才。之后不久,他启程去北京了。两名教士断定他有意要将小册子呈献给皇帝。以他们特有的献身精神、令人钦佩的热忱和不敢恭维的轻率,他们迅速地做出决定,如艾肋

---

① 这两个文件现保存在西班牙巴塞罗那的方济会档案里。
② 方济会士 Lorenzo Perez 著 *Los Franciscanos en el Extremo Oriente*;见 AFH(方济会历史档案),Ⅱ,第 554 页。
③ 艾肋德(Gaspar Alenda),中文名字参考《晚明基督论》,第 168 页。——译者注
④ 艾文德的理由是从艾斯卡隆那 *Relacion del Viaje al Reino de la Gran China*,一文中得到的。此文发表在 AFH,Ⅷ,第 558~591 页;以及Ⅸ,第 184~218 页。它被载再次编辑在 *SinFran*,Ⅱ,第 225~314 页。艾肋德的故事是在他于 1638 年 3 月 12 日写给 Joseph de Valencia 神父和 Heironymus Nadal 的信中谈到的。

德说的那样:"跟随他到帝国的宫廷去,通过辩论,用我们的生命去保卫我们的信仰和我们至高无上的救世主,以及被钉死在十字架上的耶稣……"① 他们根本没有考虑到,这是一件对教会危害极大的事情,他们的冲动行为也显示了其对北京的实情惊人的无知。

在三名作为翻译的少年的陪伴下,艾文德和艾肋德于1637年6月出发了。完全是由于当时局势的混乱,他们才轻易地避开了官员们的注意,而顺利到达了首都北京。当时"强盗革命"的领袖李自成和张献忠已经深入北方中央省份,方济会士们正是趁着混乱穿过那里,于8月14日到达北京的②。在北京,他们遇到了汤若望。汤若望把他们安置在利玛窦墓地附近的住所。在他们逗留的14天里,他们观察了每一件事,挑了不少的毛病。通过读他们的报告,很难让人认为这两位客人的行为不是藏在耶稣会士住地的、以怀有极大偏见的眼光来观察每一件事的间谍行为。

最使他们感到震惊的,是在小教堂里悬挂的一幅耶稣与12名使徒的画。由于尊重中国人的感情,画家将画上的人们原本赤着的脚,画得穿上了鞋子。对此,这两个修道士非常反感,"这是最让我心痛的了"③,艾肋德在给他的朋友瓦伦西亚(Valencia)和纳窦(Nadal)的信中这样写道。他和他的同伴认为,这是非常重要的事件,有必要向他们在菲律宾的同事们报告。

这件节外生枝的小事,揭露了造成在中国耶稣会士与托钵僧分歧的焦点根源,也使他们的和睦相处成为不可能的事。正如范礼安已经意识到的那样,"欧洲人主义"的幽灵与"文化适应"策略是背道而驰的。这种令人哭笑不得的指责,和由于在文化的差异上仅仅做出如此微小的让步就引来的攻击与诽谤,说明以这样的思维方

---

① *AFH*, Ⅷ, 第552页, 注释2。
② *Eminernt Chinese*, Ⅰ, 第37~38、491~492页。
③ *AFH*, Ⅷ, 第583页, 注释1。

式是永远也不能理解适应政策的。

不仅是这幅画让它的发现者艾文德和艾肋德感到震惊,他们还向马尼拉报告说,在耶稣会士的教堂里设有两个祭坛,一个是为救世主而设的,而另一个竟是为皇帝设置的!前者是救世主的画像,后者是天子的画像!这一传言传到了欧洲,就成了可恶的流言蜚语的根源,而且这个鬼魂至今仍未消失。它将耶稣会士描述成一伙偶像崇拜者,他们将异教皇帝的画像摆在祭坛的显要位置,与天主之子平起平坐,共同享有接受教徒顶礼膜拜的荣耀!

不管是艾肋德还是艾文德,都没有直接攻击过偶像崇拜,而是在他们制造的谎言中间接地流露出这个意思。这些指控都缺少第一目击者提供的证词。而事实是:在耶稣会士的教堂里根本就没有偶像崇拜的祭坛。汤若望说,他从未预料到他的客人们会对一块无辜的纪念匾额做出如此恶意的解读。艾斯卡隆那(Escalona)和艾肋德由于对中国风俗习惯和语言的了解甚微而导致的指控,其实是建立在猜测的基础上的,是建立在假定的所谓"祭坛"之上的。首先,那幅所谓的皇帝画像是根本不存在的,那其实是一块木制的牌匾,上面刻有6个镏金的汉字。

追溯关于"皇帝画像"的谎言的最初起源,是十分容易的。这就是艾文德于1639年6月16日在马尼拉一份经过宣誓的证词。他仔细描述了他所见到的那个"祭坛……是供奉中国皇帝的画像或牌匾"①。像他在陈述中提到的,"imagen"(画像)与"tablilla"(牌匾)是不同的。尽管对两个修道士的陈述只要粗略地读一下,就能明白无误地了解到,事实上是"牌匾"而不是"画像",然而传言还是坚持就是"画像",而忽略了"牌匾"。奥·玛斯博士(Otto Maas)在他的著作里无意中揭示了,即使是学者们,要让他们放弃那个老的传言,也是非常艰难的。虽然他在谈及这个问题所涉及的

[249]

---

① *AFH*, Ⅳ,第54~55页。

物品时，在脚注中注明是"牌匾"，但在正文中，他还是继续把它称作是"画像"①。

艾斯卡隆那（Escalona）给方济会士们的原文做翻译："我们伟大非凡的国王，他可以活万万年。"这就扫除了关于那个诽谤性的"祭坛"的真正性质的全部怀疑。这再清楚不过地表现了一个常用的中文表达法："万岁，万岁，万万岁。"这就是日文中的"banzai"，拉丁文中的"ad multos annos"和法文中的"vive le roi"。

正像两名修道士他们自己也很清楚一样，这座教堂是皇帝为表示对利玛窦的敬重而送给耶稣会士的礼物。为了感谢帝国的恩赐，耶稣会士礼尚往来地将一块刻有"皇帝万岁"的木制牌匾悬挂在上方。与在美国的天主教教堂内厅里悬挂星条旗的风俗习惯一样，这并不包含更多的偶像崇拜的意义。

这两个来访者不对自身加以调整，以适应中国人的环境，专门用最坏的方式来解读耶稣会士的行为。于是，"桌子"就成了"祭坛"，"牌匾"就成了皇帝的"画像"。经过这种对几个细节的简单曲解和变形，本来是对帝国恩赐的认可和感谢清白的表示，变成了含糊其辞，相差万里的偶像崇拜的罪名。在三个半世纪之前的元代，当皇帝骑马进入首都和举行公开仪式时，一位方济会士，艾文德和艾肋德的伟大的前辈，每次都出去拜见皇帝，为他熏香并向他祝福。如果艾肋德和艾文德了解到他们的这位前辈的所作所为，不知将做何感想。

在他们逗留在耶稣会士住所期间，汤若望曾试图向他的客人们指出，他们的行为是危险的，并劝阻他们不要走得更远。他建议他们到朝鲜去，那里是传教事业未开垦的处女地，但是汤若望的努力失败了。他们期待汤神父的是：安排一次与皇帝的会见，使他们获

---

① 见 *Die Wiedereröff-nung der Franziskanermission in China in der Neuzeit*，德国威斯特伐利亚，1926，第 64 页，注释 42。

得在北京建造教堂的允许。耶稣会士在首都经过了差不多 40 年的努力，才见到了皇帝。而仅仅为了在北京建造起自己的教堂，他们花了差不多 20 年。在这 20 年中，利玛窦为了这一目的经历了长期的忍耐，做了艰苦的准备工作。再追溯得远一点，他经过差不多 30 年的时间，广交朋友，树立威望，他因此而获得的中国朋友们以其地位和权势给他或多或少的保护。然而，艾肋德和艾文德天真地设想，阻挠他们在首都建立教堂的全部障碍就是耶稣会士。这两个不请自到的客人，对汤若望的一举一动都往最坏处想，使汤若望试图改变事态进程的任何努力都归于无效。从脾气上讲，汤若望是一个急躁和容易发怒的人，让他控制自己的情绪是很不容易的，然而他做到了，没有记载说他有失态的行为。

[250]

两个星期后，有两位礼部的官员带着一队士兵来到艾文德和艾肋德的住所，询问这两个新来的修道士。这两个修道士在官员的面前，把耶稣受难像拿在手里，"准备着用生命来鼓吹耶稣基督"。当官员们问道，是什么促使他们这两个外国人来到帝国的首都，做此次未经批准的访问时，他们就开始了英勇无畏的讲道。艾斯卡隆那（Escalona）描述了这一场景：

"修道士们回答说，他们来是为了反对和驳斥一本攻击他们信仰的书里的错误，等等；以及来鼓吹和保卫唯一的神，即被钉死在十字架上的耶稣基督，他的像就在他们手里拿着呢，等等。"

当官员们被他们的语气所激怒，与他们争论起来时，传教士们就"抓住这个机会……说他们（指官员们）被欺骗了，因为世界上只有一个神，它具有全部不可抗拒的力量，生活中的万物都依靠它，而且受到它的保护。（他们宣讲）最神秘的三位一体的和我们神圣信仰的原理，精神的化身，死亡和复活等"[①]。这是一场相当全面的布道！

---

① *SinFran*, Ⅱ, 第 252 页。

官员们失去了耐性，命令士兵们从传教士手中拿走那个十字架，他们被禁止离开那所房子，他们的翻译被手铐铐走了。在修道士"燃烧着神圣的热情"的眼睛看来，官员的行为应归咎于"恶魔的发怒"，而根源则在于他们的傲慢自大。这种骄傲自大使他们无法理解修道士们和翻译所说的真理与精神。而在官员们的眼中，毫无疑问，这些陌生人是傲慢和目中无人的野蛮人，对中国人谦虚礼貌的道德观念缺乏最基本的了解。

[251]　　一名官员留在教士们的住处，另一名则回去报告情况。不久传来了礼部尚书的命令。命令说，这两个外国人已经在耶稣会士的住所住了若干日子，汤若望和龙华民应受到责备。礼部的这一遣责命令的重要性，被撰写这份报告的艾肋德忽略了。艾肋德坚决地认为，显而易见，每一个灾难都是耶稣会士的阴谋，他们则是受了欺骗。他也提到了龙华民，以他看待北京发生的每一件事以及评估耶稣会士的状况中所暴露出来的歪曲丑化的观点，他说龙华民像一个"皇帝的心腹"①。

　　通常情况下，这两个外国人将被带到北京的大堂上判刑。驱逐出境将是他们所能期待的最轻的处罚。汤若望急于使这件案子不牵扯到官府，因为他担心这样会招致中国对教会的反感。他极力说服有关官员，不要将此案上交法庭，不要通过正式的审判，将他们遣送回福建了事。他聪明地用了70两银子达到了这个目的。

　　两天以后，一位负责安全保卫的高级官员，带着"一大队士兵"将这两个方济会士拘留了。两名教士引人注目地被押解着穿过北京的街道至于大运河的边上。在那里他们被押上一艘官船，一张有大字签署的布告贴在一块木板上。布告上说，这两个外国人胆敢没有经过批准就进入中国，传播异端邪说，现解往福建处死。到福建的行程历时三个月。在船行经的所有城市和乡村，这两个外国人

---

① *SinFran*，Ⅱ，第252页，注释1。

都成了人们好奇心追逐的对象。"甚至女人们也透过窗户，看看发生了什么事情"。

所有这些，依据艾肋德的看法，都是耶稣会士干的！艾文德愿意以"一名神父的名义"发誓说，耶稣会士们要为此负责。多明戈·济瑟斯（Domingo de Jesus）在以大加渲染的和不准确的词语对艾肋德和艾文德的经历做了说明后，甚至在他作证时的誓词中更为明白地说："这种说法在中国非常普遍，即所有这些都是耶稣会的神父、他们的信徒和朝廷的官员们干的。"①

这些指控是不值得评论的，即使根据艾斯卡隆那和艾肋德的报告所提供的内容，如果考虑到其他众所周知的、那个时候北京的条件和耶稣会士们的情形，就能提供最好的反驳。指控中所猜测的北京的情况是根本不存在的。1637年，汤若望并不像要他为这件事负责的人所说的那样，还远远没有那样大的权力和影响。即使到了10多年以后，当他的威望大大提高了的时候，他仍然不能使他的两名因言行不慎而遭到官方深深怀疑的耶稣会士同伴获得自由。20年以后，他的影响也许在这一领域中已经不亚于任何人了，但是在1637年，虽然他在刚刚完成的修订历书的工作中赢得了不少朋友，但也同时引来了很多敌人。他的影响也还没有大到能促使皇帝正式采用经过他修订的历书的程度，为此他还不得不等待一个新王朝的兴起。那些人对1637年的汤若望所描绘的，是一幅与历史的真实完全不搭界的荒诞图景——即汤若望是一个在幕后策划阴谋的大师，他操纵着北京的高官显贵们，包括礼部尚书、"警察总监"和一大堆宪兵，就像玩着许多牵线木偶一样。更为离奇古怪的是（如果可能）如此一种联想：汤若望组织了一群受骗者穿过北京的大街游行，并将方济会士们遣送到一艘呈现着帝国的颜色和装饰着反对天主教的标志的船上。

[252]

---

① *AFH*, Ⅳ, 第56页。

在艾文德和艾肋德离开北京之后不久，汤若望写信给他的密友和过去做见习修道士时的同伴——罗历山①（Alexandre de Rhodes），告诉他在北京发生的故事。1637 年 11 月 8 日信中的讽刺手法，体现了汤若望的个性，即科隆人的幽默感：有朝气、热情，但言语中又常带有强烈的讽刺、挖苦意味。他的耶稣会同事们不止一个感觉到了他话中带的刺。也许汤若望估计到，他的信件除了罗历山还会有其他人看到，因此可能在信中还是有所保留的，他说：

"我想告诉尊敬的您两个多月以前这里发生的部分真实情况。有两个方济会的神父来到首都北京，他们决心要做殉教者，或者要使皇帝和所有的中国人皈依天主教。他们俩都不会说中文……他们穿着神父的衣服……每个人手里都擎着十字架，打算开讲传布福音。他们乘轿子而来，有三位中国年轻的小伙子与他们为伴……我们的副省神父在这里，但是由于他不想与他们打交道，就把球踢到我的脚下，因为我是德国人②。我在他们进入北京城门之前会见了他们，平静而又认真地向他们解释，为什么他们应该谨慎、平和地行事。然而我没有成功。他们愤怒地大声指责我，尤其是那个最近刚从马尼拉来的性情急躁的省代理人——艾肋德。他的那个在福建待了两到三年的同伙艾文德说话还比较温和。（在中国住上相当一段时间的好处之一是，能够减少我们天生的傲慢情绪。）然后我带他们到我们的利玛窦神父的墓地，给他们提供了一间房子，做了庆典弥撒，等等……没有在任何有关兄弟情谊的小事上让他们感到失望。那里③有上千以告密为生的人。通过这些侦探，当局者得知了艾文德和艾肋德在这儿……宪兵们把我捆在柱子上，语气严厉地指责我，

---

① 罗历山（Alexandre de Rhodes，公元 1591～1660），法国籍耶稣会士，1623 年来华。——译者注
② 副省神父傅汎济是葡萄牙人，他一定感觉到，西班牙人比较愿意与德国人打交道。
③ 指利玛窦墓地周围。——译者注

推搡、殴打我，甚至要杀了我，整个夜晚不让我睡觉。（至于那两个修道士）这时完全没有要殉教的想法了。他们没经过任何反抗，就交出了他们的十字架，双手抱拳喊了无数声'老爷！将我们平安地放了吧！'我使用出我在意大利所学到的全部的外交手段，努力使他们得到释放。靠了行贿的帮助，我使官员们没有把他们扭送到最高法官和皇帝那里。他们对被遣送回福建的结局感到很满意，他们说，他们将从那里乘船回马尼拉。他们没有设法带那三个同行的中国小伙子一道走，听任这三个中国人被铁索捆着关进监狱。他们清楚地知道，这三个中国人因为没有得到准许就将外国人领进首都是要被判死刑的。但是我想办法使他们得到释放。这些小伙子非常后悔他们参加了这样的'宗教活动'。简单说，这就是我所经手的为天使圣人圣方济服务的事件和经过，我把他的孩子从等待他们的死亡中解救出来。当然他们如果被砍成碎片的话，我也不能保全自身，连澳门也难保安全。躺在床上死去也比以这种形式做殉教者要好……我们把他们接进我们的房子，我们的仆人伺候他们。尽管如此，他们对仆人们谈论我们的事务时仍然极为无理，好像只有他们才具备使徒的精神。为此我们像对待兄长那样原谅他们。最糟糕的是，在他们住在这里期间，除了特别的不愉快之外，整个闹剧还耗费了我们 70 两白银。"①

汤若望的这封信本身就成了一个"事件"。当认定他对北京发生的事情负有责任的传言传到菲律宾人那里时，在澳门的罗历山将汤若望的这封信寄到了马尼拉，那儿的耶稣会士们又将这封信译成了西班牙语。这就像往火上浇了油。

汤若望的说明是符合北京的实际情况的。当艾文德和艾肋德把

---

① 汤若望这封信的原始的葡萄牙文本保存 ARSI，161，Ⅱ，第 196~197 页。这是一份根据在巴塞罗那的档案中（AFH，Ⅷ，第 588~589 页注释。）的手稿而出版的西班牙文的译文。

他们的全部灾难都归咎于耶稣会士身上,特别是汤若望身上的时候,当他们认为十有八九是汤若望的责任的时候,并不是说明这两个教士不正直,他们只是被自己蒙住了双眼。只要仔细地读一读他们自己的陈述,就能看到他们自我蒙蔽的事实:他们对耶稣会士总是抱有敌意,抱有深刻的偏见;他们对中国语言文字和风俗习惯惊人地无知;他们在总体上对帝国的国情,尤其是对首都北京的特殊情况的估计是错误的。

偏见的存在是显而易见的,举个例子,艾斯卡隆那除了叫耶稣会士们"斯阿丁①(Theatine)神父"之外,不愿使用任何别的称呼。这是反对圣依纳爵在过去给他的修会所起名字的一种表示。圣依纳爵终生都在努力将他的修会与斯阿丁修会合并。但是当艾斯卡隆那写他的报告的时候,这个事情已经在很久之前就不提了。耶稣会已经有100多年的历史了。在这种情况下,艾斯卡隆那不情愿承认它的名字就是对它深刻憎恨的表现。毫无疑问,部分的偏见来源于嫉妒:耶稣会——这个年轻的、显示出非凡生命力的暴发户,居然和如此众多的古老修会的成员们平起平坐,而这个暴发户又在很多方面打破了修道院和托钵会的古老传统;部分原因出于对耶稣会士反对他们干涉耶稣会士在中国教务而产生的怨恨。另外,很大部分的原因要归结于他们对任何程度的文化适应都无法容忍的愤怒。他们认为这种文化适应就是对信仰的背叛。

关于他们对中国语言的无知方面,是没有什么值得怀疑的。艾肋德到中国只有几个月。艾文德来到帝国也不到三年,而且他学习语言是在福建,那里说的是一种与官话极为不同的方言。在艾斯卡隆那的陈述中非常清楚地谈到,他们俩都要依赖仆人做翻译。任何一个了解中国的人都能够想象,翻译对他们说的,仅仅是翻译想让

---

① 斯阿丁(Theatine),天主教修会之一,1524年成立于罗马。其创始人之一的John Peter Caraffa,后来成为教宗保禄四世。——译者注

他们知道的事情。利安当总有一天会知道，中国人有散布"幻想和谎言"的嗜好①。艾肋德和艾文德即使不受骗的话，也没有别的能耐。他们的说法是没有任何根据的。他们说，在北京，在他们的案件上做了任何事的任何人，从礼部尚书到地位最低贱的士兵，都是天主教徒！关于这一点，艾斯卡隆那和艾肋德都一本正经地反复加以确认了。道明会士若西·冈萨雷斯（José Gonzalez）认为那三名翻译中的一位，就是后来的罗文藻主教，即第一位中国本地的主教②。这一点绝不是肯定的。但是即使是事实，在 1637 年也对他的说法的可信度没有任何帮助。这个中国人当时还不是主教，而仅仅是一个新入教的年轻人（他是由利安当主持授洗的）。对北京的情况，他和两个外国修道士一样，也是非常陌生的。

这两个修道士到中国来时，抱有一个虚幻的、言过其实的印象，即在中华帝国里，天主教已经处于非常有利的地位了。他们的这种乐观主义是很难被纠正的。与其他印象交织在一起，这种乐观主义造成他们一种关于耶稣会士在这一领域所具有的权力和影响的完全歪曲的概念。在他们所有的控诉中，就像习惯于将任何灾难都归咎于耶稣会士的干涉一样，他们不容置疑地确信，耶稣会士能够得到他们想得到的一切。文都辣、约瑟夫·卡萨诺瓦（Joseph de Casanova）、安东尼奥·若垂克斯（Antonio Rodriques）、安德里亚·法格佐（Andrea Fragozo）和弗朗西斯科·约格（Francisco Yorge）签署了寄给罗马传信部的红衣主教的一封很短的信件，其中可以看到清楚的表达：

"耶稣会的神父们在全世界都是强有力的。在中华帝国，在与帝国的皇帝和贵族们交往时也是如此。只要他们试图将其他宗教驱逐出这个帝国，他们是可以轻易做到的。这一点是非常肯定的。"③

---

① *SinFran*，Ⅲ，第 541 页。
② 道明会士 José Gonzā lez 著 *Biografia del Primer obispo Chino*，马尼拉，1946。
③ *SinFran*，Ⅲ，第 28~29 页。

耶稣会士们在中国始终就没有享有过他们在这里描述的所谓的权力。这种说法毫无事实根据。

当艾肋德和艾文德被押送到福州时，他们设法与耶稣会在福州的会院取得联系。在准备去死的思想指导下，他们请耶稣会士给他们带上最后的晚餐——临终圣体。一名耶稣会士捎话说，他将去和押解他们的官员谈。那天晚上，那位耶稣会士访问了他们，并向他们担保，并没有确定会对他们处以死刑①。

当艾肋德和艾文德不在的时候，迪亚斯从台湾返回。和他一起来的还有道明会的胡安·噶西亚（Juan Garcia）和佩卓·查委斯（Pedro de Chaves），以及方济会的弗朗西斯科·利卡隆那（Francisco de Lscalona）、昂瑙夫·佩勒伽（Onofre Pellega）和多明戈·乌奎希（Domingo Urquiccio）。他们都住在顶头。当押解官释放了艾肋德和艾文德，让他们回到他们的同伙中间时，他们都喜出望外。这名官员还告诉他们，他将请求福安和宁德的官员给予他们友好的关心与照顾。那两个永远是心存疑虑的修道士们，认为这一仁慈行为，就像精心策划的阴谋那样恶毒。他们也知道如何去解释它，艾肋德说："我看透了这种骗局。"② 遗憾的是，当他们独处了很长的时间之后，还不能加入自己的同伙。在艾文德与同伙佩勒伽和乌奎希一起返回福州的时候，艾肋德病得很厉害，以致不能和他们同行。

他们没有说他们到福州打算做什么，但从他们北京之行的目的来看，可以推测他们到福州是要去向省里较高的当权者表示抗议。不管他们做什么，其结果必然是悲惨的。在他们到达省会福州后不久，那里的驻军司令就颁布了一项禁止天主教的法令。该法令恐吓说，谁窝藏传教士就要受到鞭笞和没收财产的惩罚，同时任何人将传教士扭送到当局，都能得到奖赏。这样，这三名方济会士就落入

---

① *SinFran*，Ⅱ，第254页，注释5。
② *SinFran*，Ⅱ，第254页，注释5。

了法网，被解送到宁德。

如果以一个不带偏见的局外人的眼光来观察，就可以看出，直到将这些方济会士押解到宁德之前，中国当局都表现得相当的克制，哪怕表面上微小的敌意都没有。这时，中国当局的忍耐已经达到了极限，而这两个修道士也是如此。对艾斯卡隆那来说，冲突爆发的唯一的原因就是：那个军事长官是"一个与天主教不共戴天的仇敌"。而在艾肋德眼中，则还是照旧，即耶稣会士成了替罪羊。他认为，一定是艾儒略，与"天主教不共戴天的仇敌"密谋，煽动了这场使他们以往的工作成果付诸东流、并将他们驱逐出福建省的风暴。在轻信这一点上，他们已经陷得很深了，已经到了应该请求宽恕的地步了。

在这之后的三个月里，这三个修道士被强行带到省会的各个官衙里。阳玛诺为了他们做了他所能做的一切：他冒着可能牵连到他自己的危险，把他们带回家，护理其中的一位熬过了严重的疾病，在他们结束了诉讼被命令返回澳门时，为他们提供盘缠和一位向导①。

与此同时，这一迫害的冲击也波及到中国天主教徒的身上。很多人遭到了毒打。根据法律，那些学者型官员们虽然免除了肉体的惩罚，但被解除了官职和爵位，没收了财产，剥夺了参加科举考试的权利。

[257]

打击迫害的力度进一步加强了。道明会和方济会的修道士们，包括秘密潜回顶头的皮加利都躲进了森林。在福州的军事长官颁布了新的禁令，并张贴了一份奉命逮捕传教士人的名单。名单中包括阳玛诺和艾儒略②。

当言辞涉及道明会士和方济会士的禁令布告张贴在福州城墙上

---

① 见 *Notices biographiques et bibliographiques sur les Jésuites de l'ancienne mission de China* 1552–1773，上海，1932。
② 见 *Die Wiedereröff-nung der Franziskanermission in China in der Neuzeit*，德国威斯特伐利亚，1926，第69页，注释55。在记录的这些事实中，似乎看不到任何证据，能支持艾肋德关于艾儒略是这次迫害的策划者的假设。

的时候，他们便聚集到顶头，以期共同商讨一个行动方针。他们的决定极具他们的个性，是鲁莽和轻率的。艾斯卡隆那说：

"我们的决心已定，要走出去，到张贴布告的地方去传我们的道，将布告撕下来，并且穿过主要街道，让人们都知道我们在十字架上被钉死的救世主耶稣，并传布我们神圣完美的宗教律法。这一律法是天主教徒唯一的法律。它是引导灵魂升上天堂的律法。我们还要宣布，中国的偶像崇拜和本地教派都是魔鬼的骗术。道明会和方济会的全体修道士，全体一致地赞成上述决定。"①

艾肋德也证实了这一点：

"黎玉范——道明会的副省神父，与同修会的查委斯（Pedro de Chaves）神父一道，还有方济会的艾斯卡隆那和马柯斯（Juan de San Marcos），决定到福州去，撕下那些布告，公开地宣讲耶稣受难。"②

艾斯卡隆那进一步描述了他们是如何实行这些决议的——进入省会城市福州，游行穿过大街，高擎耶稣受难的十字架，大声地宣扬说：

"这就是真神与伟人的肖像，全世界的救世主，万物的创造者。他将严惩不遵守他的法律的人，奖赏遵守法律的人。中国的偶像和宗教都是虚伪的，是魔鬼引导人们进入地狱，且永不超生的谎言和欺骗。不管是谁下令张贴了这些布告，如果他们不为此罪行而忏悔，他们就是反对了我们的主，反对了真正的神灵，他们就将被打入地狱，不论他们是总督、法官、军队的司令、市长，还是其他的任何人……"③

这是在南美洲或者菲律宾传教时行得通的行为方式，但在中国

---

① *SinFran*，Ⅱ，第 263 页。
② *SinFran*，Ⅱ，第 264 页，注释 3。
③ *SinFran*，Ⅱ，第 264 页。

是行不通的，除非它的目的是故意地造成对抗。这正是范礼安希望在这个中央帝国里避免的事情。

正如可以预见的那样，在福州大街上的这些狂热的卫教士的行为引起了一场骚乱。他们很快就被叫喊、喧嚣的人群包围。艾斯卡隆那报告道："我们无法前行。"沈㴶撰写了一份反对在中国的传教士的奏折，说他们扰乱公共秩序，煽动叛乱。当时日本人对朝鲜的侵入、满族人对北部边疆的骚扰、秘密社团活动、一些省份的反叛活动的兴起、使得中国的官僚阶层，对明王朝最后几十年里发生的公开集会和骚乱极为敏感。但是当接到有四个外国人在城里的大街上，面对喧嚣的人群做长篇演讲，并对总督和其他敢于禁止天主教的官员没完没了地进行诅咒的消息时，人们对福州当局的反应感到很惊讶。令人费解的是，这四个外国人轻易地就解脱了。他们被抓了起来，但是负责审案的法官，只是下令让他们离开这个城市，让押解的官员释放了他们。[258]

这四只"暴风雨中的海燕"回到顶头。他们的态度，在艾斯卡隆那所做的描述中被表露无遗。他们显然对是否可能加重对他们的迫害一事并不忧虑，走在路上十分高兴，"因为他们在福州宣讲耶稣受难的举动已经获得了成功"。但这时在福州的天主教徒正在遭受严厉的镇压，这似乎对他们来说是无关紧要的事情。这时，艾儒略和阳玛诺都被驱逐出福州；教堂被查封；作为他们英勇行为的结果，迫害行动扩散到全省；很多小教堂被拆毁；天主教徒们到处被搜捕和折磨。正如他们所说的："早期对天主教徒的大迫害似乎又重演了。"这所有的一切，都是他们在福州鼓吹"耶稣受难"所导致的。这是十分简单明了的，这些传教行动对改变他们所抗议的那些事情绝没有任何好处。唯一仅有的正面收获（如果存在的话）就是这些行为给某些传教士对他们自己的蛮干、拼命的行为以自我满足的感觉。

艾斯卡隆那原本对这场由他自己挑起的风暴十分满意，这一点几乎在他叙述这一事件的每一页中都有所谈及。最典型的是他关于仇教迫害的评论："它对我们来说是一种愉快和幸福，我们充满了希望，正在做一些对耶稣赐予我们的生命有益的事情，正像我们神圣的殉教者在日本所做的一样。"

当传教士准备迎接殉教，并以此当作是天主无上光荣的恩赐时，应对其所负的使命抱定一个平和的心态。他既不期盼以此来掀起一场不必要的暴风雨，也不会不顾及将对天主教团体产生什么样的影响。因而在行动中，这样的传教士也经常比那些考虑问题不够全面的同事表现出更为伟大的英雄主义。人们有理由这样认为：即利玛窦历时 28 年所付出的超人毅力和不屈不挠的努力，或者龙华民长达 57 年使徒式的不懈地埋头苦干，都要比这些从马尼拉来的人所做的、虽然是令人兴奋的但却是短暂的冒险行为要更加英勇些。这些人中的大多数，不久就回到那个处于相对安静平和气氛中的群岛去了。汤若望辛辣地讽刺说："在床上静静地死去，也比以这种方式做殉教者好。"

福州事件没有改变他们①的态度。他们的自由没有受到丝毫的影响，只要听到有诋毁天主教的布告在任何地方张贴，他们仍然义不容辞地"为天主赐予的荣耀"而到那里去把那些布告撕下来。

这些行为导致了他们这些托钵会士于 1638 年 4 月的再次被捕。艾肋德与佩勒伽已经结伴回到了台湾。其他人则被带回福州投入监狱。道明会士黎玉范和迪亚斯被驱逐到澳门。方济会士们没有被监禁太久，在获释后，他们到零昌（Lingchiang），在那里与已经从台湾返回的佩勒伽一行会合。

佩勒伽是个性格好动的人，几乎不愿从台湾返回。他和其他三人"在这样的环境中，只能看到很少的果实，甚至根本就看不到果实，于是就放弃了在中国大陆的传教活动"。另外三名是道明会士查委斯和托雷斯（Antonio de la Torre），以及一名方济会士马柯（Juan de

---

① 指那些准备殉教的传教士。——译者注

Sancto Marco)。留在中国的只有艾斯卡隆那和噶西亚（Juan Garcia）。前者在不久以后也跟随他的同伴返回了马尼拉。这些人中仅有极少的人在后来又回到了中国，但是其中不包括艾斯卡隆那和艾肋德。在这里指出一点是很必要的，即这些人在中国只住了不到两年的时间。主要根据他们的汇报，再加上另一个再没有返回中国的人，即艾文德讲到的一些事情，这一切被不加分析地全盘接受之后，关于耶稣会士的故事就编出来了。

在1637～1638年发生的事件之前，福建省在整个帝国中是可以与陕西竞争的最有希望的传教中心省份。这是天主教在华组织机构中8个相互独立的区之一。年轻的阳玛诺由卢纳爵①（Ignace Lobo）协助，以福州的耶稣会驻地为中心开展工作。艾儒略在泉州有他的根据地，以那儿为中心，他努力为附近13个城镇的天主教徒服务。1637年夏天，聂伯多被派来协助他，这样，艾儒略就从必须将绝大部分时间花在泉州的工作中解脱出来。当暴风雨爆发时，他正忙于到福建省比较偏远的地方去传播福音。

到1637年时，福建省每年皈依天主教的人数平均在800～900人。全省有90座小教堂，一定数量的设备齐全的教堂。最大的和最富丽堂皇的教堂在福州。建造这座教堂的一大部分资金是由非天主教徒捐赠的，他们想以此来表达对艾儒略的敬意。

取得这些成就要归功于艾儒略。12年前，当他第一次进入福建时，那里既没有天主教徒，也没有传教士，排外的情绪非十分强烈。靠着机敏和智慧，他化解了人们的偏见，为天主教争得了一定的威望。方济会士们与耶稣会士们一样，充分肯定了他高尚的美德和在学问上的较高造诣。卢纳爵，艾儒略在福州的一名助手，在给利安当的信件中写道：

---

① 卢纳爵（Ignace Lobo，公元1603～?），葡萄牙籍耶稣会士，1630年来华。——译者注

"艾儒略神父是一个道德高尚、敬畏天主的人。此外，他很有学问，是今天我们在中国最有才智的人之一。不论在言辞上，还是在行动上，他都是谨慎的。他在做任何一件事之前都对其可能产生的后果考虑得非常充分，非常周到。"

利安当也对艾儒略做出了他自己的评价：

"他是在中国的耶稣会的最可尊敬的和最有价值的传教士之一。他得到了包括天主教徒和非天主教徒们一致的高度的尊敬，他们说他是一位有礼貌、有学问和有能力的人，一位中国语言的大师，在他所居住的省份，他是真正的哲人和圣贤。"①

那个老是板着面孔的艾肋德，尽管不无恶意，但也还是承认说，"他是这个省的偶像"②。

由于爆发了仇教的暴风雨而被赶出福建省的艾儒略，不久便秘密地返回。他尽其所能去视察更多的天主教团体。他写信给福建省总督，恳求他的支持，并获得成功。但其他的干涉又接踵而来。权限包括福建省四个最大城市的监管官，给福州当局送来一份指控书，其中要求将包括艾儒略和阳玛诺在内的被当作从菲律宾来的麻烦制造者的一些人驱逐。而一个著名的学者团体则请求这位监管官支持这两名耶稣会士。他们指出艾儒略和阳玛诺与利玛窦属于同一个组织，而利玛窦对帝国朝廷立下了了不起的功绩。在毕方济的请求下，江苏省的几个高级官员寄了一封信到福建，为天主教会说情。

这些干涉被证明是有效的，它们使原打算发布的新的禁教令的计划被暂时搁置了起来。其实在较早的时候，艾儒略就能够返回福州，但是由于谨慎的性格，他没有立即进城，而是在三英里之外的一个小客栈落脚。在他待在那儿的几周里，天主教徒们和友好的官

---

① 见 *Die Wiedereröff-nung der Franziskanermission in China in der Neuzeit*，德国威斯特伐利亚，1926，第67页，注释46。
② *SinFran*，Ⅱ，第254页，注释5。

吏们纷纷出城去看他。

艾儒略精通中国的哲学。他为他的事业争取到了有影响的支持,但是他没有利用他的优势去损害福州的那些当权者,即颁布仇教布告的主要责任人的尊严,他请求归还他的教堂和住所,恢复天主教的名誉,但不在城里露面。这样,他使官员们保住了"面子"。然后请他们在不受外界压力的情况下,将教堂归还给他。不久他们果然就这样做了。1639年6月14日,艾儒略公开地在教堂举行了弥撒。教堂的归还实际上默认了那些禁令和驱逐令的无效。这是机智、礼貌的策略的纯熟运用,它不伤害官员的尊严。它比将布告从墙上撕下来的、徒有其表的公开对抗行为有效得多,与那些公开宣称为了"天主的光荣"的情感的人相比,至少可以说:为天主服务得一样好。

与此同时,艾斯卡隆那和噶西亚被迫从顶头逃到了森林里。他们的教堂被毁掉了。一些从教堂上拆下来的建筑材料也给了一处佛教的寺庙。他们的天主教徒也受到了严厉的处罚。最后,他们两人也分开了。艾斯卡隆那设法到了宁德,从那儿他成功地返回了福州,期望能在艾儒略处栖身。大约也就在这个时候,艾儒略回到了福州,艾斯卡隆那躲过了官方的注意,在艾儒略那里得到了安置。艾儒略热情地接待了他。

如果艾斯卡隆那因为近期的挫折经历,而动摇了他对自己原以为是绝对正确的判断力的信心,那应该是不令人惊奇的。但是很明显,这种情况并没有发生。不久艾儒略将他接到自己的家里,他就开始教训他的主人(即艾儒略)在处理有关中国人纪念死者的仪式的观点是错误的。

[262]

必须记住,艾斯卡隆那到中国还不足两年的时间,而这时艾儒略在这个帝国已经有了1/4个世纪的丰富多样的经历了,并因其熟悉中国文化和掌握中国语言而赢得了声誉。就像大多数他的同事一样,他对中国礼仪问题从事了长时间深入的研究。在这一问题上,耶稣会士们进行了持续多年的一系列的讨论。艾儒略希望避免与他的客人进行争论，态度和蔼地对他忍让，说他和他的同事持一种"稳妥的原则"。艾斯卡隆那在这一事件上的解释是有代表性的。他将争论的结果归功于自己的辩论能力，并自我吹嘘说，他在争论中战胜了艾儒略①。

一次艾儒略向他的教徒会众宣道，他提请人们注意，不要把对圣人的崇拜与为了纪念死者而表现的尊重混淆起来。然而艾斯卡隆那却将它描绘成对中国礼仪的指责，和作为他改变了艾儒略观点的一个有利的证据而受到的欢迎。但是从艾儒略的文章中，我们至今都可以清楚地看到，他在那次宣道中的说教并没有任何改变。

如果说上述那些年月的悲惨经历，并没有教育艾斯卡隆那变得谦虚些，那么同样也没有使他能够挽住艾儒略伸向他的让他变得仁慈一些的手。在他逗留在艾儒略（他坚持轻蔑地称他为"斯阿丁"）处期间，一位非天主教徒的学者官员在福建省的另一个地方出版了一本根据最近发生的事件而写成的书。他赞美了天主教的学说，对艾儒略表达了崇高的敬意（这又引发了艾斯卡隆那说这是对艾儒略阿谀奉承的诽谤），赞扬了在中国的其他耶稣会士，特别是高度评价了利玛窦和李玛诺，然后抨击了来自台湾的一些传教士，严厉批评了他们的行为，并提出，他们与声名狼藉的白莲教在性质上是属于一类的。

艾斯卡隆那断定："艾儒略是此书的作者！"因为该书对艾斯卡隆那和他同伙的报告给予了认真的回应，并且描绘了一系列在中国的耶稣会士准确逼真的图画。这对于理解撰写这些报告的人的思想意识是很重要的。所有必要的、客观的、公正的证据，都是由报告的撰写者自己提供的。在这里，艾斯卡隆那说，他能以"演绎法"证明，艾儒略为该书的出版付了钱，而且至少口授了一部分的内容。至于说艾儒略为此书付了钱的"证据"是，"在中国，一般地说，

---

① *SinFran*，Ⅱ，第281页。

中国人是不白白地给任何人任何东西的,除非他们收了钱,或者得到了将要付钱的允诺"。关于口授了部分内容的所谓"证据"是,没有一位异教徒能以这种方式谈论天主教,或者赞美天主教。

在接下去的一段里,艾斯卡隆那以几分难以置信的坦白直率的口气谈到,一旦这书的内容引起艾儒略的注意,他就启程走了四天的旅途,到作者的家中,立即劝说作者从流通领域收回他的书,直到作者为此书受到批评的内容而道歉,并愿意进行修改为止。然而,据说那些批评意见并没有引起多大的注意,所以作者并没有修改。当然不必说,书也并没有被收回①。

当艾斯卡隆那决定到广西去的时候,艾儒略一定松了一口气。艾斯卡隆那在那里没有住很长时间,但是有关他的活动报道并不因此而不重要,或是没有益处。在广西的主要城市——梧州府,他在城里的公共场合张贴了一些海报。其中一张宣扬天主教的信仰是真理;另一张宣传了耶稣受难和救世主之死;第三张宣布中国的宗教和偶像崇拜是错误的;第四张列出了在有关天主教宗教利益方面,皇帝所给予的仁慈和恩惠。他没有注意到,皇帝所给予的这些恩惠,正是他不赞成的那些传教士们所种出来的果实。

然后,他以方济会士特有的方式在大街上行走,穿着草鞋,把他的耶稣受难的十字架高高举过头顶,大声地喊着:"这就是真正的天主和伟人的像,是全世界的救世主;他们②所有的宗教和偶像崇拜都是虚伪的谎言;魔鬼就是用这些手段来误导他们,欺骗他们,把他们引入地狱,如果他们希望逃脱这一苦难,死后升天堂,就必须信仰唯一的天主……天主派遣他③到中国来,'来告诉你们,你们正走在通往地狱之路,派遣他来是为了引导你们的灵

---

① *SinFran*,Ⅱ,第 285 页。
② 指非天主教徒。——译者注
③ 指艾斯卡隆那。——译者注

魂走上天堂之路。如果你们在地狱之路上执迷不悟，那么死亡顷刻便会降临。你们将无可避免地堕入地狱，遭受无尽的苦难与折磨。'"①

当有人惊奇地听说他并不打算在此长住的时候，艾斯卡隆那似乎得到了较好的评价。他不久就返回澳门，在那儿登上开往马尼拉的船。他还决定"放弃传教事业"。他所乘的船被海上风暴所裹挟，大约在1639年年底，艾斯卡隆那才在印度支那登陆，直到1640年6月初，他才抵达马尼拉，从此再也没有返回中国。

噶西亚是他们一伙中唯一留下的。附带说，他也是表明从他的经历中学到了一些东西的唯一的一个人。1639年11月16日，他给艾儒略写了一封信。当时他仍在躲藏着，请求耶稣会士艾儒略利用他的影响力帮助他离开其隐藏地，引导他到公开场合。他向艾儒略保证，他将克制自己，谨慎行事。与艾斯卡隆那不同，通过自己经历的磨炼，噶西亚真诚地承认他和他的同伴们确实错了。他说："我现在深信，在这个国家里，要想运用任何其他的方法来服务于我们主的事业，传布福音，就像你们的神父所使用的和已经使用的方法那样，要经过很多年的时间。我已经将这些感受写给了我的上司，因为这些由我们的神父（目前仍被驱逐）所带来的不愉快结果的经历表示，现在的主不赞成他们所遵循的如下路线：尽管他们在行动中就像他们所做的那样，被真诚的热情所激励，但是从成果上来看，这样做并不能使异教徒转变信仰。因此，他们是要请求原谅的。"②

正如范礼安所预见的，当面临关于传教学观点有如此广泛的分歧时，冲突是不可避免的。避免麻烦的唯一方法，是让这两方面的人在帝国的不同地域里工作。噶西亚1636年11月10日给维特莱斯

---

① *SinFran*，Ⅱ，第293页。
② 引自道明会士 Noel Alexandre 著 *Apologie des Dominicains missionaires de la Chine*，（第二版），科隆，1700，第201~202页。

基（Vitelleschi）和傅汎济，即耶稣会副省的信中报告说，在前些年和黎玉范、艾文德一起开的会议上，他曾经尝试做出一种非正式的安排，以沿着这一路线行事。"我是有一点信心的"，他接着说："他们将遵守这种安排。"① 当曾德昭到罗马去的第二年，他携带了傅汎济的建议，即将中国的传教领域在几个修会之间加以划分，每一个团体将自己的传教工作限制在指定的范围之内②。教廷传信部不置可否，搁置了这一建议。随后两个世纪，不仅仅是发生在中国的摩擦与冲突，最终使传信部认识到这个建议的价值，今天它也成为罗马天主教在全世界传教事业的组织原则的基础。

至于有关他们个人与耶稣会士们的接触，这记载显示仅有三件事是真实的，对此托钵僧们有抱怨的理由：第一件是，与不能忍受他们的葡萄酒的林本笃闹了不愉快；第二件是，利安当被粗暴地从南京驱逐出来；第三件是，1649 年在厦门他们与聂伯多之间发生了一次冲突，导致这一冲突的责任，可以说双方应各负一半。在这一资料中提及的其他"事件"都没有任何价值。

[265]

一幅旷日持久的摩擦与冲突，以及耶稣会士搞阴谋的画面，在没有证据支持的情况下，被永久地载入了历史。天真的、不成熟的艾文德和性格孤僻、悲观厌世的艾肋德所讲的故事，都不加分析地被接受了。文都辣是个不知疲倦地揭发别人的人，他在给传信部红衣主教的信中，在给东京③的主教和其他人的信中，提供了预先准备好了的证据④。然而当有人检验这些信件时，有一点就变得清楚了，即他只不过在事件发生的若干年后重提这些事，没有真实的情节，而且存在着一种将他听说的每一个无聊的故事都当作事实来报

---

① ARSI, 161，Ⅱ，第 164~165 页。
② 这一文件保存在罗马传信部档案中。参见圣母圣心会士 Robert Streit 著 *Bibliotbeca Missionum*，蒙斯特—亚琛，1916~1939，Ⅴ，第 775 页，注释 2168。
③ 越南北部地区的旧称。——译者注
④ *SinFran*，Ⅱ，第 24~25 页。

道的偏向①。

关于文都辣的这种思维方式，在他 1651 年 2 月 20 日致传信部红衣主教的信件中可以看到。在信中他毫无原因地认定，汤若望对利安当的照顾是"违反他的上级的意志"的。他以此来抵消他关于汤若望曾经仁慈地对待了利安当的供词②。当时，汤若望的上级就是阳玛诺。正如利安当在给他的修会的省长的信中所报告的，是同一个阳玛诺，他在文都辣患重病期间曾"满怀仁慈、爱心和温柔地"照顾过他③。

在那个传说广泛流传的同时，利安当的反映真实情况和正确观点的信件则不幸地被放置在档案里，没人阅读过。事实与虚构的传说是如此尖锐地对立，利安当信件的编辑者在阅读他的信时，感到的"是非同一般的惊讶"④。

经常被描写为好争斗的、傲慢自大的，在别的修会的每一个重要时刻都千方百计地设置障碍的那伙耶稣会士，在利安当的信件中，却是一些宽容的、友善的人。利安当在信中不厌其烦地讲述着他们，而且列举了众多的证据，这些信件的绝大部分是写给他们方济会的上司的。其中谈到，汪儒旺⑤（Jean Valat）是"一个天使，一个有学问的和性格平静的人，他为我们做了很多好事"。李方西⑥（Jean-François Ronusi de Ferrariis）是"非常安静、平和与真正善良的人"。

至于利安当在一封接一封的信中特别加以赞扬的，是被一些人

---

① 关于教会所受到的打击，以致处于停顿状态的事例的报道是符合事实的。参见 SinFran，Ⅱ，第 122～125 页。
② 参见 SinFran，Ⅱ，第 28 页。
③ SinFran，Ⅱ，第 559～560 页。
④ SinFran，Ⅱ，第 350 页。
⑤ 汪儒旺（Jean Valat，公元 1599～1696），法国籍耶稣会士，1651 年来华。——译者注
⑥ 李方西（Jean‐François Ronusi de Ferrariis，公元 1608～1671），意大利籍耶稣会士，1640 年来华。——译者注

极度诬蔑的汤若望的仁慈和宽容。很清楚，他没有如此轻易地相信他的同事对 1637 年在北京所经历的事情的看法，他更为相信自己对汤神父的亲身感受。汤若望的态度"有利于我们的人民"，利安当在 1652 年写给他的省会的信中说："他①经常被以伟大的友谊、赞美的语言和事实来刻画和描绘。从他那里我们得到了非常多的帮助，我们欠了他很多的人情债。"②

[266]

后来，利安当移居到山东省，在那里创建了方济会的传教事业。这一事业至今仍存在。在一些年里，他完全依赖汤若望接济的物资。身处马尼拉的他的上司反对他在山东的冒险行为，命令他返回福建。尽管他们有言在先，说如果不服从就会惩罚他，利安当还是选择了留在他所在的地方。他的上司断绝了全部的经济援助③。"在我住在那儿期间（4～5 年的时间）"，利安当在给他的省会的信中写道："除了从汤若望那里得到接济之外，我没有得到其他任何援助。汤若望神父住在首都北京，还没等我开口求援，他就向我伸出援助之手。因为他知道我需要援助。"④ 在另一个场合，他力劝他的省会给在北京的耶稣会士写一封感谢信。这封信写于 1667 年，即汤若望去世的一年后，也是他本人去世的两年前，他在信中说，汤若望是"在天主之后，独一无二的、使我们的修会在中华帝国的山东省济南城创建第一所会院和教堂成为可能的人"⑤。

如果说汤若望的仁慈是极为显著、突出的，这并不是一种例外。1656 年，利安当报告说："副省会，和在其他地方的所有的神父，都以无限的关怀和爱护来对待我，这都有很好的事例做证明。"⑥ 1660

---

① 指汤若望。——译者注
② *SinFran*，Ⅱ，第 417、419 页。
③ 见 *Los Franciscanos en el Extremo Oriente*；见 *AFH*，Ⅱ，第 559~560 页。
④ *SinFran*，Ⅱ，第 431 页。
⑤ *SinFran*，Ⅱ，第 593~594 页。
⑥ *SinFran*，Ⅱ，第 445~446 页。

年，他告诉马尼拉的大主教安东尼奥·乔治约（Antonio a S. Gregorio），"一种紧密的爱的结合以及兄弟般的仁慈"，将我和耶稣会士们团结在一起。他证实道："我们从上述可尊敬的神父那儿，接受凝聚在每一点东西里的无限仁慈。"① 在中国有不到一年的经历的、忧郁冷酷的艾肋德写道："在这个帝国里，落到耶稣会士的手中，我们经受到了几乎是最为痛苦的经历。"② 而利安当描画的图景则是以他比 1/4 个世纪还要多的长时间的经历为基础的，相比之下，艾肋德画的是一幅歪曲的图画。

---

① *SinFran*，Ⅱ，第 489~499 页。
② *AFH*，Ⅸ，第 187 页，注释 1。

# 第十六章  烈火下的适应策略

耶稣会士受到的指责是，执行了"文化适应"策略，就是对中国礼仪的妥协，牺牲了罗马天主教信仰的完整性。这一说法在当时是广为接受的。耶稣会士们做出了这样的判断，即做出基于建立在人类天性之上的让步是必要的。这就是所谓的"文化适应"策略，5份第一手资料证明这是可行的。除了利安当于1636年带到马尼拉的两份被称作《消息》的文件和傅汎济于1636年11月10日给总会长写的信之外，还有傅汎济写于1639年6月3日的信。这是他对黎玉范写给阳玛诺的信的答复。黎玉范在他的这封信中，对耶稣会士的实践进行了12项指责。最后，是傅汎济写给教宗乌尔邦八世的一份重要的报告，报告的日期是1639年11月1日①。

所有需要搞清楚的问题都能从这5份文件中找到。在有关礼仪问题的争论持续的100年中，对耶稣会士的指责并没有增加任何东西，也没有回答任何问题。这些争论虽然不断加温，但是却没有一点光彩。

在给教宗的信中，傅汎济表达了他严重的关切，即刚刚发芽的

[269]

---

① 傅汎济1636年11月10日的信件保存在 ARSI, Jap-Sin, 161, Ⅱ, 第164~165页。它还发表在 Informatio de praxi missionariorum Sinensium Societatis Jesu, circa ritus Sinenses, data in China, jam ab annis 1636 et 1640 a P. Francisco Furtado antiquo missionario, et vice-proinciali Sinensi ejusdem Societati, 巴黎，1700，第10~11页。以下简称 Informatio antiquissma。给黎玉范1639年6月3日的回信也发表在同一本书上。此件也可参考 Responsio 一书。给教宗乌尔邦八世的报告，保存在 ARSI, Jap-Sin, 123, 第69~74页。

幼嫩的植物，"如果没有我们的鲜血，最起码是汗水的浇灌；如果没有我们付出的劳动和克服一切挫折的努力"，就会被方济会和道明会的教士们断送了。这种危机的产生，并不是由于方济会和道明会的教士们缺少传教的热情，而是由于他们对中国人的不了解，由于他们所采取的愚蠢的传教方法。

在这份文件中，傅汎济简要地、但是清楚明确地陈述了耶稣会士们实践中的 15 个方面的细节。他还说明了耶稣会士反对托钵僧的传教方式的理由。在结论中，他将已经提出过的关于按不同的修会在中国划分教区的建议，扩展到教会的整个传教领域①。这正像以前的教宗曾经做过的那样，为了减少西班牙和葡萄牙在殖民地开拓中发生冲突的危险，他曾划分了一条界线，这就是著名的 1493 年 5 月 3 日到 4 日的训令。这在当时涉及众多可能涉及的传教团的领地，以及西班牙殖民帝国的无止境的要求，而需要使方方面面都满意。傅汎济认为，现在的教宗应该做同样的事，即划分不同的宗教修会的传教活动范围。这一点在中国是非常需要的，傅汎济写道，在航行时有时撑起较少的船帆，要比同时撑起全部船帆，以致帆破船沉要好。

托钵僧对耶稣会士的实践持异议的是两部分人：一部分人的指责有关大主教的实践和传教方法。问题关系到一些特定的礼仪，即中国人遵守的对新近去世的家庭成员表示敬意、对他们祖先表示敬意，以及对孔子表示敬意的礼仪仪式。另一部分人所关切的问题，将在下一章里叙述。

第一部分人的问题主要涉及以下几点：没有公布教会的律法；没有实施圣事的演习方式；据说是没有宣讲耶稣基督受难的情节；

---

① 此件写于他在日本监狱的牢房中，当时他在狱中正准备殉难。Carolo Spinolt 在 1620 年 2 月 26 日的一封信中也提出了同样的建议；见 ARSI, Jap-Sin, 36, 第 205~207 页。

天主教术语方面的问题；一些常规性的问题，比如他们改穿了中国人的服饰，他们采取的"智力传教"的方法，他们拒绝说"孔子入地狱"①；等等。

在后来分歧意见进一步发展的过程中，这些问题成了"礼仪之争"关注的焦点。实际上，对稍后到来的托钵僧们来说，让他们更为反感的是，耶稣会士们没有公布教会戒律的明确规则。相比之下，他们对"礼仪问题"还能够忍受一些。

正如玛斯博士（Dr. Maas）所谈及的，新来的传教士"如此惊讶，他们在对这个第一位的问题的调查上，观点是这样的一致"②。在黎玉范向阳玛诺开列的问题清单上，它也占据了首要的位置。它也是黎玉范和巴范济在1635年会见傅汎济时，讨论的第一个问题③。在那时，他们还进一步指出了令他们吃惊的其他方面的所谓"失职"的现象，即事实上天主教徒在礼拜天和宗教节日并没有被要求停止他们的工作④。

这一指责是属实的。耶稣会士们确实没有要求他们的教徒们违背自己的习惯，而在教会"不可饶恕的大罪"的律法重压下实行这种礼拜天停止工作的规定。在耶稣会巡察使班安德⑤（André Palmeiro）1629年视察中国传教工作期间，他对此也曾表示过惊讶，他于1629年12月20日给他的上司耶稣会总会长写了一封信⑥。在这一点上，传教团的神父们似乎已经有了一个相当固定的看法。他们认

[271]

---

① 按照天主教的说法，异教徒死后是要下地狱的。利玛窦等耶稣会士为了避免伤害中国人的感情，对"孔子是否下地狱"的问题采取了回避的态度。——译者注
② 见 *Die Wiedereröff-nung der Franziskanermission in China in der Neuzeit*，德国威斯特伐利亚，1926，第123页。
③ *Responsio*，第2~3页。
④ *Informatio antiquissma*，第11页。
⑤ 班安德（André Palmeiro，公元1569~1635），葡萄牙籍耶稣会士，1628年来华。——译者注
⑥ ARSI, FG [Fondo Gesuitico] regist, Ⅰ, 第2~3页。

为，没有任何主教在远东地区颁布过教会的确切的法律。他们似乎有这样的印象，即在这一问题上已经得到了教宗的特许和恩准。

1615年，当金尼阁在罗马时，曾向罗马学院的神学家们问及，在关于不公开宣布教会戒律的问题上，要遵照什么明确的法令，还是修会已经得到了有关这一问题的特许，神学家们回答说，教宗已经为日本解决了这些问题，因此可以推测，同样的答案也将适用于在中国的传教过程中提出来的问题。

这是事实，1595年，教宗克莱蒙八世（Clement Ⅷ）已经特许在"东印度"的耶稣会士们可以省略一些通常有关洗礼和实施斋戒的宗教仪式。至于其他几任教宗的法令，那些神学家们记不太清了。也有可能是在中国的政策直接起源于由范礼安在日本开创的那些做法。

日本的社会环境不可能使教会明确的戒律都得到广泛的遵守，对这一点范礼安是十分明白的，要将这些戒律引入日本，要花很多年的时间。在这些法令没有被正式公布之前，它们对日本的天主教徒是没有约束力的。既然日本的天主教徒还不存在遵守这些戒律的可能性，也就不必公布这些戒律，这就是范礼安的理由。范礼安在成为耶稣会士之前，曾经是法学的博士。这是一位受过训练的律师所得出的结论，他坚持说，罗马教廷最终会给予在日本的耶稣会最高领导人以对教会法令的灵活处置的权力，他在没有得到这个权力之前，禁止传教士们公布这些戒律来束缚人们的意识①。

在傅汎济捍卫耶稣会在中国的政策时，也提到了同样的话题。在他写给耶稣会总会长维特莱斯基（Vitelleschi）的信中和写给教宗

---

① 关于范礼安在这一问题上的观点，参见耶稣会士 Josef Franz Schutte 撰写的 *Valignanos Missionsgrundsötze für Japan*，罗马，1951~1958，Ⅰ，第374、376页；Ⅱ，第294、296、314、319、389、394页。

乌尔邦八世（Urban Ⅷ）的报告中，他表示并不需要给予特别的豁免权，只是希望得到最起码的宽容和谅解。将"不可饶恕的大罪"强加给教徒们，使他们在极度的痛苦中被迫遵守教会的规则，而违反多年形成的习俗，这在当时的环境中，会加重绝大多数天主教徒无法忍受的良心负担，也是绝大多数教徒不可能遵从的。

"迄今为止，行斋戒是人们关心的焦点问题之一。"他写道： [272] "中国人生活几乎接近赤贫的生存条件中，在欧洲的天主教徒如果长期生活在类似的条件下，也是可以免除斋戒的。绝大多数中国人仅仅简单地依靠稻米和草本植物生活，只是有时再吃一些蔬菜。"

在宗教节日里履行参加弥撒的义务，是与放弃工作相关联的。绝大多数天主教徒为了参加弥撒，不得不在工作日提前完成他们的活计。傅汛济清楚地描述了这一情况。一般地说，中国人"是如此贫穷，每天的收入又是如此之少，不让他们工作就等于不让他们吃饭"。

有关的戒律可以公布，对一些受环境制约不可能遵守这些戒律的人给予原谅，是可以理解的。另一方面，在占压倒性多数的人由于条件所限不能遵守有关法令而得到原谅的情况下，公布一项试图具有普遍约束力的法令，是不明智的做法。它只能导致这种法令自身的尊严和效力普遍降低的结果。

在教会的当权者颁布这些训诫和法令的时候，他们还没有遇到在中国的传教士面临的这些情况。当这些关于斋戒和禁欲的法令在欧洲公布的时候，中国的情况是没有被考虑在内的。盲目地、不顾当地条件地在每一个新近开教的国家原样照搬全部欧洲教会的规则是错误的。与法令的文字比较，仁慈、博爱与理解应该放在第一位。

然而固守"欧洲人主义"的人，倾向于将一切偏离在欧洲遵守戒律的外在形式的做法都看作是对信仰的背叛。黎玉范 1645 年向罗马传信部就提出了这样的问题：

"应该迫使中国的天主教徒们,就像在新西班牙①和菲律宾群岛上的印第安人所做的那样,服从教会的全部戒律,守斋戒,做一年一次的忏悔和领圣体吗?"

这就是说:这种方式是我们在旧西班牙所见到的。

黎玉范在他给阳玛诺的信中列举的第二个罪责是:"神父们在为女性教徒施行洗礼的时候,没有将唾液弄进她们的耳朵里,把盐弄到她们嘴里,也没有把油涂在她们的胸部和头上。"② 耶稣会士主张在中国对于女性教徒略去仪式中那些严格的规定。他们一致认为这一变通是有充分理由的,不会因此而影响圣事的有效性。傅汛济说:

"在中国人中,暴露妇女的胸部,随便接触妇女的头部和嘴唇,是极端无礼和下流猥亵的事情。如果说在任何地方传教的神父们都需要谨慎地、小心翼翼地对待他们的女性教徒的话,那么这在中国理所当然就更是非常必要的。"

只要对十七世纪中国社会关于男女两性的伦理观念有一点最初步的、最基本的认识的人,就会认同傅汛济的这一观点。

从一开始起,服务于中国妇女的精神需求,就是神父们遇到的棘手的和麻烦的问题。在中国,除了家庭最亲密的成员之外,禁止异性之间的任何接触,这使得为了不引起怀疑,甚至连与她们谈话都很困难。利玛窦和龙华民就曾被诬告过有通奸行为。在后来的日子里,"随心所欲"的汤若望远离天主教徒的生活方式,使那些充满敌意的流言蜚语得以大肆渲染,甚至有一段时期,有很多耶稣会士也倾向于相信这些流言蜚语。但是这些流言蜚语并没有伤害汤若望的一根汗毛,因为在中国,这种指责是没有社会舆论基础的。

---

① 新西班牙,指在北美洲的早期西班牙殖民地,大约包括今日的美国南部(德克萨斯州等)和墨西哥一带。——译者注
② *Responsio*,第3页。

因此，耶稣会士们在与妇女打交道的时候采取了非常谨慎的态度。比如说，巴笃利描述道，在听女性教徒忏悔的时候，他们如何克服那些即深刻又顽固的偏见，同时又在面对五花八门的诽谤中保护自己呢？在住宅的最大的一间屋子的一头，悬挂着一张大席子，听忏悔的神父站在席子的一侧，忏悔者在另一侧；"而房子的主人，品德高尚的天主教徒孙元化"①，则站在屋子的另一头，他什么都可以看到，但是什么都听不着。

有人可能会认为，既然是"品德高尚的天主教徒"，孙元化应该对他所了解的神父的正直品德抱有信心，而实际上他的在场不是表明他本人对神父有所猜忌，而是一种保护神父不受其他人不负责任的恶意中伤的方法。只要家中的仆人对邻居说，这些女教徒单独地与外国男人关在一间屋子里，就足以使有伤风化的流言蜚语像草原上的烈火那样熊熊燃烧，并四处蔓延开来。而"严肃沉稳的房东主人"的在场，就在源头上防止了这种流言蜚语的产生和传播。

[274]

黎玉范指责的另一理由是："当他们被学者们或其他人询问一些重要问题的时候，如孔子是否被咒骂，像中国远古时代的圣人——尧和舜那样的一夫多妻是否合法，以及一些类似的问题。当涉及这些问题的时候，耶稣会神父们的回答往往是模棱两可的，因为他们深切地了解，中国人会被因贬损他们的先师、圣人和他们国家的法律的回答而感到受伤害。从此，传播福音的神父就将被赶走。"②

傅汎济坚决否认耶稣会士对这些问题所做出的回答是模棱两可的，但是他坦率地承认，耶稣会士们对于孔子的灵魂在何处的问题不会给予明确的答复。当他们被问及一个直率的问题时，他们以陈述有关被主拯救所需要的条件来回答："所有信仰天主，爱他胜于爱一切

---

① 参见 *Del'istoria della Compagnia di Gesù, LaCina. Terza parte dell'Asia*，安卡拉，1841，Ⅳ，第89页。

② *Responsio*，第34页。

的人,以及那些有着这样的信仰和爱心的已经去世了的人,都将得到拯救。如果孔子是信仰天主和热爱天主胜于一切的人,也是带着这样的信仰和爱心走完人生的,那么毫无疑问,他将得到拯救。"

根据罗马天主教神学的观点,这种回答无可挑剔。即使经过冥思苦想,也没有一个神学家能够给傅汎济一个通行的解释,能够回答这一有关孔子获得拯救的问题,或者其他任何问题。无论是何人,只能用这个假设的方法。没有人能说清楚孔子是否在地狱。也许曾经赞美过儒家伦理道德体系很多优点的耶稣会士们,抱有一个秘而不宣的希望,即孔子没有在地狱里。了解到他们用玄妙的天主之爱灵活地迁就当地人的传统心理,而又没有使自己的教义遭到异教的污染,这的确是不错的。

有关一夫一妻制的问题,傅汎济在陈述中申明,没有任何事实可以证明对耶稣会士在这个问题上的所谓"模棱两可"的指责。"在我们神圣的宗教里,没有比这一点让异教徒更熟悉的了,这就是:根据天主的法律,不允许多妻制,甚至对皇帝也是一样。"① 在他报告中的这些篇幅里,列举了充分的证据,显示出天主教的这一立场是表述得非常清楚和无懈可击的。传教士们一而再再而三地将这一问题(即一夫多妻的问题)作为他们在中国吸收新教徒的主要障碍而提出。即使耶稣会士们对那些面临一夫一妻制的严格要求而处于两难选择的有智慧且有思想的中国人怀有深深的同情心,但是他们仍然拒绝做任何的妥协和折中。

尧和舜是不同的问题。如果这两个中国古代神话中黄金时代的英雄在几千年以前真的存在过的话,此时业已不存在了。耶稣会士们觉得没有强制性地评价他们的必要。他们的任务是阐明天主教关于一夫一妻制婚姻的原则,同时拒绝接受任何不愿意遵循这一原则的人进入教会。如果他们被问及尧和舜都拥有多位妻子是否应该受

---

① *Responsio*,第39页。

到责难的时候,他们都避免做出判断。

这使他们的批评家们大为不满。这些批评家们要求耶稣会士们追根寻源地诅咒尧和舜,要求他们旗帜鲜明地反对尧和舜。因为耶稣会士对传说中的古代帝王的婚姻安排不感兴趣,于是就被诬告为对自己的信条持"模棱两可"的态度。应该说,这种指责不仅仅是基于错误的逻辑,而且在神学理论上也存在问题。很多神学家所认可的、在古代原始社会中一夫多妻的豁免权,不仅是对部落酋长和以色列人的,也应该是对所有其他人的①。

毋庸置疑,在第一份控告中最为严重的指责是,耶稣会士们压制了耶稣受难教义的传播。这一对耶稣会士们的指控就像历史常识那样,被人们广泛地接受了。甚至像哲尔德·班纳(Gerald Brenan)那样的严肃的作者,在论述一些理论家对历史的歪曲时,为了对比的目的就偶然地提到:"这些十七世纪的耶稣会传教士们的功绩,就在于对中国人皈依天主教方面做得不错,但是他们没有讲述耶稣受难的故事。"②

那些托钵僧们自己并没有明确地表明他们对耶稣会士的指责。他们的证据是从耶稣会士们实践的具体做法中推测出来的,并且在他们的信件和报告中含蓄地暗示了对耶稣会士的批评。像可以预期的那样,这些推测不久就在菲律宾和欧洲作为事实而被接受了。

耶稣会士们在 1637 年以前,即在他们受到诽谤和中伤时期出版的著作,应该说就是一个简单验证。那个时期,几乎是任何一位耶稣会士出版的任何中文著作,都谈及了一些耶稣受难的故事③。仅有少数例外,或者因为他只写了一点点中文的东西;或者像郭居静,

---

① 耶稣会士 Bernard J. Otten 著 *Institutiones dogmaticae in usum scholarum*,芝加哥,1925,Ⅵ,第 397 页。
② Gerald Brenan 撰写的 *The Spanish Labyrinth*,纽约,1943,第 326 页。
③ 参见 *Notices biographiques et bibliographiques sur les Jésuites de l'ancienne mission de China* 1552–1773,上海,1932,第 17、18、19、21、26、31、39、54 页。

[276] 他在仅有的两篇短文中遗漏了这一内容；或者像熊三拔和邓玉函，他们写的全部都是科学题材的著作。

艾儒略的著作特别重要，因为当这些著作在福建出版了很短的一段时间之前，或者说恰恰就在那个时候，托钵僧们正在马尼拉报告他们令人震惊的发现。在1635年，艾儒略出版了他的《天主降生出象经解》（用图片对天主生活作神圣的解说）。50幅插图生动地表现出了耶稣在花园中经历的极大的痛苦，在柱子上遭受的鞭笞、戴着荆棘做的头饰和在十字架上受到的种种磨难①。在1635年到1637年之间，在福州，艾儒略出版了第一版八卷本的《天主降生实录》。从这本书中就可以看出艾儒略是如何以其朴实无华和简明扼要的文风描述耶稣受难的。

"耶稣在肩膀上扛着十字架向山上走去。士兵先是给他用苦艾调成的酒让他喝。耶稣尝了尝，但是没有喝，接着他沾满汗水和血迹的衣服被剥光，身体被按在了十字架上，双手被分开钉在十字架的横梁上，而下身，他的两只脚被一起钉在那垂直的柱子上。然后十字架被抬起来竖立在地上挖好的坑里。（这种惩罚被看作是最为残酷和最令人同情的，因此也是用来惩罚最底层的犯人的）。两个卑劣、邪恶的强盗被钉在耶稣的左右两边。耶稣与这两个邪恶的强盗遭受同样的苦难。彼拉多（Pilate）命令将一块木板固定在十字架的上方，用希伯来文、希腊文和拉丁文书写这样的内容：耶稣，拿撒勒人，犹太人的君王。犹太人看到这个牌子，把这当作是国家的耻辱。人们请求将'犹太人的君王'这几个字去掉，但是彼拉多就像没听见一样，说：我写下了什么？我就是写了……"②

---

① 参见 ARSI，*Jap - Sin*，161，I，第 188 页的副本。
② 译文来自耶稣会士档案，见 ARSI，*Jap - Sin*，I，第 73~80 页。正文引自第七卷第二十章 15v/16r 页。这一著作的副本以《天主降生言行实录》为题在 Smithsonian deposit 国会图书馆，此处正文引自第七卷，第 53 页。以这一标题还出现在耶稣会档案的副本中。费赖在他的书中对这一著作做了描述。见 *Notices biographiques et bibliographiques sur les Jésuites de l' ancienne mission de China 1552 - 1773*，上海，1932，I，第 131 页。

如果还要更进一步地证实，可以在多年致力于搞垮汤若望和禁止天主教的杨光先的诽谤和攻击中找到。他出版的那本反天主教的书表示他完全熟悉有关耶稣受难的故事。他的《不得已集》引人注目地用插图表现了救世主耶稣被钉在十字架上，和被吊在两个盗贼之间的情形①。

1653 年 1 月 3 日，利安当，这个在中国最有经验的圣方济会的传教士写道："我在北京度过了复活节前的一周，汤若望神父以极大的热情搞了庆祝活动，在教堂的回廊里排放着成行的棕榈枝。在教堂里悬挂了 6 幅表现耶稣受难的图画。在耶稣受难日的早晨，在挂有一幅耶稣在十字架上受折磨的图画的主祭坛上，汤神父言辞精辟地布道。他泪流满面，有时竟哽咽得说不出话来。"②

由此观之，有这么铁证如山的事实做证明，因此潘国光③（Francesco Brancato）说，关于攻击耶稣会士不曾宣传耶稣受难之事是一个"谎言"，是不值得奇怪的④。同时，卫匡国（Martino Martini）⑤ 就耶稣会士受到在菲律宾的和从菲律宾来的托钵僧的成员诽谤和中伤，并将谣言扩散到海外一事，向罗马教廷理直气壮地抗议，也是不值得奇怪的了。这封信怎么能造出这么大的谣言？刘迪我⑥（Jacques Le Favre）在 1657 年 9 月 8 日的一封信中对耶稣会法国省的代理人认真地解释道：

[278]

---

① 《不得已》（第七卷），第 33~34 页。见 ARSI, Jap-Sin, 89, 第 1~2 页。
② SinFran Ⅱ，第 417 页。
③ 潘国光（Francesco Brancato，公元 1607~1671），意大利籍耶稣会士，1637 年来华。——译者注
④ 耶稣会士潘国光著 De Sinensium ritibus politicis acta seu retponsio apologetica ad R. P. Dominicum Navarrete Ordinis Praedicatorum，巴黎，1700，Ⅱ，第 186 页。潘国光当 1669 年被拘留在广州的时候写的这本小册子。在原始的手稿上签署的日期是 1669 年 9 月 5 日。这份手稿在罗马的国家图书馆，Folzdo Gesuitico 1250, fasc. 5。
⑤ 卫匡国（Martino Martini，公元 1614~1661），意大利籍耶稣会士，1631 年来华。——译者注
⑥ 刘迪我（Jacques Le Favre，公元 1610~1678），法国籍耶稣会士，1656 年来华。——译者注

"我不能不向尊敬的您表达我的惊讶,在欧洲传播着一些人撰写的报道,说我们在中国的神父们竟然不敢宣讲耶稣被钉死在十字架上的故事。手举着十字架到公开的场合,将只会使异教徒轻视我们的宗教,这是事实。但是,当他们接受了我们所做的有关天主教教义其他奥秘的指导之后,激起了他们对天主的无限激情,再宣讲耶稣受难的故事就没有任何问题了。"①

对那些来自马尼拉的人来说,宣传福音只有一种方法,即在公共场合手擎着耶稣受难的十字架,大概他们在菲律宾就是这样做的。他们在福建传布福音,也是这样做的。他们狭义地解释圣保禄所大声宣布的那句话的含义:"我传耶稣基督的道和他在十字架上的蒙难。"他们认为这是传布福音唯一合法的方式。他们忘记了,圣保禄自己在传布福音时,也不总是以耶稣受难作为开端的。在他与雅典最高法院与希腊哲学家的一次著名的辩论中,开始时也就像耶稣会士在中国初始阶段一样,从一个局部的、没有得到普遍承认的命题出发,经过一个自然的推理过程,引导希腊人去认识整个真理。在圣保禄著名的警句中,他清晰地阐明了一个有关神学的原理,但他没有详细地解释方法论。

耶稣会士们没有在广泛的公共场合里展示耶稣受难的生动的画图。(十分有趣的是,有关耶稣受难情景的画图从未在古代墓葬中被发现过。天主教教会成立是在耶稣诞生的数百年之后,但是关于他受难的情景,除了它的象征形式之外,没有任何实物可以证明。)

[279] 傅汎济对这种克制的传教方式讲述了他的理由,"不要将神圣的事情放在从属的地位"。当太监马堂猛然间看到利玛窦携带在身边的十字架上的耶稣苦像的时候大叫大嚷的情景,还存在于人们的

---

① *Lettre du R. F. Jacques Le Faure de la Compagnie de Jésus au P. Procureur de la province de France, et des Missions d'Orient de la mesme Compagnie, sur son arrivée ā la Chine, et l'estat present de ce royaume*,巴黎,1662,第35~36页。

记忆之中。中国人不将天主教拯救人类的象征物,轻松地看作是等同于道教咒符一样的东西。在对天主教教义无知的国度里广泛地展示耶稣苦像,将会招致人们的嘲笑,这也是危险的。方济会士艾文德说,他从未发现异教徒憎恶十字架①。那时他在中国只待了13个月,而且仅仅是住在福建一个称作顶头的村庄里。而耶稣会士在长达半个世纪的时间里,在中国一直提心吊胆地过日子,而且和明帝国所有省份各个阶层的人士打交道。到底是耶稣会士的做法正确,还是方济会士的正确,只要翻一翻杨光先写的反天主教的小册子——《不得已集》,便可轻易地做出判断。

对这些充分的证据视而不见的——他们一定知道艾儒略的书——那些托钵僧们被派往马尼拉,做了富于戏剧性的解释和说明,这引导读者超出他们所说的,自己去做更多的联想与猜测。典型的事件就是,在福州的以黎玉范为一方,而以傅汎济和卢纳爵为一方的一次偶然会面时,方济会士艾文德对他与卢纳爵的谈话的描述。这是利安当携带到马尼拉的,被称为"消息"的、并经他宣誓过的证词的一部分。通过阅读它,有人再次助长了这种传言的产生。

卢纳爵劝告黎玉范不要在面朝大街的他的房屋门口展示十字架。方济会士艾文德用戏剧化的语调,描写他对这一忠告的反映:"我靠在窗户旁站着听,他的这些话也是对我说的,只有天主知道当我听到他的这些话时多么的难过啊!这些话完全站不住脚。"② 就这样,耶稣会士超过半个世纪的集体的经验,被这些到中国仅有一年的新的传教士给一笔抹杀了。

以同样的形式,他继续报告说,在他们会面的那间房子的楼上,他见到了唯一的一个耶稣受难像。马尼拉的神父们读到了这个报告,

---

① *Informatio antiquissima.* 转引自 *Die Wiedereröff-nung der Franziskanermission in China in der Neuzeit*,德国威斯特伐利亚,1926,第130页。

② *Informatio antiquissima. Die Wiedereröff-nung der Franziskanermission in China in der Neuzeit*,德国威斯特伐利亚,1926,第46~47页。

[280] 他们很可能不了解"楼上"无疑就是第二层楼。在那时，很多天主教的传教士往往在自己住所中专辟一间房子，建立一个自用的小礼拜堂。他们可能误认为，这就是耶稣会士们将苦像隐藏在楼顶阴暗的角落里的证据。

这就是所谓著名的"耶稣会士隐瞒耶稣受难苦像"的全部故事。但这还不是这个传言本身的全部故事，这一传言仍继续蔓延着，就像大多数幽灵那样，是不会轻易消失的。

## 第十七章　礼仪问题

如果耶稣会士们自己没有经历过意见分歧，那么他们对在中国遇到的棘手问题也不会有明确的答案。在从菲律宾来的传教士出现之前的 20 多年中，这些传教士一直在进行着有关如何用中文表达天主教概念的某些主要术语的问题的辩论。仅仅是这一辩论的历史概述，就足以看出他们并不是轻率地，或者说未经深思熟虑地对待这些问题的①。

利玛窦遇到的最棘手的问题之一就是寻找恰当的中文词汇来表达天主教思想含义。很明显，想立即找到能够表达天主教教义的中文词汇是极其困难的，甚至是不可能的。举例说，当表达"神的恩典"这一在中国人的头脑中纯粹是外来的、陌生的概念的时候，能够期望找到一个中文词汇来表达"Grace"这个词在罗马天主教神学中的准确含义吗？

这一麻烦在早期天主教进入"希腊—罗马世界"时也同样碰到过。虽然不是与早期教会的做法完全一样，但利玛窦在全面解决它时用了类似的方法。他搜寻一个接近天主教思想的中文词汇，然后经过一个解释和说明的过程，赋予它们正确的符合天主教概念的新含义。

相比之下，为什么将这种解决办法应用于十六世纪的中国的时

[282]

---

① 关于这一问题争论的历史，在很大程度可以反映在前面所引的圣母圣心会士 Robert Streit 所著之书，V，第 728~779 页。

[283] 候，比应用于公元一世纪的罗马帝国似乎更为困难，而且不那么有效呢？要理解这一点并不容易。传教士们唯一可选择的办法是将一些不规范的中文字罗列在一起，而这些罗列的词语在中文中是没有意义的。"ke-la-chi-a"，如此的发音，即拉丁文中的"Gratia"（意同英语的 Grace）一词的发音，在中国人的耳朵里只不过是一串奇怪的音节。正如使未开化的人们理解"Grace"等天主教观念，需要持之以恒的教育的努力一样，在诸如"天恩"（上天的恩宠），或者"圣恩"（神的恩宠）等一些真正的中文表达方式里注入天主教的含义，也具有同等重要的意义。

争论是围绕着利玛窦选择的一些词语展开的，他将"God"译成"上帝"或"天主"，"Angel"译成"天神"，"Soul"译成"灵魂"。在 1600 年澳门举行会议以后，范礼安认可了利玛窦关于这些术语的建议。最先对这些词语的使用表示疑虑的是在日本的耶稣会士，他们在与中国的耶稣会士交流时产生了这样的问题。当沙勿略在日本布道时，起初在未经深思熟虑的情况下，不确切地选择了日语词"Dai Ni Chi"① 来表达 GOD。这个日词语在日本佛教中是有着确定的重要含义的。沙勿略得知此事后十分震惊。他在一次由他主持的号召日本人崇敬"Dai Ni Chi"的仪式上，了解到佛教的神与天主教的 GOD 是非常不同的。于是，他立即禁止继续使用这一词语②。

这种早期的经历使得在日本的耶稣会士在使用日语词汇表达天主教教义时非常谨慎小心。在之后的 50 年里，他们辩论如何用日本词汇表达天主教的概念这一问题。结果是，那些主张将天主教教义中所必需的有关信念的那些葡萄牙语和拉丁文词汇用日文注音的方式来表达的人胜利了。

---

① 译成中文为："大日如来"。——译者注
② 关于在日本的名词术语问题，由耶稣会士 Georg Schurhammer 著 *Das Kirchliche Sprachproblem in der Japanischen Jesuitenmission de 16 und 17 Jahrhunderts*，较，1928。一书中有所阐述。

语义上的模棱两可的危险，在日本要比在中国大得多。在日本，佛教思想已经具有了确定的表达法，那些专用词语有了固定的、不容混淆的含义。然而，在中国经典著作中一些词语则使用得比较自由，在明显地谈及精神世界的时候，人们并没有试图确定它们精确的含义。在叙述有关"天主"的地方，中文使用的是庄严的但是并不精确的词语。上帝①是指"神"这一个人，还是仅仅指一种力量，还是一个人格化的祖先？"天"是指物质的天空，还是表示天地之主的神？中国人从来没有为此而绞尽脑汁地考虑过。当这一问题摆在他们面前时，他们像那些外国传教士一样，感到要表达教义的观点，找到恰当的词语来反映心声，是这样的困难。原因是清楚的，一般地说，中国人在这一问题上还没有固定的成熟的见解。宗教思想对他们来说，始终是以人为中心的，讲求实际胜于对神的崇敬和纯理论的思辨。

[284]

这一事实，使得寻找确定的表达法和赋予那些词汇符合天主教教义的定义变得容易了。中国人在纯思辨的神学上的不感兴趣，也导致了以中文表达天主教教义的术语的缺乏。

在日本的耶稣会士没有认识到，这一问题在中国和在日本是不同的。因此，当利玛窦的中文著作被介绍到日本的时候，他们就被上述那些词语深深地困扰了。他们向澳门的耶稣会士倾诉了自己的疑虑，并通过在澳门的耶稣会士转告了在中国内地其他地方的同行。

在龙华民那里，日本的耶稣会士找到了赞同他们观点的热情激进的拥护者。从1597年龙华民到达中国时，他就对那些表达方式的合法性提出质疑。不久利玛窦去世了，龙华民担任了耶稣会中国教区会长。他力劝当时的耶稣会日本、中国巡察使巴范济神父重新审查和检验上述有关的全部问题。他们征求了徐光启、杨廷筠、李之藻，以及其他中国学者的观点。徐光启等联名表示了书面意见，同意利玛窦的见解。结果，虽然巴范济这位在日本度过他的传教生涯的耶稣会士，

---

① 上天的统治者。——译者注

在个人观点上倾向于龙华民的意见，但还是将此问题搁置起来，暂不做决定。

龙华民继续坚持他的观点，熊三拔也站在他的一边。1615 年弗朗西斯科·维埃拉①（Francisco Vieira）继巴范济之后任日本、中国巡察使。一位在澳门的耶稣会士卡米洛·蒂·克斯坦佐（Camillo di Costanzo）向新任巡察使提交了一份攻击那些有争议的词语的论文，对此提出了挑战。巡察使对卡米洛·蒂·克斯坦佐的意见表示支持，但是他知道庞迪我和王丰肃不同意这种观点。他要求庞、王二人写一份陈述自己意见的文字。他们写了，在文中捍卫了利玛窦的做法。

1617 年龙华民向巡察使维埃拉介绍了一本有关这个问题的小册子。之后的几年里，因 1617 年的禁教令而被驱逐到澳门的熊三拔发表了一篇短文和一篇正式的论文，支持龙华民的观点。1621 年骆入禄②（Jerónimo Rodrigues）接替维埃拉继任日本、中国巡察使。他召集在澳门的传教士开会讨论这一问题。会上，大多数人支持利玛窦的观点。骆入禄发布了一个指示，批准了这一意见。

但是龙华民不是一个轻易放弃自己观点的人。他力主对澳门会议的决议进行检讨，1623 年他写了另一篇文章陈述他的申诉③。翌年，他针对王丰肃于 1626 年 10 月 8 日写给巡察使的一封长信，写了一本分析批判利玛窦《天主实义》的小册子。1627 年葡萄牙传教士费乐德

---

① 弗朗西斯科·维埃拉（Francisco Vieira，公元 1555～1619），葡萄牙籍耶稣会士，1616 年到澳门，未进入内地。——译者注
② 骆入禄（Jerónimo Rodrigues, ? ～1650），葡萄牙籍耶稣会士，1605 年来华。——译者注
③ 这篇论文的题目是 Reposia breve sobre as Controversias do Xamty, Tien Xin, Lim hoén, e outrot Nome'e termos sinicos, par se determinar quaes delIes podem ou não pode uzarse nesta Xrandade. 该文发现于传信部档案：APF, SR Congr. I, 第 145～168 页。这一葡萄牙文的原文拷贝是由 Fray Antonio de Santa Maria 为传信部做的，他还寄了他自己的拉丁文译文稿。译文同 Reposia breve sobre as Controversias do Xamty, Tien Xin, Lim hoén, e outrot Nome'e termos sinicos, par se determinar quaes delIes podem ou não pode uzarse nesta Xrandade。，第 171～197 页。

(Rodrigo de Figueredo) 撰写一篇文章支持利玛窦采用那些术语，而一位比利时传教士史惟贞（Van Spiere）则写文章，转变立场支持了龙华民。

传教士们的分歧是那么大，导致他们决定为此召开另一次会议。在 1628 年 5 月 14 日一封写给总会长维特里奇的信中，1627～1628 年担任巡察使的葡萄牙籍神父班安德（André Palmeiro）说，这一决定是在他上任之前做出的，尽管"它有不妥之处"，但是他裁定还是维持原状为好①。

在 1627 年 12 月的最后一天，9 名耶稣会士聚集在嘉定。耶稣会的副省，阳玛诺神父主持了会议。龙华民、王丰肃、金尼阁肯定出席了，李玛诺、毕方济、郭居静、曾德昭可能参加了。会议就 11 点议程取得了一致意见。每日数小时的讨论都相当的热烈。与会者对与不太隆重的与祭孔和祭祖相关联的问题没有什么分歧。他们在一些实际性的问题上取得了一致，耶稣会迄今为止的政策得到了认可。主要的争论围绕在名词术语上。由于龙华民顽固地坚持自己的意见，在这方面不可能达成协议。会议一直开到 1 月底，明朝天启皇帝在前一年年 9 月初驾崩的消息传来，会议便匆匆地中断了。在这个特殊的情况下，这么多外国人聚集在一处，被认为是十分危险的②。

---

① ARSI, Jan‑Sin 161, 第 99 页。
② 关于嘉定会议的情况，见罗马传信部档案：APF, Inform. Lib. 第 157 和第 348 页。题目为：Brevis ac Historica Relatio Controversiae de Ritibus aliquot Sinicis, ac Vocibus ad Appelandum Deum Optimum Maximum abhibendum。正文不完全，因此没有签名。作者很可能是耶稣会士庞嘉宾。他于 1702 年作为耶稣会事业的代表从中国前往罗马教廷，参与有关礼仪问题的论战。他关于嘉定会议的说明是以三封信为基础的，即 1628 年 5 月 8 日和 1631 年 1 月 31 日班安德写的两封信，另一封是该会议主席阳玛诺于 1629 年 11 月 18 日写的。道明会士 Domingo Navarrete 1679 年于马德里出版了他声称是嘉定会议备忘录的题为 Coniroversias antiguas y modernas de la mission de la gran China 的书，见该书的第 109～138 页。这一工作在完成之前，就被宗教裁判所查禁了。但是有一些副本仍存在，其中之一见 ARSI, Jan‑Sin, FG 728。

固执己见的龙华民没有放弃他的观点。1633 年,他写了另一篇文章来抨击"上帝"这个名词的使用。葡萄牙籍神父费奇观(Gaspar Ferreira)对他做了回应。龙华民决定对此做一个定论,而迅速地写了一本篇幅很长的小册子。在该书中,他比以前走得更远,他干脆抵制使用"上帝"和"天主"这两个中文词,而主张将拉丁文中"DEUS"音译成中文来代替①。但是他做出的定论没有被接受,艾儒略和曾德昭对此撰写了批评的文章。文章指出,"天主"这个词汇,最终赢得了独一无二的地位,同时中国广大的天主教教徒从此一直使用它。它并没有对"天主"的正统性和明确概念造成任何伤害。

上述有关礼仪问题的综述,尽管是简要的,但却为耶稣会士负责任的态度提供了足够丰富的证据。他们的这一态度是面对复杂困难的问题而形成的,他们对传教政策达成了共识。值得一提的是,如此尖锐的观点分歧和激烈的辩论尽管存在,但并没有在天主教团体中产生影响而造成分裂。耶稣会士们仍然主导着信奉天主教的学者们的信心,论战没有在公开场合进行。天主教团体仍然是平静的,而且保持着团结。在耶稣会士内部,意见的分歧也没有导致分裂。这只是头脑的冲突,而不是心灵的冲突。因此,巡察使班安德神父容忍了这一事实。在嘉定会议之后,他走访了中国的每一个传教点。他概要地记述如下:

"事实是,我发现他们在心灵和友情上并没有产生裂痕……这是非常重要的。但是在理论的判断上,他们有着相反的观点。尽管意见的分歧与争论是那样广泛,而且又持续了那样长的时间,然而并没有造成情绪上的仇恨,也没有显示出丝毫的恶意,更没有造成

---

① 根据〔德〕魏特《汤若望传》第 119 页。龙华民"是连天主二字都视为不妥的,他以为最好是引用'泰初'二字"。"而'泰初'则为拉丁文上帝'德屋司'DEUS 之音译。"——译者注

他们之间的分裂和危害到传教事业。这是我对他们怀有深深的敬意的原因。"①

在这一章节中,班安德神父提到,这场论战是一种"理性的论战"。真正的问题似乎是围绕着如何做出谨慎的判断而展开的。应该辩论的问题是这样的:"不管'上帝'、'天主'、'天神'、'灵魂'这些词语的原始含义是怎样的,我们能不能坚信经过我们的努力,依照天主教教义的要求反复地解释和说明,进而将福音的真正含义注入这些词语中?我们不能这样对中国人说吗?无论你们的祖先是怎样理解,也无论你们当代的很多人是怎样理解'上帝'(shang-ti) 这个词汇的,天主教教友们认为,'上帝'就是永恒的、无限的、唯一的和全能的天与地的创造者。"事实上,这就是以往的耶稣会传教士们所做的,而且尽管这样做在日本可能造成了对教义的曲解,但是没有任何证据表明中国的教徒因此而对教义中的 GOD 的本性产生了误解。

不幸的是,这一辩论发生在纯精神的领域,人们思维的多样性和不确定性使得意见的完全一致成为不可能。争论集中在努力认定这些词语在儒家学说中的原本的含义。即使今天的学者,当他们在同意当时支持利玛窦的群体基本上是正确的时候,在面对嘉定会议所讨论的问题前也是吞吞吐吐、犹豫不决的②。

这一点的重要性在于,当关于中国礼仪的论争再起的时候,究竟发生了什么。从本质上是文字的实践问题转变成了充满不确定性的纯理论的争论。

为了理解礼仪问题,有必要去弄懂儒家思想的某些内容,儒家思想是整个中国社会和政治体系的基础。儒家学说的中心议题是和

---

① 见 *Del' istoria della Compagnia di Gesù, LaCina. Terza parte dell' Asia*,安卡拉,1841,Ⅳ,第 240 页。
② 参见 Y. C. Yang 著《中国的宗教遗产》,纽约,1943。

谐。儒家世界是有序的宇宙。这种秩序是以人为主体的活动，必须维持与自然界的和谐关系、与其自身的和谐关系，以及与其同胞的协调关系。如果将自然用天主（GOD）来代替，那么这一陈述就称得上是一种对天主教道德哲学的基本论点的精确表述了。

儒家体系的主要弱点产生于孔子的、本质上的不可知论和他单纯的、形而上的理论。这就是他用自然代替神的原因。可能也正是因此，那伟大的秩序、对称与平和似乎获得了成功，自然成为首要的超世界的现象。

将人类的事件和决策带入上天庄严、神圣的运行中，并力求与之协调一致，这就是人们关注的主要问题。这一解释的重要性来源于中国天文学和历书的制定。上至国家，下至家庭，决定任何一件事情都要看一看日历。错误的计算将搅乱天地之间的平衡，也破坏了自然与人的和谐，它也将不和谐与失调带入了和谐有序的儒家世界中，它使正在平稳运行的机器出轨。当哈姆雷特将他生活中的灾难归咎于这样一个事实，即"时代出现了断裂"的时候，他称得上是一个儒学信徒。

儒家思想主要强调的是，人与人之间的和谐相处是高于一切的。它就是儒家伦理所主张的、主流的社会特性。这就是将它最深刻的烙印留在中国人的头脑中的儒家社会形式。

[288]

社会由下列五种带根本性联系的关系支配着：君主与臣民，父母与子女，丈夫与妻子，兄长与弟弟，以及朋友。当这些互相矛盾的双方都履行各自的职责，遵守着纲常礼教时，社会就是和谐有序的。而纲常礼教出现了疏漏，将会损害社会的有机体，摧毁宇宙万物的和谐，而因此导致暴力代替了道德的秩序。

在这五种关系中，最为重要并成为其他关系的范例的，是父母与子女的关系。支配这一关系的核心的道德规范是"孝"，即子女对父母的孝道。以"孝"为基本的道德规范，以及随之而来的顺从、尊敬和服侍伺候，体现了中国社会结构的主干。这一点比其他任何因素都更强有力地维持了社会的稳定和连续。

仅仅记住这一点，就可以理解所谓的"中国礼仪"。根据孔子赋予"孝"的这一重要的观点，以下的事实就没有什么值得惊奇的了。就是从孔子思想合乎逻辑地得出这样的结论，即"孝道"坚持子女对于这一道德规范的实行，绝不能在双亲去世就终止，他们必须继续为父母履行应有的礼仪，就像父母仍然活着一样。同样逻辑也可以推论出，此项责任和义务将扩展、延伸到所有的该家族的祖先。

这并不意味着孔子持有超自然的甚至宗教的主张，比如死后复生的观点等。而西方人则自然地倾向于做这样的推断，除非被服务的对象依然活着，否则，这种礼仪就是无意义的。但是必须承认，在这方面孔子是一个不可知论者。孔子仅仅在他回答弟子的询问时，提及死后的事情①："你对人活着时的事情知道得这样少，为什么还要问我死后的事情？"② 他既不肯定，又没有立即否定。没有迹象表明他注意过这个问题。他所关心和注重的，和他在全部的教育实践中所涉及的，仅仅是有关人们生前的事情。毫无疑问，因此，他主张子女履行孝顺父母的责任直到父母去世以后，那块代表父母养育之恩的牌位象征着他们还活着。其目的是培育现世人生的美德。

关于这一点他十分清楚。为了使行"孝"的美德不受时间和空间的限制，孔子成功地将活人对死者尽孝道这一概念赋予了超凡的重要性。不这样强调，孝道就会被淡忘。

对于活着的父母，孝道可以以实实在在的服务（即生活上的伺候）的方式来实行。而对于死者，孝道只能以一种纪念的、象征性的形式表达长久尽孝的愿望。这是祭奠祖先的礼仪的意义和功能。与向活着的长辈行鞠躬礼一样，在中国有向祖宗牌位，即在祭祖台

[289]

---

① 原语出自《论语·先进篇》："未知生，焉知死。"——译者注
② Analects, ix, 11: 1.

上写有祖先姓名的木制牌位前面鞠躬的礼节。向这些牌位行礼就是对祖先尊重和敬仰的直接表示。在规定的祭祖的日子里，将奉献给祖先的特制的食品，摆在代表他们的牌位之前。祭祀之后，这些食品在家族的宴会上被吃掉。这就是祭祖的礼仪。

在对孔子的敬仰上，祭孔的礼仪与祭祖没有什么本质的不同。所不同的是，仅仅文人学者阶层须履行祭孔的仪式，而所有的中国人都必须参加祭祖的仪式。在中国祭孔的礼仪出现的时间要晚于祭祖的礼仪。这是很自然的，他们祭奠孔子的仪式是对祭祖仪式的模仿。

祭孔的礼仪有两种。考中秀才的文人履行比较简单的一种，仪式在孔庙里举行，在主考官的带领下，考中秀才的人向孔圣人的牌位鞠躬。另外，每逢月缺日（初一）和月圆日（十五），官员们和学者们也在熏香中向孔子牌位履行类似的礼仪。比较庄严的、隆重的仪式在每年固定的日子里举行。这种仪式从外表看，与宗教仪式相近：供奉宰杀的动物牺牲品、酒和丝绸制品，随后举行盛大的宴会。

一个天主教徒一定会对这些礼仪感到困惑。在参加祭孔的人的面孔上，似乎清楚地表现出一种宗教的虔诚。特别是在上述那种隆重的礼仪中，这的确是事实。在较小的范围内，祭祖的礼仪也是这样的。最起码他们似乎意味着一种特定的超自然的信仰。如果谁从字面上确认祖先的牌位表示一个符号，谁就不难得出这样的结论，即祖先的灵魂被认为是寄居在那个牌位，也就是人们常说的"灵位"中的。

起初，利玛窦就是这样解释这些礼仪的。但是利玛窦在中国生活的时间还不够长，他没有发现事情并不总是这样的。有很多理由可以怀疑这种有关礼仪的解释的正确性。在中国人的生活中，繁文缛节的仪式起着相当重要的作用。这些礼仪包含着特定的伦理道德观念，即强调有序与和谐的观念。那些会被西方人立即就认为是迷信和宗教崇拜的仪式行为，对中国人来说不过是"孝道"这一道德伦理的表现形式罢了。但是，西方人却不以为然。事实上，许多相同的行为被普遍地当作仪式的一部分，当对死者实行这些礼仪行为时，就将它作为宗教的解释不是一种明智的做法。尤其是在熏香这件事上反映的特别明显。这一风俗习惯在中国人社会生活中是普遍使用的，并没有宗教的含义。熏香是有教养的人在接待客人时的一种习惯，这是在社交场合营造典雅、和谐气氛的方式之一，是对客人尊重和景仰的表达形式。中国人还将熏香用于葬礼之上，用在祖宗牌位前，用在孔庙里，是否就是出于这一原因呢？可是对西方人来说，熏香就意味着一种宗教仪式。这在中国人中也具有与西方同样的含义吗？

另一个显著的事例，是一种被称作"叩头"（或称"磕头"）的表示敬意的礼节。施行这一礼节，人必须跪下，把腰深深地弯下去，直到前额接触到地面。当从马尼拉来的传教士看到人们在刚死不久的人的棺材前和在祖宗牌位前施行这种"叩头"的礼节时，他们立刻声明这是一种宗教崇拜①。在欧洲人中这么深度的礼节，只有在天地唯一的主面前才施行。这一礼节对中国人来说是否象征着与欧洲人所解释的同样的意义？实际上，与欧洲人的礼节相反，"叩头"在中国社会生活中是广泛应用的礼节，并没有宗教含义。其仪式是非常世俗的。在皇宫里觐见皇帝时，人们需要向皇位叩头多达9次。叩头的礼节也应用在衙门中的诉讼程序中，人们须向主要官员叩头，子女须给自己的父母和岳父母（或公婆）叩头。这一礼节除了表示尊敬、服从之外，没有其他更多的含义。

其他有关迷信和偶像崇拜的礼仪问题，源于孔子自身的不可知论和宋代新儒学的朴素的唯物主义。以孔子的眼光看这些礼仪似乎

---

① 见 *Die Wiedereröff-nung der Franziskanermission in China in der Neuzeit*，德国威斯特伐利亚，1926，第90页，注释10。

是不可能具有宗教崇拜意义的。同样，宋代的新儒学派人士，他们否认有任何人类（包括孔子）的灵魂存在，但与此同时，他们又最忠实地、始终如一地遵守有关祭奠祖先和祭奠孔圣人的礼仪。

[291] 这些因素促使利玛窦修正了他原来的观点。他在面对观点不确定的问题时，通常是取有别于教条主义的态度。他相信祭孔的仪式并非属于迷信活动。至于祭祖的礼仪，他最终判断是可以保留的。经过一段长时间的研究，以及与他的中国朋友的讨论，他得出这样的结论："所有的这些都与宗教信仰无关，或许也可以这样说，即不具备任何迷信色彩，尽管如果能做这样改变就更好，即将那些祭品拿来救济生计无着落的穷人。这就是天主教所涉及的问题了。"①

不论是利玛窦，还是赞成他的观点的传教士都没有超越这一观点。他们都承认这种被认定为"迷信活动"的礼仪是一种"无害的教条"。他们声称，这种礼仪本身并不是迷信活动的可能性是存在的，只要这种可能性存在，他们就没有权利要求有道德心、责任感的中国教友放弃参与这种在社会和政治生活中起到如此重要作用的活动，仅此而已。

正如刘迪我所指出的：

"每个人有他自己的风俗习惯，和自己的判断事物的方法。不论是'仁爱'，还是'谨慎'的美德，都不允许我们将自己判断事务的标准强加给别人；进而在没有完全彻底地弄清楚一件事情之前，就平白无故地宣布它是罪恶的。"②

利玛窦将自己的观点向范礼安做了汇报。范礼安在1603年和1605年举行的会议上与顾问神父们讨论了这些问题。会议最终认可了利玛窦的主张，范礼安为此签署了一份用以指导传教事业的文

---

① *FR*，Ⅰ，第118页。
② 刘迪我著 *Responiso ad dubitaionem a R. P. DomincoNavarrete propositas seu brevis synopsis de cultu Sinic Confucii as mortuorum*。

件①。这是一份正式确定耶稣会如何应对中国礼仪的政策性文件。文件规定了中国教友参与这些礼仪活动时可接受的限度，指出这一限度就是教友必须保持自己的信仰，保证不沾染迷信思想的污点。因为这一文件今天在任何档案机构都找不到了，它到底允许天主教徒们做什么，不允许做什么，只有通过察看耶稣会士们的实际政策来了解了。

耶稣会士不允许入教的学者参加在孔庙里举行的隆重的祭祀仪式。在这一问题上，他们的态度是一致的和无条件的，罗马教廷最后决定的关于中国礼仪的禁令，确认了这一事实。在传教士们允许加入天主教的学者在考中秀才后参加简单的祭孔仪式之后，傅汎济神父加上一条，即不允许入教学者参加隆重的祭孔仪式。"这是没有考虑余地的，因为那是带有严重迷信色彩的事情。"② 殷铎泽(Prosper Intorcetta)于1668年写道，这是肯定的，"早在我们之前到达中国的神父们，就不曾允许天主教教徒（参加）到那种（隆重）的祭孔仪式中……我们也永远不允许（他们）这样做"③。

[292]

正如刘迪我所解释的，这些仪式"几乎全部"具有"严格意义上的宗教崇拜"的外在形式。相信那些无聊的迷信的人，也可能是带有宗教思想的文人学者，他们也会参加这些仪式。朴实的普通老百姓对仪式的理解就仅限于字面上了。

很清楚，同样的理由会增长起来，去反对那些对其他礼仪的容忍。但是，在其他礼仪的仪式中，表现迷信的形式不像祭孔与祭祖这样强烈。尽管认为这种礼仪的迷信色彩是有害的，是无可否认的，但是只要通过教育和指导，这些危害可以比较容易地得到克服。这是一个权衡风险的问题。谨慎的判断将优于逻辑的推理。在某一事

---

① 见 SinFran，Ⅱ，Ⅴ，第728页。
② 傅凡济著 Responsio，第16页。
③ 殷泽铎著 Testimonium de cultu Sinensi datum anno 1668，巴黎，1700，第141页。

件中，人们认为风险太大了，以致不能忍受；而在其他事件中，人们又有自信去战胜这些危险。

耶稣会士们允许教徒们参加纪念家族祖先的、隆重的，但是不包括焚烧纸钱的仪式，参加者还须拒不接受任何有关死者的灵魂将由祭祀的食物得到营养的观念，还不能在死者面前祈祷和请愿。首要的原因在于这种特别的仪式基于一种从佛教徒那里起源的错误观点。

除非使中国的天主教徒远离其社会固有的、根深蒂固的习俗，否则天主教被污染的危险不可能完全排除。这也是耶稣会士们政策的一部分。傅汎济神父这样说：

"要尽我们所能地使教徒们放弃这些习俗，但当我们做不到这点时，就只好容忍它们。在圣·奥古斯丁的年代，也有一些天主教徒在死者的坟上放些祭品，其仪式也很夸张，与中国的仪式相似。奥古斯丁当时是希波①（Hippo）的地方行政官，后来成了圣·瓦勒瑞恩②（St. Valerian）的继承者。对这些活动，这位神学家仅仅责怪那些相信死者的灵魂会去享用摆在那里的供品的说法。这种错误，正如我所说过的，在中国教徒中是找不到的。圣·奥古斯丁在废除这些礼仪和类似的一些很夸张的仪式时，并不采取（夸张地说）疾风暴雨的方法。相反，只能是慢慢地采取温和的态度。"③

耶稣会士还容忍了中国教徒保留祖先牌位的习俗。牌位上写着家族祖先的名字，摆放在屋子里，周围放着鲜花、蜡烛，烧着香，以表示对祖先的尊敬。傅汎济神父以讥讽的语气拒不接受这样的评论，即中国人相信他们祖先的灵魂寄居在这些木制的牌位中，他说：

"不必说是天主教徒了，即使是中国的异教徒也不相信，他们

---

① 希波（Hippo），古代北非的港口城市。——译者注
② 圣·瓦勒瑞恩（St. Valerian，? ~ 260），古罗马帝国皇帝，在位时期为公元253~260。——译者注
③ Responsio，第22页。

死后的灵魂像如此多的小虫子寄居在这块木牌的小孔里……他们竖立起此类写着父亲或祖父名字的牌位之意图，是建立一个固定的地方和能让他们表达感情的象征物。面对着这个木牌，就如同面对着父、祖的画像，表示对他们的尊敬，就像他们还活着一样。（他们的意图）仅此而已。"①

中国人在葬礼上还有一些其他的俭朴仪式。死者的朋友身着白色的丝绸丧服，来慰问死者的家属。他们进入陈放着死者棺木的大厅，施行叩头四次的礼节。死者的儿子们也要回敬同样的礼节。当仪式结束时，死者亲属们拥向棺材，再次行上述礼节。耶稣会士们认为这仅仅是一种礼节，是对死者表达敬意的象征和对死者家属的同情，并没有其他更多的意思。他们不仅允许教徒们遵从这一礼仪，甚至自己也这样做。傅汎济神父又断然否定了认为这些习俗是迷信和偶像崇拜的说法：

"非常清楚，这仅仅是世俗的礼仪，是以期抚平生者的痛苦和对死者表示哀悼的仪式。为此，我们的神父允许他们这样做，在有些场合神父们自己也这样做，以便我们顺从人们的要求，尽可能地和他们建立友好关系。"②

上述这些就是耶稣会士对礼仪问题的一些实际的做法。在他们中间关于天主教名词术语的翻译上存在着那样尖锐对立的观点，但是在这些礼仪问题上，他们却没有什么分歧，这是很有趣的。范礼安将由于这些原则而引发的诸多困难搁置起来，集中精力解决具体问题。当这些具体问题被一一解决后，关于原则的认识也就达成了统一。纳瓦瑞特（Navarrete）后来在文中将龙华民说成是激烈反对中国礼仪的敌人，但是他错了。龙华民激烈反对的是在术语翻译问题上的主流意见，在礼仪问题上，龙华民是赞成其他人的意见的。

[295]

---

① *Responsio*，第 19~20 页。

② *Responsio*，第 24 页。

在随后发生的争论中，耶稣会士采取的是这样的立场，即这些礼仪最初仅仅是一种世俗的仪式，后来随着时间的推移沾染上了错误的和迷信的信仰。耶稣会士们试图用相当深奥的早期孔子学说来证明他们的看法。然后他们辩解说，这些信仰已经广泛地被抛弃了，因此去除这些礼仪的迷信色彩和恢复它们最初的纯洁的可能性是存在的。用现代的术语说，即他们所争论的这些礼仪正处在一个非宗教化的过程之中。

在争论中，耶稣会士们假定这些礼仪起源于孔子。他们在孔子的那些著作中看到了关于礼仪的事情。在那些著作中，这种礼仪实质上充当了培养和教化人们"孝道"的角色，只掺杂了很少的、或者说根本就没有的迷信色彩。但是这种论点，无法满意地解释在那些礼仪中存在着的浓厚的迷信成分。如果这些礼仪仅仅来源于非宗教的仪式，那么为什么却被赋予了带有如此浓重的宗教信仰色彩？

耶稣会士如果能够掌握二十世纪考古学方面的成果，那么他们对这个问题的解释就会更有力和更令人满意。事实上，那些礼仪并非来源于孔子，而是来源于远在中国原始社会就有的泛灵信仰的迷信习俗。到了孔子的时代，它们已经在很大程度上摆脱了泛灵论的影响。在那些已经存在的礼仪中，通常不再具有宗教的精确性和重要性。然而这些伴随着漫长历史传统的礼仪，仍然被保留和遵守着。孔子只不过是将它直接移植到自己的体系中来了。

孔子不是发明者。他将自己称为"仅仅是传播者，而不是发明者，只是相信和热爱先哲们①"②。他的目的是保留和恢复过去的传统，其中包括那些礼仪，孔子根本不关心那些超自然的成分所暗示的是什么。由于这些礼仪能够极好地用于培养人们"孝"的美德，所以他就直接将它们作为自己教学的一部分。

因为这些外在的礼仪形式的存在，那些在它们起源时就包含了

---

① 原语出自《论语·述而篇》："述而不作，信而好古。"——译者注
② *Analectt*, Ⅶ, Ⅰ.

的内在的带有浓重象征意义的迷信思想也从未消失过，而是始终存在着的。尽管后来它们在很大程度上非宗教化了，但是迷信思想的影响在其广度上和各种表现形式上，几乎是无限的。一些中国人，特别是学者文人阶层的大多数，他们遵守这些礼仪，是在履行作为善良居民的义务的一部分；与此同时，却又批判这种灵魂永存的观念。这是不争的事实。还有一些人，恐怕是最大多数的人，他们在实行那些礼仪时，并不关心这些问题是以这样或那样的方式象征着什么，或者代表着什么。再有一些人在遵行这些礼仪时，感受到一种强烈的、奇异的预感，他们的信仰处于一种模糊和不确定的状态。最后，还有一部分人，他们明确地赞成最初形成的那种礼仪所包含的信仰：相信死者的精神能够从供奉的食物中获得营养，焚烧了的纸钱能够变成另一个世界的有用的金钱。耶稣会士并没有丝毫的想法认为中国人与迷信思想无关。相反的，他们完全承认，在中国迷信思想是很普遍的，其中主要属于道家思想，但是唯一的问题是，这些礼仪中相关的迷信思想到底程度有多深。

　　问题的症结在于，这些礼仪的非宗教化过程是否已经达到了这样的程度，即这些礼仪就像一般的世俗一样，没有透过其仪式的表面形式而暗示着沾染了迷信色彩，而可以被天主教教徒所实行。由于争论者们一直关注的问题是仪式在其原始意义上的理论问题，所以对上述问题的症结没有给予足够的重视。然而，耶稣会士们，在他们在中国的50年经历的基础上，坚信事实会给予一个肯定的答复。没有证据证明天主教教徒们在事实上赞同了那些迷信思想。

　　其实，在早期的教会中也存在与上述情况类似的麻烦。公元303年，埃尔维拉会议①（Council of Elvira）以宽容的态度处理了这

---

① 埃尔维拉会议（Council of Elvira），西班牙教会史上的一次会议，通过了教会法，规定了神职人员应过纯正的生活，规定了对一些罪行予以严厉处罚的办法。——译者注

个问题。这个会议将这种理论付诸行动，允许天主教教徒履行一种被称为"弗拉明纳特"（flaminat）的责任。弗拉明纳特是一个官职，和皇族教派有关系。按照埃尔维拉会议的这种理论指导，正如在研究天主教的历史遗产方面两位杰出的专家所说的："这条将天主教与偶像崇拜分开的线，可以导致偶像崇拜的非宗教化，进而改变这一形势。"①

这就是耶稣会士在中国礼仪的争论中所持有的主要观点。然而罗马教廷最终决定反对这些观点。后来，在这一十分关键的问题停止争论很久之后，教廷又回到了这一问题，在1939年8月颁布法令，允许中国教徒参加中国政府宣布为仅仅是公民仪式而非宗教仪式的祭孔仪式，也可以参加祭祖，"即在死者遗体前或遗像前，甚至在只写有死者姓名的牌位前表达公民的（非宗教的）敬意的仪式"②。时代已经变了。1939年，教廷终于接受了这样的观点，即非宗教的进程已经到了如此程度，那些礼仪在不危及信仰的纯洁性的情况下，是可以被容许的。

如果说没有理由批评教会对信仰一致性问题的忧虑的话，那么有理由批评从菲律宾来的传教士的做法，因为是他们挑起的争论。他们草率地、匆忙地就那个问题做出结论，并且要求立即解决本不容易找到答案的棘手问题。

因此，利安当，在中国的一个新手，在他所上的第一次中文课上，他的老师试着解释"祭"这个字。利安当将它翻译成"供奉"，因为这个字常用在"祭孔"和"祭祖"的仪式中，利安当立即得出结论说，祭孔和祭祖都是迷信的活动③。但是这点是清楚的，将

---

① Louis Bréhier 与 Pierre Batiffol 合著 Le mrcivances du culte impérial romain, a propos des rties shintoiste, 巴黎, 1920, 第12页。
② Acta Apostolicae Sedis, 罗马, 1940, XXXII, 第24~25页, 刊载了法令的全部文本。
③ Francisco Varo 著 Historia de China, cap. 15。

"祭"翻译成在神学意义上带宗教色彩的"供奉"是否正确，首先取决于那些仪式属于哪一类型和它的实际意义是什么，而不是其他别的方面。

然后，出现了由两份"消息"（informaciones）引起的事件，这两份"消息"把问题公开化了。这消息的内容、证据和结论代表了四位传教士的观点，其中的两人是利安当和黎玉范，分别到中国两年和一年半；另外两人是迪亚斯和艾文德，他们到中国仅仅13个月，和11个中国人生活在传入天主教不到10年的某个省份的两三个小村子里。这四个传教士花了两周时间来编辑整理第一个"消息"，用18天整理第二个。这是一份概括性意见的记录。在他们整理有关天主教术语翻译问题的会议、讨论和辩论的大事年表的同时，添加了这些措辞激烈的意见。

[298]

黎玉范也表现出同样的焦急情绪。他不愿意在这些问题被提交到罗马之前，等候阳玛诺对他在1639年提出的12个有关问题的回答。拥护他的人争辩说，耶稣会士对故意的延期是有责任的。一个简单的大事年表驳倒了这一论点。黎玉范把他的问题在1639年6月3日的一封信中提交给阳玛诺，但是在这之前的2月15日，他已经将一份很长的备忘录寄往罗马传信部了。

阳玛诺于6月4日回答了黎玉范，告诉黎玉范，他将把问题转交给耶稣会副省傅汎济神父。傅汎济神父将其转交给极有能力解释耶稣会政策的王丰肃，由他给予答复。王丰肃的答复在6个月内返回了。事实上，当时他在遥远的山西省，认为他在故意地拖延是荒谬的。

黎玉范于1640年4月从澳门启程前往马尼拉。马尼拉的大主教和宿务的主教基于1637年的"消息"提供的情况，在写给罗马报告中谴责耶稣会士在礼仪方面的做法。后来，听到耶稣会的反驳，他们两个又写信给罗马，撤销他们的指控。他们教会的上级决定派黎玉范和利安当到罗马去。他们于1640年5月起程。到达澳门时，利安当决定留在那里，而黎玉范则继续前往罗马。

黎玉范向传信部提出了有关对中国礼仪容忍程度的一系列问题。他对礼仪问题的描述，显示出事实上争论的所有问题都是由他而引起的。有关习俗的看法，被他夸张到了肯定要遭到罗马教义部谴责的程度。1645年9月12日的法令就是这样做出的①。

在确认关于礼仪问题是被误传了之后，耶稣会士们派出了一位在他们之中最有学问的人——卫匡国（Martin Martini）去代表他们的观点。卫匡国曾经于1641年在果阿遇到过黎玉范。当时黎玉范途经这里前往罗马。卫匡国提交给教廷教义部的是一份对中国人遵循的各种各样礼仪的简明扼要的陈述。文件中省略了关于隆重的祭孔礼仪一事，这是因为耶稣会士们也不允许天主教徒参加这种仪式，所以就没有将它包括在内。与这一文件一起，他还提交了一份长长的摘要。在文中他引用了利玛窦、石方西、傅汎济、阳玛诺这些权威人士的意见。当时在欧洲，通过金尼阁《天主教传入中国史》一书的介绍，利玛窦已经远近闻名了。卫匡国争辩说，黎玉范所描述的中国礼仪引发了误解。他指出，托钵僧们的结论基于有限的几个小村子的经验，是仅仅接触了一些文盲而轻率得出的。

卫匡国的辩护终于有了结果。1656年3月23日，另一项法令颁布了，这项法令允许中国教徒在有耶稣会士监督的条件下参加这些礼仪②。当时不像有些人声称的那样，其实两个法令并不存在矛盾。如果礼仪问题真的像黎玉范所说的那样是不能容忍的，如果卫匡国的描述是正确的，那么它们是可以被允许的。这就是事实上每

---

① *Collecianea S*; *Congregationis de Propaganda Fide*（Roma: *ex typographia polyglotta*, 1897），第653~655页刊载了法令的文本。

② *Collecianea S*; *Congregationis de Propaganda Fide*（Roma: *ex typographia polyglotta*, 1897），第655~656页。刊载了 *dubia* 法令。两份卫匡国手稿的复制品，之一为拉丁文的长的摘要和两份意大利文的短的摘要，全部来源于传信部的主教，保存在 ARSI, Jan-Sin, FG 724 regis. 5, 注释1。

一项法令所说的。

关于中国礼仪争论的以后的历史就超出了本书讨论的范围。直到这一争论结束之前，它已经引起了几任教宗的注意。这包括乌尔邦八世（Urban Ⅷ）、英诺森十二世（Innocent ⅩⅡ）、亚历山大七世（Alexander Ⅶ）、克莱蒙十一世（Clement ⅩⅠ）、英诺森十三世（Innocent ⅩⅢ）、本笃十三世（Benedict ⅩⅢ）、克莱蒙十二世（Clement ⅩⅡ）和本笃十四世（Benedict ⅩⅣ）。中国礼仪问题曾几次三番地受到教廷传信部和教义部的干预，并导致教宗使节两次出使中国。1704年11月20日，由教廷教义部颁布的法令禁止中国礼仪。1715年3月19日，克莱蒙十一世在名为《自登基之日始》的谕旨中再一次禁止教徒参加比较隆重的礼仪仪式。1742年本笃十四世在谕旨中，再次拒绝容忍任何一种中国礼仪，并下令停止继续辩论，否则就要受到教会的严厉惩罚。

实际上，1656年颁布的赞同礼仪的法令也可能对耶稣会的事业起了坏作用。在中国的耶稣会士，确信这一法令是关于礼仪问题的最后裁决，而错误地对自己放松了安全警惕。远离了论战的现场，他们就不能认识到这一争论在欧洲引起的愤怒情绪的激烈程度，也不能认识到他们处境的危险程度。他们埋头忙于自己的工作，而忽视了耶稣会总会长再三让他们写出有证据的公文送交给罗马，以求得到保护他们传教事业的神学家们帮助的要求。在这一世纪结束之前，总会长让他们认清了自己严峻的处境，然后他们急忙派遣了庞嘉宾①（Gaspar Castner）和魏方济②（François Noël），两位有能力的汉学家，到罗马去陈述他们的情况，但是已经太晚了。他们到达罗马的时候已经是1702年年底了，形势已成定局。

[300]

---

① 庞嘉宾（公元1665~1729），德国籍耶稣会士，1697年来华。——译者注
② 魏方济（François Noäl，公元1651~1729），比利时籍耶稣会士，1685年来华。——译者注

教会关于礼仪的禁令在实践中产生的效果是双向的。禁止参加祭孔的禁令使得学者们、官员们不可能成为天主教教徒，教徒因而不可能进入学者行列，这就失去了得到学者们和官员们同情和善待的可能性。而在耶稣会的传教策略中，这些学者和官员是传教士们和平地渗透进中国社会的基础。在禁止祭祖礼仪的影响下，教会不得不处于与整个社会环境为敌的境地。与此同时，天主教成为在中国社会文化躯体上的一个外来的异物。它表明"文化适应"策略实质上已经结束了。如果由此产生的后果被教廷全部理解，它就一定会察觉到，为了所谓信仰纯洁性而需要付出的代价实在是太大了。

这一点是十分清楚的，当教义的纯洁性与"文化适应"策略存在明显冲突时，教会只能赞成一方，因为宗教信仰具有唯一性。但是这就可能引起这样的麻烦，当时远不能肯定这种冲突的存在。因此，教会要想形成一个合理谨慎的判断，就变得极其困难了。

这就是礼仪问题造成的形势。关于礼仪起源的模糊性和朦胧性，在神秘的礼仪形式与很多自称是信奉唯物主义的实践者之间的矛盾，以及参与者在多大程度上对有关礼仪形成完全迷信的理解的不确定性，这一切是造成这一问题空前复杂的原因。耶稣会士们经过了很多的争论和详细的审视才得出结论，在适当的防范下，天主教教徒应该被允许参与一些至少意味着不会降低信仰纯洁性的礼仪。罗马教廷曾长时间拿不定主意，但是最终还是做出决定，耶稣会这样做的风险太大了。教廷这样做也是为了使耶稣会远离不良的信仰。事实上，当实质上同样的问题在日本和中国 300 年以后出现时，所有旧的疑虑、半信半疑和分歧意见又立即被唤起，这足以显示出这个问题的复杂性。在后来的事件中，教廷决定：由于历史的教训和思想的进化，允许采取一个宽容的政策。而在早期，教廷的决定则与耶稣会的观点相反，所处时代的环境和思想的状态都不允许有一项宽容的政策。最后，让我们用最简单的话来概括：这就是关于中国礼仪问题的故事。

# 第十八章 绿色的土地

中国的教会除了遭受了在福建的挫败之外,在十七世纪三十年代还是取得了令人瞩目的成绩的。最突出的是王丰肃①在山西的工作。在一群学者的帮助下,他将这个省经营成为帝国天主教活动的一个主要的中心②。他的最坚定的支持者是两兄弟——韩霖(教名Tomas)和韩云(教名Stephen)。在他们的建议下,王丰肃于1625年走访了绛州。他们为他建造了一座教堂和一处住所。他们的一位朋友,这里的居民段衮③(教名Peter)成了王丰肃热心的助手。韩氏兄弟的叔叔韩爌,曾经任北京的内阁大学士,也对王丰肃给予了很大的帮助,虽然他并不是天主教徒。通过他的帮助,福音得以进入蒲州。蒲州之所以重要,不仅由于它的规模较大和经济繁荣,还因为它是山西学者们所景仰的地方。韩爌力劝王丰肃造访蒲州,并在该城的学者中间为他造势。当王丰肃抵达蒲州后,韩爌热烈欢迎和接待了他。当王丰肃四个月后离开这里的时候,他已经在这里为建成一个天主教的中心打下了基础。在几年之内,蒲州就成为可以与绛州相媲美的天主教中心。

---

① 王丰肃,这时他改用汉名高一志,为读者方便起见,本书仍称之以旧名。——译者注
② 王丰肃的两封信谈到了他在山西的工作:一封是1634年1月25日给李玛诺的,见 *ARSI*, Jan-Sin, 161, II, 第154~155页;另一封是于1639年4月4日给费奇观的,见 *ARSI*, Jan-Sin, 161, II, 第219~220页。
③ 段衮(教名Peter),见 *Notices biographiques et bibliographiques sur les Jésuites de l'ancienne mission de China* 1552–1773, 上海,1932,第93页。——译者注

1634年，韩炉为王丰肃提供了一所住宅。三年后，蒲州的天主教徒人数已经很多了，有必要给他们派遣一名常驻的神父了。为此目的，郭纳爵①（Ignacio da Cosca）被从陕西派到蒲州。这样王丰肃就得以从蒲州脱身，有暇去关注其他地方的天主教徒团体的需求了。

王丰肃不知疲倦的热情赢得了耶稣会士同伴们的称赞。三年之前，也就是1634年，傅汎济在视察了帝国全部12个耶稣会定居点之后，给总会长写了一份报告。在报告中，他表示出对王丰肃和龙华民二人特殊的赞颂：

"我发现全部23位欧洲神父和四名出生于澳门的中国修士，在转变异教徒灵魂和他们自身的修养上都表现出极大的热情。但是在这其中，我从山西的王丰肃和北京的龙华民身上则感到了最大的欣慰。他们两人年事已高，都超过古稀之年，但是仍在天主的葡萄园里辛勤地劳作，就像他们只有30岁一样。"②

在这三年中，山西出现了实践天主教博爱精神的极好机会。从1633年到1641年，该省遭受了饥荒的蹂躏。在长达8个月的时间里，"没下过一滴雨，连云彩的影子都没见过"，灾难始发于1633年。在老年人的记忆中，这是最严重的一次。全省哀鸿满地，饿殍遍野，在绛州，街道上躺满了尸体，城外四周的护城河也被死尸填满。

8个月之后，最严重的灾情过去了，但是饥荒仍继续并反复危害全省长达6年之久。饥荒之后接踵而来的是流行全省的瘟疫。作为这种情况下的必然结果，强盗到处揭竿而起，更使人民雪上加霜。绝望驱使人们逃荒流浪，乌合之众的造反和有组织的武装起义，掠

---

① 郭纳爵（Ignacio da Cosca，公元1599~1666），葡萄牙籍耶稣会士，1636年来华。——译者注
② 见 *Del'istoria della Compagnia di Gesù, LaCina. Terza parte dell'Asia*，安卡拉，1841，Ⅳ，第535~536页。

夺与屠杀，抢劫与焚烧，充斥了这个省。野蛮的骚乱从山西省扩大到陕西省和河南省。

在绛州，王丰肃创建了在中国传教史上的第一所孤儿院。他为此租用了一所房子，由方德望神父和来自澳门的辅理修士陆有基①（教名玛奈欧）负责管理。不久他们就收养了300名儿童。这项工作得到了官方的批准，也得到总督的支持。以此为开端，这项工作扩展到全省。不管在哪里，只要有可能，王丰肃就建立类似的机构，由一些非神职的天主教徒来管理。

王丰肃为了帮助处于极度苦难之中的山西人民，付出了不知疲倦的努力，也赢得了天主教徒们的支持。在绛州首先开仓赈灾的是韩霖和韩云。韩霖除了自己捐出500两银子之外，还筹措募集了一笔相同数额的捐款②。段衮在他的家门口向饥民分发食物，还把他的家改造成一所孤儿院和简陋的医院。有多达100名孤儿住在他家。段衮两只手各抱着一个被遗弃的孩子走回家，这成了当时在绛州的一个常见的景观。当他的夫人表示反对时，他笑着劝她说，不仅仅是在名义上，而是要在实质上做一个天主教徒。他的循循善诱和以身垂范的行为说服了她，也使他的弟弟和妹妹站在了他的一边。他的妹妹是一位富裕的非天主教徒的妻子，她是第一个捐出自己的珠宝首饰给王丰肃，让他用来支撑其孤儿院和医院的。

直到他去世的两个月之前，王丰肃仍以一个年轻人的精神和能量继续着他不懈的工作。最后，在1640年2月，在视察教堂的建设时，他突然倒下了，回绛州后，他支撑了两个月。天主教徒们不论远近都来看他。1640年4月9日，他的屋里挤满了他的信徒，在他们的环绕下，王丰肃溘然而逝，享年74岁。

---

① 陆有基（教名Manoel），见 *Notices biographiques et bibliographiques sur les Jésuites de l'ancienne mission de China 1552–1773*，上海，1932，第93页。——译者注
② *Eminent Chinese*，Ⅳ，第274页。

当他去世的消息传开后，官员们、学者们、商店店主们、农民们，还有贫民们，都聚集来表达他们的尊敬和悼念。当地藩王①府的首领前来表示隆重的哀悼。在蒲州的韩炉派遣两名家族成员参加了葬礼，向他表示敬意。韩炉还为王丰肃写了一篇祭文，希望在绛州的学者精英们聚集在他棺材前的时候，由主持人朗诵。还有大批的官员和学者，其中很多都是非天主教徒，也写了类似的祭文，赞美王丰肃的高尚品德。

王丰肃的灵柩停放了 8 天，众多天主教徒轮流为他守灵，在他的棺材边唱圣歌为他祈祷。在第 8 天，由金弥格神父为他做了隆重的殡葬弥撒，随后送葬的队伍行进到他的墓地。这墓地是韩氏家族送给他的礼物。有 2000 名天主教徒为他送葬，其中的 400 人举着火把，另有 400 人带着准备分发给穷人的救济品。在他们之后行进的是那些比较杰出的天主教徒，每人一手拿着念玫瑰经的珠子，另一手托着香炉。跟在天主教徒送葬队伍后面的是全城的官员、王室的王子，最后是身着白色法衣的金弥格神父。王丰肃的遗体被自然流露的悲哀所笼罩②。

[306] 当王丰肃进入山西的时候，全省只有由金尼阁施洗依的 20 来名天主教徒。在他去世的时候，山西有了 102 个天主教徒团体，8000 多名天主教徒，其中 200 多人是考取了功名的，有些还是重要的官员。

在同一年（1640 年）里，传教士还遭受了其他的损失。曾经与利玛窦共过事的郭居静神父，上海和杭州天主教的奠基人，在瘫痪了两年之后，于这一年的 1 月 19 日在杭州去世③。同样在杭州，黎

---

① 明代的皇帝从朱元璋开始，就将除太子之外的皇子封为各地的藩王，并代代相传。藩王一般只享受俸禄，不干预地方政事，只相当于地方名流。——译者注
② 见 *Del' istoria della Compagnia di Gesù, LaCina. Terza parte dell' Asia*，安卡拉，1841，Ⅳ，第 758 页。
③ 德礼贤著 *FR*，Ⅰ，第 334 页，注释 5。有一封 1641 年 1 月 1 日写给葡萄牙人助理的没有署名的信，信中说，这一日期可能是错误的，郭居静死于 1640 年 2 月。见 ARSI, Jan-Sin, 161, Ⅱ，第 227 页。

宁石神父在与恶劣的健康状况斗争了40年之后，也于这一年撒手人寰。在北京，品德高尚的辅理修士丘良厚（教名 Pascal）于8月26日结束了生命。在这前一年，传教事业上的另一位老前辈李玛诺也过世了。这时利玛窦的同代人只剩下龙华民、费奇观和阳玛诺了。很多先驱者都很长寿：王丰肃活到74岁，郭居静和李玛诺俩人都活到80岁，费奇观活到78岁，阳玛诺活到85岁，而龙华民这一寿星老则活到了95岁的高龄！

与山西一样，这些年也是陕西省天主教徒增长的时期。在陕西传教的是方德望（Etienne le Fèure）神父，他是在1633年到1634年间在山西给王丰肃做助手时开始他的传教生涯的。1635年，方德望神父被派到陕西。除了在十七世纪四十年代初期有几年到北京做汤若望的助手之外，他一直在陕西工作到生命的终结。在不同的时期，好几个人做过他的助手：金弥格、郭纳爵、杜奥定①（Agustin Tudeschini）、范若瑟②（Jozé d'Almeida），还有其他人。给方德望带来最多赞誉的是日益增加的天主教团体数量和不断增加的皈依天主教的教徒人数。在1617年他去世的时候，在陕西有了1.2万名天主教徒③。

一些传奇故事扩大了方德望名字的影响。在一些传说中他扮演了一个超人的角色——从蝗灾中拯救了农田，使病人奇迹般地痊愈，在秦岭山区驯服凶猛的老虎，等等。这些传说不仅在天主教徒中间流传，也在非天主教徒中间广泛流传，成为陕西民间的传统故事。这些故事甚至在他死后两个世纪之后仍在流传。1873年，陕西的宗

---

① 杜奥定（Agustin Tudeschini，公元1598~1643），意大利籍耶稣会士，1631年来华。——译者注
② 范若瑟（Jozé d'Almeida），葡萄牙籍耶稣会士，1640年来华。——译者注
③ 每一个写到方德望的人，都将他去世的时间错误地写为1659年。正确的时间是1657年，这是由耶稣会士 Francis A. Rouleau 在 *The Death of Stephen Faber*, S. J. 一文中披露的。又见 *Archivum Historicum Societatis*, XXIX, 第130~148页。

座代牧写道,他的墓地仍是天主教徒和非天主教徒经常前去祭拜的圣地①。不管这些传说是否属实,但这一点是毫无疑问的,即方德望神父是个品德高尚、非同一般的人,他极大地促进了天主教事业在陕西的发展,而陕西人民对他的怀念则如松柏常青。

1639 年,年事已高的龙华民神父到济南探访徐光启的孙子,将天主教带入了山东。那时他负责北京天主教团体的工作。汤若望和罗雅谷从他们参与修订历书的工作中抽时间来帮他,他仍是主管。龙华民不顾自己年事已高,也不管当时越来越多的政治纷争所带来的危险,对山东进行一年一度的视察。1641 年,82 岁的龙华民落入强盗手中。由于住在青州的藩王王爷的营救,他被释放了。这位王爷和他的全家后来都信了教,但在满族人南侵时丧生。1649 年,李方西(Giovanni de Ferrariis)神父接过了山东省的传教工作,但是,龙华民仍然继续着他对该省一年一度的视察,直到他临死前不久。他是在 1654 年去世的,享年 95 岁。

1637 年,何大化②(Antonio de Gouvea)创建了湖广第一个天主教团体③。1640 年,利类思将天主教介绍到四川省。两年后,安文思前去协助利类思,这就是他们生死与共的友谊的开端。这友谊一直延续到 35 年之后安文思去世。他们的工作在第二年就获得了不小的成功,他们在保宁和重庆两个城市创建了教堂,在城市的周围还建有相当数目的小礼拜堂。

在明王朝最后的几年里,与新的天主教中心创建相同步,那些较早开教的地区也在稳步地前进。在南京,由于毕方济的老练和耐心,这里的传布福音的事业不但得到恢复,还有了进一步的发展。这个南方陪都的府尹于 1638 年派遣了一位官员到澳门,去促成更多

---

① 见 Civiltā Cttolica anno 86,罗马,1935,Ⅰ,第 206 页。
② 何大化(Antonio de Gouvea,公元 1592~1677),葡萄牙籍耶稣会士,1636 年来华。——译者注
③ 1637 年年信,见 ARSI,Jan-Sin,115,Ⅱ,第 370~435 页。

的传教士进入内地。不幸的是,仅有两名神父来了,而且不久都死了。一名叫徐日升①(Nicholas Fiva),瑞士人,1640 年死于杭州;另一名是万密克②(Walta Michel),德国人,1644 年在蒲州的一次抢劫中被一个叫李祖承③的暴乱军人杀死④。

1638 年,南京的府尹给福建省当局写了一封信,要求保护那里的天主教徒和传教士们,劝阻当局结束对该省天主教的迫害。他批准毕方济在南京建造一座新教堂,在一份公告上,他保证要给任何一个破坏教堂的人以严厉的处罚。

借助南京天主教徒们捐助的资金,毕方济在靠近西城门——汉西门的城墙内建造了教堂。一名在南京很知名的学者撰写了一篇对天主教赞颂的文字,被刻在教堂门前的石碑上。在南门外的小山上,天主教徒们开辟了一处墓地,他们竖起了一个很大的石制的十字架。毕方济在一个大型的群众集会前为此做了祝福。

秦氏家族仍是在南京的天主教徒中最为忠诚的成员。1643 年,在秦依纳爵督率的、给北京的朝廷运送稻米的船队起航之前,他请毕方济在他的官船上做了庆典弥撒。他在船队所拥有 500 艘船只的每一艘船上都升起一面小旗。旗帜的底色是象征帝国的黄色,上面则印有作为天主教信仰标志的红色十字架。

这些年里天主教取得最大发展的是上海的传教中心。1637 年,潘国光被派到这里传教。在这以后的 28 年里,这儿的福音传布事业得到了持续的成功。巴笃利在 1650 年的报告里写道:上海"有了

[308]

---

① 徐日升(Nicholas Fiva,公元 1609~1640),瑞士籍耶稣会士,1638 年来华。其名与 1672 年来华的葡萄牙籍耶稣会士 Thomas Pereira 中文名相同。——译者注
② 万密克(Walta Michel,公元 1606~1643),德国籍耶稣会士,1638 年来华。费赖之书载其卒年与本书记载有别。——译者注
③ 音译。——译者注
④ 见 Margiotti, Fortunato, O. F. M., *Il cattolicismo nello Shansi dalle originial 1738*, Roma:Edizioni "Sinica Franciscana," 1958,第 137~138 页。

1.8 万到 2 万名天主教徒，成为全国最出色的天主教中心之一"①。

潘国光成功的很大一部分应该归功于徐甘地大，即徐光启的孙女。在中国历史上众多的杰出女性中，徐甘地大（公元 1607～1680）应占有较高的位置。正如他的祖父徐光启是中国天主教会发展史上杰出的非神职男性一样，她算得上是非神职天主教女性的首领②。早年守寡的她，将一生的绝大部分精力用于促进天主教事业。她堪称是潘国光背后有力的支持者。正是她，为潘国光赢得了在他服务的区域的官员们中的好印象。潘国光留下的 135 座教堂和小礼拜堂中的大多数之所以能够建成，都是出自她的慷慨捐助。

无疑，很多所谓的"教堂"其实就是小礼拜堂，而很多所谓的"小礼拜堂"其实就是祈祷室。但是有几座却是完全意义上的教堂，只是不能说出确切的数字。其中就有淞江和苏州的教堂。前者是由许太夫人③资助的，后者是由她和一位军官共同资助的。对苏州的教堂，顺治皇帝发来一道金字匾额，上写着"钦崇天道"四字。经过后来岁月的兴衰，上海一直作为亚洲大陆两个最兴旺的罗马天主教中心之一而保留下来，另一个就是北京。

在北京天主教的运气与全国的总体形势一样好。传教工作没有被限制在城区，而是扩大到都城以外的广大地区。到 1637 年为止，从北京扩展开来的天主教团体达到了 16 个。当时在北京的是龙华民、汤若望、罗雅谷（1638 年去世之前）和方德望（公元 1641～1642 年）。

汤若望和罗雅谷的主要精力都被科学工作占用了。1635 年年

---

① 见 Del' istoria della Compagnia di Gesù, LaCina. Terza parte dell' Asia, 安卡拉，1841，Ⅲ，第 45～46 页。
② 见耶稣会士柏应理（Phillipe Couplet）著 Histoire d'une dame chétienne de la Chine, 巴黎，1688。
　柏应理（Phillipe Couplet, 公元 1624～1692），比利时籍耶稣会士，1659 年来华。——译者注
③ 指徐甘地大。指徐甘地大夫家姓许，固有许太夫人之称。——译者注

初，他们翻译的大型系列著作的最后部分，由李天经呈献给了皇帝。这套包括的一百三十七卷的丛书以《崇祯历书》的总题目出版了。这部书又以不同的书名重印了多次。其中以《新法算术》的题目重刻后编成了一百卷，被收入《四库全书》。

修订历法是一件事，而官方能否采用这一改革则完全是另一件事。在新的王朝（即清朝）到来之前，汤若望是不可能认识到这个事实的。从一开始，那儿就存在由魏文魁①领导的、抱着根深蒂固的狭隘爱国主义和盲目骄傲自满情绪的一股强大的反对势力。他得到了"朝廷中很多有权势的高官显贵的支持"。汤若望写道："出于对将如此重要的事业委托给我们这些外国人的怨恨，出于对皇帝给予我们的尊重与关爱的忌妒，他们对我们的政敌给予各种援助，不管是金钱上还是政治影响上的。"②

在徐光启活着的时候，魏文魁无法组织起有效的反对派力量。而李天经的性格则不同，让他做徐光启的继承人并不是一个恰当的选择。他缺乏制服反对派势力的能力和坚定性格。性格软弱和与世无争的他，为了避免摩擦和争斗，过分屈服于压力了。而且，他曾经是魏文魁的学生，这一层关系使他对反对派的态度受到了限制。

出于安抚魏文魁的愿望，李天经请求皇帝允许这位老人建立他自己的钦天监。朝廷认为，李天经的这个提议是对历局正在进行的修历工作没有信心，由此对欧洲历法的价值产生了怀疑。魏文魁被允许成立他自己的机构，由国家支付其行政开支③，这一机构成为与耶稣会士们的工作暗中作对的中心。

[310]

1638年，汤若望失去了他的助手——罗雅谷，整个工作的担子

---

① 魏文魁，自号玉山布衣，满城人，曾与徐光启讨论过历法。——译者注
② 见 Del' istoria della Compagnia di Gesù, LaCina. Terza parte dell' Asia, 安卡拉, 1841, Ⅲ, 第45~46页。引自汤若望的一封信。
③ 《明史·历志一》："是时言历者四家，大统、回回外，别立西洋为西局，魏文魁为东局。"——译者注

完全落在了汤若望的肩膀上①。罗雅谷于 4 月 17 日晚突然病倒，显然是死于食物中毒。当时找来了北京最好的医生，但是没法诊断出他的病症，开出的各种处方似乎只是使他的病情加速恶化。4 月 26 日，罗雅谷强打精神坚持做完了庆典弥撒，之后就突然倒下。当天晚上，他就不省人事。几个钟头以后，他恢复了知觉，但仍不能说话，眼睛凝视着在他床前的丘良厚修士手里擎着的十字架。午夜过后两小时，他停止了呼吸，他享年 47 岁，在中国生活了 16 年。

葬礼在 5 月 5 日举行，长长的送葬队伍从教堂出发，蜿蜒行进，穿过主要的大街，来到利玛窦的墓地。走在队伍前面的是天主教徒团体，他们紧跟着由 16 个人抬着的棺材，后面是手擎火把和香炉的人们，然后走着的是李天经和历局的其他成员们，太监们代表了皇帝，还有相当多的学者官员们相随。在墓地的小礼拜堂里，龙华民主持了隆重的弥撒，吟唱安魂曲，弥撒结束之后，前来悼念的人们列队从棺材前走过，每人都停下来磕头。

此前，给予汤若望和罗雅谷两个人的生活津贴几乎不能维持一个人的花销。徐光启曾经上疏皇帝，希望能引起皇帝对此的关注，但是没有下文。现在罗雅谷死了，皇帝出于对他为国家服务的表彰，拨给耶稣会士们 2000 两银子，供他们开销。他还下令每月给汤若望支付 12 两银子②。

就在这一年，皇帝将中国的最高荣誉赐予他们，也就是赐予一方牌匾，上有他题的四个字，用金线刺绣在丝绸的卷轴上。相传天子题的字是："钦褒天学"。"天学"这个词的含义是模糊的。它可以被理解为"天文学"，也可以被理解为"天主教教义"，它经常以

---

① 他的死是由 Monteyro 在 1638 年的年信中报告的。见 ARSI, Jan‑Sin, 121, 第 144～193 页。

② 1638 年 12 月 24 日，傅汎济给阳玛诺的信。见 ARSI, Jan‑Sin, 161, II, 第 217～218 页。

后者的含义被耶稣会士用在他们的书中。天主教徒们解释牌匾上的这两个字,也是取了这个含义。

1639年1月6日,朝廷的高级官员带着皇帝赐予的牌匾来到耶稣会士的住处。队伍的前头有四名卫兵鸣锣开道,驱散闲人。当牌匾路过时,不管什么档次的官员和百姓都要磕头。开道兵后面就是由专人抬着的牌匾,由骑兵护卫着,最后是身着盛装的高官显贵的行列。

汤若望、龙华民、李天经,以及历局的官员们,还有国子监的太学生们,在耶稣会士的住所门前等候着。他们按照惯例,以叩头来迎接皇帝赐的牌匾,这一礼仪是在住所的主要房子里进行的。随后便是举行宴会。与此同时,受如此多的高官显贵们的吸引,一大群围观者拥堵在外面的街道上。

这一切结束后不久,首席大学士将牌匾赠予耶稣会士,以表彰他们和他们传授的宗教。礼部尚书也送上了他的题词。他的题词是:"汤若望和罗雅谷这两名天文学家的工作可以与羲氏、和氏①相媲美"。皇帝所赐的"钦褒天学"的牌匾被复制若干,赐予全国每一处耶稣会士的住所。在当地,钦赐牌匾在公众场合上展示,地方官员纷纷前往表示敬意②。

全国都能读到朝廷邸报,这使汤若望和罗雅谷的工作远近闻名。在10年中,历制改革成为大量朝臣的奏书和皇帝的谕旨要应付的主题。邸报中的这些文件都被人们广泛地阅读了。而且,记录了皇帝的全部活动的邸报,宣传了皇帝给予耶稣会士礼遇的每一件事。

在这些年中,天主教第一次渗入紫禁城里。1632年,两名是兄弟的太监由龙华民主持接受了洗礼,分别取了亚基娄(Achilleus)

---

① 羲氏、和氏系中国古代传说中掌管天文的官吏。——译者注
② 1639年4月25日,王丰肃从山西的报告。见 ARSI, Jan‑Sin, 161, Ⅱ, 第219~220页。

和耶律斯（Nereus）的教名。前者的原名叫庞天寿，在后来他赢得了南明朝廷坚决的支持者的声誉。1632 年，他和他的兄弟都没能在宫廷里发展天主教徒，但无论如何，是他们使天主教首次进入了宫廷。1635 年，另一位姓王的德高望重的太监转变了信仰，接受了天主教，他成为汤若望在紫禁城内有影响的支持者。通过他，汤若望着手在宫廷里的妇女们中间播撒福音的种子①。

[312]

这些女人不像人们所猜想的那样，是皇帝的嫔妃，宫廷中的很多女人是等候皇帝宠幸的，但其他的女人则比她们多。因为健全的男人是不允许生活在紫禁宫里的，所有的宫廷事务都由太监和女人来承担，她们中很多是受过良好教育的。一些女人做秘书，其他的则做文抄公，誊抄皇帝的命令、公告和其他文件。

王太监发展的第一个天主教徒取教名凯瑟琳（Catherine）。1637 年的（耶稣会）年信说，有 18 名妇女转变了信仰。就像朝廷官员一样，宫廷里的妇女也有自己的等级。1637 年，在最高等级的 12 名女官中有三名是天主教徒。她们是：以其出众的道德和才华赢得皇帝信任的唐娜·阿加斯（Donna Agatha）、非常热心的唐娜·叶列娜（Donna Helena）和唐娜·伊萨贝拉（Donna Isabella）。一名叫卢斯亚（Lucia）的天主教徒属于第二等级。另外四人，西西丽亚（Cecilia）、西兰尼（Cyrene）、西利亚（Cyria）和扎克拉（Thecla）是第三等级的成员。有 8 人属于第四等级。还有两人是唐娜·阿克尼斯（Donna Agnes）和唐娜·安东尼亚（Donna Antonia），是侍奉过几朝皇上的，她们都曾是第一等级的，但是因为年老已经不再做事了。

---

① 汤若望自己曾经讲过这个紫禁城中的宫女的故事。见 Henri Bernard S. J. 编 *Lettres et mémoiresd' Adam Schall*, S. J., 天津, 1942, 第 46～64 页。关于汤若望在北京经历的回忆录最初以 *Historica relatio de ortu et progressu fidei orthodoxae in regno Chinesi* 的书名于 1672 年在德国雷斯根堡出版。汤若望的原始手稿存放在罗马耶稣会档案里。

到 1638 年，在紫禁城里的女性天主教徒上升到 21 人，1639 年为 40 人，1642 年达到了 50 人，她们形成了一个不平常的天主教社团，她们与传教士们的联络仅仅依靠通信。汤若望按照天主的教诲将指示写下来，由王太监转交给她们，她们在回信中列举自己的过错，乞求宽恕，请汤若望给予精神上的指导。宫中为她们准备了一间小礼拜堂，在这里，她们每周聚会几次，做日常的祷告，并从王太监手里接受指示。这里也是王太监给新入教者授洗的地方。1640 年，主管北方传教的修道院长傅汎济，任命了其中的一名女士为这个团体的首领。

尽管这些教徒的信仰已经很坚定了，但是汤若望也完全不可能到宫廷女信徒的礼拜堂里去为她们做弥撒。他偶尔在宫里为太监们做弥撒，但是他明确地表示，传教士不能够为紫禁城里的女信徒做礼拜①。

皇帝知道扩大天主教徒的工作正在进行中，他和皇后对这些天主教徒的虔诚和热情有很深的印象，他们其中的一些人还直率地劝说皇帝也和他们一样皈依天主教。在嫔妃当中只有一人为虔诚的佛教徒，态度不太友好。有报道说，皇帝甚至劝说其嫔妃们成为天主教徒。

1640 年，那一架利玛窦曾经在 40 年前进贡给万历皇帝，并为他弹奏过的西洋铁琴，在宫廷的仓库中被找到了。皇帝想听听欧洲的音乐，于是汤若望被召来修理这件乐器。这时有个名叫许复元②的耶稣会辅理修士（教名 Christopher）为此被召到了北京。在他的帮助下，汤若望将琴弦调整好。汤若望写了一份操琴的要领，将一首圣歌翻译成中文，还给这首歌谱写了伴奏曲。

送还修好了的西洋铁琴这件事，给了汤若望一个为皇帝赠送两件礼物的机会，这是汤若望等待了很长时间，好不容易才得到的一

[313]

---

① 见 *Johann Adam Schall von Bell*, S. J., 科隆, 1933, 第 123 页。
② 许复元（公元 1600～1640），广州人，1627 年入修院。——译者注

个机会。早在 20 年前,金尼阁从欧洲返回时,带来了巴伐利亚麦克斯米兰公爵(Maximilian)赠送的一批礼物,由于进献礼物需要以巴伐利亚的进贡形式在官方邸报上宣布,所以一直没机会献给皇帝。在这些保存了如此长时间的礼品中,有两件天主教的艺术品:一本有 150 页的、用羊皮纸画的耶稣基督生活的画卷和一尊形象逼真的、色彩鲜艳的三贤人的蜡制雕像。第一件作品有 45 幅表现耶稣基督生活的主要场景的画,配以与之相适应的福音文字,装饰在画图的旁边。汤若望将这些文字翻译成中文,并用金字写在图画的背面。此外,他还对耶稣基督的生活和受难做了更为详细、完整的描述。

这两件礼物连同西洋铁琴一道,于 1640 年 9 月 8 日呈献给了皇帝。1644 年,明王朝灭亡之后,那些宫女都回了家。其中一位,唐娜·叶列娜,向汤若望诉说了这两件礼物给皇帝留下的非同一般的良好印象。对进献来的礼物,皇帝通常只是草草地验看一下,就交给他的太监收藏到仓库里了。但这一回,皇帝在翻开的羊皮纸书和蜡制雕像前坐下,他是如此全神贯注地观察它们,以至三次都没有理会请他用餐的提醒。他叫来皇后,指着书中画的幼儿时期的耶稣基督说:"他比我们所敬畏的古代圣贤更伟大。"皇后在雕像前叩头行礼。这两件礼物都被安放在皇帝的寝室里。在那儿,它们被陈放了 10 天,皇帝让他的嫔妃和大太监们向它们表示敬意。在它们被放回库房后,皇帝还常常让人把它们拿回来。他花很多时间来阅读福音的经文和汤若望关于耶稣基督的生活的描述①。

[314]

在这些年,在中国的每一个地方,田野都是绿色的,伴随着有希望的征兆和迅速成熟的收获,利玛窦的预见如今成为到处可以看到的现实。虽然试图寻求一个描绘天主教成长的精确数字是不太可能的,卫匡国提供的统计数字还是可以使我们对当时的实际情况有一个大概的了解的。他提供的各年被教会接受的中国人的数字是:

---

① 汤若望著 *Mémoires*,第 48 页。

1627年，1.3万人；1636年，4万人；1640年，6~7万人。11年之后，达到15万人①。

如果有人想到，在这段时间里，这么少的传教士，他们需要克服的偏见又是这么的强，那么他就会非常同意詹（Jann）博士的看法，经过了100年的努力而得到的这一"值得惊叹的成果"，是在"天主教教会的历史中没有能与之相比的"②。

这些数字无可争辩地显示出，起步于明王朝最后10年的天主教事业，其成长呈现出高于算术级数的几何级数的增长态势。天主教潜移默化的影响，正在像利玛窦所预见的那样发生着作用。

如果说，这个时候，天主教在中国就像太阳正在升起的话，那么黑暗正在向朱元璋的子孙逼近。在差不多300年以前，朱元璋将蒙古人驱逐下龙的宝座，创建了一个被他称作是"大明"（意为伟大的光辉）的王朝。现在大明王朝沙漏里的沙子，就要漏光了。

---

① 卫匡国著 Brevis relatio de numero et qualitate christianorum apud Sinas，罗马，1654。
② 见 P. Adelhelm Jann 博士与 F. Min. Cap. 合著 Die katholischen Missionen in Indien, China und Japan. Ihre Organisation und das portugiesische Patronat vom 15. bis ins 18. Iahrhundert，德国帕德博恩，1915，第393页，注释2。

# 第十九章　适者生存

[316]　　毫无疑问,那时已经没有任何一个人能够挽救明王朝了,崇祯皇帝也是无能为力了,他继承的是一个徘徊在灾难边缘的皇位。自从万历时期的开端,即1573年始,政府的绝大部分权力就已经掌握在不道德、无原则和只顾追求私利的反动分子手中①。这些人极大地降低了国家机器的管理标准,并使政治道德沦丧到空前的低水平。他们贪婪无比,欲壑难填,以征收矿税的形式不断地将沉重的负担强加在人民身上,造成了普遍的贫困和国家经济秩序的混乱②。

在魏忠贤专权的时期,不论中央还是地方,官员的贪污腐败都达到了一个极点。耶稣会士卫匡国在分析明王朝灭亡的原因时写道:"他(指魏忠贤)是罪恶的主要根源。"虽然后来他倒台了,但明王朝再也没有恢复元气。

---

① 这是作者对明朝政局的一种看法,并不准确。——译者注
② 本章及第二十章的主要史料来自下列著作:汤若望著 *Mémoires*、卫匡国著 *De bello Tartarico historia*,罗马,1654、聂仲迁(Adrien Grelon)著 *Histoire de la Chine sous la dominiation des Tartars*,巴黎,1671、鲁日满著 *Historia Tartaro-Sinica nova*,美国卢文尼,1673,以及 *Eminient Chinese* 等著作。汤若望是在北京发生的事件的目击者。卫匡国也是那些年发生的很多事件的目击者,他离开中国是在1651年,但是最终完成他的论述是根据了他所收到的来自中国的信件。从1666年到1671年,聂仲迁、鲁日满和其他一些传教士一同进入广州,从那些传教士那里,他们收集了第一手资料,以此为基础写出了他们的著作。
聂仲迁(Adrien Grelon,公元1614~1659),法国籍耶稣会士,1656年来华。——译者注

当 1628 年崇祯皇帝登上皇位时，国家的经济陷于全面低迷的困境，人民对政府丧失了信心。由于皇帝扫除反动分子、根除太监影响的措施未能从根本上奏效，他的王朝失败的命运就已经确定了。弊政延续了这么久，其影响和力量不是短时间可以根除的，建立一个高效能的政府已成为不可能。

从 1630 年开始，国家每况愈下，人民怨声载道。1628 年，陕西遭遇了大饥荒，几年之后，山西也遭此厄运，这导致了大规模的造反行动。1631 年，在这两省中，有 36 个"强盗"首领，统率着 20 万拥护者。其中一个叫李自成的陕西人，敲响了明王朝的丧钟。

1631 年，洪承畴①被任命为陕西总督。1634 年他又总领河南、陕西、陕西、四川、湖广五省总督，曾经多次击败李自成的队伍。但是李自成经受住了艰难困苦的考验，在人民的支持下，每次失败后又都恢复了过来。1639 年，饥荒肆虐河南，李自成立即抓住这个机会。当他的军队到那里时，成千上万的造反者聚集在他的大旗之下。有两位学者，李岩和牛金星，参加了他的事业，成为他的政治智囊人物。听取了他们高明的、有远见的忠告，李自成赢得了人民越来越多的支持。李岩提出的一个口号"迎闯王，不纳粮"，具有极大的吸引力，"闯王"是李自成的称号。开仓放粮、劫富济贫使李自成得到广大贫苦农民的支持，使他的事业能够有日益兴旺的保障。

1641 年，李自成控制了河南的大部分地区。他俘获了耶稣会士毕方济的好朋友福王。他处死了福王，焚烧了福王的宫殿，大火燃烧了三天三夜。就是这个福王朱常洵②，曾经差一点就当上皇帝。

就在同一年，愚蠢的明军将军在开封导致了一场可怕的灾难。

[317]

---

① 洪承畴（公元 1593～1665），字亨九，南安人，明万历年间进士，曾任蓟辽总督，后降情，任七省经略、大学士。——译者注
② 朱常洵，万历皇帝幼子，光宗朱常洛的弟弟。万历皇帝因为宠爱其母郑贵妃，曾有意立他为太子，后因群臣反对而作罢。——译者注

当时李自成的军队包围了开封。守城的将军想了个主意，派兵掘开了黄河的堤坝，企图用河水淹没敌军而解除包围。这使得30万开封居民在洪水中丧生。耶稣会士费乐德和他的天主教徒们一道葬身鱼腹。

1642年6月，朝廷转而让汤若望帮助加强都城的防务，请求他铸造大炮。汤若望竭力寻找借口，希望朝廷能原谅他不能从命。他坚持说，为战争制造武器与他的身份是不相符的，而且在造炮方面他仅有一点点书本的知识，没有实践经验。但是他的申诉没有被接受，他不得不屈服于皇帝的命令，为此在紫禁城里开辟出了一块很大的空地。汤若望得到了造炮的原料和很多劳动力。

[318] 为了走在迷信者提出举行祈祷火神仪式的建议之前，汤若望设置了一个桌子，在上面放上耶稣基督的画像，自己穿上白色的法衣，戴着四角帽，引导着参加此项任务的人们和他一起向真正的主做祈祷，祈求主保佑他们的工作。仅此一件简单的事实，就引起很多人的反感。

20门大炮造好了，在离城40里的田野里试放，一些官员和宫里的太监在一旁观看，试放取得了完全的成功。崇祯皇帝大喜，下令铸造500门重量不超过60磅的大炮，这样士兵能够将炮扛在肩膀上。常常爱说幽默话的汤若望对此感到十分好笑，他写道，中国的士兵没有愚蠢到从战场上逃跑时还扛着大炮的地步。他们知道什么才是求生的最好方法，逃跑是他们的拿手好戏！

无疑，汤若望是知道的，中国军队所显示出来的低劣素质，应归咎于极差的训练、糟糕的装备、匮乏的军饷和被无能的官员驱使着去做过于频繁的厮杀。这一切使他们丧失了英勇作战的积极性。袁崇焕领导的士兵们显示出，在英明的将领统率下，他们是可以创造奇迹的。

当汤若望把时间用在铸造大炮上的时候，他的历局走到了不幸的终点。他把责任归于自满自足的李天经身上，他不无讽刺地评论说,"他照常地睡觉"。一位过去曾经向庞迪我和熊三拔学过科学的学生,夺取了汤若望在历局里的位置,还破坏他的声誉,甚至散布谣言,说他挪用部分历局的经费去造炮。汤若望早就预见到这种可能,他一直坚持所有的经费由工部直接划拨,以此来保护自己。

然而,那个制造麻烦的人在挑起了矛盾和纷争方面得逞了,他对外国人和他们的科学再次发动进攻,并且获得部分的胜利。原来名义上由李天经主持而实际上由汤若望领导的历局,被取消了独立资格,成为旧钦天监的一个下属机构。这对于从不妥协的汤若望来说,无疑等于将他的科学交给一群"白痴",他就是用这个表现他独特个性的词来称呼他的对手的。与其如此,他干脆关闭了这个机构。

他以造炮者和城防顾问的身份所进行的活动都遭到了批评。这表明一些人不能容忍:汤若望作为一个神父和传教士却接受这样的工作。当时的论述没有谈到这一问题。因为汤若望在一年多里将大部分时间都花在了这项工作上,显然他是获得他的上级批准的。[319]

天主教会是反对神父们制造武器的,即使是为正义的战争,但是它也没有绝对禁止神父们这样做。西班牙人猛烈地反抗拿破仑军队的战争就是由神父们和僧侣们领导的,他们的抵抗之顽强,就像拿破仑在俄国所遭遇到的一样,他们导致了波拿巴在欧洲堡垒的彻底崩溃。除了一名和平主义者之外,没有其他人曾经指责过汤若望,批评他不该参与1622年保卫澳门的事务,这种和平主义者不能合乎逻辑地区分神父与非专职神职人员的不同,他将二者混同在一起加以反对。

中国是个礼仪之邦。不管这一文明有何种的不完善,她的发展程度在东方都是最高的。当时,她是如此严重地被农民的反叛和北方游牧民族——满族的骚扰所困扰着。明朝政府陷入了不幸的日子。中国的很多弊病将摆在它自己将来的统治者面前。然而,明王朝毕竟是正统合法的政府,虽然上天可能,或者说确实已经是,收回了它对明朝的保佑。但是在那个时候,保卫国家就是保卫中华文明的同义语。这就是为什么那些曾为明政府的腐败而痛心疾首,并多年领导了反对其中的反动势力斗争的东林党人,当明王朝灭亡了之后,却还始终保持着对它的忠诚的原因。

回顾明王朝的衰落,我们清楚地观察到,中国被满族人所征服,导致了新的力量和活力的注入。这也是我们容易理解的,这个新的王朝在它自身衰落之前,也会使国家出现一系列非凡的统治者,这就是后事了。在1642年或1643年,这些后来的发展情况还是不能预见的。

当时的问题似乎仅仅是保卫国家,反对威胁到国家根本基础、社会和文化的满族游牧民族的入侵,而汤若望首先所要忠于的,是传播天主教的事业,但是他同时又是皇帝的臣民。在当时的情况下,他认为这两种忠诚并不矛盾,为国家服务,事实证明这也就是间接地为天主教事业服务。

然而,历史发展的结果证明汤若望的努力是徒劳的。在都城里的变节行为比汤若望的火炮更有力量。1644年的春天,李自成在建立了自己的政权和将西安定为首都之后,挥师指向北京。他横扫山西全境,韩霖在绛州陷落时丧生,蒲州的教堂被焚毁,夷为平地。耶稣会神父万密克被杀。

1644年4月23日,李自成在北京的西门外扎下大营。拒绝大臣们弃城而逃建议的皇帝,现在犯了他一生中最大的错误。他将守城的7万精锐军队置于3000名太监的指挥之下,这真是因果报应。一个再三背叛它自己利益,同时背叛了它的人民的王朝,挑选了一个与其相称的毁灭自身的办法:将希望寄托在阉人身上。

李自成由于敬畏汤若望的大炮,没有立即攻城。他其实没有必要直接去攻城。4月25日,统领西门守军的太监曹化淳,下令打开了城门。李自成的军队潮水般地涌入古都北京。

当听到这个消息之后,崇祯皇帝骑上马,带着少数的几个忠实的追随者向南城的大门逃去。南门上那些叛变了的太监们用汤若望造的大炮向他开火,迫使他返回。汤若望看见他骑马从耶稣会士们的住所前经过。

回到紫禁城,崇祯皇帝命令皇后悬梁自尽,令三个儿子躲藏起来。他试图杀死他15岁的女儿,以避免其落入士兵之手。为了挡住父亲的刀剑,可怜的女孩失去了手臂,落荒而逃。崇祯皇帝然后爬上了紫禁城北面的煤山,在从这里他曾经视察过汤若望的大炮。他给李自成写了一封血书,要求李自成不要欺压百姓,也不要再任用那些背叛他的臣子。然后,他在花园里一间房子的房梁上自缢而死。

明王朝在它统治了276年之后就这样终结了。它不是被满族人推翻的。感谢那些能干的将军们,他们在与敌军作战的同时,还要与内部的愚昧、冷漠和贪污腐败做斗争。这一切还是在没有满族人直接威胁的情况下发生的。因为当首都北京陷落时,满族人还在长城之外。王朝的崩溃是出于它自身的原因,是内部政治的腐败和官员的不称职使它归于灭亡的。

恐怖的气氛笼罩了北京好些天。李自成的军队热衷于抢劫和滥杀无辜。汤若望,这位城中唯一的外国人,护卫着他的天主教徒们,龙华民和傅汎济早在明朝崩溃之前就离开了都城,汤若望坚持与天主教徒们同呼吸、共命运。他特别为女教徒们担心,每天他们绝大部分时间用于从一家到另一家的查看,以确保她们的安全。 [321]

统率明军在山海关迎击满族人的是吴三桂。当李自成进攻北京时,崇祯皇帝命令他回军营救。他因故迟延了,没能立即从山海关出发,这时京城陷落的消息传来,他于是返回山海关静观待变。李自成抓住他的父亲做人质,要挟他归顺。根据耶稣会士的看法,在营救父亲做孝子和履行明朝官员的职责两者之间,吴三桂再三权衡而选择了后者。他拒绝以背叛他曾效忠的、但已经死去的崇祯皇帝的行为,去换取他父亲的生命。根据在中国人中间非常流行的说法,吴三桂听到李自成十分善待他的爱妾陈圆圆时,准备有条件地归顺李自成,但是耶稣会士们都没有提及陈圆圆,可能耶稣会士们不知道她,也可能他们缺少中国人那样的浪漫。他们更倾向于相信这一点,即驱使吴三桂做出牺牲自己亲生父亲的重大抉择的,是对王朝的忠诚而不是对一个情妇的爱。

李自成率领 20 万大军向山海关进发,讨伐吴三桂。而后者则选择了与满族人建立联盟。1644 年 5 月 27 日,满族八旗军加入了吴三桂一方。

满族的统治者皇太极在前一年的 9 月去世,他的第九个儿子福临被推选做他的继承人。由于当时福临仅仅 6 岁,他的两个叔叔,多尔衮和济尔哈朗,被推选出来摄政。努尔哈赤的第十四子多尔衮成为摄政王。

在 1644 年 5 月的最后一天,多尔衮和吴三桂的联军大败李自成,取得决定性的胜利,李自成军逃回北京,他曾延缓了他做皇帝的登基典礼。现在,他匆忙地登上宝座,又匆忙地走下来。他留下 3000 士兵执行其抢劫和焚毁京城的命令,自己则率领着杂乱无章的军队向陕西撤退。多尔衮率军绕过京城直捣李自成的老巢。

李自成的军队撤退的那些日子,是京城新的恐怖时期。他的后卫部队焚烧了皇宫,又焚毁了其他宫室,最后殃及老百姓的住房。汤若望在他的住所里听到礼拜大厅的屋顶坠落的声音,同时熊熊火焰烧毁了华丽的柱子,顿时大厅成为一片废墟。他的很多邻居都跑到他的住所寻求避难。火把从街道上掷进来,火箭点燃了房顶,滚烫的灰烬和还在燃烧的木头纷纷落下,但是高度警惕的难民们抢救了汤若望的住所,而与此同时,这一地区的其他所有的房屋都被付之一炬。一群强悍的人要闯入教团的住地。其中领头的两个人因为几个月前向汤神父借钱遭到拒绝而怀恨在心。汤若望手持一柄巨大的日本宝剑,站在大门内侧。汤若望不无得意地描述了当时的情景:他高大的身躯和一脸茂密的大胡子,足以使所有的来者胆战心惊。结果那些人都离开了。

与此同时,多尔衮将率军追击李自成的任务转交给他的兄弟阿济格和多铎,自己率部分士兵返回北京。满族人于 1 月 7 日进入北京。城里的老百姓为能摆脱恐怖和混乱的状况而感到高兴（当时城里大约一半的建筑都被焚毁了），他们在街道两旁列队欢迎满人，高呼着"万岁，万岁，万万岁！"几个月之后，福临也移驾北京。在10月30日，他被宣布为中国的皇帝，年号定为"顺治"。早在8年前，皇太极就已经给他的王朝定名为"大清"。

在不到一年的时间里，清军就控制了直隶、山东、山西和陕西，但是控制了北方的省份还不等于控制了整个中国。以持续不断的战争而将整个中国置于清王朝的控制之下，花费了差不多20年的时间。在这20年里，征服者的道路也不是一帆风顺的。

这种对清军的反抗是如此坚决，也常常是十分有效的，与明统治者最后溃败时的情况大相径庭。当时在全国各地都发生了卓有成效的反抗。明朝政权没有能够动员全国的力量对内克服崩溃之势、向外抗击侵略，这正是说明了它的无能。

多方因素促使了大清的成功。虽然内部争权夺利的斗争也在一定程度上牵绊住了手脚，它的首领们还是比常人有力量、有智慧得多的。多尔衮、阿济格、多铎、济尔哈朗、阿拜、博洛、尼堪，以及其他人都证明努尔哈赤的家族无一失去了他们先祖的活力。同等重要的是：努尔哈赤的子孙们赢得了相当数量的汉人首领的支持，[323]包括军队将领和地方官员。不能说他们是叛国者，他们中的很多人对明朝丧失了信心，也深受其腐败无能之害。他们在明朝灭亡之前很久，就已经将自己的命运交给满族人了。其他一些人，因为同样的原因，也认为中国内部的难题只能由一个新的王朝来解决。这一类型的人为清王朝在与南部中国长时间的反抗斗争中取得的军事胜利出了大力。孔有德和耿仲明，他们曾是孙元化手下的水军和步兵将领，于1631年率军叛变，为满族人在征服南方的战斗中建立了辉煌的功勋。耿仲明的儿子耿继茂，是个能干的，同时也是鲁莽的将军1633年他投向满族人的尚可喜，指挥清军经过长时间的战争占领了广东省。洪承畴，曾是李自成的死敌，于1642年投降满族政权，他被证明是清王朝最得力的工具之一,既是军队将领,又是地方大员。1652年,在清军遭受了一系列的失败之后,他被任命为湖广、广东、广西、云南和贵州五省的总督和将军,总揽军政大权。他挫败了明军的攻势,正是他出谋划策并率领一支军队,于1659年将南明的最后一个皇帝驱逐出境的。

在夺取了中国北方的权力之后,清王朝依靠他们所实行的有远见的政策而赢得了无法估量的支持。他们改变了以前对中原地区实行的掠夺政策,因而避免了生产的大规模破坏。他们减免了繁重的税赋,他们将李自成不给予善待的崇祯皇帝的尸体收敛起来,进行了厚葬。

策划这些政策的是范文程①。他自从1618年努尔哈赤攻占抚顺的时候起,就投奔了满族人,之后就成了满族政权的政治顾问。就是这个范文程,将虚假的证据交到北京的反动分子手中,导致了袁崇焕的被杀②。也正是这个范文程,在沈阳听到北京被李自成攻陷的消息后,立即力劝多尔衮迅速率兵入关。

在中国北方,政权的交替完成得十分顺利,在国家的管理上没有引起多大的震动。这使这场变革以单纯的王朝更替的面貌出现,这要远远胜于外族的征服,因而赢得了大多数原明朝官员的支持。满族人在统一自己的部落,组成带有很多汉族官僚行政特色的政权之前,已经有很长的历史了。中原的汉人带着他们的政治体系到满族人地区去定居。因此,代替明朝统治的清朝政权,在政治组织上并没有根本性的改变,他们将重要的政府部门的机构扩大了一倍,官员中的满人和汉人的数量是相等的。

---

① 范文程,字宪斗,沈阳人,早年就归顺了清太祖努尔哈赤,成为重要的汉人谋士,曾任大学士。——译者注
② 皇太极因多次败于袁崇焕手下,在1629年施"反间计",使崇祯皇帝将袁崇焕逮捕下狱。具体实施"反间计"的是高鸿中、鲍承先,而不是范文程。——译者注

引起最深刻的愤怒和激起最猛烈的反抗的变革，是强迫汉人像满人那样剃头留辫子的命令。卫匡国曾说：

"这一布告产生出最大的麻烦。因为对中国人来说，失去他们的头发比失去他们的国家还要痛苦，他们为了无意义的头发的修饰方式而战斗，比保卫他们的家园还要英勇得多。有些人甚至抱有这样的愚蠢的观念，即宁愿掉脑袋也不愿失去头发。"

卫匡国的话有欠公正。关于这一点，应该多说几句。比较保卫一个帝国而言，男人更乐意为捍卫他选择剪头发的权利而战，这就是说，当强权企图将它的生活方式强行推进到人们的个人权利领域时，将遭到自由的人类精神惊人的反抗。因此，值得为中国人的这种"愚蠢"而唱赞歌。他们所捍卫的是人类的自由，而不仅仅是无意义的修饰头发的方式。

这一时期最为奇特的事情之一，是当汤若望的同伴们继续与明王朝和南明小朝廷的效忠者保持友谊的时候，他在北京政府里的信任度和好感度却在上升。汤若望在满族人定鼎北京的一开始，就与他们建立了良好的关系。他称赞他们的组织才能、军队的战斗力及其领导者的有效的工作。从北京陷落的那一刻始，汤若望就深信明朝的灭亡是命里注定的，他接受了新政权，并与之充分地合作。

满人这一方也赞许汤若望。他们中很多有名望的人都与汤若望建立了友谊。最经常造访汤若望的人之一是代善，努尔哈赤的长子。［325］代善是带头推举皇太极做努尔哈赤继承人的。他给汤若望讲述了他的人民的主要传说和真实历史。

这个新王朝虽然也渴望保持中国的传统，但是不想做其固有的狭隘偏见的奴隶。因此它能够给汤若望一个正式的名份，而这在旧政权之下一直是不可能的。1644年年底之前，摄政王多尔衮任命汤若望为钦天监监正①。汤若望并不想接受这个官职，他曾7次请求

---

① 当时授予汤若望的官职是钦天监的掌印官。——译者注

免去这一职务。只是因为耶稣会北方地区会长傅汎济神父6次写信给他,命令他接受这一任命,他才服从了①。他的官职的名称叫:钦天监监正。

在几年里,汤若望的威信之高,可以从处于清政权控制之下的一些省份的他同伴们的情况中看出。1650年9月27日,潘国光在给耶稣会总会长的信中谈道:"所有我们这些在中国传教的人,都享受到来自汤若望神父的非凡的关爱。"同年,担任耶稣会副省的阳玛诺神父写道:"我们但愿能有一百位汤神父。不管我们离他有多远,他都能如此真诚地给我们以帮助。只要我们说,我们是汤若望的同伴和兄弟,就没有任何人胆敢对我们说一句反对的话。"②

不是所有的汤若望的同伴都赞成这个说法的。出于误会,安文思对他抱有敌意,并且对他发动了攻击,导致他差一点被耶稣会开除,这使他辉煌的生涯蒙受了阴影。

这件事肇始于1643年。在利类思和安文思正在四川忙于创建他们的天主教团体时,张献忠的队伍横扫了这个省。张献忠是举世闻名的"黄老虎",1644年12月4日,张献忠在四川宣布他为"大西国王"③。

张献忠早就听说过利类思和安文思。这两个耶稣会士躲进了山中,但被抓到并押回到成都。张献忠不顾他们的抗议和反对,任命他们为官员,让他们制造地球仪和天体仪。在这之后的两年中,他们的生活就像一场噩梦④。他们是张献忠的俘虏,也自然成了张献忠难以描述的残暴行为的目击者:学者官员们都被斩首,其他人被活着剥了皮,一些人仅仅因为有一点可疑就被大卸八块。受虐待狂张献忠

---

① 见 *Johann Adam Schall von Bell*, S. J., 科隆, 1933, 第159页, 注释13。
② 见 *Johann Adam Schall von Bell*, S. J., 科隆, 1933, 第170页。
③ *Eminient Chinese*, Ⅰ, 第37~38页。
④ 安文思所写的关于他们这一经历的详细报告见 *ARSI*, Jap - Sin 127, 第1~35页。利类思的陈述发表在安文思著 *Nouvelle relation*, 第375~385页。

的传染,他的士兵们在一天内就屠杀了4万成都市民。

在大屠杀期间,利类思和安文思没有能力去拯救那些不知何时就会有生命危险的人,只是再三地乞求释放他们自己。但是他们所得到的,只是唤醒暴君的狂怒,而宣布把他们处死。1647年1月3日,一支清军的先头部队突然到达四川的西充,他们才得救。当第一批敌军骑兵出乎意料地出现在地平线上的时候,安文思写道:

"张献忠以他通常的发狂的方式,跳上战马,率领着少数赤手空拳的随从,冲出去迎战清军。他没冲出多远,就被一支射中胸膛的箭撂倒,当场死亡。"①

恐惧笼罩了他的队伍,士兵们在混乱中四散奔逃。这两个耶稣会士才得以从他们隐藏的地方艰难地逃出来,成了清军的俘虏。在被俘的过程中,他们都受了箭伤。

听说他们是汤若望的同事,豪格亲王命令清军士兵对这两位神父以礼相待。汤若望得知他们被俘后,立即写了一份奏折,请求将他们释放。艾儒略这时已经被任命为副省神父,但是由于混乱的形势,他提名傅汎济为中国北方传教会会长②。傅汎济命令汤若望不要将奏折提交给当局,这两个囚犯也不希望汤若望插手这件事,因为在豪格亲王的管辖范围内,别人的插手对这位仁慈的首领将是一种侮辱。他们比较愿意被带往北京,在那里得到释放。然而他们不知道的是,豪格受到摄政王多尔衮的忌恨。1643年,作为皇太极的长子,豪格本来是满族大汗的合法继承人,是多尔衮阻止了他登上皇位。现在,尽管豪格的战绩十分辉煌,还是受到担心威胁到自己

---

① *Eminient Chinese*,Ⅰ,第38、280页中说道,张献忠被俘,然后被处死。但当时安文思就在现场。
② 艾儒略于1642年2月12日写给耶稣会总会长维特里斯奇的信,见 ARSI, Jap-Sin 161,Ⅱ,第242~243页。在文件中他承认他接到任命是在1641年1月3日,而任命状从罗马发出是1640年1月4日。差不多两年的行程在当时是正常的,这给管理增加了极大的困难。不止一次有这样的事,即被任命者死前还没有接到他的任命状。

权力的摄政王多尔衮的排斥。当 1648 年四川的战事平息了之后,豪格回到北京,就被押进了监狱。由于看到了写在墙上的文字,他掐死了他的三个妻子中的两个,然后自杀身亡。

豪格亲王对两个耶稣会士的仁慈,并没有给他们带来好处,他们被送到关押外国人的地方和监狱里看管起来,汤若望急忙赶到军队统帅的驻地。在那儿他第一次得知,利类思和安文思因为曾在张献忠政权里做过官,而被视为是强盗和反叛者,这类人通常是要被处死的。汤若望也受到警告,不要与他们有任何牵连,否则也将被怀疑。

[327]

汤若望将这些事实报告给傅汛济,他以他坦率的个性清楚地表达了他的观点,即利类思和安文思的行为是愚蠢的。一旦落入暴君手中,他们应该宁死也不接受官职。而当汤若望为他们争取到自由的时候,他们也同样应该接受自由①。

安文思极端地憎恨汤若望对他的指责。他认为,他在被迫的情况下为张献忠服务与汤若望在北京为满族人的政府服务没有任何区别。因为他不觉得自己是反叛者,或者是强盗,所以也不相信满族人会以处罚反叛者和强盗的方式来对待他。因此,他以他的逻辑推理得出结论:他被监禁的处境完全要归咎于汤若望的诡计。没有办法可以改变他的这一见解,于是他发起了一场诽谤和污蔑的运动,以无休止的、连珠炮似的谴责来攻击他的上司汤若望和其他传教士同伴们。

汤若望默默地为这两个囚犯做着他所能做的事。出于他意料之外的是,利类思和安文思两人在被拘禁期间受到的是客人的待遇,而不是罪犯的待遇。但是汤若望先是收到朋友们的劝告,而后又收到政府主管部门和摄政王本人的警告。他们规劝和警告他,不要使自己与这两个犯人发生牵连。他被告知,只要国家还处于内战的阵

---

① 见 *Johann Adam Schall von Bell*, S. J., 科隆,1933,第 253~254 页。

痛之中，摄政当局就不会不尊重军队高级将领的意见，而使这两个人获得完全的自由。考虑到这一境况，汤若望觉得他们目前的处境，是当时所能希望得到的最好的了。也许他应该尝试着向利类思和安文思充分地解释他自己的看法，但这不是他的性格。这一情况似乎非常清楚，不管是作为他们愚蠢行为所付出的代价，还是鉴于当时形势所迫，这两个人为了传教事业的利益考虑，都必须默默地接受这一切，直到设法使他们获释成为可能的时候为止。如果他们不理解这一点，汤若望也不为自己没有试图让他们理解而感到内疚。就像圣保禄一样，汤若望遇到了愚蠢的人；但又不像圣保禄那样，他没有感到高兴。

在一个关押外国人的场所拘禁了两年多之后，利类思和安文思作为奴隶被转交给一个满族官员。汤若望的影响再一次给他们带来好处，他们的满人主人实际上给了他们完全的自由。只要他们愿意，他们可以进进出出。他们可以自由地做自己作为神父要做的事。他们甚至还能够接受捐赠和得到允许建造教堂，这座教堂是在北京建造的第二座教堂。但是这都没有使他们改变态度，安文思继续着他的反对汤若望的活动。这是相当可能的，即他和利类思在张献忠阵营遭受的两年的可怕经历，使他们的判断力发生了扭曲。他们情愿相信他们听到的任何无谓的谣言。由于他们爱听闲话是出名的，所以有大量的谣言传到他们的耳朵里。汤若望生硬、直率的性格，常常不能控制的暴躁脾气，以及对吹牛者、自私自利者和诡辩者的憎恶，已经给自己树立了不少敌人。这也说明安文思是一个容易受骗的人。

[328]

这位葡萄牙耶稣会士掀起的这场风暴，直到17年之后汤若望去世时才完全平息。在罗马耶稣会档案里有关此事的信件和报告，整整装满了两大卷宗①。安文思以如此非凡的韧性和能量继续他的活

---

① *ARSI*, Jap-Sin 第142、143页。

动,在一段时间里,他成功地蒙骗了很多在中国的耶稣会同事,使他们暂时疏远了汤若望。1649年5月20日,傅汎济、龙华民、利类思和李方西等人,在安文思的一封给耶稣会副省神父阳玛诺的请愿书上签了名。请愿书要求将汤若望开除出耶稣会①。其中罗列的11条理由中的大多数显示出,他们完全不能理解汤若望直率的天性,以及他爱说反话和擅长讽刺的幽默。

他被攻击说,他拒绝服从上自教宗下至他直接上司中的任何一个人。这是因为据说他对什么人说过,他的上司只有天主和圣·依纳爵!后来白乃心(Grueber)以同样的口气,用富于想象力的语调,谈及他是如何亲耳听到汤若望以极其轻蔑和厌恶的口气表达对尊重和服从上级一事的看法的,并说到他听了这番话后感到"极大的悲哀"。永远不能控制自己而不去刺破这个道貌岸然的气球的汤若望,在这个问题上打断了白乃心的也许是华而不实的论调,他评论说:"人人都为自己,而天主为大家。这句话最好改回到老的见解,即每个人都为自己,而好处最后都被魔鬼拿走了。"② 从对汤若望的诽谤这令人反感的报告中,我们很自然地就会对他产生相当的好感。

他还被攻击说,他坚持与信仰相反的观点。这是因为一个传教士同伴,在接受了他给的救济物后,许诺说将有一个温和的"可怕的痛苦"在炼狱等着他。汤若望竟尖刻地说,炼狱里的"可怕的痛苦"是教士的夸大之词,来自科隆的人不相信这个!

在其他的指责中说,他拥有自己的住宅,生活的方式就像一个高级官员,而不像一个简朴的宗教人士,这样的指责中包含有嫉妒的成分。汤若望所拥有的地位,是他曾经几次试图拒绝接受的,他

---

① ARSI, Jap–Sin 142, 注释Ⅱ。
② 白乃心关于汤若望的解释,在他于1660年6月5日的报告里。ARSI, Jap–Sin 143, 第148~159页。

最终接受这一地位，仅仅是因为傅汎济下了命令，可就是这个傅汎济，现在却加入到指责和反对他的行列之中，说他的生活在一定程度上不像一个僧侣了。

事实上，汤若望在北京的漫长年月中，经常是孤独地过着异乎寻常的生活。他非常成功地建立了与他的汉族和满族朋友们之间的非正式的平民式的联系。他自己形容说，他感觉和这些中国朋友们在一起，就像在家中，就像生活在科隆他的同胞中一样①。他的房门永远是敞开的，他的朋友们只要愿意，就可以随便地进进出出。甚至顺治皇帝本人，也经常不期而至。他习惯于走进汤若望的卧室，坐在床上，或者手拿一本书在屋里走来走去。其他人也是这样，所有的客人，当然在闲谈时都有点心招待。（白乃心报告说，汤若望对客人的关心超过了对供应匮乏的修道院的关心！）

这就是汤若望平民天性的一部分，他和他佣人的友谊是那样的自然，与他和皇帝的友谊是一样的。他使得他的管家潘尽孝兢兢业业地工作而成为他的知己，这证明是他脆弱的地方。他轻率地向他的管家坦诚表达他对各种人、其中也包括他的耶稣会同事的看法。到后来，潘某可能以其与汤若望的友谊而洋洋自得，以致滥用汤若望对他的信任。他对汤若望批评过的人来访时的态度是无礼的，而且不止对一个人采取了这样的态度。他也效法汤若望天生直率的说话方式，为此，他使汤若望增加了不少敌人。

在顺治皇帝的坚持下，潘尽孝将 5 岁的儿子过继给汤若望做孙子。这个彬彬有礼的少年很得皇帝的喜爱。皇帝为独身的汤若望无人给他传宗接代而深表怜悯。这是大家都知道的一件事。在康熙皇帝即位不久的时候，即 1661 年 10 月 23 日，下了一道圣旨，命令挑选一些男孩进入皇家学校，接受培训，作为将来国家的精英分子。圣旨道：

[330]

---

① 见 *Johann Adam Schall von Bell，S. J.*，科隆，1933，第 254 页。

"念汤若望矢志贞修,终身不娶。孑然羁旅,独苦无依。令其抚养一幼童,作为义孙。"

然后谈到准许满族高层贵族享受送一个儿子进入皇家学校的特权,圣旨接着说:

"汤若望系外国之人,效力多年,原无妻室,不必拘例。其过继之孙汤士宏著入监肄业。钦此。"①

本是清白、无害的事情,却成了对汤若望诽谤、中伤的来源。像一位慈爱的爷爷一样,汤若望十分溺爱那个男孩,也乐于与他为伴。据白乃心的报告说,汤若望经常造访潘尽孝的家。白乃心的报告制造了流言蜚语的典型事例。白乃心自己并没有目睹任何汤若望的有罪行为,但仍在报告中含沙射影地攻击他。汤若望确实去过他仆人的家,那里的确是有年轻妇女,"甚至小女孩"!(无疑是潘尽孝的女儿、侄女和外甥女)。除了喝美酒、吃美味的点心,汤若望还参加他们全家的唱诗。白乃心暗示,谁知道会不会有更令人难以容忍的事情发生!然后这些女人自由地进出汤若望的住所。谁知道这可能意味着什么!这里应该指出,当白乃心做这些观察时,汤若望已经是一个70岁的老人了。这里要说明,白乃心在中国仅仅待了一年,仅有一次出过北京城,而且安文思影响了他正确观察事物的立场。在白乃心穿越喜马拉雅山寻找到达欧洲的陆路期间,他的头脑清醒了,到达罗马之后,他就热心于保护汤若望了。

这就是安文思传播的一种闲话,他消息的主要来源是蔡安托②。蔡安托就像钟鸣礼一样,是耶稣会士们熟悉的年轻的澳门人,他与安文思在四川时就在一起,后被安文思带进北京。蔡某和满族人有联系,他终日忙于为安文思传播谣言、搬弄是非。后来他加入了耶

---

① 见 Johann Adam Schall von Bell, S. J., 科隆, 1933, 第251页, 引自黄伯禄《正教奉褒》(徐家汇1904年第四版), I, 第43页。

② 音译。——译者注

稣会，做一名助理修士。他于 1670 年死在广州的一个关押传教士的慈善看护所中。在蔡某的生涯中，他仅仅是一个了解安文思对汤若望感情的年轻中国人，他只是想做能让安文思高兴的事。而在他那里，汤若望是谣言的牺牲品，而不是他实施仁爱的对象。

在汤若望去世 50 年之后，关于他过继义孙的事实，竟被歪曲成他纳妾和生私生子的丑闻。这种制造出完全是诋毁别人名誉的故事的做法，与教宗使节的秘书安基利塔（Angelita）所说的耶稣会士企图毒害教宗使节铎罗①（Cardinal de Tournon）的故事如出一辙。这些传闻是通过嘉布遣会修士诺伯特·伯拉托（Norbert Platel）的著作而在欧洲广泛公布的。他被圣母圣心会士罗伯特·斯垂特（Robert Streit）称作是"一个毋庸置疑的精神病患者"②。伯拉托用他自己的话承认说："30 多年来，我的目的就是要毁灭耶稣会。"③ 伯拉托渴望在葡萄牙有权势的政客珀姆波（Pombal）的机构中发挥他的才能，从而做一个领取薪金的作家，而珀姆波也是仇恨耶稣会的，很多流行的反耶稣会士的传言都出自他二人的联盟。

在汤若望活着的时代，这些荒诞的传言并没有什么市场，因为事实是众所周知的，就连极端憎恨天主教、并搜集一切可能的证据以反对汤若望的杨光先，都没有提及此事。如果在北京有人愿意相信此事，他当然是乐于见到此种事情发生的。在激烈地反对耶稣会士的道明会士多明戈·纳瓦特（Domingo Navarrete）的著作里，也没有提到此事。他的文章总是让欧洲的詹森主义者感到高兴。在杨光先迫害天主教的顶峰时期，他和其他在中国的传教士们正好在北京，后来他们一道被押往广州。他是不会放过像此事这样有趣的故

---

① 铎罗（Cardinal de Tournon），1705 年作为教宗的特使出访中国，宣布教宗禁止中国礼仪的命令，后遭澳门葡萄牙当局拘禁致死。——译者注
② 见 Bibliotbeca Missionum，蒙斯特—亚琛，1916~1939，Ⅵ，第 136 页。
③ C. P. Platel Norbert 著 Mémoires historiques sur les affaires des Jésuites avec le Saint Siege，里斯本，1766，Ⅰ，第 8 页。

事的。

那些不信任汤若望的他的同事们，还相信了其他的谣言，即所谓的"谁知道在紧闭着的大门后面可能会有什么事情发生"一类的闲话和传言。傅汛济被误导加入了反对汤若望的阵营，无疑是应归咎于他个人的成见，他认为汤若望说话语气太粗野。汤若望一定是因为傅汛济决定不听他的建议，在利类思与安文思被押回北京之前就想办法将他们救出一事而说了些什么。后来，傅汛济不理睬官方的警告，继续经常去看望那两个犯人——利类思和安文思，结果他被当着法官的面强行拖出来，并命令离开北京城。傅汛济没有遵从这一命令，而在城中的一个天主教徒家里躲了起来。这个时候，傅汛济认为，汤若望没有为防止这个命令的发布做任何事，安文思也指责汤若望这一点。在一份给教廷裁判所的备忘录中，他暗示了这个意思。但正确的事实是，汤若望不过是在设法让傅汛济留在京城的尝试中没有获得成功罢了。在卫匡国受新任副省神父阳玛诺的派遣到北京来取代汤若望在历局里的位置一事上，傅汛济也做了同样的事。汤若望并没有感觉到，他是被那些密谋反对他的人赶出钦天监的。

傅汛济认为他是汤若望的上司，自然将汤若望在保护他的努力中的失败看作是对他极大的冒犯，但汤若望否认傅汛济仍然是他的上司。碰巧汤若望的感觉是正确的，当阳玛诺被任命接替已经去世的艾儒略而任副省会长时，耶稣会总会长已经废除了北方会长一职。汤若望显然已经得到这个消息，而傅汛济还没得到。实际上，总会长已经任命傅汛济为较高级的巡察使，但无论是汤若望还是傅汛济都还不知道。根据汤若望的看法，那个时候他是傅汛济的上司，他是不希望在北京保留一个相信有关他的每一个无聊谣传的人的。

在这件伤害他的自尊，从而影响他的看法的事情发生之前，傅汛济对汤若望持有一种完全不同的评价。这很清楚地表现在1641年2月2日他写给耶稣会总会长的信里：

"在天主和耶稣会面前,汤若望神父是最值得赞扬的……我们在中国做的每一件事之所以能成功,都是依赖于他的工作和他的热情。就是他的工作和热情,支持了我们在北京的事业。"①

另一位年长的领导,在短时间里使他的良好的判断力被安文思持续、猛烈地攻击所征服。他就是龙华民。龙华民和汤若望在一起生活了很多年,根据个人的观察,他知道那些对汤若望的指责是不真实的。然而,安文思的攻击如此猛烈,就像连珠炮一样,硝烟弥漫。上了年纪的龙华民认为,既然如此,一定有些缘由。但他受骗的时间不长,在1651年8月,龙华民写信给几乎是双目失明的阳玛诺(是由别人念给他听的)。信中力劝说,利类思和安文思应离开北京。他说,他们正在使天主教徒声名狼藉。纵容几个因个人成见而反对汤若望的人,将对汤若望的好名声造成损害。使龙华民转变对汤若望不信任态度的,是一些人对汤若望关于贞操方面的指责。龙华民是汤若望的忏悔神父,他知道那些谴责没有一丝一毫是事实。他写道:"我作为汤若望的忏悔神父,向阁下保证。我发誓这位好神父是完全纯洁和清白的。"②

使汤若望得救的,是副省的三名顾问神父,即潘国光、穆尼阁③(Jean - Nicolas Smogulechi)和贾宜睦④(Jérôme de Gravina)的良好的识别力,以及罗马教会高层当局在处理这一事件上的清醒头脑。他们对指控的每一件事的彻底调查,使得汤若望罪名完全地和一再地被澄清。说得最多的关于反对他的言论就是,他长时间地住在北京,经常是一个人,没有遵从受约束的僧侣生活规定;强调他

[333]

---

① *ARSI*, Jap - Sin 161, Ⅱ,第228~229页。
② 见 *Johann Adam Schall von Bell*, *S. J.*,科隆,1933,第260页,注释39。
③ 穆尼阁(Jean - Nicolas Smogulechi,公元1611~1656),波兰籍耶稣会士,1646年来华。——译者注
④ 贾宜睦(Jérôme de Gravina,公元1603~1662),意大利籍耶稣会士,1637年来华。——译者注

天生是独立的，也无疑是粗暴的性格。在一份写于1652年6月3日的、给耶稣会总会长皮阔罗米尼（Piccolomini）的明察秋毫的报告里，穆尼阁为汤若望洗刷罪名，并对与这一争论有关的所有的人，都做出了理由充分的判断。关于汤若望，他说："从外表上看，他是一位相当粗犷的男人，非常暴躁，性格乖僻，是典型的德国人。"① 穆尼阁是个波兰人。总会长在没有接到汤若望或巡察使的报告之前，在1653年12月12日的一封表示信任的回信里说，汤若望不能被压制或者被开除出耶稣会。如果谁试图做任何这一类的事情，都将是无效的②。

1653年，阳玛诺派遣潘国光到北京来做调查。潘国光是传教团里最为公正的一个人，他的判断力得到所有成员的尊重。在他逗留北京差不多两个月的时间里，他对那些指责进行了详尽的察访。他给阳玛诺的正式报告是对汤若望所受指责的全面的甄别：

"我，潘国光，耶稣会士，受本修会阳玛诺和中国副省的委派，担任1653年在北中国的巡察使。在1653年6月，我访问了耶稣会北京定居点，凭自己的所见所闻充分地了解了那里的情况。我认为那些损害了本修会的成员、北京定居点的负责人——汤若望的名誉和好名声的指控，是某些少数报复者制造的谎言和诽谤。他们企图在修会的兄弟之间惹是生非，就信口开河。其原因是他们曾想得到汤若望的帮助，但是没有达到目的。根据这些事实，我保证并且确定，事实上所有的指控都是建立在这些邪恶的人的想象和幻觉基础上的。甚至利类思和安文思神父都向我承认，他们没有目睹汤若望神父的这些事情。相反他们只是听了一些无聊的闲话。而关于这些闲话，我断然地确信全是谎言和诽谤。"③

---

① *ARSI*, Jap – Sin 142, 第142卷, 注释39。
② *ARSI*, Lus 37, Ⅱ, 第394～395页。
③ 潘国光给汤若望留下一份这一报告的副本，汤若望在1654年10月6日给总会长的信中以葡萄牙文全文引用了这一报告。见 *ARSI*, Jap – Sin 142, 注释44。

要原谅安文思是不容易的。在1662年5月12日给总会长的一封信中发现,自1660年开始就给汤若望做助手的、头脑始终比较清醒的南怀仁,评论说:"也许天主会宽恕我们这些津津乐道于诽谤与谎言,而且以谎言助长了这一罪恶的神父们。"①

比对汤若望个性的攻击带来更多麻烦和较严重的潜在威胁的,是为动摇他在钦天监的领导地位而做的努力。关于他身居这一官职是否适当的问题,在这之前就已经被作为副省神父的艾儒略提出来了,但是这个疑案被搁置了。而安文思又旧事重提,在1649年9月6日,他写了一份长达36页的不公开的关于汤若望与钦天监关系的控告书,傅汎济也署了名②。安文思显然是找到了一个使他在被拘禁期间能够打发时间的办法。

一周以后,傅汎济签署了另一个文件,声称是副省神父阳玛诺和传教团其他9名神父的观点,其中列举了10条理由说明为什么汤若望应当辞职③。应该记得,汤若望曾经冒着触犯皇帝的危险,多次要求原谅他不能接受这一任命,只是由于服从了傅汎济下达的命令,他才接受这一职务。遇到了这样的事,汤若望没法不发脾气。

关于这份文件,有一两件重要的事。一篇简短的导言陈述了包括阳玛诺和其他9人在内的支持对汤若望指责的原因,成为他们协商的记录。然而令人奇怪的是,他们给出的10条理由与安文思于一周前在文章里提出的10项论点简直一模一样,以侦探的推理进一步值得质疑的是,显而易见,事实上第二份文件的书写笔迹就是安文思自己的笔迹。当阳玛诺和其他人确实同意汤若望应该离开他的职位时,他们是否想出这10条论点是值得认真怀疑的。同样非常值得怀疑的是,阳玛诺是否将他们协商的记录寄到北京。十分清楚,这

[335]

---

① *ARSI*, FG 730, regis 3, 1662.
② *ARSI*, Jap-Sin 161, Ⅱ, 第242~243页。
③ *ARSI*, Jap-Sin 127, Ⅱ, 第242~243页。

些论点就是安文思自己的。虽然安文思可能不是存心地行骗,但事实上他的确至少是欺骗了在罗马的耶稣会档案的保管人。在档案中,这一文件是属于阳玛诺的。然而与耶稣会档案保管人不同的是,汤若望是知道这一文件的来龙去脉的。

在那两本小册子中用到的 10 项论点可以减少到两项:耶稣会中发过愿的成员受到特殊誓约的约束,他们自己应拒绝接受高级官职;这个官职的职能,据说使汤若望陷于合作搞迷信活动之中,因此致使他遭受被逐出教会的惩罚。

从历史上看,这似乎是肯定的。耶稣会第一任总会长圣·依纳爵曾经考虑的、在第四誓约中提到的高级职务,是指在教会中的职务。他想使他修会的成员避免因教会中职务的晋升而发生争斗。但是,教宗乌尔邦八世对这一誓约的解释,似乎也包括了世俗的高级官员。然而正像汤若望十分恰当地指出的那样,在欧洲一般的实践情况已经使人很清楚了,这一禁令并不是指要拒绝接受一个自然科学学院的职务,而这种单位的领导职务与汤若望担任的钦天监的职务是相似的。他写道:"看看我们的学院,大学的校长们所热衷的高级职务,在很多方面要比我这个官职显赫的多。"① (很多欧洲大学的头儿们仍然冠有相当显赫的头衔,以怀念文艺复兴时期那些出色的校长们。)尽管这一观点是非同寻常的明智,但很多耶稣会士对这个问题仍有很多话要讲。很多信件,包括正面的和反面的,经过漫长的海路寄到了罗马。南怀仁在 1662 年 5 月 12 日的信中提出了一个重要的观点。这里有一个为不正当地受到名誉损害的人恢复名誉的自然法则。这一法则应优先于任何可能的、关于反对接受显要职务的明确的禁令。中国的传教事业从汤若望的很多优点那里得到了极大的好处。这本应使他受到人们的尊敬。但是事实则与此完全相反,他没有得到应有的荣誉。"他忍受了如此恶毒的诽谤与中

---

① 汤若望著 *Mémoires*,第 156 页。

伤。仅此一项",南怀仁写道:"我就认为他应该得到这个荣誉。我毫不犹豫地请求给他这个荣誉,只有以这个方式,才能不仅在北京天主教徒眼中,而且在全中国其他知道他坏名声的人中,使他恢复他应得的荣誉。"

这个问题最后被教宗解决了。耶稣会副总会长在1664年4月12日给金弥格的信中写道:

"我们已经看到了南怀仁关于汤若望接受官职一事的文章,也看到了汤若望自己写的一篇短文。我们的钦定检察员认可了这两篇文章。我们下令,汤若望继续担任他现今担任的官职,为了更好地传播天主教,为了主的荣誉,不要有任何的畏惧。最近教宗和我们协商了关于汤若望担任官职一事,我们的回答是,我们发过愿的神父做有利于传播信仰的事情,应该承认其合法性。如果必要,他将不受所发誓言和上级命令的约束,这是可以被允许的。"①

[336]

第二个反对汤若望的理由,最后也得到了解决。但是在解决之前,有许多关于这个问题的文章发表出来。其中绝大部分是从安文思的笔下流出来的。一个在遥远的菲律宾的道明会士,也加入了对汤若望的攻击之中,他写了一份冗长的指控状寄到罗马,要求以严厉的措施来惩罚汤若望②。卫匡国受派遣经过遥远的路程到达罗马,对这一公案进行申诉。罗马学院的那些有学问的神学家们研究了这一问题。

汤若望在给顾问们的大量的信件中巧妙地保卫自己,最后,他

---

① *ARSI*, Lus 37,Ⅱ,第394v~395v页。
② 见 *ARSI*, Philippines 127(《耶稣会档案》菲律宾卷),Ⅱ,第259~280页。送到罗马教廷传信部的这一冗长的攻击汤若望和历书的指控状,是如何从耶稣会档案里找到的,是一个奇迹。它的作者是 Virrorio Riccio。他是反映那时普遍现象的一个例子。虽然1651年当他撰写这本小册子时,他从未踏足中国,只是到菲律宾不到两年的时间,仅仅刚刚开始学习初级的厦门方言,但他毫不犹豫地像个权威似地给传信部提交论文,解释汤若望编纂的中国历书,甚至解释远在北京的汤若望"受诽谤"的生活方式。

在 1652 年第一次给耶稣会总会长写了一封信,他的回答是极具个性的、简短的、尖锐的和直率的。在长达 6 年的时间里,他以沉默来忍受安文思和利类思强加在他身上的侮辱和诽谤,他在 1654 年 10 月 6 日给总会长的信中说,这是因为他对天主的保佑比对他的同事和上司更有信心。"人们的关心是无用的",这是他对他们的信赖的描述。"寄希望于主的人永远不会感到迷惑",这是他的结论及一份诚恳的情感,但是他的文字中不无讽刺之意①。

历书为迷信活动服务是没有问题的,但同时它也是正当的、为平民服务的。为一些公开的活动确定吉利的日子要根据历书的规定。问题是作为钦天监首脑而对此负责的汤若望,是否真的热心于和迷信势力进行违背教义的合作。最终这个问题要以道德、神学的公认原则,和与之有关联的具体情况相结合的方式加以解决。

在 1655 年 8 月 3 日,由罗马学院的 5 名神学家组成的委员会宣布了一项对汤若望不利的决定②。他们坚持认为,汤若望直接负责的那部分历书是不存在迷信色彩的,但是他处于钦天监首脑的位置,就决定了他起码要对他全部属下的工作负间接的责任。他的一些属下是沾染了迷信信仰的。因为这一观点似乎建立在对汤若望工作性质误解的基础之上,所以争论还在继续。在 1660 年 3 月,接着又在 1662 年 5 月,汤若望写信给总会长做进一步精确的解释③。意见分歧是如何广泛而尖锐,可以从下面这件事情看出:与历书一道,汤若望出版了一本以中文解释历法的小册子。在 1661 年 11 月 28 日,郭纳爵刚刚结束了他为期三年的副省神父任期,他写信给总会长,尖锐地批评了汤若望的小册子④。然而在同一年的 5 月 12 日,南怀仁写信告诉总会长,即使汤若望没有做其他的事,仅仅凭这本小册

---

① ARSI, Jap‑Sin 142,注释 44。
② ARSI, Jap‑Sin 142,注释 46。
③ ARSI, Jap‑Sin 142,注释 50、51。
④ ARSI, FG 730, regis 3, 1662。

子就应该为他在传教编年史中赢得值得纪念的地位。

"他所做的不仅仅是在这本书中清除在数学局（即钦天监）里的迷信，其中确实有一些事情是可能与迷信有关的，而且他还以他显著的权威和理智，反驳了中国人迷信的本性。这部书有包括天主教徒和非天主教的所有数学家们的签名，主要官员的签名，还有为此书撰序的大学士胡某的签名。他不仅同意，而且赞许汤若望的这些解释。"

巡察使瞿洗满①（Simão da Cunha）自己是支持汤若望在钦天监任职的。他委托白乃心携带一份要求得到一个最后决定的申请到罗马。于是这个问题再一次被提交到罗马学院的一个神学家委员会。他们曾在1664年1月1日做出定论，即汤若望参与合作的仅仅是具体的工作，风险很大，但其性质是正当的②。教区总神父、即后来的总会长奥利维（Oliva）在通知瞿洗满这一决定时，加上了一句：至于有关的第四项誓约，汤若望所担任钦天监的领导职务，是一种有关自然科学的学院式的职务。其官职还比不上那些乐于在欧洲某些大学里担任职务的人高，其权限也比不上那些有着很大权力支配学生的教师和年级主任，他因此认同了汤若望明智的选择。作为结论，奥利维指示瞿洗满：

"鼓励汤若望为了天主的荣耀高高兴兴地继续担任这一职务，而且如果方便做到的话，准备挑选我们中间的一位作为他的继承人，这样当主召唤汤若望神父并让他进入天国的时候，这个人就可以填补他的位置。"③

汤若望终于赢得了这场旷日持久的和令人厌烦的战斗。但是他究竟是否获悉了他得到最后胜利的消息，是值得怀疑的。可能当这

[338]

---

① 瞿洗满（Simão da Cunha，公元1590~1660），葡萄牙籍耶稣会士，1629年来华。——译者注
② *ARSI*，Jap-Sin 142，注释53。
③ *ARSI*，Jap-Sin 142 FG 722，regis 3，注释5。

一决定到达北京时,他已经去世了。安文思从不放弃,他仍然试图赢得最后的定论。在 1666 年 10 月 10 日,即汤若望死后不到两个月时,安文思写信给巡察使德伽马① (Luis da Gama),力劝以后像此类的任命(即钦天监监正)应加以拒绝②,显然他又失败了,耶稣会士一直担任着钦天监的首脑,直到耶稣会被强行解散。从那以后,遣使会的神父继续出任这一职务直到十九世纪,而并没有对信仰的纯洁性造成任何明显的伤害。

---

① 德伽马 (Luis da Gama,公元 1610~1672),葡萄牙籍耶稣会士,1670 年到澳门。——译者注
② 见 ARSI, Jap‑Sin 142, 注释 59。

# 第二十章  红色的顶戴和金色的鹤

明王朝复辟的希望取决于中国人反对外族统治的势力,以及多得惊人的有能力的领导人的忠诚①。然而,最没有理由支持业已倾覆的帝国的东林党的成员们最终被证明是王朝最忠诚的支持者。他们已经与腐败和无能斗争了若干年,并且在政府里产生了影响。当他们曾经反对过的邪恶势力最终导致了王朝的覆灭时,人们可能猜想,他们会因为事态的发展正像他们所预料的那样而感到满足。但是与此相反,一般来说,他们被证明是清朝新政权最不妥协的反对者和南明小朝廷最坚定的支持者。在恢复明王朝事业的最后的和最接近成功的努力中,身为天主教徒的领导者们扮演了主导角色。

恢复这个业已倾覆的王朝的努力,注定是要失败的。它是被那些导致了最初衰落的各种因素打败的。除了一个人,即唐王可能例外之外,南明小朝廷的继任者与为他们服务的那些人一样地都是些毫无忠诚可言的卑劣家伙。

第一次试图恢复王朝的事情发生在南京。1644年5月17日,崇祯皇帝的死讯传到了这一南方都城,给那里造成了极大的混乱。卫匡国写道:"那时我在南京。在那儿,我目睹了所有人在精神上极度的惊慌失措。这种情绪一直蔓延到朝廷领导层的官员们身上。直到从皇室家族中挑选出一个新皇帝,即弘光皇帝之后,人们的情

---

① 本章所根据的主要史料见第十九章,注释1。

绪才安定了下来。"

[341]  被提名的人是福王①,当 1641 年他的父亲在河南被李自成杀头的时候,他和他的母亲逃到了湖北,后来又到了安徽。他是由反动党派推举的人选。大多数反动分子们已经放弃了被他们自己毁掉的王朝,少数一些人认为,他们找到了挤进新朝廷的一个机会。他们中的一个典型就是任安徽凤阳总督的马士英②。南京政府中正直党派的首领是史可法③,一位具有高尚情操的人。在左良玉④的支持下,史可法力主拥立虽然被认为缺少才干、但不像福王那样沉湎酒色的潞王⑤为皇位继承人,但是马士英搜罗到了足够的政治支持,否决了他的主张。

除了史可法和左良玉,集结起来支持南京小朝廷的其他东林党成员还有黄道周⑥和瞿式耜。黄道周,一位哲学家、艺术家和作家,早已在北京反对反动分子的斗争中成为著名的领袖,当时他位居高官。1638 年,他被他的政敌排挤出北京,到江西去做一个次要的官职,这时南京小朝廷任命他为礼部尚书。瞿式耜被任命为南京应天府丞。

1644 年秋,南京朝廷派出一个使团到北京,向清政府建议,满人退到长城以北,作为回报,明朝廷认可长城以北的所有疆域归其所有,并且每年付白银 10 万两。多尔衮拒绝了这个建议,并提出一个反建议,即如果南明朝廷放弃对北方省份的要求,接受其作为一个独立王国存在的话,清政府也答应不给他们找麻烦。一心只追求

---

① 这里提到的福王,是上述福王朱常洵的儿子——朱由崧。——译者注
② 马士英,字瑶草,贵阳人,万历四十七年进士,曾任兵部侍郎,南明朝廷的大学士。——译者注
③ 史可法(公元 1602~1645),字宪之,祥符人,崇祯元年进士,任南明朝廷的兵部尚书兼大学士。——译者注
④ 左良玉,字崑山,临清人,明军将领。——译者注
⑤ 潞王,名朱常淓,明穆隆庆皇帝宗之后。——译者注
⑥ 黄道周(公元 1585~1646),字幼玄,漳浦人,天启二年进士,任南明朝廷的吏部尚书、大学士等职。——译者注

私利的马士英倾向于接受这个建议，但是南明朝廷迫于史可法的坚决反对而没有同意①。

肇始于万历时代并一直持续的腐败政客与正直官员之间的派系斗争，在南京又战端重开。马士英通过行贿受贿、敲诈勒索和公开的、不知羞耻的卖官鬻爵，攫取了对南京朝廷的控制权，被弹劾之后，他又通过行贿的手段而重掌朝廷大权。马士英以派史可法驻守扬州的手段将他排挤出去。黄道周也离开了南京。瞿式耜则被派往广西做巡抚。左良玉决定用武力驱逐马士英。他统率其所属军队向南京进发以"清君侧"。马士英则从北部召回军队来防左良玉，这样就削弱了对清军的防御。左良玉在到达南京之前突然于1645年4月29日晚死去。

这一派系争斗的进程被清军掌握了。1645年5月13日，多铎率领的一支清军出现在扬州城外，史可法拒绝了一切劝降，领导军民保卫这座城市长达7天之久，当扬州被攻陷后，多铎被扬州军民的顽强抵抗激怒，大肆屠杀城内居民②。

两周之后，清军抵达南京。叛臣马士英未做任何抵抗，清军兵不血刃就进入了南京城。马士英逃到了浙江，在那里潞王拒不接纳他。福王则逃往邻省安徽的芜湖，被他的一名官员抓起来送交给清军，他被押往北京③，于第二年死去④。

[342]

---

① 卫匡国对此发表了不同的意见。根据他的看法，南京政府提出承认满族人对北方省份的征服。但是在很多细节上，各种原始资料是互相矛盾的。我没有去注意考证所有的这些矛盾之处，只是遵从了那些我认为是可能的看法。
② 史可法与多尔衮的通信显示出他的高尚品格。见 Wilhelm Hellmut 著 *Ein Briefwecksel zwischen Dorgon und Shi Ko-fa*, Sinica Vlll, 1935, 第 239～240 页。
③ *Eminent China*I, 第 196 页。卫匡国说他在北京被处死（见 *Brevis relatio de numero et qualitate christianorum apud Sinas*, 罗马, 1654, 第 57 页）。Joseph de Maillt 著 *Histoire générale de la Chine*, 巴黎, 1777～1783, X, 第 529～530 页中说, 他在逃避追兵的过程中溺死在扬子江中。
④ 根据顾诚《南明史》，中国青年出版社，1997，第 204 页。1646 年 5 月弘光帝朱由崧等人在北京被杀。——译者注

这时，两个皇位的竞争者出现了。1645年8月18日，一伙忠诚者在福建宣布唐王即位为皇帝①。唐王是明开国皇帝朱元璋的第二十三子的第八代孙。第二天在浙江，鲁王②，朱元璋的第十代孙，宣布为"监国"。旨在使这两个小朝廷和解的一切努力都失败了。它们也都是短命的。鲁王的军队在张国维③的统率下赢得了最初的胜利，在1645年12月将清军赶回到钱塘江。但是在来年的6月，由于另一个将领方国安的背信弃义和腐败无能，清军得以横扫浙江省。鲁王逃到了舟山群岛，后来他宣布退位，直到1662年结束生命，他是唯一一个自然死亡的明末藩王。

隆武帝的主要支持者是黄道周。黄道周因为厌恶腐败政客马士英，而于南京陷落之前离开了那里。这时他促成唐王起事，官拜户部尚书和首席大学士，但是军队的大权掌握在海盗郑芝龙手里。黄道周为使其政府脱离郑芝龙的势力，让他失去了郑的支持。黄道周于1646年进军江西。2月9日，他战败被俘，解往南京。洪承畴试图劝说他背叛明朝廷。但是像很多其他的东林党人一样，黄道周对此坚决地加以拒绝，于1646年4月20日慷慨就义。

[343]

1646年9月30日，清军在豫亲王多铎和李成栋将军的率领下横扫福建的时候，没有遇到任何反抗，郑芝龙归降了他们。10月6日，隆武帝落到了郑芝龙手中，被立即处死。他，一位高大魁梧的男子、一个真诚勇敢的爱国者、才华横溢的作家和博览群书的学者，原本是最有希望的王朝继承人。他生活在江苏常熟期间，曾经与毕方济结成亲密的朋友。在他被推举为皇帝的四天之后，他在给毕方济的信中写道：

"我被迫接受了帝国的重任。你认识我已经20年了。我发誓要

---

① 唐王，名朱聿键，史书称其为"隆武帝"。——译者注
② 鲁王，名朱以海。——译者注
③ 张国维（公元1594~1645），字九一，天启二年进士，任南明朝廷的兵部尚书、大学士。——译者注

光复我祖先所管理的这些省份，专门做对百姓有益的事情。请你作为我的老朋友前来辅佐我。我已经三次写信邀请你了。现在我将要任命你做一名军队将领，然后赋予你一个使节的任务。你考虑一下怎么样？爱我，辅佐我，给我以鼓励。"①

毕方济到福建加入了隆武帝的阵营，但是拒绝在他的政府里担任官职，只是答应返回澳门为他的事业寻求帮助。

南明朝廷最后一个继承皇位的是永明王，或者根据1646年隆武帝给他的封号称为"桂王"②。1646年12月18日，他在肇庆被拥立为皇帝③。肇庆是64年前利玛窦开始其中国生涯的地方。永历帝的主要支持者是三名天主教徒：瞿式耜（教名Thomas）、焦琏（教名Luke）④和太监庞天寿（教名Achilles）。作为文渊阁大学士和户部尚书，瞿式耜成为新政权中的关键人物。

桂王（永历帝）是万历皇帝的孙子，缺少勇气和才干。当他的支持者们英勇地抵抗清军的时候，他的主要时间都花在从一个城市逃跑到另一个城市上。1647年1月20日，广州陷落，永历帝逃到了广西的桂林。当清军逼近桂林时，他又逃往全州。这之后，瞿式耜又加封兵部尚书，身兼数职。从1647年4月18日到1648年4月14日，清军曾三次围攻桂林城，每一次都遭到了以瞿式耜和焦琏为首的军民的顽强抵抗。瞿式耜等依赖从澳门得来的大炮，加强了他们的防卫。桂王为表彰瞿式耜英勇作战的事迹，封他临桂伯的爵位，并任他为太子太傅。1648年，明军取得了一系列的胜利，光复了除福建以外的南方各省，其事业的气数达到了顶点，但在随后的一年里，由孔有德、尚可喜、耿继茂为首的两支清军成功地穿越湖南、

[344]

---

① 在耶稣会的档案里，有这封信的葡萄牙文译文，日期是隆武元年（1645年）十月四日，隆武是唐王的年号。见 ARSI, Jap-Sin, 123, 第174页。
② 永明王，又称桂王，名朱由榔。——译者注
③ 史书称其为"永历帝"。——译者注
④ 焦琏，字国器，山西人，后兵败自杀。——译者注

江西两省。在围攻了8个月之后,广州于1650年第二次陷落。三天以后,桂林被攻破,瞿式耜和他的助手张同敞①被俘。孔有德试图劝说他们转而效忠清王朝,但遭到失败。孔有德非常想使瞿式耜活下来,他允诺,只要他肯按照满族人的要求剃头梳辫子,就给他自由。瞿式耜坚决拒绝服从满族人的发型,结果他与张同敞一道被处死。

在身陷囹圄、等待被处极刑期间,他们将时间用来吟诗作赋。他们死后,这些诗歌以一个非常恰当的书名——《豪气吟》出版②。

在广州陷落之前,永历帝从肇庆逃往梧州。当他得知瞿式耜被俘后,就向西逃到更远的南宁。节节进逼的清军迫使他向西越逃越远,1652年3月15日,他到达贵州省的安隆,在那里,他将他的小朝廷又维持了四年。

在这一时期,信仰天主教的庞天寿成为政府中的一个重要的角色。他也在转变皇室成员成为天主教徒的过程中起了关键作用。庞天寿是在他曾经效忠的唐王(隆武帝)死去之后,转而支持桂王(永历帝)的事业的。他将耶稣会士瞿安德③(Andreas Koffler)介绍给这位最后的南明皇帝。庞天寿热心于使皇室家族中妇女们皈依天主教的工作。1648年,瞿安德给永历帝的妻子,即皇后施了洗礼,她取"安娜"(Anna)为教名,永历帝的母亲取了"玛利亚"(Maria)的教名,他已故父亲的合法妻子则取了"海伦娜"(Helena)的教名。

[345]

1648年5月24日,在皇后受洗之后不几天,就给永历帝生了个儿子。瞿安德要求他的父亲,即永历帝同意让他的儿子成为一个天主教徒,并答应不强迫他娶多于一个的妻子,否则就不给孩

---

① 张同敞,字别山,江陵人,任南明朝廷的兵部侍郎。——译者注
② *Eminent China*,Ⅰ,第201页。
③ 瞿安德(Andreas Koffler,公元1613~1651),德国籍耶稣会士,1646年来华。——译者注

子施洗，永历帝先是拒绝了，但是当这个孩子得了重病，濒临死亡之际，他收回了自己原来的话。于是孩子受了洗，取了"康士坦丁"（Constantine）的教名。事后证明，这个名字并没有给他带来好运①。

1650年11月4日，那位皇太后海伦娜，先后致函教宗英诺森十世和耶稣会总会长，请求他们为明王朝祈祷，并向中国派遣更多的传教士。庞天寿也在11月1日写了内容类似的信件。那时在永历帝朝廷里的瞿安德的助手卜弥额尔②（Michael Boym），被指派将这些信件送往罗马③。

卜弥额尔于1651年1月1日从澳门起程，一名中国天主教徒——安德鲁程陪他一道上路。安德鲁程也许是第二个访问罗马——这座永恒城市的中国人。第一个是在几年之前，即1650年到达罗马的程维新（教名Emmanuel），他在那以后就进入了耶稣会士的见习期。卜弥额尔和他的同伴从海路航行到果阿，然后登陆，穿过大莫卧尔王国、波斯帝国、亚美尼亚、小亚细亚，到达士麦那（Smyrna）（土

---

① 瞿安德在1648年年底造访澳门时，讲了这个信仰转变的故事。一本在那时记录下关于他的说明的意大利译本，保存在耶稣会档案日本—中国卷中，见 ARSI, Jap‑Sin, 125, 第139~153页。
② 卜弥额尔（Michael Boym，公元1612~1659），波兰籍耶稣会士，1649年来华。——译者注
③ 卜弥额尔是一名来自波兰的耶稣会士，他的父亲是波兰国王奇格蒙特（Sigismund）的私人医生。卜弥额尔继承了他父亲对医药的兴趣，他的著作介绍了中医通过切脉而诊断病情的方法，他是第一个对此进行研究讨论的欧洲人。柏应理于1658年将他的著作寄到巴达维亚（Batavia），然后转交到欧洲。书稿在荷兰人手里搁置了20多年，最后，一个叫安德列亚·克莱耶尔（Andreas Claye）的人剽窃了他的著作，于1682年在法兰克福出版。卜弥额尔还撰写了另一本科学著作，他亲自加了插图，介绍了中国各种各样的水果和花卉。他同样也是第一个以专业眼光来研究这一问题的欧洲人。Boleslaw Szczesniak 在 The Writing of Michale Boym（见 Monumenta serica，XIV，1949~1955年版，第481~538页）中，对他做了精辟的研究。Robert Chabrié 著 Michale Boym, jésuite polonais et la fin de Ming en Chine，(1646‑1662)，巴黎，1933也是一本关于他的研究力作。

耳其一港口城市），从那里他们乘船前往威尼斯①。

　　善良的卜弥额尔在进入反对者的巢穴时踯躅不行。到达威尼斯后他没有首先与耶稣会总会长交谈，就晋见了威尼斯共和国的总督，将所携带的来自庞天寿的一封证明自己使命真实性的信件呈给他。为此他招致了耶稣会总会长格斯文·尼克尔（Goswin Nickel）的愤怒。总会长认为这种做法与卜弥额尔的身份不符，认为他应当以一名使节的身份晋见自己。而且总会长也不是一个容易息怒的人。1653年2月21日，卜弥额尔从洛雷托（Loretto）②写了一封信，解释他将他的国书呈交给威尼斯总督的原因，结论是：

　　"出于这些和其他原因，经几位红衣主教的认可，我希望能使这次出使公开化。但是如果这使您，尊敬的阁下感到不快的话，我愿意从理智上和意愿上表示服从。我已经做好了准备。只要得到您的第一个信号，就马上到罗马去，或者立即返回中国，甚至付出我的名誉和健康，也在所不惜。"③

[346] 　　当卜弥额尔到达罗马时，他发现自己处于一场相当剧烈的风暴的中心。说他是一个吹牛大王的指责扑面而来，说他根本就没到过中国，说他的信件都是伪造的，说他的所谓使命是耶稣会士为了提高其声誉而发明出来的用以欺骗教廷的愚蠢的诡计！卜弥额尔一定是已经渴望在饱经战火的中国过相对宁静和简朴的生活了。

　　卜弥额尔有能够证明他使命真实性的充分证据：澳门教会负责人宣誓作证的证明，耶稣会日本、中国巡察使德·玛亚（Sebastiao de Maya）、麦里亚波（Meliapor，印度一地名）大主教和埃塞俄比

---

① 在士买那（Smyrna，在土耳其西部港口城市伊兹密尔附近），卜弥额尔就南明王室的信仰转变议题发表了一次讲演。讲演稿以 "Briefve relation de la Chine et de la notable conversion des personners royales……" 为题发表，见 Relations de divers voyages curieux，巴黎，1696，I 。
② 洛雷托，意大利中部城镇和主教区，是著名的朝圣地。——译者注
③ ARSI，Jap-Sin，77，第130页。

亚酋长写的信件，但是对他的诽谤和中伤的声音还是难以平息。卜弥额尔和他的同伴在罗马苦苦等候了三年，在这期间教宗英诺森十世去世了。于是教廷长时间的怀疑和漠不关心的局面才被打破。教宗亚历山大七世于 1655 年 12 月 18 日给明皇太后和庞天寿写了回信。耶稣会总会长也附上了他的答复，这是在同年的 12 月 25 日。今天，他从明朝廷带到罗马的，并且将使他在将它们呈献给教廷的过程中遭遇如此多麻烦的信件，保存在最珍贵的梵蒂冈档案中①。希望于九泉之下的卜弥额尔知道这一点，会从中感到欣慰。

　　教廷的答复则从未到达它们的目的地。卜弥额尔和安德鲁程于 1656 年年初从里斯本起航，于 1658 年 8 月到达东京②。明皇太后已于 1651 年 5 月 30 日死于广西的田州，瞿安德也死于第二年的 1 月 4 日。那时他正和南明小朝廷一起逃难，他与其他难民走散了，落在了满族人手里，当场就被杀掉了。那个虔诚的信徒——庞天寿死于 1657 年。桂王的事业到了土崩瓦解的最后时期，这些可怕的消息无一传到卜弥额尔的耳中，他在东京写于 1658 年 11 月的最后一封信还充满乐观情绪。他认为那个皇太后始终还活着。他还听说，庞天寿率领着一只由大象武装起来的军队猛攻满族人的队伍。受这些消息欺骗的他从东京人的官衙取得了签证，潜入广西，徒步走了 6 天。直到这时，他才从人们的闲聊中得知南明事业彻底毁灭的消息。面对正在一直前进的清军，他只好回头向东京逃去，但在边境处停止了脚步。他托人捎信给在东京的两位耶稣会士，请他们为他申请一份可以返回东京的通行证，但是这个消息没能捎到。严重的痢疾耗尽了卜弥

---

① 信件的翻译件和亚历山大七世的回信都出自 China monumentis, qua sacris qua profanis, nec non variis naturae et artis spectaculis, aliarumque rerum memorabilium argumentis, illustrata, 安特卫普，1667，第 100～101 页。又见 E. H. Parker 编辑的 Letters from a Chinese empress and a Chinese eunuch to Pope in the year 1650，该文发表在 Contemporary Review，伦敦 1912，第 79～80 页。

② 今越南河内地区。——译者注

额尔的体力,使命的失败又使他心力交瘁。卜弥格于1659年8月22日突然死亡,虔诚的安德鲁程将他埋葬在中国与东京的边界线上。

这些年,当卜弥额尔在履行为明王朝服务的毫无希望的使命时,汤若望这颗灿烂的新星正在大清的天空上闪烁着耀眼的光芒,尽管安文思曾以最大的努力要把他射下来。1651年2月1日,虽然只有12岁、但却远远比这个年龄要成熟的顺治皇帝废除了摄政体制,亲自处理政事。迅速增进的皇帝与耶稣会士之间的关系是史无前例的。

顺治皇帝乐于与汤若望交往,也很依赖他的忠告和建议。除了"玛法"、这个满语中与"祖父"意思相同的表达方式之外,他对60岁的汤若望从不用其他的称呼。他们之间的关系也确实更像祖父与孙辈,而不像是臣民与皇帝。

通常臣子们给皇帝的奏折只能间接地通过特定的机构转交,而汤若望则被允许直接地呈递奏折。不论在什么时候、什么地方,他都能找到皇帝,而按规定,在固定的日期,钦天监监正本来应该是与朝廷其他各部的长官一道上朝的,但是因为汤若望做弥撒与朝臣上早朝在时间上有冲突,所以他就被允许不上早朝。1651年10月,皇帝下令:汤若望在以后晋见时可以免除叩头的礼节。享受这种特权的,只有包括四名尚书在内的6名大臣。上朝时,皇帝坐在宝座之上,而汤若望则坐在放在皇帝前面的一个软垫子上。

在1656年至1657年间,访问北京的荷兰使团成员目睹了那个时候汤若望在朝廷中的位置。荷兰使团的干事简·纽豪夫(Jan Nieuhoff)描绘了他们第一次会见汤若望时的情景。大使受到朝廷内阁的接见,首席大学士盘腿坐在椅子上,两位满族的内阁成员站在他的两边,在他的左侧坐着"一名耶稣会士,他留着长长的胡须,剃了头,穿着鞑靼人的服饰。他来自莱茵科隆,名字叫作亚当·沙尔①,已经在北京居住了46年,享受到中国皇帝高度的尊重"。汤

---

① 即 Adam Schall,汤若望的原名。——译者注

若望用德语和荷兰人交谈,为他们的安全到达表示祝贺,接着又打听在阿姆斯特丹的他所认识的几个天主教徒家庭的情况。随后汤若望和他们一道走出紫禁城的大门,"一路上使团成员们和他谈了很多事情,他以非凡的智慧一一给予答复。耶稣会士们是不缺乏智慧的"①。

有趣的是纽豪夫所描述的关于他看到的顺治皇帝接见荷兰人及大卧莫尔王国使者时的情况:"一位年轻人,白皙的皮肤,中等个子,相当普通,穿这一件似乎是用金丝编织的背心。"使荷兰人感到失望和惊讶的是,这次朝见仪式几乎完全是在沉默中进行的。皇帝坐在他的宝座上,使者们在他前面大约30步的地方叩拜。在一刻钟之后,皇帝站了起来,专注地看着荷兰人,接着就离开了。

皇帝经常在晚上召汤若望到宫里和他谈话,当他留汤若望到深夜时,他就派几位满族王子陪汤若望返回住处。这位年轻的统治者全然不顾传统的惯例,经常造访汤若望的住处。有时候,他让他的多达600多人的随从在门外等候,而他则在汤若望的屋里,盘腿坐在床上,或者坐在一把旧椅子上,或坐在耶稣会士的学生用的长凳上,就汤若望的宗教信仰和生活习俗向他发问。1656~1657年,他就走访汤若望住处多达24次。有时候他先在教堂停下来,参观每一个角落,然后在花园里采摘水果,看汤若望的工匠们为观象台制造仪器。1657年3月15日,当汤若望出席皇室家族、官员和知名人士在皇宫里为皇帝庆贺生日而聚会时,皇帝突然提出,他希望将庆典移至汤若望的住所去进行。汤若望急忙赶回家,准备食品。官方的邸报将皇帝与汤若望的友谊昭示至整个帝国。

这是没有疑问的,就是在这些年里,汤若望是帝国中最有影响

---

① Jan Nieuhoff 著 *Le voyage des ambassadeurs de la compagnie hollandoise des Indes Orientales vers le Grand Chan de Tartarie*, ā Peking, 见 *Relations de divers voyages curieux*, 巴黎, 1696, Ⅱ, 注释1, 第51~52页。

的人物之一。荷兰 1656～1657 年访华使团的一个成员写道:"汤若望神父是如此得宠于这位王子①,他随时都会来造访汤神父。"②1661 年,南怀仁报告说:"在帝国中,汤若望的影响要大于任何一位总督或最受尊敬的亲王。在中国,汤若望的名字比其他任何一个欧洲著名人士的知名度都要高。"③ 鲁日满谈道:"中国自从有皇帝以来,我没听说过有任何一个外国人被授予如此多的荣誉和得到君主如此隆重的宠爱。"④ 所谓"君王的宠爱"的确实证据,就是授予他的诸多封号。

朝廷官员的等级分为九品,每一品又分为两等(即正品、从品两等)。通过授予荣誉称号,一个人就可以提升品级,而不一定非要担任特殊的官职。作为钦天监的监正,汤若望是现任在职的正五品官。在多尔衮摄政时期,汤若望得到一个荣誉封号,升为正四品。1653 年 4 月 2 日,他又得到"通玄教师"的封号。1657 年 3 月 15 日,顺治皇帝题写了一篇表彰汤若望的碑文,这尊石碑树立在教堂(即南堂)前面。同年 10 月,他被授予"通政使司通政使"的称号,官阶升为正三品。最后于 1658 年 2 月 2 日,他达到了封号的顶点,即"光禄大夫",官阶升为正一品,只有内阁大学士和属于皇家血统的最重要的现任亲王才能达到这个等级。作为这一品级的标志,汤若望从那时起就在帽子上佩带上了红色的顶戴,在他朝服的胸前刺绣有一只张开双翼的金色的鹤。

在汤若望与年轻皇帝之间,没有阿谀奉承和溜须拍马。他生活中的首要主题就是促进天主教事业。但同时他对具有非凡素质的皇

---

① 此处所说的王子,即顺治皇帝。——译者注
② Jan Nieuhoff 著 *Le voyage des ambassadeurs de la compagnie hollandoise des Indes Orientales vers le Grand Chan de Tartarie, ā Peking*, 见 *Relations de divers voyages curieux*, 巴黎, 1696, Ⅰ, 注释 8、29。
③ ARSI, Jap‑Sin, 143, Regis. 8, f. Ⅳ.
④ 转引自 *Johann Adam Schall von Bell, S. J.*, 科隆, 1933, 第 207 页, 注释 69。

帝抱有诚挚和深厚的感情。卫匡国写道："顺治皇帝无疑是个年轻人，但是却异乎寻常地具有审慎、公正的品质，特别是具有正确的判断力。"① 他也有很多不足之处：暴躁的脾气、对迷信活动的爱好，以及极度沉湎女色的天性。只有汤若望有勇气对他这些缺点加以劝告。在汤若望给皇帝的奏折里，它通常都附上他个人对皇帝的忠告。在 1655 年，有一次，应皇帝的要求，他写下了他察觉到的有关他这位皇帝朋友在政府管理方式及个人操守方面应受到责备的所有事情。

汤若望对皇帝思想的影响，明显地反映在皇帝给文武官员们的《圣训》中。清朝皇帝向官员们发表他所写的《圣训》是一个惯例。顺治皇帝的《圣训》收集为六卷，包括了很多体现了天主教灵感的内容②。

**图 5　汤若望像**

---

① 转引自 *Johann Adam Schall von Bell*, S. J., 科隆, 1933, 第 171 页, 注释 1。
② 参见 Philosensis 著《大清皇帝新婚》, 发表在广州 1841 年版的 *Chinese Repository*, X, 第 593～594 页。

汤若望有转变顺治皇帝为天主教徒的愿望。很多次长时间的交谈就是围绕着诸如灵魂不死、十大戒律、天主的本性、神的恩宠、婚姻、禁欲和耶稣基督的生活经历等主题的。顺治皇帝在参观汤若望的教堂时，仔细地察看了每一件东西。在一个场合，他让汤若望穿上全套的做弥撒的祭衣，并解释它们所代表的意义。一本汤若望过去进献给明朝末代皇帝的图解救世主生活的书，曾经深深地迷住了顺治皇帝。一天，他在汤若望的床上躺下休息，他面前摆着这本翻开的书，汤若望这位年老的耶稣会士跪在床边，讲解耶稣受难的故事。

汤若望确信，这位年轻的皇帝是用头脑而不是用心来理解天主教道理的。第六条戒律所要求的条件和天主教徒一夫一妻制的规定，对他来说是不可逾越的障碍。到最后，汤若望感到："他无法克服他强烈的肉体欲望。"正是这一点把他给毁了。

汤若望是位很谦逊的人。他想，有着圣洁声誉的刘迪我可能能够在他失败的地方取得成功，于是他焦急地盼望能将刘迪我派到北京，他在1657年1月5日给曾德昭的信里明确地表达了自己这一观点①。

1658年以后，汤若望对皇帝的影响力下降了。这位年轻的统治者越来越多地受到太监们和和尚们的影响，对佛教的禅宗发生了极浓厚的兴趣，而离天主教越来越远了。

在些年里，早在多尔衮摄政期间没有特别影响力的太监的权力明显地增长着。1653年，皇帝成立了13个部门，由宫里的太监控制。其中的一些太监甚至被赋予了发布皇帝圣旨的权力和任命官员的权力。过去的险恶局面②再度出现了。尽管在1655年皇帝警告太监们，要他们改变做法，斥责他们收受贿赂的行为，并在1658年又重申了这些，可是他们的影响和权力依旧在持续增长。太监们发现，

---

① 见 *Johann Adam Schall von Bell, S. J.*，科隆，1933，第199页。
② 指晚明时代宦官专政的局面。——译者注

有一个手段是可以有效地实现他们对年轻皇帝的支配作用的,这就是纵容他尽情地满足性的欲望①。

事实的确是这样的,即佛教在紫禁城中的影响总是伴随着太监权力的增减而增减的。1657年,太监们为皇帝和一位佛教的高僧性聪安排了一次会面。性聪说,皇帝前世曾是一位和尚。曾给予皇帝最后四年生活以相当大的影响的其他人,是具有非凡吸引力和智慧的道忞和尚和浙江天目山寺的主持通琇。

[352]

与这些因素不无关系、并对顺治皇帝最后的岁月产生如此巨大影响的,是一段重大的恋情,即皇帝迎娶了董鄂妃——董鄂家族的鄂硕的女儿。根据耶稣会士的说明,董鄂妃是一位年轻的满族贵族的妻子。根据杰出的史学家陈垣的说法,这位年轻贵族事实上就是皇帝最年幼的异母弟弟博穆博古尔②。皇帝决定要娶她,据鲁日满报告说,这位年轻的丈夫遭到如此的羞辱而悲痛致死,然而更可能是另一种说法,即看到了将要发生的事情,博穆博古尔自杀了。不管怎样,18岁的董鄂妃于1656年进入了紫禁城,成为皇帝最宠爱的妃子。他与她朝云暮雨、如胶似漆。她被册封为仅次于皇后的皇贵妃。在太监们的鼓动下,也由于皇上宠爱董鄂妃,有时他提出要废掉皇后,而且废掉皇后的继任者,却遭到皇太后和大臣们的坚决反对。于是皇帝就慷慨大方地给董鄂妃远远超过她等级所应有的赏赐。

从这时开始,皇帝就丧失了管理国家大事的兴趣,而变得越来越着迷于董鄂妃和禅宗佛教了,这位年轻的贵妃与他分享对佛教的信仰。1657年11月,她诞下一个儿子,可孩子就在第二年2月死去了。两年后,即1660年,她自己也去世了。顺治皇帝为此痛不欲

---

① *Eminent China* I,第257页。
② *Eminent China* I,第257页。

生。他将她的谥号提升为皇后等级①,她的灵柩由高级官员抬至紫禁城北面的小山——景山上,在那儿举行了由通琇主持的耗资巨大的隆重的佛教道场。

为了停放她的棺木,还专门盖了一座富丽堂皇的建筑。在佛教道场结束时,通琇主持用火把点燃了巨大的葬礼柴堆。在耗费昂贵的建筑的一旁,大量的珠宝、丝绸和其他贵重物品被付之一炬。心烦意乱的年轻皇帝下令让已故董鄂妃的大约30名随从殉葬,以便在阴间与她做伴。这一做法恢复了残酷的满族习俗。这种殉葬习俗是遭到汉人深恶痛绝的,也是满族人已经废弃了的②。

[353]

不可避免地,从顺治皇帝与董鄂妃的爱情故事中生发出来了一些浪漫的传说故事。最为流行的故事是,她的死亡是使他能够放弃皇位的一场骗局,通过伪装,他偷偷地到寺庙剃度做了一名和尚。在那里他伴随着自己的记忆生活了很长时间。而事实则是,他已经患了严重的肺结核病,又在董鄂妃死后旷日持久和非常累人的葬礼和道场中耗尽了精力。在1661年2月1日,也就是在董鄂妃死后四个半月,他感染上了天花,三天后就死了。

在这最后的岁月里,汤若望是越来越被疏远了,尽管皇帝从未对他的这位年老的顾问和朋友失去好感。但是他新的生活取向与汤若望所信奉的一切准则格格不入。在这种情况下,汤若望所继续给予的口头的和书面的规劝,对皇帝来说就成为很麻烦的事了。它们是令皇帝讨厌的,也是皇帝不再希望汤若望带给他的了。然而,年轻的皇帝有时一定也突然感到有些内疚,在1660年7月28日他捎了个便条给汤若望,人们可以从中感觉到一种表示抱歉的暗示:

"你的规矩(天主教)已经广泛地传播了。通过你的努力,天文科学已经变得很知名了。这样,若望,为帝国做你的工作。不要

---

① 他给董鄂妃谥号为孝献庄和至德宣仁温惠端敬皇后。——译者注
② *Eminent China* I,第257页。

把皇帝的喜与怒放在心上！若望，你知道国家应该如何管理。鉴于这一原因，来找我，我们将讨论这一问题。若望，把我这些话保存在心里。"①

当皇帝奄奄一息的时候，汤若望去看望他，并做最后的努力，希望能争取他转变信仰。皇帝被汤若望的忠诚深深地感动了，也看了汤若望准备的关于死亡与永恒为主题的一篇劝导词。但是他表示，在自己痊愈之前不想进一步讨论这个题目。

在他去世之前，汤若望有幸能为他提供最后一次咨询。皇帝的继承人当时还没有确定。皇帝本人倾向让他的一位堂兄弟作为继承人，但是他的母亲孝庄皇太后不同意。满族的亲王们劝他确定他的一个儿子为继承人。这位处于弥留之际的皇帝征求汤若望的意见。汤若望赞成皇太后的意见。这样皇帝就决定，由他8个儿子中的第三个儿子——玄烨，即后来的康熙皇帝，作为他的继承人。中国应该感谢汤若望在确定历史上最伟大的皇帝之一——康熙皇帝中所起到的积极作用。

[354]

当顺治皇帝在北京死去时，明朝复辟的希望的火光在17个月中最后消失在遥远的南部中国。永历政权在它最后的岁月里找到了其主要军事支持者——李定国和孙可望的军队。李定国和孙可望是暴君张献忠过去的部将。在1652年，在经过一些年的反清流动作战之后，他们加入了南明朝廷。李定国赢得了一系列辉煌的胜利。但是在1656年，他和抱有建立一个庞大帝国幻想的孙可望之间，发生了自相残杀的战争。李定国击败了孙可望，但是这场争斗为清军夺取最后的胜利开辟了道路。孙可望带着他的队伍投入了清军的阵营，向洪承畴投降了。

1658年，三支清军向贵州和云南进发，1659年3月，永历帝向

---

① 潘国光于1661年10月9日给的信。保存在 *ARSI*, Jap – Sin, 124, 第19~20页。

缅甸要求进入该国避难。他和他的家族成员，总共 646 人，渡过伊洛瓦底江，到达实皆①（Sagaing）。在那里，缅甸国王事实上是以囚犯的规格来对待他们的。李定国经过拼死作战，占领了缅甸北部地区。在之后的两年里，他在那里与缅甸军和清军两面作战。

1661 年 6 月，卑谬②（Prome）的王子谋杀了他的哥哥，即缅甸国王，夺取了国家控制权。他处死了桂王随行人员中的多半人，而将其他人严加看守。

吴三桂是一个令人惭愧的杰出人物。如果说吴三桂在本书前一章中的明王朝崩溃的开场戏里，角色还模糊不清的话，那么在明王朝最后一幕中，却是扮演了显著角色的。他作为一支强大的清军的首领到达了缅甸的阿瓦③（Aungbinle）。在 1662 年 1 月 20 日，他向南明的最后一个皇帝——桂王发出招降书。两天以后，缅甸的新国王把他的囚犯，即永历帝及其随行人员交给了吴三桂，他们被解往云南府。1662 年 6 月，永历帝和他的继承人，14 岁的朱慈煊（教名康士坦丁，Constantine）被用弓弦绞死。永历帝的妃子和母亲被押解回首都。

就这样，云南府的一根弓弦结束了明王朝的传奇故事。这个传奇故事开始于三个多世纪之前，一个孤儿离开一所佛教寺庙，领导的一场将成吉思汗的子孙从皇位宝座上赶下来、恢复汉人统治的人民起义。

---

① 实皆（Sagaing），缅甸境内伊洛瓦底江以西的一个省份。——译者注
② 卑谬（Prome），缅甸西南部的一个城市。——译者注
③ 顾诚《南明史》，第 1017 页："顺治十八年十二月初一日，清军迫近缅甸阿瓦。"顺治十八年十二月初一日正是 1662 年 1 月 20 日，据此考证"Aungbinle"即为"阿瓦"。——译者注

# 第二十一章　参天大树的倾倒

这些艰难的岁月对传教事业来说,是既有收获又有损失的,损失主要表现在人员和财产上。在这一动乱时期,7 名耶稣会士丧失了生命。除了万密克①(Michel Walta)、费乐德、瞿安德之外,另外三人在 1644 年清军攻陷南昌时死于暴力之中。他们是谢贵禄②(Tranquillo Grassetti)、梅高③(Jozeph - EtiEnne d'Almeida)和陆玉奇④(Lu Yu - chi)。1643 年,杜奥定⑤(Augusto Tudeschini)在从福州到澳门的航程中,因船舱起火而溺水身亡。还有其他人自然死亡,他们是最后的伟大的先驱者。

1649 年艾儒略、费奇观和毕方济与世长辞。艾儒略在延平静静地死去,被安葬在福州北门之外的"十字架山"上。他留下了至少 26 部中文著作。在他死后两个世纪,他的一些著作仍然在被出版和再版。

唐王政权垮台之后,毕方济定居于广州他在那里建造了一座教堂和一处住所。他在一次混战中受了重伤,是 1647 年清军士兵抢劫广州时被一队士兵打伤的。他要感谢一位当时在清军当兵的过

---

① 万密克(公元 1606~1643),德国籍耶稣会士,1638 年来华。——译者注
② 谢贵禄(公元 1588~1644),意大利籍耶稣会士,1630 年来华。——译者注
③ 梅高(公元 1611~1644),葡萄牙籍耶稣会士,1640 年来华。——译者注
④ 据费赖之《在华耶稣会士列传及书目》第 210、253 页载,与谢贵禄、梅高一起遇难的一名修士教名为郭玛诺,父为马来人,母为华人,缺汉名,不知是否即是此陆玉奇。——译者注
⑤ 杜奥定(公元 1598~1643),意大利籍耶稣会士,1631 年来华。——译者注

去的耶稣会修士救了他的命。这位士兵正从那里路过，看见过去的同伴正在痛苦地呻吟，就前来营救他。然而毕方济再也没有从伤痛中恢复过来，两年之后就去世了，享年67岁。

费奇观和毕方济一样，险些没能逃过1647年的劫难，在毕方济死后不久也与世长辞了，享年78岁。仅有龙华民，这位与利玛窦同时代的人仍活着。

傅汎济于1653年辞世，第二年，老寿星龙华民在差5年就到100岁的时候也随他而去了。顺治皇帝喜欢这位老寿星，他在龙华民死后不久，找了一名画家给他画了一张肖像。曾德昭于1658年在广州去世，接着，小玛诺（即阳玛诺），这位与老玛诺（即李玛诺）同名的人，在1659年抛开了传教事业死于杭州。

这些人在将利玛窦开创的工作向前推进的事业中，都做出了杰出的贡献。还有郭居静、李玛诺、王丰肃、熊三拔、金尼阁、罗雅谷、邓玉函，他们组成了使范礼安和利玛窦感到骄傲的一代精英传教主体。天主教文化在中国从没有出现过这样杰出的典型代表；中国文化也从没有出现过这样真诚的和富有同情心的仰慕者。他们是那时能将两个世界连结到一起，开创对话的仅有的人。虽然这种连结和对话在后来的发展中曾经被削弱了，但是却再也没有中断过。在有限的生涯中，他们克服了妄自尊大的主人和自我封闭的文化对他们深深的敌意，赢得了中国人对天主教的广泛认同。在他们中的最后一个人去世的时候，天主教的社团已经遍布除了云南和贵州之外整个帝国的所有省份，即使是作为南明最后一个政权的永历王朝，也已经接触到了天主教。这个由传教士们架设桥梁于斯的文化的鸿沟，是远比天主教刚诞生时，其与罗马文化之间的差距既深又宽的。这仅仅是以利玛窦进入东方帝国80年后天主教在中国的地位，与圣·彼得① (St. Peter) 死去80年后天主教在罗马帝国的地位相比

---

① 圣·彼得 (St. Peter)，耶稣基督的门徒。

较得出的结论他们的成就之大是值得人们赞赏的。

天主教使团在这些年的动乱中还失去了为数不少的教堂。这些教堂被战火焚毁了。确定精确的数字是不可能的，因为报告只是顺便提到教堂被毁坏的状况。在山西、绛州、蒲州和太原的教堂；在湖广、武昌的教堂；在江西、南昌的教堂；在福建、福州的教堂，都整体地或部分地被毁了。另外还有一些事实，则暗示了其他许多教堂也被毁了，如在1653年至1658年任福建总督的佟国器①，不仅重修了福州的教堂，还捐出了自己的钱，恢复了江西赣州和其他地方的教会建筑。一座在1655年6月18日镌刻的、记载了他为修建新教堂捐赠钱数的石碑，至今还竖立在福州。不仅如此，他还在杨廷筠1627年修建的建筑原址，建造起一座大型的教堂。佟国器的妻子，在耶稣会士的记载中被称作"阿加斯夫人"（教名Madame Agatha），是一名虔诚的天主教徒，而佟国器本人则在1674年，由成际理②（Felix Pacheco）在南京施洗入教，成为一名天主教徒。

[359]

天主教社团遭受的最严重打击是在福建。在郑成功与清军长期激烈的争夺中，福建的天主教社团几乎被摧毁了。很多曾经繁荣的天主教中心，毁于1662年清军的"坚壁清野"政策。这一政策使得福建省沿海地区的人口锐减。

郑成功是郑芝龙的儿子。郑芝龙在控制沿海一带的航线之后，于1628年归顺了明王朝。在1648年的抗清战争中，他的儿子指挥了他的陆军与水军。在若干年里，这支军队成为清军的眼中钉、肉中刺，在福建一带给予清军多次沉重的打击。1655年，他组建了一支精锐的军队，有效地控制了当地。桂王封他为"威远侯"、"漳国公"和"延平郡王"。

最后，在1659年9月9日，郑成功在南京城外的一场大战中败

---

① 佟国器，字恩远，顺治正宫皇后之从弟，为清皇室重臣。——译者注
② 成际理（公元1622~1686），葡萄牙籍耶稣会士，1651年来华。——译者注

北，之后，他撤退到厦门。于是郑成功再度经营海上，在 1661 年至 1662 年间，他从荷兰人手里夺回了台湾岛。以台湾岛为基地，他一再地袭击内地的清军。清军无奈，下令山东、江南、浙江、福建和广东各省的沿海居民一律内迁 30~50 里。撤出居民的所有城镇和村庄一律夷为平地。这次受害最严重的要数福建。何大化①（Antoine de Gouvea）和聂伯多（Pierre Cunevari）亲眼看着他们的教堂和居所被拆毁，天主教徒被遣散。由于这次沿海居民的撤离，澳门成为一个孤岛，也差一点毁灭了。

然而，总的来说，这些年的收获还是远远大于损失的。传教事业持续成长的速度还是让人惊讶的。人们记得，在中国的传教士从来没有超过"两打"（即 24 人），而且他们是在一个饱受战争蹂躏的国家里，在充满混乱的危险条件下工作的。南怀仁估计，当时每年新增的天主教徒有 1 万人。据毕嘉（Gabiani）的记载，在 1651 年至 1664 年之间，有 104980 人皈依了天主教。1663 年，巡察使达加马②（de Gama）报告说，在中国有 11.4 万名天主教徒。翌年，副省神父刘迪我在给罗马的信中写道："满族人给予福音传布如同在欧洲同样的自由。"

然而，刘迪我充满乐观情绪的信件墨迹未干，一场对传教自由极具破坏性的打击就降临到帝国的每一个地方。风暴的中心就在北京。被打击的直接目标就是汤若望，最根本目的是彻底毁灭传教士在中国的天主教事业。顺治皇帝的驾崩并没有立即影响到汤若望的地位或威望。1661 年 4 月 29 日，在汤若望 71 岁生日时，他照常收到来自很多高官的祝贺文章。就在这一年的晚些时候，当康熙皇帝签署了一份特别的布告，准许汤若望的义孙——汤士宏进入太学国

---

① 何大化（公元 1592~1677），葡萄牙籍耶稣会士，1636 年来华。——译者注
② 达加马（公元 1610~1672），葡萄牙籍耶稣会士，1662 年起任中国、日本巡察使，1670 年至澳门。——译者注

子监时，汤若望也收到了很多祝贺的消息，其中之一是来自大学士胡士安的。在三年多的时间里，汤若望还是安全的，但是与此同时，一场风暴正在酝酿之中。

反对汤若望运动的主要策划者是杨光先，一位声名狼藉、自私自利，但是不乏勇气的吹牛家。正如耶稣会士们也承认的那样，他也有些才智，他是一个凭感情用事和喜欢抛头露面的人。在明朝末代皇帝——崇祯皇帝统治时期，杨光先在政治上的富于戏剧性的参与，使他横遭鞭打，被放逐到辽东地区。1644年，他获得了自由，在南京住了几年。1659年，他以一个反天主教的英勇斗士的角色，突然使自己再度成为那时人们关注的焦点。从那年起，他开始撰文攻击天主教，同时批评汤若望所制定的历书。

他的观点显示出他是一个充满仇恨的、顽固的，但又思维敏捷的人，他熟知天主教起源的故事和耶稣基督的生涯，他建立在阴阳概念上的哲学观点，揭示出他受了道教思想的浓重影响。他的道家倾向更为突出地体现在：像他声称的那样，他有先知先觉，具有预言世间万事的力量。这一点使他在北京的女士中间受到普遍欢迎。

他与汤若望的矛盾不是个人之间的矛盾。从他的文章可以很清楚地看出，他所痛恨的是天主教。如果说他把攻击的矛头集中在汤若望身上，那是因为汤若望是一个突出的目标，同时也因为在这些反天主教人士的心目中，欧洲科学事业与天主教事业结成的紧密的联盟。

在钦天监里心怀不满的回族官员中，杨光先找到了有价值的同盟者。1657年，吴明烜控告汤若望有几次预报天象失误，且事实证明是毫无根据的，此后他被罚监禁数月。在第一次的审判中，他曾被宣判为死刑，但由于汤若望的个人请求才得到从轻处罚，然而这一宽宏大量的行为似乎反而加深了吴明烜对汤若望的仇恨，当他获释之后，就与杨光先结为联盟，他以他一知半解的天文知识来支持杨光先。

[361]

从 1660 年起，杨光先定期地在礼部对汤若望提出控告。在最初的几年里，他的指控被置之不理。但是到了 1664 年，由于北京政治形势的发展变化，各种因素集合起来，形成了一种有利于他的阴谋的情况。在康熙尚未成年时期，国家的权力被委托给四位满族王爷组成的摄政大臣班子，他们是鳌拜、遏必隆、索尼和苏克萨哈。鳌拜是一个精明而又为所欲为的政治冒险家。在遏必隆的支持下，他成功地将权力集中在自己手中。已经得到其同盟者充足的金钱支持的杨光先，又从鳌拜那里寻求到他所需要的政治上的支持。1664 年 9 月 15 日，杨光先向礼部递上了一份文件。在文中，他指控汤若望数项罪状：天文历书中有错误、遍及全国的传教士以测绘地图的方式反对国家，以及向人民灌输不良信仰等。这些指控没有什么新东西，进而杨光先增加了一条罪状，即指控汤若望在 1658 年确定在襁褓中夭折的荣亲王（董鄂妃所生之子）的葬礼日期时，选择了不吉利的日子，念了咒语，以致造成了董鄂妃的早死，甚至还殃及顺治皇帝。杨光先的策略是，利用满人受喇嘛教迷信思想影响很深这一点。这一指控当然是错误的，汤若望在选择葬礼日期上没有起任何作用，这是属于礼部尚书的职能。但是，当鳌拜站在杨光先一边时，汤若望的敌人是肯定会获得胜利的。一切都被杨光先玩于股掌之间。不幸的是，就在汤若望最需要施展才能的时候，严重的瘫痪和麻痹症给年老的他以致命的打击，使他不能说话了。

1664 年 11 月 12 日，摄政大臣鳌拜把四名耶稣会士汤若望、南怀仁、利类思和安文思投入监狱。汤若望被剥夺了他的一切头衔。他们在监狱里被带上了木枷，而且长达 6 个月之久。一次又一次的审讯，不是在这里过堂，就是在那里过堂，几乎没有一天停止过，他们在苦难中煎熬了数月。但是很有戏剧性的是，南怀仁发挥了律师的作用，捍卫自身，以其尊严和勇气主导了这场官司。这个案子被从一个衙门转移到另一个衙门，没有别的比这更能显示出杨光先的理亏了。

1665 年 1 月初，汤若望被判凌迟处死。其他三名耶稣会士被判鞭笞后驱逐出境。另有 7 名在钦天监供职的天主教徒官员也得到了类似的宣判。

因为要对外国人天文学理论的可靠性进行一次比较性的测验，法庭的宣判被延缓执行。当时预计将有一次日食发生。在牢房里，南怀仁在汤若望的协助下，进行了他的计算，而回族天文学家和中国天文学家也奉命做出他们的预报。当发生日食的时间接近时，钦天监里挤满了内阁大学士们、各部尚书、钦天监官员和其他官员们。在紧张期待的气氛中，考验的关键时刻一点点地接近。中国天文学家做出预报，日食将于两点一刻开始，回族天文学家预测是两点半，而南怀仁预报为三点。最后，当时钟刚刚敲响三点的时候，太阳的表面开始出现阴影，测验的结果以欧洲人的胜利而告结束。

然而，被杨光先煽动起来的力量太强大了。他们拒不承认失败。于是一系列冗长的听证又在不同的衙门重新开始。那时这一案件已经在全国范围内公开了。人们普遍同情的是被告一方。这一点在那时出版的杨光先的一本自我辩护的小册子里透露了出来。在这本两卷本的小册子里，杨光先申述了他与天主教和欧洲天文学斗争的理由。杨把这本书题名为《不得已集》。利类思也写了一本四卷本的题为《不得已辩》的书来回答他。

在较早的法庭聆讯中，被告还是比较轻松的。他们成功地、直截了当地回答了对他们宗教信条的指控。从此有关这方面的指控就不再提起了，留下的唯一问题是关于他们的天文学理论的，而真正经受考验的是科学本身。为此，从 3 月到 5 月，内阁大学士们进行了一系列的饶有兴趣的聆讯。当时半身瘫痪的汤若望被迫保持沉默，南怀仁借助图表和仪器论证欧洲天文学的正确性，回答对他提出来的所有质疑。

[363]

然而，南怀仁的论证是徒劳的。耶稣会士们面对的并不是一场公平的审判，他们的被捕是一个预先策划好了的阴谋。4 月中旬，在鳌拜的压力下，内阁宣布，汤若望和他的 7 名中国同行被判死刑。

鳌拜又将判决修改为最为残酷的刑法——凌迟，就是将活人一刀一刀地肢解处死。

就在这一时刻，大自然出面干涉了。一场地震以其强大的破坏力震撼了北京。大火烧毁了紫禁宫里的宫殿。内阁大学士中不止一人为自己在整个事件中起的作用感到羞耻。他们提出，地震和火灾是上天发怒的信号。与此同时，孝庄皇太后，即顺治皇帝的母亲，愤怒地指责鳌拜如此残酷地迫害他儿子最好的朋友。摄政大臣显然是被汤若望所得到的广泛的支持震慑和击退了。虽然汤若望的5名同僚、信仰天主教的学者已经被处死，但是四名耶稣会士在5月18日被释放了，并被允许留在北京。

同时，其他在中国的所有的传教士，除了三名逃出政府看管隐藏起来的福建民间道明我会士之外，都被带到了北京。25名耶稣会士、四名多明我会士和一名方济各会士聚集在首都。1665年9月，他们被押解到广东，一直拘禁到1671年。所有的教堂都被封闭了。

在汤若望顺利的那些年里，他丰富的人性特征中的那些缺点和过错，蒙蔽了他的一些教会同僚们的眼睛，使他们看不到汤神父真正高贵的品德。正是在逆境中才更显示出他人格的高尚，他以镇定的大无畏的心态忍受着严酷的迫害，因此赢得了南怀仁对他最深的钦佩和敬爱。1665年7月2日，一个动人的场面发生在北京他的房子里。南怀仁向围绕在这位老人床边的耶稣会士同伴们，宣读了汤若望对自己以往过错的忏悔书。这一由汤若望口述、南怀仁代笔并由汤若望签名的文件真正地打动了人心。身患瘫痪、麻痹重症的汤若望之悲惨状况，清楚地反映在他几乎像爬虫似的、模糊的、难辨的签字上。这与他通常优雅的、潇洒的笔迹形成了鲜明的对照。汤若望在忏悔书中没有掺杂任何虚假的成分，他所讲的每一句话都以其忠诚和谦逊的天性，给人留下深刻的印象。

汤若望对自己成为给其他人带来苦恼的根源而表示自责，特别是对他的上级，他"没有经常地听从他们的劝告和主张，还在言辞上和文字中对他们的权威提出过质疑"。他一直对他的仆人轻率和傲慢的态度过于忍让,此时他承认自己应承担责任。他违反了教会关于教士必须过贫穷生活的规定,享用了非必需的用品。他继养义孙一事是轻率的行为。在言辞中和文字里,他对自己没有给予耶稣会的同伴们"兄弟般的关爱"而感到懊悔。他自己列举的过错,是汤若望所能被人批评的最不好的事情。但是我们应该强调,这些缺点是存在于一位固执的,同时又是宽宏大量的人身上,他的本质是仁慈和善良的。

对这些过错,汤若望请求他的同伴们予以原谅,并给予精神上的帮助。他说:

"富有同情心的主啊……在这个地方,这个时候,天主的神佑与慈悲轻轻地触动、强烈地感染着人们的心。在这个地方,这个时候,天主的手就像父亲的手,富有同情心的手,不仅触摸到了我的身体,而且触摸到了我的灵魂。直到今日,仁慈的主还极有耐性地忍受着我在他儿子的修会(即耶稣会)中生活。为此我相信,有了你们的祈祷和为我做的临终仪式,他将允许我坚持到底,并以他的恩惠保护我。阿门。"

在这之后一年多一点的时候,1666 年 8 月 15 日,汤若望以 76 岁的高龄在北京平静地死去,结束了他极具个性的、不平凡的和丰富多彩的一生。虽然他不如他的先行者利玛窦和他的继承人南怀仁那样处世老练、性情平和,但他仍然与他们并列,成为耶稣会在中国传教史上最为杰出的三位伟人之一。

[365]

他是一个有着非凡的造诣和博大精深的学问的人。就像利玛窦一样,他具有令其同伴们赞叹的超常记忆力。虽然他的特长是在实践科学领域,在这一领域他几乎与当时最新的欧洲科学发展水平同步,同时他具有良好的思辨头脑。他精通神学的原理、世俗的和教会的法律、圣经,也精通教会的和世俗的历史。在他的著作里,经常引用希腊文、拉丁文;引用赫西奥德(Hesiod,公元前八世纪的希腊诗人)和亚里士多德(古希腊的哲学家和科学家)的著作;引用天文学家喜帕恰斯①（Hipparch）、西塞罗②（Cicero）、奥维德③（Ovid）、佛基尔④（Vergil）、弗拉维乌斯·约瑟夫斯⑤（Flavius Josephus）、阿庇安⑥（Appian）、托勒密⑦（Ptolemaeus）、加伦乌斯（Galenus）、特瑞连（Terrullian）、伊法连（Ephraim）、菲拉斯垂乌斯⑧（Philastrius）、安布罗斯⑨（Ambrose）、哲罗姆⑩（Jerome）、奥古斯丁⑪（Augustine）、奥罗修斯⑫（Orosius）、大格列高利⑬（Gregory the Great）、比德⑭（Venerable Bede）、贝尔纳德（Bernard）、托马斯·阿奎那⑮（Thomas Aquinas）、巴罗尼乌斯⑯

---

① 喜帕恰斯（？～前127），希腊伟大的天文观测家和数学家。——译者注
② 西塞罗（前106～前43），意大利人，罗马帝国的政治家、律师、古典学者和作家。——译者注
③ 奥维德（前43～公元17），罗马帝国诗人。——译者注
④ 佛基尔（公元1470～1555），意大利人文主义者，著有《格言录》。——译者注
⑤ 弗拉维乌斯·约瑟夫斯（公元37～100），罗马帝国犹太教士、学者和历史学家。——译者注
⑥ 阿庇安（活动于公元二世纪的亚历山大，历史学家，著有《罗马史》）。——译者注
⑦ 托勒密（公元127～145），亚历山大时期著名的天文学家、地理学家和数学家，著有《天文学大成》，创立地心宇宙体系。——译者注
⑧ 菲拉斯垂乌斯（？～397），曾任西班牙北部城市布雷西班（Brescia）的主教。——译者注
⑨ 安布罗斯（公元1386～1439），意大利佛罗伦萨的翻译家。——译者注
⑩ 哲罗姆（公元347～420），早期西方天主教会中学识渊博的教父。——译者注
⑪ 奥古斯丁（公元354～430），罗马帝国时期任非洲的主教，著有《忏悔录》。——译者注
⑫ 奥罗修斯（活动时期在公元414～417），西班牙人，神学家，是撰写第一部世界历史的天主教人士。——译者注
⑬ 大格列高利（公元540～604），即教皇格列高利一世。——译者注
⑭ 比德（公元672～735），英国神学家、历史学家。——译者注
⑮ 汤姆斯·阿奎那斯（公元1226～1274），意大利中世纪神学家和经院学家。——译者注
⑯ 巴罗尼乌斯（公元1538～1607），意大利人，天主教会的史学家和辩护士，曾任梵蒂冈图书馆馆长。——译者注

(Baronius)、卡耶坦①（Cajetan）、索托（Soto）、西尔维斯特②（Sylvester）等著名人士的著作；引用查士丁尼法典③（the Justinian Code）和托莱多会议（the Council of Toledo）的文献；引用过所有十六至十七世纪顶尖天文学家的著作；他甚至也引用过《唐·吉诃德》中的语句。

根据南怀仁和毕嘉的记述，汤若望对中国语言和文学的驾驭和运用是如此的纯熟，以致常被当作是中国土生土长的学者。当他年事已高时，还能撰写漂亮的拉丁文散文。他的葡萄牙文炉火纯青，这成为他与在中国的其他传教士们日常交流的工具；他在意大利人中间，就像在家里一样；对西班牙语，他有丰富的知识；他能轻松地理解荷兰语；当然还有德语，那是他的母语。

史料表明，他具备的实践和科技的技能技巧有：铸造大炮、策划防御要塞的计划、制造提起重物的机械、设计和建造丝毫不逊于罗马的巴洛克风格的教堂、制造天文仪器、整修古琴、为皇帝造帆船。他甚至还撰写了一本有关矿物的论著④。被认为是中国问题专家的保·派里特（Paul Pelliot）曾这样概括汤若望："教会的人，科学的人，战斗的人，会讽刺和爱发怒的人，多种性格复合的、能引起人们兴趣的魅力无穷的人，汤若望是一位在任何领域都有冲击力的人。"

---

① 卡耶坦（公元 1468~1534），意大利人，道明会神学家。——译者注
② 西尔维斯特（公元 945~1003），即教皇西尔维斯特二世，法国人，曾制作天文仪器，编写过几何学课本。——译者注
③ 查士丁尼法典（*the Justinian Code*），拜占庭皇帝查士丁尼（公元 483~565）当政时期制定的法典。——译者注
④ 汤若望曾与李天经等中国学者合作，将欧洲著名科学家奥·鲍尔（George Bauer）的《冶金全书》翻译为中文，书名为《坤舆格致》。可惜该书今已不存。——译者注

# 尾　声

[367]　　汤若望死后，耶稣会的工作几乎陷入破产的境地。但现象往往是具有欺骗性的，作为利玛窦所开创的适应政策的结果，天主教在中国已经扎下了根，不是那么容易被摧毁的了。

1665年，鳌拜任命杨光先为钦天监的监正。这个冒充内行专靠吹牛起家的人，知道自己的能力不行，于是千方百计地逃避这一责任。"1665～1668年，他与协助他的钦天监监正吴明煊一道，在制定历书方面出了很多错误。"① 1668年，年轻的康熙皇帝废除了摄政大臣，实行了亲政。1668年12月29日，皇帝将一份杨光先制定的来年的历书交给南怀仁，让他测定。这位耶稣会士从中找出了大量的重要错误，于是皇帝任命了一个小组进行调查。皇帝的命令，以及南怀仁提出的批评，导致了一次十分详细和彻底的调查。1669年3月8日，皇上下旨，由于欧洲计算历书的方法被证明是精确的，今后所有历书将以这一方法为基础，杨光先被解职。4月17日，南怀仁被任命为钦天监监副。四个月后，吴明煊被革职，南怀仁升任为钦天监监正。

与此同时，康熙皇帝下令将鳌拜逮捕。他的30条罪状包括专制、暴政和谋反、叛国，这位前摄政大臣被投入了监狱，不久便死在狱中。皇上下令对反对汤若望的案子进行复审，复审的结果是汤

---

① *Eminent Chinese*, Ⅱ, 第89页。

若望被平反昭雪。杨光先由于诬陷之罪，被判流放。皇上念他年老体弱，改判削职为民，让他回乡终老，结果杨光先死于回乡的路上。

汤若望生前得到的全部头衔和官阶等级在他死后都重新恢复了，他被查抄的财产都发还给了传教士们。他们举行了一次官方的葬礼，将他的遗体重新安葬。1665年处死的5名信奉天主教的钦天监官员，也都恢复了过去的官阶。两年之后，原被驱逐的传教士也都回到了各省的教堂，他们的住所也都被归还了。

[368]

这一平反昭雪是全面的，它标志了天主教在中国持续增长和繁荣的一个时代的开端。在那之后的40年中，我们看到天主教传教事业达到了它的最高点。这一成功的基础是由利玛窦到汤若望的多位传教士打下的。他们极其谨慎地、有耐性地将中国文化和天主教文化结合起来，他们尊重和理解中国文化，从不伤害它，这就是他们的功绩。后来由于面临礼仪之争长久的阴影，教会转而走向似乎是敌视中国文化的境地，因此破坏了天主教与中国文化和睦相处的可能性。然而，对这一切，利玛窦和汤若望他们是没有责任的。

有一种主张，是耶稣会士们不能赞同、也不曾赞同过的。它认为，所有的宗教在好的方面大体上是一样的，每一种宗教都包含部分的真理，但没有一种宗教掌握了全部的真理。它主张不同宗教间的融合，天主教、佛教、道教和印度教各自牺牲一些信仰中的中心部分，为的是达到一种无所不及的共同点。这是一种自毁宗教的观点。天主教徒们信仰天主通过预言所说的一切，信仰最终通过《圣经》中的细节所表达出的思想，他们是不能牺牲已经揭示的真理而与其他宗教达成一致意见的。

还有的人走向另一个极端。一些不宽容的天主教徒认为：在除自己宗教系统以外的人中，在非天主教徒中间，只有谬误和无法改变的恶习。这些看不到光明的人，既没有同情心，也没有对人的理解。他们这种傲慢的态度，是和他们自己在文章中所写到的信条相违背的。他们在文章中坚持说，在任何地方都需要宽容，即使是在师范学院里!

在相对主义和狂热主义之间有一条中间路线。从天主教所揭示的信仰来说,是独一无二的。它既不认为在天主教社会之外就找不到闪光的真理,也不认为没有信仰的人就都是恶棍和无赖。经常是一些狭隘、不宽容的信徒破坏了天主教的圣洁,玷污了天主教的真理,这些人要对一些人不愿相信天主教而负责。意愿在信仰中扮演了决定性的作用。没有人会信仰他不打算相信的东西;也没有人相信由于其代言人的偏见,使它以苛刻地拒人于千里之外的面目出现的、不亲切、不吸引人的教义。

[369]

大多数的宗教都宣称,在或多或少的程度上,为建立人类与神之间的联系应真诚地奋斗。正像耶稣会士们不知疲倦地反复指出的那样,这在中国文化中也是不争的事实。佛教中就是这样的,尽管耶稣会士们在此等事实上表现出的理解和领悟比较少,这一点在道教中也表现得较少。至于儒教,如果说它对寻求神灵的保佑不怎么关注的话,它至少付出了崇高的努力,成功地将人类社会建立在一个似乎是自然美德的基础之上了。

因为他们都是在努力地发现真理,不管从人类还是神灵的角度看,他们都是值得尊敬的。如果在追求全部真理的过程中出现小的偏差,这是因为对那些超自然现象的解释,仅仅依靠人类自身的力量是难以做到的。如果他们迷失了方向而走入歧路,那也是因为人的理智是可能犯错误的。鄙视人们在本性的局限性之下做出的努力也就是鄙视人类本性自身。尽管有它的局限性,人类的理性还是掌握了一些真理,这就值得赞赏。如果这使天主教徒能够分享美好而非邪恶,他将怀着喜悦迎接每一个闪光的真理,尽管它并不清晰;他也将在欢乐当中迎接展示出的每一种美德,尽管它并不完美。

这就是耶稣会士们对中国政策的看法的决定因素。他们既不是相对主义者,也不是狂热主义者。尽管有些传说是负面的,但是耶稣会士们都无意在信仰的信条上做出妥协，不管是出于何种目的。在另外一方面，正如教会以前在对待希腊哲学时所做的那样，他们在儒学所包含的部分真理中寻找每一个可能的接触点。对儒教，耶稣会士们努力以天主教的超自然的启示来丰富它、完善它。这是一种仅仅在以人类同情和理解之心改善了的气氛中才可能实现的工作。不论其他什么人来思考耶稣会士们的成就，他都一定会认为，耶稣会士们给他们的任务创造了一个温暖的、富有同情心的和相互理解的气氛。这在东西方文化关系的历史上，几乎是独一无二的。

以天主教在公元一世纪的观点来衡量，晚明时期耶稣会士在中国的成就，应该被列为天主教传教史上最伟大的成就之一。成就这一事业的这几十个人，唤醒了天主教世界使命的真谛，将世纪初期天主教的传统恢复到了正确的位置。他们反对将天主教歪曲为仅仅适合于个别国家、个别地方的狭隘的宗教。他们的所作所为，不仅仅在天主教的历史上有着重要的意义，在国际文化交流的历史上，也同样具有重要的意义。[370]

这为数不多的一伙人，几乎以他们所创建的中国与欧洲的思想联系，改变了中国历史的进程，也改变了自那以后的世界。如果不是后来的曲折把他们灿烂辉煌的贡献贬低了，耶稣会士所做出的杰出贡献还会更加光彩照人。正如一位现代作家评论的那样："世界大同是现代文明的中心点……它可以帮助在东方与西方之间建造起一座桥梁，为全世界的人民都是兄弟的理想做出突出的贡献。"① 他们愿意将"欧洲人主义"的偏见抛掷一旁，通过他们的适应性，他们清白地结交上层人物，有着单纯的自我满足感，他们善于发现好的事物，不愿意关注坏的事物，他们将同情与理解用于与中

---

① 见 *Missionary and Mandarin*, *The Jesuits at the Court of China*，伯克利，加州大学年版社，1942，第301页。

国的接触中，对重建世界各民族间的文化交往关系指出了一条路。同时他们自身的榜样至今仍给我们提示一种方法。耶稣会士不应该仅仅在中国和天主教世界内部享有荣誉，而应该在所有同意这样一句中国格言的人中间享有荣誉，这句格言就是："四海之内皆兄弟"。

图书在版编目(CIP)数据

一代巨人:明末耶稣会士在中国的故事/(美)邓恩(Dunne, G. H.)著;余三乐,石蓉译. —北京:社会科学文献出版社,2014.8
ISBN 978-7-5097-6348-3

Ⅰ.①一… Ⅱ.①邓… ②余… ③石… Ⅲ.①传教士-人物研究-西方国家②中外关系-文化交流-文化史-明代 Ⅳ.①B979.91 ②K248.03

中国版本图书馆CIP数据核字(2014)第178657号

# 一代巨人
## ——明末耶稣会士在中国的故事

著　者　/　[美]邓恩(George H. Dunne)
译　者　/　余三乐　石　蓉

出　版　人　/　谢寿光
项目统筹　/　王玉敏
责任编辑　/　董晓舒　赵大因　王玉敏

出　　版　/　社会科学文献出版社·全球与地区问题出版中心(010)59367004
　　　　　　　地址:北京市北三环中路甲29号院华龙大厦　邮编:100029
　　　　　　　网址:www.ssap.com.cn
发　　行　/　市场营销中心(010)59367081　59367090
　　　　　　　读者服务中心(010)59367028
印　　装　/　北京季蜂印刷有限公司

规　　格　/　开本:889mm×1194mm　1/32
　　　　　　　印张:13.75　字数:368千字
版　　次　/　2014年8月第1版　2014年8月第1次印刷
书　　号　/　ISBN 978-7-5097-6348-3
定　　价　/　79.00元

本书如有破损、缺页、装订错误,请与本社读者服务中心联系更换

▲ 版权所有 翻印必究